ACCESO GRATIS *a la Lectura en la Nube*

Para visualizar el libro electrónico en la nube de lectura envíe junto a su nombre y apellidos una fotografía del código de barras situado en la contraportada del libro y otra del ticket de compra a la dirección:

ebooktirant@tirant.com

En un máximo de 72 horas laborables le enviaremos el código de acceso con las instrucciones de acceso

DERECHO DE LA EMPRESA Y DEL MERCADO
7ª Edición

DERECHO DE LA EMPRESA Y DEL MERCADO

7ª Edición

ESPERANZA GALLEGO SÁNCHEZ
Catedrática de Derecho Mercantil

NURIA FERNÁNDEZ PÉREZ
Catedrática de Derecho Mercantil

tirant lo blanch
Valencia, 2024

En caso de erratas y actualizaciones, la Editorial Tirant lo Blanch publicará la pertinente corrección en la página web www.tirant.com.

EDITA: TIRANT LO BLANCH
C/ Artes Gráficas, 14 - 46010 - Valencia
TELFS.: 96/361 00 48 - 50
FAX: 96/369 41 51
Email:tlb@tirant.com
www.tirant.com
Librería virtual: www.tirant.es
DEPÓSITO LEGAL: V-2519-2024
ISBN: 978-84-1071-525-7
MAQUETA: Disset Ediciones

Si tiene alguna queja o sugerencia, envíenos un mail a: *atencioncliente@tirant.com*. En caso de no ser atendida su sugerencia, por favor, lea en *www.tirant.net/index.php/empresa/politicas-de-empresa* nuestro procedimiento de quejas.

Responsabilidad Social Corporativa: http://www.tirant.net/Docs/RSCTirant.pdf

Índice

DERECHO DE LA COMPETENCIA. PROPIEDAD INTELECTUAL. PUBLICIDAD

Lección 6

DERECHO DE SOCIEDADES

Lección 11

Sociedades de capital (I). Caracterización y fundación. Régimen del capital y de las aportaciones. Participaciones sociales y acciones. Obligaciones *241*

CONTRATOS MERCANTILES

Lección 21

Abreviaturas

AAC	Autoridades Autonómicas de Defensa de la Competencia.
AIE	Agrupación de interés económico.
AEIE	Agrupación europea de interés económico.
AN	Audiencia Nacional.
ANC	Autoridades Nacionales de Competencia de los Estados Miembros.
BMC	Boletín de Marcas Comunitarias.
BOE	Boletín Oficial del Estado.
BOPI	Boletín Oficial de la Propiedad Industrial.
BORME	Boletín Oficial del Registro Mercantil.
CCAA	Comunidades Autónomas.
Cciv.	Código Civil.
Ccom.	Código de Comercio.
CE	Constitución Española.
CEE	Comunidad Económica Europea.
CNMV	Comisión Nacional del Mercado de Valores.
CNMC	Comisión Nacional de los Mercados y la Competencia.
CP	Código Penal.
CPE	Convenio de Munich sobre concesión de patentes europeas de 5 de octubre de 1973, tras el Acta de Revisión de 29 de noviembre de 2000.
CUPOV	Convenio internacional para la protección de las obtenciones vegetales firmado en París el 2 de diciembre de 1961.
D	Decreto.
DA	Disposición Adicional.
DF	Disposición Final.
DGRN	Dirección General de los Registros y el Notariado.
DGSJyFP	Dirección General de Seguridad Jurídica y Fe Pública
RDGSJyFP	Resolución de la Dirección General de Seguridad Jurídica y Fe Pública
DM	Directiva (UE) 2015/2436 del Parlamento Europeo y del Consejo de 16 de diciembre de 2015 relativa a la aproximación de las legislaciones de los Estados miembros en materia de marcas.

DOP	Denominación de Origen Protegida.
DSSICE	Directiva 2000/31 de 8 de junio sobre servicios de la sociedad de la información y comercio electrónico
DUE	Documento Único Electrónico.
ECPN	Estado que muestra los cambios en el patrimonio neto.
EM	Exposición de Motivos.
ET	Real Decreto Legislativo 2/2015, de 23 de octubre, por el que se aprueba el texto refundido de la Ley del Estatuto de los Trabajadores.
EUIPO	Oficina de Propiedad Intelectual de la Unión Europea.
IASB	International Accouting Standars Board.
ICAC	Instituto de Contabilidad y Auditoría de Cuentas.
IGP	Indicación Geográfica Protegida.
LAC	Ley 22/2015, de 20 de julio, de Auditoría de Cuentas.
LAEI	Ley 14/2013 de 27 de septiembre de apoyo a los emprendedores y su internacionalización.
LAU	Ley 29/1994 de 24 de noviembre, de arrendamientos urbanos.
LBRL	Ley 7/1985, de 2 de abril, reguladora de las Bases del Régimen Local.
LC	Ley 22/2003 de 9 de julio, Concursal.
LCoop	Ley 27/1999, de 16 de julio, de Cooperativas.
LCGC	Ley 7/1998 de 13 de abril de condiciones generales de la contratación.
LCSP	Ley 9/2017, de 8 de noviembre, de Contratos del Sector Público, por la que se transponen al ordenamiento jurídico español las Directivas del Parlamento Europeo y del Consejo 2014/23/UE y 2014/24/UE, de 26 de febrero de 2014.
LGSS	Real Decreto Legislativo 8/2015, de 30 de octubre, por el que se aprueba el texto refundido de la Ley General de la Seguridad Social.
LDC	Ley 15/2007, de 3 de julio, de Defensa de la Competencia.
LDI	Ley 20/2003 de 7 de julio de protección jurídica del diseño industrial.

LEC	Ley 1/2000, de 7 de enero, de Enjuiciamiento Civil.
LEI	Ley 44/2007, de 13 de diciembre, para la regulación del régimen de las empresas de inserción.
LES	Ley 5/2011 de 29 de marzo de Economía Social.
LF	Ley 50/2002 de 26 de diciembre, de Fundaciones.
LGP	Ley 34/1988, de 11 de noviembre, General de Publicidad.
LGPr	Ley 47/2003 General Presupuestaria.
LGSS	Real Decreto Legislativo 1/1994, de 20 de junio, por el que se aprueba el Texto Refundido de la Ley General de la Seguridad Social.
LGT	Ley 58/2003, de 17 de diciembre, GeneralTributaria.
LH	Texto Refundido de la Ley Hipotecaria, aprobado por Decreto de 8 de febrero de 1946.
LHM	Ley de 16 de diciembre de 1954 de Hipoteca Mobiliaria y Prenda sin Desplazamiento de la Posesión.
LHPV	DLeg. de 26 de junio de 1991 de la CA Valenciana por el que se aprueba el texto refundido de la Ley de Hacienda Pública.
LIS	Ley 27/2014, de 27 de noviembre, del Impuesto sobre Sociedades.
LJV	Ley 15/2015 de 2 de julio de Jurisdicción Voluntaria.
LM	Ley 17/2001, de 7 de diciembre de Marcas.
LME	Ley 3/2009, de 3 abril de Modificaciones Estructurales de las Sociedades Mercantiles.
LMO	Ley 3/2004 de 29 de diciembre de medidas de lucha contra la morosidad en operaciones comerciales.
LO	Ley Orgánica.
LOCM	Ley de Ordenación del Comercio Minorista 7/1996 de 15 de enero.
LODA	Ley Orgánica reguladora del Derecho de Asociación.
LOPD	Ley Orgánica 3/2018, de 5 de diciembre, de Protección de Datos Personales y garantía de los derechos digitales.
LOPJ	Ley 6/1985 de 1 de julio, Orgánica del Poder Judicial.
LORC	Ley Orgánica 8/2003, de 9 de julio para la Reforma Concursal, por la que se modifica la Ley Orgánica 6/1985, de 1 de julio del Poder Judicial

LOSEAR	Ley 20/2015, de 14 de julio, de ordenación, supervisión y solvencia de las entidades aseguradoras y reaseguradoras.
LOV	Ley 3/2000, de 7 de enero, de régimen jurídico de la protección de las obtenciones vegetales.
LP	Ley 24/2015 de 24 de julio, de patentes.
LPAC	Ley 39/2015, de 1 de octubre, del Procedimiento Administrativo Común de las Administraciones Públicas.
LPAP	Ley 33/2003 de 3 de noviembre del Patrimonio de las Administraciones Públicas.
LPI	Ley 2/2019, de 1 de marzo, por la que se modifica el Texto Refundido de la Ley de Propiedad Intelectual aprobado por el Real Decreto Legislativo 1/1996, de 12 de abril.
LSENNN	Ley 1/2019, de 20 de enero de Secretos Empresariales
LSC	Real Decreto Legislativo 1/2010, de 2 de julio, por el que se aprueba el texto refundido de la Ley de Sociedades de Capital.
LSE	Ley 1/2019, de 20 de enero de Secretos Empresariales
LSFD	Ley 22/2007, de 11 julio de comercialización a distancia de servicios financieros.
LSGR	Ley 1/1994, de 11 de marzo, sobre régimen jurídico de las sociedades de garantía recíproca.
LSICE	Ley 34/2002, de 11 de julio, de servicios de la sociedad de la información y de comercio electrónico.
LSLP	Ley 44/2015, de 14 de octubre, de Sociedades Laborales y Participadas.
LSP	Ley 2/2007 de 15 de marzo de sociedades profesionales.
LUTE	Ley 18/1982 sobre Régimen Fiscal de Agrupaciones Temporales de Empresas y sociedades de desarrollo regional.
LTAE	Ley 4/2007, de 3 abril de transparencia de las relaciones financieras entre las Administraciones públicas y las empresas públicas, y de transparencia financiera de determinadas empresas.

MUE	Marca de la Unión Europea.
NIC	Normas Internacionales de Contabilidad.
NIIF	Normas Internacionales de Información Financiera.
OCVV	Oficina Comunitaria de Variedades Vegetales.
OEP	Oficina Europea de Patentes.
OMPI	Organización Mundial de la Propiedad Intelectual.
PSD2	Revised Directive on Payment Services 2 Directiva (UE) 2015/2366 del Parlamento Europeo y del Consejo de 25 de noviembre de 2015 sobre servicios de pago en el mercado interior y por la que se modifican las Directivas 2002/65/CE, 2009/110/ CE y 2013/36/UE y el Reglamento (UE) n o 1093/2010 y se deroga la Directiva 2007/64/CE.
PGC	Plan General de Contabilidad.
PLT	Tratado sobre el derecho de patentes, hecho en Ginebra el 1 de junio de 2000.
RCGC	Registro de Condiciones Generales de la Contratación.
RD	Real Decreto.
RDGN	Resolución de la Dirección General de los Registros y del Notariado.
RD	Leg. Real Decreto Legislativo.
RDMC	Reglamento CE 6/2002 del Consejo de 12 de diciembre de 2001 sobre los dibujos y modelos comunitarios.
REAC	RD 2/2021, de 12 de enero por el que se aprueba el Reglamento del texto refundido de la Ley de Auditoría de Cuentas.
Regl.	Reglamento.
RPMUE	Reglamento (CE) N° 2868/95 de la Comisión, de procedimiento sobre la marca Comunitaria.
RDC	Real Decreto 261/2008, de 22 de febrero por el que se aprueba el Reglamento de Defensa de la Competencia.
RGPD	Reglamento (UE) 2016/679 del Parlamento Europeo y del Consejo de 27 de abril de 2016, relativo a la protección de las personas físicas en lo que respecta al tratamiento de datos personales y a la libre circulación de estos datos y por el que se deroga la Directiva 95/46/CE

RLOV	Real Decreto 1261/2005, de 21 de octubre, por el que se aprueba el Reglamento de protección de obtenciones vegetales.
RM	Registro Mercantil.
RMC	Registro Mercantil Central.
RMUE	Reglamento (CE) nº 207/2009 del Consejo, de 26 de febrero de 2009, sobre la marca de la Unión Europea modificado por el Reglamento (UE) 2015/2424 del Parlamento Europeo y del Consejo, de 16 de diciembre de 2015
ROAC	Registro Oficial de Auditores de Cuentas.
ROV	Reglamento (CE) nº 2100/94 del Consejo, de 27 de julio de 1994, relativo a la protección comunitaria de las obtenciones vegetales.
RP	Real Decreto 2.245/1986, de 10 de octubre, por el que se aprueba el Reglamento de Patentes.
RELP	RD 316/2017, de 31 de marzo por el que se aprueba el Reglamento de ejecución de la Ley de Patentes.
RSAE	Reglamento 2157/2001 del Consejo, de 8 de octubre, por el que se aprueba el estatuto de la SAE.
RRM	Reglamento del Registro Mercantil, aprobado por RD 1.784/1996, de 19 de julio.
SA	Sociedad Anónima.
SAE	Sociedad Anónima Europea.
SC	Sociedad de Capital.
SCo	Sociedad Colectiva.
SCa	Sociedad Comanditaria por Acciones.
SCom	Sociedad Comanditaria.
SL	Sociedad de Responsabilidad limitada.
SNE	Sociedad Nueva Empresa.
STS	Sentencia del Tribunal Supremo.
TC	Tribunal Constitucional.
TFUE	Tratado sobre el Funcionamiento de la Unión Europea.
TJUE	Tribunal Justicia Unión Europea

TRLC	Texto Refundido de la Ley Concursal
TRLCU	Real Decreto Legislativo 1/2007, de 16 de noviembre, por el que se aprueba el texto refundido de la Ley General para la Defensa de los Consumidores y Usuarios y otras leyes complementarias.
TRLMV	Real Decreto Legislativo 4/2015, de 23 de octubre, por el que se aprueba el texto refundido de la Ley del Mercado de Valores.
TRRL	Real Decreto Legislativo 781/1986, de 18 de abril, por el que se aprueba el Texto Refundido de las disposiciones legales vigentes en materia de Régimen Local.
TSJ	Tribunal Superior de Justicia.
UE	Unión Europea.
UTE	Unión Temporal de Empresas.

PARTE GENERAL

Lección 1

Derecho de la empresa y del mercado: Concepto y fuentes

I. CONCEPTO Y CONTENIDO SISTEMÁTICO

1. Concepto

El Derecho Mercantil es un sector del ordenamiento jurídico privado que nació y se viene desarrollando con el objeto de atender a las exigencias del tráfico económico, para las que el Derecho Civil se mostró desde el primer momento insuficiente. Se trata, por tanto, de una categoría esencialmente histórica, cuyo contenido, en razón de su propio objeto, es esencialmente mudable. Está en permanente evolución en conexión con las transformaciones del sustrato económico que disciplina. En sus orígenes estuvo ligado a la actividad comercial, por ser esta la actividad económica por excelencia de la época. Posteriormente, el desarrollo de otras, como la industria y los servicios, exigió la expansión del Derecho Mercantil, que vino a ampliar su contenido hasta convertirse en el Derecho de la Empresa y de su tráfico, debido a que disciplina el ejercicio de cualesquiera actividades empresariales, sea cual sea su contenido, esto es, comercial, industrial o de servicios; así como a los sujetos y organizaciones que las realizan y los instrumentos que utilizan con ese objeto. En definitiva, la existencia de un régimen particularizado de la materia mercantil se anuda a la figura del empresario y de la empresa como sucesores del comerciante y del comercio. Desde este punto de vista, el Derecho Mercantil puede definirse como aquel que disciplina al empresario y la particular actividad que este desarrolla en el mercado, esto es, la actividad empresarial.

2. *Contenido sistemático*

El contenido del Derecho mercantil se delimita en torno al empresario y a la actividad empresarial. Al empresario están conectadas directamente las normas que delimitan su estatuto, en particular los deberes de registro y de contabilidad, pero también otras como la responsabilidad del empresario, y el Derecho de organización, referido, por un lado, a las relaciones de representación y, por otro, a las formas de organización del empresario colectivo, que integra el Derecho de Sociedades. A la actividad empresarial se enlazan los preceptos reguladores de los instrumentos jurídicos para su realización, esto es, las obligaciones y contratos mercantiles y los valores, sean títulos valores o valores negociables y otros instrumentos financieros, y el Derecho del mercado de valores, el del mercado de capitales, el Derecho de protección de los consumidores y el Derecho de la competencia, tanto el protector de la libre competencia, al que hay que atribuir una significación constitucional económica en sentido material, como, en conexión con él, el Derecho de la Competencia desleal, de la propiedad intelectual y de la publicidad comercial. A la dimensión objetiva o jurídico patrimonial de la empresa se ligan los principios que permiten su tratamiento como conjunto organizado de bienes y la regulación de su transmisión, así como el arrendamiento de inmuebles destinados a local de negocios y los bienes de la propiedad intelectual. En cuanto a estos últimos, su conexión con el Derecho Mercantil es, por tanto, doble. El Derecho concursal, que ha estado históricamente incluido en el estatuto del empresario, se ha generalizado hoy sin que haya perdido su peculiar carácter mercantil, al igual que sucedió antaño con el Derecho de los títulos valor.

3. *Derecho de la Empresa y Derecho del Mercado*

Siendo el Derecho Mercantil una categoría histórica, no parece razonable cuestionar que continúa en permanente evolución, dando respuesta, en consecuencia, a las nuevas necesidades del tráfico económico y obligando a quienes participan en él ejerciendo actividades económicas, aunque estás no reúnan todos los caracteres de las actividades empresariales. en la actualidad, se está produciendo una nueva ampliación de este sector normativo, que ya no es solo el Derecho de la Empresa, sino también el Derecho del Mercado. Si en el siglo pasado se afirmó que la existencia de un régimen particularizado de la materia mercantil se anudaba a las exigencias funcionales del empresario y la empresa como sucesores del comerciante y el comercio, hoy puede decirse que se liga a los operadores económicos y al mercado como sucesores del empresario y de la empresa.

Estos postulados han sido asumidos de forma terminante por el Anteproyecto de Código Mercantil aprobado en 2014. El Anteproyecto se basa en la Propuesta de Código Mercantil elaborada por la Sección de Derecho Mercantil de la Comisión General de Codificación de 17 de junio de 2013. Su EM afirma de forma tajante que, de modo acorde con las modernas tendencias doctrinales, con los postulados de la constitución económica en que ha de insertarse el cuerpo legal y con la realidad del tráfico, la delimitación de la materia mercantil se hace a partir de un concepto básico: el *mercado* como ámbito en el que actúan los protagonistas del tráfico, cruzan ofertas y demandas de bienes y servicios y entablan relaciones jurídico-privadas objeto de regulación especial. En el Derecho Mercantil del siglo XXI continúan ocupando un lugar central el empresario y la empresa; pero, de un lado, estos conceptos se extienden hasta incluir ámbitos económicos hasta ahora excluidos del Derecho Mercantil por razones históricas que se consideran superadas, como la agricultura o la artesanía. De otro lado, junto al empresario, como principal operador del mercado, el Código abarca también a los profesionales que ejercen actividades intelectuales, sean científicas, liberales o artísticas, cuyos bienes o servicios destinen al mercado; así como a las personas jurídicas que, cualquiera que sean sus naturaleza y objeto, ejerzan alguna de las actividades expresadas en dicho Código, e incluso a los entes sin personalidad jurídica por medio de los cuales se realicen.

4. El Derecho Mercantil Digital

Siendo el Derecho Mercantil, como ya se ha indicado, una rama del Ordenamiento que se encuentra en permanente evolución con el objetivo de atender las nuevas necesidades del tráfico económico, resulta obligado que dé respuesta a los cambios que se producen como consecuencia de la irrupción de la digitalización. Pocas épocas de nuestra historia han soportado una disociación más radical entre los avances tecnológicos y su consecuente proyección social, así como sobre los conceptos jurídicos destinados a regularlos.

La economía mundial se está convirtiendo rápidamente en digital. Las tecnologías de la información y la comunicación (TIC) no son un sector específico sino el fundamento de todos los sistemas económicos innovadores modernos, tal y como señala la Comisión Europea. Nos encontramos con una suerte de nueva revolución industrial (la ya denominada Cuarta Revolución Industrial, 4IR) que se está difundiendo a una velocidad sin precedentes al estar impulsada precisamente por medios digitales y tecnológicos. Internet no solo es un sistema de información colosal con acceso ilimitado y abierto a nivel mundial, sino también y de forma relevante una herramienta de interrelación social que excede la idea de mero canal de distribución comercial, y puede considerarse que está en el origen de un modelo revolucionario de funcionamiento de los mercados y de gestión de los negocios.

Junto con internet, es preciso destacar como bases de esta última fase en la evolución económica, social, y por tanto jurídica en la que nos encontramos, las innovaciones en materia de inteligencia artificial y Big data, la computación distribuida como el registro distribuido o Blockchain, la criptografía, así como el propio acceso móvil a internet.

En el proceso de digitalización que se extiende en el ámbito de los negocios nos encontramos, en efecto, con una auténtica revolución en el modo de capturar, procesar, analizar y visualizar los datos. Se trata de la tecnología *Big Data*, expresión con la que se pretende hacer referencia a nuevas tecnologías que permiten analizar ágilmente, mediante el uso de complejos algoritmos, cantidades masivas de datos provenientes de fuentes dispares con la finalidad de obtener conclusiones aplicadas a los más distintos fines. Se caracteriza por tanto, porque es una tecnología en la que se constatan —tal y como se ha popularizado— las "tres uves": "volumen", puesto que habilita para manejar grandes cantidades de datos; "variedad", dado que el origen de esos datos puede ser muy variado; y "velocidad", en el sentido de rapidez, incluso inmediatez, para manejar los datos. A estas, se han añadido posteriormente otras, como la veracidad de los datos y la posibilidad de visualizarlos.

Esta tecnología se complementa con la relativa a la computación en la nube *cloud)* que es utilizada de forma mayoritaria en el mundo empresarial dado que permite acceder a la información en cualquier momento, desde cualquier lugar y desde cualquier dispositivo; por lo tanto, es una herramienta que contribuye el mejor desarrollo de los negocios.

Asimismo, debe destacarse como tendencia de cambio con repercusión en el mercado, el denominado Internet de las cosas (*Internet of Things*, IoT). Esta nueva potencialidad altera los modelos tradicionales de negocios y está dando lugar a otros nuevos sobre la base de la información que las empresas obtienen de objetos, conectados con sensores que facilitan información a tiempo real. De este modo, se automatizan tareas cotidianas y con ello se facilita la monitorización de los procesos, se optimiza las cadenas de suministro y conservación de los recursos.

Todo ello con el fin lógico de mejorar la productividad de la empresa. La mayoría de estas transformaciones parten de la aplicación de la inteligencia artificial (*artificial intelligence*, AI) y de la tecnología de registro distribuido (*Distributed Ledger Technologies*, DLTs). Como su nombre indica se trata de una tecnología que permite mantener un registro digital de operaciones gracias a la validación que van realizando los participantes (nodos) de la red. El registro tiene forma de una cadena de bloques, en los que se agregan datos, que son firmados y validados digitalmente y que pueden proporcionar información precisa y desagregada de todos los detalles de las transacciones realizadas (intervinientes, fecha, hora, condiciones, etc.). Pueden ser de dos tipos: las centralizadas, que solo permiten a sujetos autorizados validar el registro digital de actuaciones; y las descentralizadas, que es el caso de la tecnología de la cadena de bloques (*Blockchain*) que resulta accesible por múltiples usuarios. La tecnología *Blockchain* parte, por tanto, de la inexistencia de un registro centralizado que es sustituido por uno descentralizado con un número ilimitado de ordenadores conectados al sistema que valida los datos, dado que cada nodo de la red registra la operación. Se sustituye así la figura tradicional del tercero de confianza, que venía usándose en las transacciones electrónicas para dar seguridad y que cuenta con un régimen jurídico claro, por evidencias criptográficas. Estas redes, especialmente las descentralizadas, permiten reducir de forma notable los costes derivados de la intermediación. De ahí, su especial repercusión en todos los ámbitos, aunque con carácter especial en el sector financiero.

Para la Unión Europea, resulta imprescindible avanzar en la construcción de un Mercado Único Digital en el que la libre circulación de mercancías, personas, servicios y capitales esté garantizada y en el que personas y empresas puedenacceder fácilmente a las actividades y ejercerlas en línea en condiciones de competencia, con un alto nivel de protección de los datos personales y de los consumidores, con independencia de su nacionalidad o lugar de residencia. Y para ello resulta preciso contar con un marco jurídico adecuado para dar respuesta a la problemática jurídica anudada al mundo de los negocios digital.

El Derecho de la Sociedad de la Información, al que de forma onmicomprensiva podría ya denominarse Derecho Digital se integra pues por aquellas normas que *ex novo* regulan aspectos que no tienen cabida en las disciplinas tradicionales y que cuentan con su propia regulación, lenguaje y elementos tecnológicos; como por aquellas otras que suponen una adaptación de esas disciplinas tradicionales para dar respuesta a los nuevos retos que plantea el entorno digital.

Aunque se trata, como resulta obvio, de un fenómeno global y que, por tanto, incide en sectores muy diferenciados, lo cierto es que su repercusión es clara en los ámbitos propios de la regulación del Derecho Mercantil, tales como la contratación y negocios digitales, la propiedad intelectual, el Derecho de la competencia, el sector financiero y el Derecho de Sociedades. Tanto por su origen (en el mercado) como por su aplicación (para el mercado), el Derecho Mercantil resulta de modo natural *la vis atractiva* de las normas que se han ido adaptando al entorno digital, así como de los nuevos desarrollos normativos dirigidos específicamente a regular nuevas realidades. De ahí, que podamos hablar de la construcción de un Derecho Mercantil Digital.

II. FUENTES

1. Jerarquía

Las fuentes del Derecho Mercantil están relacionadas en el artículo 2 Ccom que las jerarquiza aludiendo en primer lugar al propio Código, en su defecto, a los usos del comercio y, a falta de ambos, al Derecho Común, esto es, el Derecho Civil. Eso no obstante, el art. 50 del mismo Código, al tratar de los contratos mercantiles, antepone el Derecho Común a los usos en todo lo relativo a sus requisitos, modificaciones, excepciones, interpretación y extinción y a la capacidad de los contratantes. Dispone, en efecto, que esas materias se regirán por las normas generales del Derecho común, en todo lo que no se halle expresamente establecido en el Código o en Leyes especiales. Esta contradicción debe salvarse entendiendo que la primacía del Derecho Común sobre los usos en el ámbito de la contratación mercantil únicamente rige cuando este incluya normas imperativas, no meramente dispositivas.

2. La Ley mercantil

2.1. Ámbito

Como fuente del Derecho Mercantil, la Ley se concibe en un sentido amplio. La noción incluye, por tanto, no solo las normas jurídicas de rango superior, sino en general, toda norma escrita de carácter general emanada del poder soberano del Estado, cualquiera que sea su rango o categoría. Lo que confiere la consideración mercantil es la índole de la materia regulada. En ese entorno cabe citar en primer lugar el Código de comercio de 22 de agosto de 1885. Su rango no es superior al de cualquier otra Ley mercantil pero el carácter orgánico y la pretensión sistematizadora presentes en todo texto codificado le confieren un significado singular dentro de la legislación mercantil. Sin embargo, hoy en día, la mayor parte de la legislación mercantil se encuentra en leyes especiales, que regulan los aspectos básicos de la disciplina. De ahí que el Código de Comercio tenga un marcado carácter residual.

Con todo, es preciso apuntar que el movimiento anticodificador ha cedido en la actualidad frente a un nuevo proceso, que podemos denominar, "recodificador". En la base de este nuevo modelo se encuentra la convicción de que el Código es el único instrumento que está en condiciones de crear un cuerpo orgánico y sistemático de normas capaz de cumplir el mandato constitucional que obliga al legislador a promover la seguridad jurídica. Se trata de reunir las normas hasta ahora diseminadas en esa profusa legislación especial, difícilmente identificables, dada la propensión del legislador a efectuar continuas modificaciones a través de textos jurídicos de variada naturaleza y rango. En esta línea se inscribe el Anteproyecto de Ley de Código Mercantil, que ha sido redactado sobre la base de la Propuesta de Código Mercantil elaborada en el seno de la sección mercantil de la Comisión General de Codificación.

2.2. Distribución de competencias entre el Estado y las Comunidades Autónomas

La legislación mercantil es competencia exclusiva del Estado (art. 149.1. 6º CE). Por consiguiente, según el mandato constitucional, el Estado tiene atribuida la competencia no solo para elaborar normas con rango de ley, sino también para disponer los instrumentos normativos de menor rango en ejecución de aquellas. Eso no obstante, la imprecisión técnica en que incurre nuestro texto constitucional en más de una ocasión, cuando no su decidida incomprensión del criterio de delimitación de la mercantilidad, ha propiciado que amplios sectores de materia técnicamente mercantil se hallen mencionados en otros apartados del mismo, lo que ha permitido a las Comunidades Autónomas legislar acerca de ellos o, al menos, ejecutar la normativa estatal. Tal es el caso, por ejemplo, en materia de desarrollo legislativo, de la ordenación del crédito, banca y seguros o de determinadas disposiciones normativas relativas a la propiedad intelectual dictadas en ejecución de leyes estatales. Asimismo, existen otros sectores, como las cooperativas y mutualidades, protección de los consumidores o establecimiento y regulación de Bolsas de comercio y demás centros de contratación de mercancías y valores o Derecho de la Competencia que, pese a versar sobre materias mercantiles de competencia estatal, han sido declaradas de competencia exclusiva o compartida, según los casos, con las Comunidades Autónomas.

Por su parte, los criterios sentados por la jurisprudencia del Tribunal Constitucional distan en muchas ocasiones de ofrecer la firmeza y claridad que es exigible a un Tribunal que debería decidir en atención a parámetros jurídicos, lo que ha dado lugar a innumerables conflictos y tensiones. E impide conseguir la unidad de mercado amparada constitucionalmente y que los operadores económicos demandan, puesto que rompen la coherencia interna exigible a todo sistema, provocando su ineficiencia y generando enormes gastos injustificados.

2.3. Derecho de la Unión Europea

La adhesión de España a las Comunidades Europeas obligó a someterse a un intenso proceso de armonización jurídica con los Derechos estatales de los restantes países miembros, que, en un alto porcentaje, afecta a sectores normativos de índole mercantil. Básicamente se proyecta en el ámbito del Derecho institucional del mercado —derecho de la competencia, derecho de la propiedad e intelectual—, en el Derecho de protección de los consumidores y en el Derecho de los operadores económicos del mercado, con particular referencia al Derecho de sociedades y al Derecho Contable. Los instrumentos normativos de los que se vale el Derecho Comunitario son básicamente dos. Se trata de los Reglamentos y las Directivas. Los Reglamentos son normas de directa aplicación en el territorio español, sin necesidad de adoptar medida alguna de ejecución o incorporación. Constituyen, en definitiva, normativa interna española desde el momento de su aprobación por el órgano competente de la Unión Europea. Por el contrario, las Directivas están desprovistas, en principio, de tales efectos directos, ya que precisan la transposición al ordenamiento nacional. Sus destinatarios son los Estados miembros, que se ven compelidos a incorporarlas a la legislación interna mediante el instrumento normativo que consideren conveniente, dentro de los plazos en ellas establecidos. Eso no obstante, existen supuestos especiales en que cabe su aplicación directa, pudiendo sus normas ser invocadas por los particulares ante los Tribunales españoles.

2.4. Derecho Mercantil Internacional

Según lo dicho la legislación comunitaria es, a todos los efectos, Derecho mercantil interno. Se diferencia, por ello, de la legislación mercantil internacional, constituida por los Convenios internacionales, por cuanto su incorporación al ordenamiento interno, como normas directamente aplicables, se produce solo en virtud de explícito y puntual reconocimiento por parte del Estado de conformidad con lo establecido en los artículos 1.5 del Cciv y 96.1 de la Constitución. La principal fuente del Derecho Mercantil Internacional son los Convenios Internacionales. En razón del ámbito de aplicación subjetivo, se caracterizan porque, de ordinario, se aplican únicamente cuando exista un elemento internacional que, normalmente, suele ser la distinta nacionalidad de las partes de la relación. En cuanto a su contenido se distinguen los de carácter conflictual y los de índole material. Los primeros integran normas de conflicto, esto es, preceptos que no disciplinan directamente la relación de que se trate. Se limitan a señalar el ordenamiento jurídico estatal que la regula. Históricamente fueron los primeros en surgir. Con los segundos se pretende la unificación y armonización gradual de las normas materiales. Nacen con el objeto de superar los postulados tradicionales del Derecho Internacional Privado para la solución de las controversias a través del método "clínico" de las normas de conflictos de leyes, sistema a todas luces insuficiente, no sólo desde el ángulo de la seguridad jurídica, sino también desde el prisma de su justicia intrínseca y de su acomodación a las particulares exigencias del tráfico internacional.

3. El uso mercantil

3.1. Caracterización y clases

El uso mercantil o de comercio surge por la observancia repetida, uniforme y constante de una práctica o conducta determinada de los empresarios en sus negocios. Los usos pueden ser normativos e interpretativos.

Cuando al elemento material enunciado, esto es, cuando a la práctica repetida y uniforme, se une la convicción generalizada de que tal práctica constituye una norma jurídica, el uso se denomina normativo. Este tipo de usos se identifica con la costumbre mercantil, por lo que son normas de Derecho objetivo que constituyen fuente del Derecho mercantil. Se trata de una fuente supletoria de segundo grado puesto que se aplica en defecto de Ley mercantil (art. 2 Ccom), salvo en materia de requisitos, modificaciones, excepciones, interpretación y extinción de contratos mercantiles y de capacidad de los contratantes, en que ese lugar es ocupado por el Derecho Común imperativo. Si la norma es dispositiva prevalece el uso sobre la Ley, aunque en tal caso su fuerza de obligar deriva de la voluntad de las partes.

Por el contrario, el uso interpretativo es un simple medio de interpretación del contrato. Su finalidad es variada. Unas veces, es meramente declarativa, en la medida en que se trata de averiguar lo que, en cada caso, las partes han querido realmente. Otras veces, en que se desconoce la voluntad real de los intervinientes, su propósito es tratar de averiguar lo que razonablemente estos últimos han podido querer. En tales casos la interpretación persigue fines integrativos. Este tipo de uso se corresponde con una fase inferior del proceso de formación del uso en que, tras la repetición de la práctica (cláusula de estilo), acaba por sobreentenderse entre los contratantes y el reducido número de personas dedicadas al mismo género de operaciones, pero sin que todavía se aísle de la voluntad de los sujetos intervinientes, ni se les imponga con independencia de ella, como sucede en el uso normativo. Por consiguiente, no es fuente del Derecho. Únicamente entra a disciplinar una determinada relación jurídica en la medida en que se presuma que ha sido querido por las partes (art. 57 Ccom). En consecuencia, es preciso que las partes no hayan excluido su aplicación. En cualquier caso, debido a la dificultad de conocer su existencia, los usos han de ser probados como "hecho" por quien los alegue (art. 3.1 Cciv).

3.2. La nueva *lex mercatoria*

La llamada nueva *lex mercatoria* o *new law merchant* está constituida, de una parte, por usos comerciales internacionales —tales como los formulados por la Cámara de Comercio Internacional en materia de venta internacional (INCOTERMS) o de créditos documentarios—; y, de otra parte, por contratos-tipo y condiciones generales elaborados por las asociaciones mercantiles profesionales o por organismos internacionales. Sin embargo, a pesar de la denominación, no puede identificarse absolutamente con la antigua *Lex Mercatoria,* esto es, con los usos que originaron el Derecho Mercantil. En primer término, porque su consistencia jurídica tiende a situarse en el plano de las normas individuales *ex contractu,* incluyendo los usos interpretativos, más que en el propio Derecho consuetudinario. En segundo lugar, porque, a diferencia de aquella, la nueva *Lex Mercatoria* surge en nuestro tiempo con el consentimiento expreso o tácito de las soberanías nacionales. En último término la autonomía radica en un acto de tolerancia de los Estados, naturalmente no incondicionada, al reconocer el principio de *pacta sunt servanda* y al prestar su aparato coercitivo a la ejecución de los laudos o decisiones de los Tribunales internacionales de arbitraje.

Lección 2

Empresa, empresario y consumidor

I. LA EMPRESA. 1. Concepto económico de empresa. 2. Concepto jurídico de empresa. II. EL EMPRESARIO. 1. Concepto. 2. Los profesionales liberales. 3. Clases de empresarios. 3.1. Empresario Individual. 3.1.1. Adquisición de la condición de empresario. 3.1.2. Prohibiciones e incompatibilidades. 3.1.3. El ejercicio de la actividad mercantil por persona casada. 3.2. Empresario persona jurídica. 3.2.1. Sociedades mercantiles. 3.2.2. Las asociaciones. 3.2.3. Las fundaciones. 3.2.4. Las empresas públicas. 4. Responsabilidad del empresario. 4.1. Consideraciones generales. 4.2. Responsabilidad contractual. 4.3. Responsabilidad extracontractual. 4.3.1. Régimen general. 4.3.2. Responsabilidad del productor. 4.3.3. Responsabilidad por actos de dependientes. 4.4. El "emprendedor de responsabilidad limitada. III. EL CONSUMIDOR. DERECHO DEL CONSUMO Y DERECHO MERCANTIL. 1. El consumidor. 2. Derecho del Consumo. 3. Contratos con consumidores y Derecho Mercantil.

I. LA EMPRESA

1. Concepto económico de empresa

La empresa constituye un fenómeno económico y social sobre el que se proyecta la ordenación jurídica, por lo que parece lógico partir de él como paso previo al análisis de su concepto jurídico. Desde ese punto de vista la empresa es una actividad económica organizada de producción y distribución de bienes y servicios valorables económicamente destinada a satisfacer necesidades humanas en el mercado.

2. Concepto jurídico de empresa

El concepto jurídico de empresa se basa en el económico. Pero no se identifica con él ya que la noción jurídica de empresa está anudada exclusivamente a aquellos aspectos del fenómeno económico con relevancia para el Derecho. Esto explica que no exista un único concepto jurídico de empresa, sino una pluralidad de nociones diseñadas precisamente en atención a los aspectos económicos relevantes para cada sector del ordenamiento. Hay así un concepto de empresa específico del Derecho fiscal o del administrativo o laboral, por ejemplo.

En el concepto relevante para el Derecho Mercantil se distinguen dos aspectos o perfiles claramente diferenciados. Por un lado, la llamada dimensión *subjetiva* y *funcional*. Con ella se hace referencia al ejercicio profesional de la actividad constitutiva económicamente de empresa. Esta actividad se traduce en la realización por parte del titular de la misma, el empresario, de una serie indefinida de actos jurídicos de naturaleza diversa, pero coordinados y unificados en el plano funcional por la unidad de fin. Por otro lado, el aspecto *objetivo*, en el cual se materializa y objetiva la actividad del empresario. A través de él toma cuerpo y se hace real la idea de organización de bienes, derechos y personas destinados a la prosecución de una finalidad económica. El aspecto objetivo plasma la existencia de este conjunto de bienes que, por estar coordinados entre sí, pueden adquirir un valor superior al que alcanzarían aisladamente cada uno de los diferentes elementos que lo integran y es susceptible además de un tráfico jurídico independiente. Transmisible es, sin embargo, sólo la organización fruto de la actividad del empresario, no la propia actividad creadora que, en cuanto tal, sigue siendo personal e intransferible.

Ahora bien, entre ambos aspectos, es en torno a la noción de actividad donde adquiere relevancia jurídica el fenómeno de la empresa. Este es el rasgo decisivoque opera como factor aglutinador del resto de aspectos o perfiles, en que se desdobla el concepto jurídico-mercantil de empresa. La noción unitaria de empresadescansa en suma en la idea de actividad del empresario, con la consiguiente calificación de empresario y la aplicación del régimen o *status* que el Derecho vincula a dicha condición en razón de su ejercicio. Sin embargo, a diferencia delo que sucede en el concepto económico, en el jurídico, la actividad ha de ser realizada en nombre propio.

II. EL EMPRESARIO

1. Concepto

Empresario es quien ejercita una actividad empresarial en nombre propio. Desde esta perspectiva cobra su genuina significación el dato técnico de la imputación, esto es, la atribución de derechos, deberes, poderes y responsabilidades que se anudan al ejercicio de la actividad empresarial, porque es el empresario, y no la empresa, el titular de los derechos y obligaciones que la actividad empresarial genera. Y el que responde, por tanto, del cumplimiento de las deudas sobrevenidas en el ejercicio de tal actividad. El art. 1.1 Ccom no se refiere al empresario, sino al comerciante. Sin embargo, este dato no impide sustituir uno por otro, ya que el comerciante era el único tipo de empresario de la época en que el Código se elaboró. A las empresas comerciales, esto es, las dedicadas a la distribución de bienes, se unieron posteriormente las de producción de bienes y las de prestación de servicios, lo que permite entender que el comerciante era el empresario de antaño. Por lo demás, el propio Código ya alude al empresario en sustitución del comerciante tras las reformas posteriores a su publicación. De otro lado, empresarios son también las organizaciones a quienes la Ley atribuye tal condición, con independencia de que ejerciten o no actividades empresariales, lo que sucede, por ejemplo, en caso de sociedades anónimas o limitadas.

2. Los profesionales liberales

Los profesionales liberales comparten con los empresarios el ejercicio de una actividad económica destinada a la prestación de servicios. A diferencia de ella, tradicionalmente se ha tratado de una actividad que no requería el grado de organización ni complejidad que la ejercitada por los empresarios. Al tiempo, los profesionales liberales carecían de ánimo especulativo, limitándose a ejercer su profesión para atender a su subsistencia y a la de su familia. Sin embargo, en la actualidad, junto a aquellos cuya actividad conserva estas características, existen otros que coordinan y organizan los factores de producción igual que los empresarios, adoptando en ocasiones formas jurídicas mercantiles para el ejercicio de la actividad profesional. A pesar de ello, no adquieren la condición de empresarios, aunque sería conveniente aplicarles, al menos, parte del estatuto de aquellos debido a las características comunes que comparten. Como excepción son empresarios si el tipo social que adoptan es mercantil por la forma. Por lo demás, la Ley 2/2007 de 15 de marzo de Sociedades Profesionales permite la constitución de sociedades para el ejercicio en común de actividades profesionales con arreglo a cualquiera de las formas societarias prescritas en las leyes (art. 1.2 LSP), incluyendo, por tanto, también las sociedades de capitales.

3. Clases de empresarios

3.1. Empresario Individual

3.1.1. Adquisición de la condición de empresario

El empresario individual es la persona natural que ejercita en nombre propio, por sí o por medio de representante, una actividad constitutiva de empresa. Para adquirir tal condición se precisa únicamente gozar de capacidad y ejercer profesionalmente la actividad constitutiva de empresa.

Ostentan capacidad legal para el ejercicio habitual del comercio las personas mayores de edad que tengan la libre disposición de sus bienes (art. 4 Ccom). Por consiguiente carecen de ella los menores y emancipados, porque, aunque rigen su persona y bienes como si fueran mayores de edad, no reúnen el requisito de gozar de la libre disposición de sus bienes, ya que, hasta que lleguen a la mayoría de edad, no pueden tomar dinero a préstamo, gravar o enajenar bienes inmuebles y establecimientos mercantiles o industriales u objetos de extraordinario valor sin consentimiento de sus padres o tutores o en el caso de emancipados, sin el consentimiento de su defensor judicial(art. 247 Cciv).

Como excepción a esta regla general, basada en el principio de continuidad de la empresa, se admite que los menores de edad puedan continuar el comercio que hubieran ejercido sus padres o causantes por medio de sus guardadores, esto es, sus representantes legales (art. 5 Ccom). En esa hipótesis, empresario será el menor, según las notas que integran el concepto general. En fin, si aquellos tuvieran alguna incompatibilidad deberán nombrar uno o más factores que reúnan las condiciones legales, quienes les suplirán en el ejercicio de la empresa. En relación con las personas con discapacidad para el ejercicio de su capacidad jurídica, necesitarán el apoyo de un curador. En cualquier caso, el curador precisará autorización judicial entre otros supuestos, para enajenar o gravar bienes inmuebles, y establecimientos mercantiles o industriales, dar y tomar dinero a préstamo y prestar aval o fianza, (art. 287 Cciv)

En cuanto al requisito del ejercicio de la actividad constitutiva de empresa cabe mencionar que el Ccom presume su concurrencia desde que la persona que se proponga ejercerla “anunciare por circulares, periódicos, carteles, rótulos expuestos al público, o de otro modo cualquiera, un establecimiento que tenga por objeto alguna operación mercantil" (art. 3 Ccom). Se trata, con todo, de una presunción, por lo que puede ser destruida mediante prueba en contrario. De otro lado, el Ccom exige que la actividad sea habitual (art. 1.1 Ccom) lo que constituye un requisito superfluo, pues la habitualidad está incluida en la dedicación al comercio. En atención a ello procede sustituir la habitualidad por la profesionalidad. Ambas tienen en común la repetición de actos, la estabilidad y continuidad en el ejercicio de la empresa, pero, según la doctrina tradicional, la última se compone, además, de otros tres elementos, la organización, la exteriorización y el fin de lucro. En la actualidad, sin embargo, este último elemento no se considera esencial al concepto de empresario. Es suficiente con que la actividad se desarrolle en términos de racionalidad económica, lo que se mide en términos de aprovechamiento óptimo de los factores de producción, de coste-beneficio y asimismo que exista un riesgo. El riesgo de que los costes de la actividad sean superiores a los ingresos que se obtengan de ella.

3.1.2. Prohibiciones e incompatibilidades

Existen casos en que el ordenamiento prohíbe el desarrollo de actividades mercantiles a quien goza de capacidad, por diversas razones anudadas al fundamento genérico del interés público o al privado del beneficiario. Las prohibiciones pueden ser absolutas (art. 13 CCom) o relativas (art. 14 CCom). Las primeras afectan a aquellas personas que, por leyes o disposiciones especiales, tienen vetado el ejercicio de todo tipo de actividades empresariales en el conjunto del territorio nacional. Las prohibiciones relativas impiden el desarrollo de la actividad empresarial sólo en el ámbito territorial en el que la persona desempeñe sus funciones, o únicamente respecto de ciertas actividades.

Aunque es discutible, como norma puede aceptarse que, a diferencia de los actos realizados por una persona con discapacidad, los ejecutados por quien está incurso en una prohibición, son plenamente eficaces. La disciplina sobre incapacidad pretende la protección del incapaz por lo que permite a este o a su representante, si aquel se siente perjudicado, instar la anulabilidad del contrato. En los negocios realizados por quien se halla afectado por una prohibición la consecuencia no debe ser la nulidad —ya que con ello se liberaría al infractor de su obligación en perjuicio de tercero— sino la imposición de sanciones. Las sanciones pueden ser administrativas, que son las procedentes en caso de prohibiciones absolutas y relativas referidas al territorio; o civiles, que se aplican en la mayor parte de las relativas atinentes a la actividad, vgr. la exclusión del socio colectivo o el cese del factor. Mención especial merece la prohibición absoluta prevista para las personas que sean inhabilitadas conforme a Texto Refundido de la Ley Concursal mientras no haya concluido el período de inhabilitación fijado en la sentencia de calificación del concurso (art. 13.2º Ccom), que puede oscilar entre dos y quince años (art. 455.2.2º TRLC), y ser salvada, en el supuesto de Convenio, por expresa autorización judicial en la que se autorice al inhabilitado a continuar al frente de la empresa o como administrador de la sociedad concursada. En tal caso, los efectos de la autorización se limitarán a lo específicamente previsto en la resolución judicial que la contenga (art. 13. 2º Ccom).

3.2. persona jurídica

3.2.1. Sociedades mercantiles

Entre las personas jurídicas que poseen la condición de empresario destacan sin duda las sociedades mercantiles. A ellas dedicaré una parte esencial de este libro por lo que ahora haré únicamente referencia a otro tipo de organizaciones.

3.2.2. Las asociaciones

La regulación de las asociaciones se encuentra en la LODA y en las Leyes autonómicas de asociaciones, que se aplican con preferencia a la primera, salvo que se trate de preceptos declarados de carácter orgánico por la LODA. Las asociaciones adquieren la condición de empresario con sujeción al mismo criterio que las sociedades de personas, esto es, en el momento en que ejerciten una actividad empresarial, con independencia de que sea principal o accesoria de la que constituye su objeto. Este hecho no las priva, sin embargo, de su carácter de asociación puesto que la LODA veta únicamente que los beneficios se repartan entre los asociados, hipótesis que las convierte en sociedades mercantiles irregulares. Pero no prohíbe que las asociaciones ejerciten actividades empresariales, ni que pretendan obtener ganancias, siempre que se destinen a los fines de la asociación (art. 13.2 LODA).

Ahora bien, a pesar de su condición de empresario, no están sujetas a la mayor parte de las normas que integran el estatuto de este. En efecto, no pueden acceder al RM, dado el principio de *numerus clausus* de los sujetos inscribibles (art. 16 Ccom). En cuanto a la contabilidad la LODA exige que la lleven "conforme a las normas específicas que les resulten de aplicación" (art. 14.1 LODA), que no son las del Ccom y normas concordantes, si no han adquirido la condición de empresario. Aunque la LODA dispone que las cuentas deberán aprobarse anualmente por la Asamblea General (art. 14.3 LODA), se trata de las cuentas que dispongan los estatutos, no necesariamente de las cuentas anuales formadas según el Ccom y normas concordantes siempre que, igual que antes, no gocen de la condición de empresario. Como excepción las asociaciones de utilidad pública están sometidas al RD 1491/2011, de 24 de octubre, por el que se aprueban las normas de adaptación del Plan General de Contabilidad a las entidades sin fines lucrativos y el modelo de plan de actuación de las entidades sin fines lucrativos.

3.2.3. Las fundaciones

Las fundaciones están reguladas en la LF estatal y en las Leyes autonómicas sobre fundaciones. Son organizaciones sin ánimo de lucro dotadas de personalidad jurídica cuyo sustrato no es personal, sino patrimonial. Son patrimonios afectos a la realización de los fines de interés general establecidos por el fundador. Pueden realizar actividades empresariales directamente, siempre que su objeto esté relacionado con los fines fundacionales, o sean complementarias o accesorias de las mismas (art. 24.1 LF), supuesto en que adquirirán la condición de empresarios. O a través de la participación en sociedades mercantiles, con la condición de que se trate de sociedades cuyos socios no respondan personalmente de las deudas sociales (art. 24.3 LF). En cualquier caso, han de destinar el 70% de los ingresos netos que obtengan a la realización de los fines fundacionales (art. 27.1 LF). Si realizan directamente actividades empresariales deberán ajustar su contabilidad a lo establecido en el Código de comercio (art. 25.9 LF). En los demás casos, las fundaciones de competencia estatal adoptarán el modelo de contabilidad previsto para las entidades no lucrativas.

Una modalidad destacada de fundación son las Cajas de Ahorro. A pesar de sus características peculiares, que las obligan a dedicar a obras beneficosociales una parte relevante de los beneficios obtenidos por el ejercicio de su actividad, se trata de entidades de crédito por lo que realizan una actividad inequívocamente mercantil, que les confiere la condición de empresario. En su razón están sometidas al deber de inscripción en el Registro Mercantil (art. 16.1.3° Ccom y arts. 270 a 276 RRM) y al deber de contabilidad con la misma extensión que los empresarios de su clase.

3.2.4. Las empresas públicas

Por empresa pública se entiende cualquier empresa en la que los poderes públicos puedan ejercer, directa o indirectamente, una influencia dominante en razón de la propiedad, de la participación financiera o de las normas que la rigen. En particular, en el ámbito de la Administración General del Estado, se consideran empresas públicas, las entidades a que se refiere el artículo 166.1 de la Ley 33/2003 de 3 de noviembre del Patrimonio de las Administraciones Públicas; mientras que, en el ámbito autonómico y local, se consideran empresas públicas las entidades en las que concurran las circunstancias mencionadas al comienzo de este párrafo sin más especificaciones (art. 2 Ley 4/2007 de 3 abril de transparencia de las relaciones financieras entre las Administraciones públicas y las empresas públicas, y de transparencia financiera de determinadas empresas).

Las empresas públicas están mencionadas en nuestro ordenamiento en múltiples textos normativos de distinto rango y ámbito de aplicación con un contenido dispar, cuyo rasgo caracterizador es la marcada diversidad y multiplicidad de formas organizativas que caben en él. En ocasiones, adoptan formas públicas de personificación (por ejemplo, las entidades públicas empresariales, que son organismos públicos); mientras que en otras, acuden a estructuras organizativas privadas, como ocurre sustancialmente con los tipos mercantiles de sociedad (en particular la sociedad anónima). Sus actividades y finalidades tampoco son homogéneas. Hay veces que desarrollan única y exclusivamente un servicio público. Otras realizan sus actividades en atención a estrictos criterios de mercado. Finalmente, su régimen jurídico, que difiere sustancialmente según la forma jurídica adoptada, combina la sujeción a normas de carácter público con la remisión a disposiciones de índole jurídico-privada.

4. Responsabilidad del empresario

4.1. Consideraciones generales

Como todo otro sujeto el empresario responde del cumplimiento de sus obligaciones legales, contractuales, cuasicontractuales o extracontractuales (art. 1089 Cciv) con todos sus bienes presentes y futuros (art. 1911 Cciv). Esta máxima se aplica al empresario individual y al social. Al respecto del primero conviene indicar que le está vetado constituir un patrimonio separado al que limitar la responsabilidad derivada del ejercicio de su actividad empresarial, salvo que se trate de un “emprendedor de responsabilidad limitada”. En cuanto a las sociedades, responden de sus obligaciones con la totalidad de su patrimonio, cualquiera que sea su forma jurídica. Incluso las sociedades “con responsabilidad limitada” puesto que la limitación afecta a las relaciones entre el socio y la sociedad. Esta no puede exigir a aquel más de lo que se comprometió a aportar. Pero no atañe a la sociedad frente a terceros. Respecto de ellos responde de manera ilimitada, con todo su patrimonio.

4.2. Responsabilidad contractual

La responsabilidad contractual del empresario no ofrece rasgos peculiares de relevancia que separen su disciplina de la prevista en general en el Derecho Común (arts. 1101, 1105 y 1107 Cciv).

4.3. Responsabilidad extracontractual

En materia de responsabilidad extracontractual hay que distinguir un régimen general, que afecta a cualesquiera empresarios, con independencia de la índole de la actividad a la que se dediquen, y un régimen especial, previsto en exclusiva para los fabricantes, importadores y proveedores de productos.

4.3.1. Régimen general

En el régimen general de responsabilidad extracontractual, el empresario está obligado a reparar los daños que cause por sus acciones u omisiones dolosas o culposas (art. 1902 Cciv), lo que, según el modelo común, obliga al tercero que reclame a acreditar la concurrencia de todos esos presupuestos, incluida la culpa del agente. A pesar de ello existe una tendencia consolidada en la jurisprudencia que permite presumir la culpa. A través de este expediente se invierte la carga de la prueba, de modo que será el empresario quien tenga que acreditar que no actuó de forma negligente si quiere librarse de la responsabilidad. Esta doctrina se aplica con independencia de que el dañado sea, o no, consumidor puesto que se fundamenta en la llamada “teoría del riesgo”, en cuyo marco quien genera el riesgo soporta la obligación de indemnizar, ya que debe asumir las consecuencias de una actividad que ha decidido desarrollar en beneficio propio. La obligación de indemnizar constituye, por tanto, una especie de contrapartida del lucro obtenido con la actividad peligrosa.

4.3.2. Responsabilidad del productor

El empresario está sometido a una responsabilidad adicional en caso de daños causados por defectos de los productos que, respectivamente, fabrique o importe (art. 135 TRLCU). La responsabilidad alcanza al proveedor en dos hipótesis. En primer término, cuando el productor no pueda ser identificado. En ese caso será considerado como tal el proveedor del producto, a menos que indique al dañado o perjudicado la identidad del productor, o de quien le hubiera suministrado o facilitado a él dicho producto. Esta regla será de aplicación en el caso de un producto importado, si no indica el nombre del importador, aun cuando se indique el nombre del fabricante (art. 138.2 TRLCU). Responde, en segundo lugar, cuando haya suministrado el producto defectuoso a sabiendas de la existencia del defecto; si bien podrá ejercitar la acción de repetición contra el productor (art. 146 TRLCU).

Se trata de una responsabilidad objetiva, puesto que el perjudicado no tiene que probar la culpa del fabricante (art. 139 TRLCU). Pero no es absoluta. En primer término, porque este último puede exonerarse si acredita la concurrencia de alguna de las circunstancias previstas en el art. 140.1 TRLCU. Entre ellas destaca la relativa a que el estado de la ciencia y la técnica existente en el sector industrial concreto, en el momento de la puesta en circulación del producto, no permita apreciar la existencia del defecto, salvo que se trate de medicamentos y productos alimenticios destinados al consumo humano (art. 140.3 TRLCU). En segundo lugar, porque la responsabilidad es susceptible de ser reducida, o incluso suprimida, en función de las circunstancias del caso, si el daño causado fuera debido conjuntamente a un defecto del producto y a culpa del perjudicado, o de una persona de la que éste deba responder civilmente (art. 145 TRLCU). También es una responsabilidad limitada, tanto en lo relativo a los daños indemnizables, como a la cuantía de la indemnización (arts. 141 y 142 TRLCU).

4.3.3. Responsabilidad por actos de dependientes

El empresario responde de los daños causados por sus dependientes (art. 1903 IV Cciv). A estos efectos, se considera dependiente cualquier persona en situación de subordinación jerárquica al empresario en sentido amplio, no estrictamente jurídico-laboral. Objetivamente, la responsabilidad abarca los daños causados por aquellos en el servicio del ramo que tuvieren encomendado o con ocasión de sus funciones, circunstancias que se presumen en beneficio del perjudicado. Se trata, por consiguiente, de una responsabilidad propia por hecho ajeno cuyo fundamento se encuentra en la culpa *in eligendo* o *in vigilando*. Es, además, directa, no subsidiaria, de modo que el dañado puede dirigirse contra el empresario, contra el dependiente o contra ambos a la vez, en cuyo caso se aplica la regla de la solidaridad. El empresario, no obstante, puede repetir contra el dependiente lo que hubiera satisfecho (art. 1904 I Cciv). Es, finalmente, una responsabilidad por culpa que, no obstante, se presume, invirtiéndose por ello la carga de la prueba (art. 1903 VI).

4.4. El "emprendedor de responsabilidad limitada"

Se consideran emprendedores aquellos sujetos que, independientemente de su condición de persona física o jurídica, desarrollen una actividad económica empresarial o profesional (art. 3 LAEI). El emprendedor persona física podrá limitar su responsabilidad mediante la asunción de la condición de "emprendedor de responsabilidad limitada" (art. 7 LAEI). Esta condición se adquiere mediante la inscripción del emprendedor en el Registro Mercantil, en la que se hará constar la relación del activo no afecto (art. 9.1 LAEI).

Pueden beneficiarse de la limitación de responsabilidad la vivienda habitual del deudor y los bienes de equipo productivo afectos a la explotación y los que los reemplacen debidamente identificados en el Registro de Bienes Muebles. En la inscripción del emprendedor en el Registro Mercantil correspondiente a su domicilio se indicará el bien inmueble, propio o común, y los bienes de equipo productivo, que se pretende que no queden obligados por las resultas del giro empresarial o profesional

Para su oponibilidad a terceros, la no sujeción de la vivienda habitual o los bienes de equipo deberá inscribirse en el Registro de la Propiedad y en el Registro de Bienes Muebles (art. 10.1 LAEI). No podrá beneficiarse de la limitación de responsabilidad el deudor que hubiera actuado con fraude o negligencia grave en el cumplimiento de sus obligaciones con terceros, siempre que así constare acreditado por sentencia firme o en concurso declarado culpable (art. 7.4 LAEI). La limitación de responsabilidad alcanza a las deudas que traigan causa del ejercicio de la actividad empresarial o profesional del emprendedor y se resuelve en la no sujeción a dicha responsabilidad de los bienes inscritos como no afectos en los Registros anteriores, que pueden ser tanto bienes propios del emprendedor como bienes comunes, en caso de ejercicio de actividades empresariales por persona casada. La exclusión de afección de la vivienda habitual exige que el valor de esta no supere los 300.000 euros (art. 8.2 LAEI).

El emprendedor inscrito deberá hacer constar en toda su documentación, con expresión de los datos registrales, su condición de "emprendedor de responsabilidad limitada" o mediante la adición a su nombre, apellidos y datos de identificación fiscal de las siglas "ERL" (art. 9.2 LAEI). Asimismo, deberá formular y, en su caso, someter a auditoría las cuentas anuales correspondientes a su actividad empresarial o profesional de conformidad con lo previsto para las sociedades unipersonales de responsabilidad limitada y depositar dichas cuentas anuales en el Registro Mercantil.

Transcurridos siete meses desde el cierre del ejercicio social sin que se hayan depositado las cuentas anuales en el Registro Mercantil, el emprendedor perderá el beneficio de la limitación de responsabilidad en relación con las deudas contraídas con posterioridad al fin de ese plazo. Recuperará el beneficio en el momento de la presentación. No obstante lo anterior, aquellos empresarios y profesionales que opten por la figura del emprendedor de responsabilidad limitada y que tributen por el régimen de estimación objetiva, podrán dar cumplimiento a las obligaciones contables y de depósito de cuentas previstos en este artículo mediante el cumplimiento de los deberes formales establecidos en su régimen fiscal y mediante el depósito de un modelo estandarizado de doble propósito, fiscal y mercantil, en los términos que se desarrollen reglamentariamente (art. 11 LAEI).

III. EL CONSUMIDOR. DERECHO DEL CONSUMO Y DERECHO MERCANTIL

1. El consumidor

A pesar de los esfuerzos armonizadores realizados a instancias de la Unión Europea la delimitación de la noción de consumidor no deja de plantear dificultades. Sirva como ejemplo el hecho de que en la legislación europea se circunscribe a las personas naturales; mientras que en el Derecho español se insiste en incluir también a las personas jurídicas (art. 3 TRLCU). Por lo demás, tampoco el Derecho interno emplea una noción unívoca. Baste con decir que, al tiempo que el art. 3 TRLCU alude a él como persona física o jurídica que actúa en un ámbito ajeno a una actividad empresarial o profesional, la LOCM, según quiere obligar a entender la EM del TRLCU, comprende también al empresario que adquiere el bien para su consumo empresarial.

2. Derecho del Consumo

La ambigüedad del concepto de consumidor se explica en gran medida porque su noción concreta varía según el ámbito de protección que pretenda otorgársele en el caso. Resulta, en efecto, que lo que se ha dado en llamar Derecho del Consumo, como si se tratara de un sector del ordenamiento jurídico de carácter sistemático y orgánico, dotado de coherencia interna y propias normas y principios, no resiste tal caracterización, como demuestra, sin más, el TRLCU, que no pasa de ser una concatenación de normas inconexas, y en el que, por cierto, ni siquiera se ha conseguido "armonizar" el ámbito subjetivo de aplicación.

En realidad, la protección del consumidor no pasa de ser un principio general informador del ordenamiento jurídico, constitucionalmente garantizado (artículo 51.1 CE), que comprende la protección de intereses de la más variada índole, extracción, grado y forma de tutela. En efecto, sucintamente se trata de la salud y la seguridad personal, de los llamados intereses civiles del ciudadano y de los "legítimos intereses económicos y sociales", cuya cobertura se lleva a cabo con un instrumentario jurídico de los más heterogéneo puesto que comprende no solo disposiciones legales tradicionales, sino también políticas estatales y autonómicas y mecanismos de representación de los intereses de los consumidores en las instituciones responsables de la realización de la política del consumo.

Lección 3

Deber de documentación y contabilidad de las operaciones mercantiles

SUMARIO: I. CONTABILIDAD. 1. Contabilidad y Derecho Contable. 2. El deber de contabilidad. II. CONTABILIDAD FORMAL. 1. Caracterización. 2. Libros de comercio y de contabilidad. 2.1. Caracterización y clases. Libros obligatorios y facultativos. 2.2. Obligaciones de llevanza de la contabilidad. La legalización. 2.3. Deber de conservación. 3. El secreto de la contabilidad. Comunicación y exhibición. III. CONTABILIDAD MATERIAL. LAS CUENTAS ANUALES. 1. Caracterización Composición. Otros documentos. 2. Estructura. 3. Proceso de formación. 4. Depósito y publicidad. 5. Cuentas consolidadas. IV. AUDITORÍA DE CUENTAS. 1. Caracterización. 2. Clases de auditoría. 3. La obligación de auditar. 3.1. Ámbito de aplicación de la obligación de auditar. 3.2. Obligación legal de auditar. 3.2.1. Supuestos legales de auditoría obligatoria. 3.2.2. Régimen jurídico de la auditoría obligatoria. 3.3. Obligación de auditar a instancia de parte legitimada. 3.4. Nombramiento de auditor por el RM. 5. El auditor. 5.1. Caracterización y clases de auditores. 5.2. Adquisición de la condición de auditor. 5.3. El estatuto profesional del auditor. 5.3.1. Disciplina aplicable. 5.3.2. Obligaciones del auditor. 5.3.3. La responsabilidad del auditor. 5.3.4. Derechos del auditor.

I. CONTABILIDAD.

1. Contabilidad y Derecho Contable

La llevanza de la contabilidad por parte de los empresarios obedece en sus orígenes a razones económicas derivadas de las necesidades de organización interna de la empresa, esto es, al interés del propio empresario por conocer la situación de su empresa, o mejor, por conocer cómo se ha obtenido el beneficio o la pérdida. De ahí deriva la nota característica y privativa que, ordinariamente, se atribuye a la contabilidad desde un punto de vista económico, esto es, la posibilidad de explicar y justificar los resultados obtenidos en la actividad de empresa. El Derecho se limita más tarde a regular lo que, por los motivos apuntados, ya era uso constante en el comercio.

La obligatoriedad de la contabilización de las operaciones mercantiles fue finalmente impuesta por el Estado por razones de interés general.

Entre ellas cabe destacar, por un lado, el interés de los acreedores en contar con la garantía de una administración ordenada; por otro, el del propio Estado, por motivos de orden económico general y, sobre todo, de índole fiscal; y también intereses derivados de exigencias del orden público económico, ligados, en especial, a situaciones de crisis de la empresa, a fin de que en tales supuestos sea posible reconstruirla integridad del patrimonio del deudor. En su razón se ha consolidado, dentro del Derecho Mercantil, un verdadero y propio Derecho contable, formado, porende, por genuinas normas jurídicas, plenamente vinculantes, y no por simples principios contables de general aceptación, como antaño. Esta apreciación permite asegurar que resultan de obligada aplicación y que, por tanto, se impone el control judicial de las mismas.

Este Derecho Contable se compone de disposiciones legales insertas en instrumentos comunitarios —entre los que destaca el Reglamento (CE) 1606/2002 del Parlamento Europeo y del Consejo de 19 de julio de 2002 relativo a la aplicación de las normas internacionales de contabilidad—, en el Ccom, en el RRM, en la normativa societaria y en la del mercado de valores. Junto a ellas ocupan un lugar destacado las normas técnicas, incluidas en legislación sobre auditoría y en los Reales Decretos 1514/2007, por el que se aprueba el Plan General de Contabilidad, y 1515/2007, de 16 de noviembre, por el que se aprueba el Plan General de Contabilidad de Pequeñas y Medianas Empresas y los criterios contables específicos para microempresas. Y, finalmente, las denominadas normas blandas de desarrollo emitidas por los institutos públicos competentes, en particular el ICAC.

2. El deber de contabilidad

El art. 25 Ccom consagra el principio general de que todo empresario deberá llevar una contabilidad. Sin embargo, el incumplimiento de tal mandato se encuentra sancionado únicamente en la legislación fiscal, penal y administrativa. En este caso respecto de las entidades sujetas a regímenes especiales de autorización y supervisión, como las aseguradoras o las de crédito. El ordenamiento mercantil no prevé ninguna acción para compeler a su cumplimiento, limitándose a establecer sanciones jurídico-mercantiles indirectas, en caso de concurso de acreedores. A partir de tal constatación se ha sostenido la inexistencia de una obligación en sentido técnico-jurídico de llevanza de la contabilidad, debiendo a lo sumo reconocerse la imposición de un deber jurídico-público o una carga. Esta caracterización se confirma en razón de las sanciones impuestas en caso de incumplimiento de la obligación de depósito de las Cuentas Anuales en el Registro Mercantil por cuanto lleva aparejada la imposición de una multa a la sociedad y el cierre parcial del Registro (arts. 282 y 283 LSC y art. 378 RRM).

Este deber obliga a todos los empresarios con independencia de su forma jurídica, ya se trate, por tanto, de un empresario individual o de una sociedad mercantil. En este último caso, se impone a los socios colectivos de las sociedades de personas y a los administradores de las sociedades de capital. En cualquiera de las hipótesis, no obstante, puede ser cumplido directamente o a través de persona autorizada. Sin perjuicio, en este último supuesto, de la responsabilidad de aquellos en todo caso (arts. 25.2, 37 Ccom y art. 1903 IV Cciv). El deber recae asimismo sobre todos los empresarios sin consideración al género de actividad que ejerzan o a la dimensión de la empresa, aunque ciertamente no con la misma intensidad, por cuanto la contabilidad ha de ser "adecuada" a la actividad de la empresa (art. 25.1 Ccom). La adecuación se refiere al género de actividad y a la dimensión de la empresa. Para cumplir este mandato, junto al Real Decreto 1514/2007 por el que se aprueba el Plan General de Contabilidad, norma principal de desarrollo del Ccom en materia contable, existen adaptaciones del mismo por sectores de actividad. En lo relativo a la dimensión, cabe destacar el Real Decreto 1515/2007, de 16 de noviembre, por el que se aprueba el Plan General de Contabilidad de Pequeñas y Medianas Empresas y los criterios contables específicos para microempresas.

Junto a ello, es importante que en el Derecho contable español existen dos bloques normativos bien diferenciados. Por un lado, las normas reseñadas, previstas en el Código de Comercio, en la Ley de Sociedades de Capital y en el Plan General de Contabilidad 2007, aplicables en las Cuentas individuales. Así como el PGC de PYMES 2007 y los criterios particulares para microempresas, aplicable al sector específico de empresas de tamaño mediano o pequeño. Por otro lado, el Derecho comunitario derivado de la directa aplicación de la Normativa Contable Internacional (NICs//NIIFs) adoptada en el ámbito europeo. Esta normativa es obligatoria para las Cuentas Anuales de los grupos consolidados que cotizan en Bolsa. Y puede ser aplicada voluntariamente por las sociedades no cotizadas sujetas a consolidación.

En distinto orden de cosas, es importante destacar que el Ccom dispone que sus normas serán aplicables a cualquier persona física o jurídica, aunque no sea empresario, siempre que formule y publique cuentas anuales (art. 34.6 Ccom). Correctamente interpretada, esa previsión no significa que cualquier persona obligada a llevar a contabilidad deba cumplir las previsiones del Ccom ya que contabilidad y cuentas anuales no son términos sinónimos, pues las últimas son únicamente una forma de la primera. Por consiguiente, el Ccom vincula no a todas las personas físicas o jurídicas no empresarios que deban llevar contabilidad, sino solo a las que estén obligadas a formular y publicar cuentas anuales, según la normativa específica que las regule

II. CONTABILIDAD FORMAL.

1. Caracterización

A efectos sistemáticos es posible diferenciar entre contabilidad formal y material. Cuando se habla de contabilidad formal nos referimos a los requisitos formales de llevanza de los libros, relativos al cumplimiento de ciertos requisitos externos. Asimismo, incluye las normas que ordenan el uso adecuado de los libros (secreto de la contabilidad) y disciplinan el valor de los asientos a efectos de prueba.

Las cuentas han de formarse con carácter periódico al cierre del ejercicio (art. 34.1 Ccom). Aunque la misma denominación de las Cuentas Anuales permite presumir que el ejercicio ha de coincidir con el año natural, el Código no lo exige.

Ello no obstante el art. 125 RRM presume expresamente para las sociedades de capital que el ejercicio termina el 31 de diciembre. Hay que tener en cuenta, por lo que a estas sociedades se refiere, que el mismo precepto prohíbe que la duración del ejercicio sea superior al año.

2. Libros de comercio y de contabilidad

2.1. Caracterización y clases. Libros obligatorios y facultativos

En sentido amplio, libro de comercio es todo aquel documento en que el empresario anota los acontecimientos relativos al tráfico de su empresa. En sentido estricto en esta noción se incluyen sólo los libros de contabilidad. Los libros pueden ser obligatorios o facultativos. Entre los primeros cabe distinguir los obligatorios para todos los empresarios y los obligatorios solo para los empresarios sociales. Libros obligatorios para todos los empresarios son el Diario y el Libro de Inventarios y Cuentas Anuales (art. 25.1 Ccom).

Libros obligatorios en caso de empresarios sociales, a los que, en general, no se atribuye carácter contable, son, para todas las sociedades, el Libro de Actas, que recogerá todos los acuerdos tomados por las juntas y demás órganos colegiados de la sociedad (art. 26 Ccom). Las sociedades anónimas y comanditarias por acciones que hayan emitido acciones nominativas, deben llevar el Libro Registro de Acciones Nominativas (art. 116 LSC), donde se anotan los títulos de esa clase y las vicisitudes relativas a los mismos con una eficacia legitimadora del allí inscrito frente a la sociedad. Las sociedades de responsabilidad limitada, han de formar el Libro Registro de Socios, con una finalidad similar al anterior (art. 104 LSC). Finalmente, las sociedades unipersonales llevarán de forma obligatoria un Libro Registro en el que se transcriban los contratos celebrados entre el socio único y la sociedad (art. 16 LSC).

Además de los libros obligatorios, los empresarios pueden confeccionar los libros o registros que consideren conveniente en atención al sistema de contabilidad que adopten o a la naturaleza o entidad de la actividad que ejerciten (art. 28.2 Ccom). Entre estos libros facultativos destaca el Mayor, antaño de obligatoria llevanza y hoy aconsejable.

2.2. Obligaciones de llevanza de la contabilidad. La legalización

La contabilidad ha de ser llevada de forma ordenada, tal que permita el seguimiento cronológico de todas las operaciones de la empresa y la elaboración periódica de balances e inventarios (art. 25.1 Ccom). En desarrollo de ese mandato, el art. 29 Ccom ordena que todos los libros y documentos contables se lleven por orden de fechas y con claridad. El principio de claridad, recogido también en el art. 34.2 Ccom, exige que la información contable esté representada correctamente en el sentido gráfico de la expresión, lo que implica, en primer lugar, que han de evitarse los espacios en blanco, las interpolaciones, tachaduras o raspaduras. Se trata de impedir que existan anotaciones intermedias, de ahí que la subsanación de los errores deba hacerse inmediatamente en orden de fechas y con claridad. Está prohibida, en segundo lugar, la utilización de abreviaturas y símbolos no definidos por la Ley, el Reglamento o la práctica mercantil. Asimismo, las anotaciones contables deben ser hechas expresando los valores en euros (arts. 29.2 y 34.5Ccom). Por el contrario, se permite tanto que el libro esté encuadernado previamente, como que las anotaciones se efectúen en hojas móviles que se encuadernarán después de forma correlativa (art. 27.1 y 2 Ccom). No obstante, la LAEI dispone que todos los libros obligatorios han de cumplimentarse en soporte electrónico (art. 18 LAEI).

Una correcta llevanza de los libros contables exige, además, su legalización. Todos los libros que obligatoriamente deben llevar los empresarios se cumplimentarán en soporte electrónico y se presentarán para su legalización en el Registro Mercantil, por vía telemática, dentro de los cuatro meses siguientes al cierre del ejercicio social. La función que desempeña la legalización es esencial puesto que otorga una presunción de legitimidad y veracidad a los asientos que contienen los libros.

2.3. Deber de conservación

El empresario está obligado a conservar sus libros contables, correspondencia, documentación y justificantes durante el plazo de 6 años a partir del último asiento realizado en los libros, aunque haya cesado en su actividad (art. 30 Ccom). En caso de fallecimiento la obligación recaerá sobre los herederos. Tratándose de una sociedad disuelta, este deber corresponderá a los liquidadores, quienes deberán conservar los libros mientras dure la liquidación, aunque se demore más de esos seis años. Asimismo, el plazo debe ser completado incluso por el Registro Mercantil, en caso de extinción por cancelación de los asientos registrales relativos al empresario social.

3. El secreto de la contabilidad. Comunicación y exhibición

El secreto de la contabilidad ha sido históricamente una realidad amparada en la idea de que los libros se hallan integrados en la propiedad de la empresa y justificada en el viejo principio de que la contabilidad interesaba exclusivamente al propio empresario. La confluencia en la actualidad de múltiples intereses involucrados en la necesidad de informar sobre la marcha de las actividades económicas, —de los socios, del Estado, de los terceros en general— ha dejado en cierto modo vacía de contenido la declaración del art. 32 del Ccom cuando establece que la contabilidad de los empresarios es secreta, y precisa después que lo es “sin perjuicio de lo que se derive de lo dispuesto en las Leyes". Leyes tan heterogéneas como la Concursal, las aplicables a las sociedades y al mercado de valores, así como las de índole fiscal o laboral, que, casuísticamente, han ido ampliando el derecho a la información contable y, correlativamente, limitando de forma no irrelevante el contenido del secreto de la contabilidad. Además de ello, se han mantenido en nuestro Código dos cauces específicos que amparan la obtención de información ante determinados acontecimientos que así lo justifiquen. Se trata de la comunicación y la exhibición de libros y documentos contables, verdaderos límites al secreto de la contabilidad.

La comunicación, o reconocimiento general de libros, consiste en el examen completo de la contabilidad del empresario, incluyendo todos sus libros, correspondencia y documentos. La amplitud de la inspección —y la restricción correlativa a la que se ve sometido el empresario en su derecho al secreto— justifica que solo proceda en los supuestos tasados a los que alude la Ley. En concreto en los casos de sucesión universal, concurso de acreedores, liquidaciones de sociedades o entidades mercantiles, expedientes de regulación de empleo y cuando los socios o los representantes legales de los trabajadores tengan derecho a su examen directo (art. 32.2 Ccom). Por el mismo motivo, estas hipótesis deben ser interpretadas restrictivamente. La exhibición, o reconocimiento parcial, supone un examen de los asientos o documentos contables específicos que tengan relación con la cuestión que se trate de dilucidar. Únicamente puede decretarse cuando el empresario tenga interés o responsabilidad en el asunto al que se refiera.

Tanto la comunicación como la exhibición han de ser decretadas por un órgano judicial. El juez puede actuar de oficio o a instancia de parte. Normalmente se solicitarán como medio de prueba (art. 299 LEC) en el marco de un procedimiento judicial abierto; pero es posible también pedirlas como diligencias preliminares al objeto de preparar la interposición de una demanda (art. 256 LEC). Una vez acordadas, se practicarán en el establecimiento mercantil, cuyo titular tiene derecho a estar presente y la obligación de adoptar una actitud activa que facilite las tareas de inspección, así como la de permitir el acceso a la contabilidad de auxiliares técnicos en la forma y número que el juez considere necesario. No obstante, de manera motivada, y con carácter excepcional, el juez podrá reclamar que se presenten ante él los libros o su soporte informático, siempre que se especifiquen los asientos que deben ser examinados (art. 327 LEC).

III. CONTABILIDAD MATERIAL. LAS CUENTAS ANUALES

1. Caracterización. Composición. Otros documentos

Las exigencias en materia de publicidad formal no tendrían sentido ni utilidad si, junto a dicha normativa, no se dispusiera de un sistema de contabilidad material para hacer coincidir la formal con la realidad de la empresa.

Con ese propósito se impone el deber de formular las Cuentas Anuales cuya finalidad primordial es, en efecto, obtener la imagen fiel del patrimonio, de la situación financiera y de los resultados de la empresa, esto es, los beneficios o pérdidas generados por la explotación de la empresa durante el ejercicio considerado (art. 34.2 Ccom, art. 254.2 LSC). Las Cuentas Anuales comprenden el balance, la cuenta de pérdidas y ganancias, un estado que refleja los cambios en el patrimonio neto del ejercicio (ECPN), un estado de flujos de efectivo (EFE) y la memoria (art. 34. 1 Ccom). Junto a estos documentos, la legislación exige la elaboración de otros que, a pesar de su importancia, no forman parte de las Cuentas Anuales. Se trata del informe de gestión, de informe anual sobre remuneraciones de consejeros y de la propuesta de aplicación del resultado.

Las sociedades de capital que no formulen balance y estado de cambios en el patrimonio neto abreviados están obligadas a elaborar el informe de gestión. Dicho informe no forma parte en rigor de las Cuentas Anuales. Las complementa en aspectos no contenidos en ellas. En especial ha de contener una exposición fiel sobre la evolución de los negocios y la situación de la sociedad, junto con una descripción de los principales riesgos e incertidumbres a los que se enfrenta. Informará igualmente sobre los acontecimientos importantes para la sociedad ocurridos después del cierre del ejercicio, la evolución previsible de aquélla, las actividades en materia de investigación y desarrollo y, en los términos establecidos en la LSC, las adquisiciones de acciones propias o el uso de instrumentos financieros (art. 262 LSC). Este contenido se amplía en caso de sociedades cotizadas. En particular, estas sociedades incluirán en el informe de gestión, en una sección separada, el informe de gobierno corporativo (arts. 538 LSC y 61 bis LMV). Dicho informe deberá ofrecer una explicación detallada de la estructura del sistema de gobierno de la sociedad y de su funcionamiento en la práctica. Su contenido, que está determinado reglamentariamente. El informe se hará público con carácter anual y será objeto de comunicación a la CNMV, acompañando copia del documento en que conste. La CNMV remitirá copia del informe a las respectivas autoridades de supervisión cuando se trate de sociedades cotizadas que estén dentro de su ámbito de competencias y procederá a su publicación como hecho relevante, siendo accesible al público a través de la página web de la CNMV, www.cnmv.es, y la de la propia sociedad.

A diferencia de los dos documentos anteriores, la propuesta de aplicación del resultado, han de ser confeccionada por todas las sociedades de capital. Aunque materialmente suele integrarse en las Cuentas Anuales, no forma parte de ellas. Constituye una declaración distinta que corresponde formular a los administradores y aprobar a la Junta General, que, no obstante, podrá variar la propuesta, pues su contenido no la vincula, salvo en aquellos extremos en que la Ley o los estatutos impongan un determinado destino a una parte de los beneficios.

2. Estructura

En cuanto a la estructura de las Cuentas hay que distinguir los modelos ordinarios de los abreviados. Están obligadas a utilizar el modelo ordinario las sociedades de capital, las sociedades laborales, las sociedades cooperativas y las sociedades colectivas y comanditarias simples, cuando a la fecha de cierre del ejercicio todos los socios colectivos sean sociedades españolas o extranjeras. Por excepción, salvo que se trate de sociedades cuyos valores estén admitidos a negociación en un mercado regulado de cualquier Estado de la Unión Europea, pueden formularlas con arreglo al modelo abreviado, si se dan los presupuestos que se citan a continuación.

Al respecto del balance, el estado de cambios en el patrimonio neto y la memoria abreviados, podrán formular los modelos abreviados las sociedades que durante dos ejercicios consecutivos reúnan, a la fecha de cierre de cada uno de ellos, al menos dos de las circunstancias siguientes: que el total de las partidas del activo no supere los cuatro millones de euros, que el importe neto de su cifra anual de negocios no supere los ocho millones de euros y que el número medio de trabajadores empleados durante el ejercicio no sea superior a cincuenta. Las sociedades perderán esta facultad si dejan de reunir, durante dos ejercicios consecutivos, dos de las circunstancias anteriores. Estas sociedades, además, no están obligadas a formar el estado de flujos de efectivos. Si se trata de sociedades de capital, tampoco deben elaborar el informe de gestión.

En lo relativo a la Cuenta de Pérdidas y Ganancias abreviada podrán optar por ella las sociedades en las que a la fecha de cierre del ejercicio concurran, al menos, dos de las circunstancias siguientes: que el total de las partidas del activo no supere los once millones cuatrocientos mil euros. A estos efectos, se entenderá por total activo el total que figura en el modelo del balance. Que el importe neto de su cifra anual de negocios no supere los veintidós millones ochocientos mil euros y que el número medio de trabajadores empleados durante el ejercicio no sea superior a 250. Cuando una sociedad, en la fecha de cierre del ejercicio, pase a cumplir dos de las circunstancias antes indicadas, o bien cese de cumplirlas, tal situación únicamente producirá efectos si se repite durante dos ejercicios consecutivos (arts. 257, 258, 261, 262.3 LSC y Tercera Parte, I, 3º PGC).

El resto de sociedades y los empresarios individuales estarán obligados a formular, como mínimo, las cuentas anuales abreviadas (arts. 257, 258, 261 LSC y Tercera Parte, I, 3º PGC). Sin embargo, los empresarios que puedan o deban utilizar el modelo abreviado de balance están autorizados a optar por la aplicación del PGCPYMES y tienen la posibilidad de acogerse a los criterios específicos incluidos en él para las microempresas, si, adicionalmente, durante dos ejercicios consecutivos reúnen, a la fecha de cierre de cada uno de ellos, al menos dos de las siguientes circunstancias: que el total de las partidas del activo no supere el millón de euros, que el importe neto de su cifra anual de negocios no supere los dos millones de euros y que el número medio de trabajadores empleados durante el ejercicio no sea superior a diez (art. 2 PGCPYMES).

3. Proceso de formación

Aunque el deber de confeccionar las Cuentas Anuales se impone a todos los empresarios, su proceso de formación varía según la forma jurídica adoptada. Si el empresario es individual dicha función le corresponde a él en exclusiva, estando obligado a firmarlas como expresión de su responsabilidad por la veracidad de las mismas (art. 37 Ccom). En el caso de sociedades de personas incumbe a los socios colectivos, que igualmente y, por idéntico motivo, deben firmarlas. De modo que, si falta la firma de alguno de ellos, tal extremo se señalará en los documentos en que se haya omitido, con mención de la causa (art. 37 Ccom). Es dudoso que los socios comanditarios deban concurrir a la aprobación, pero parece lo más aconsejable.

En las sociedades de capital el proceso es más complejo dada la especial relevancia que adquieren las Cuentas tanto en el ámbito interno de la sociedad como frente a terceros. Por un lado, esta tarea opera como medio de control de la marcha de los negocios sociales, constituyendo un instrumento para poder juzgar la actuación de los administradores. Por otro, permite medir el patrimonio social e impedir que sean distribuidos beneficios ficticios. Habiéndose reconocido también el interés de los trabajadores en conocer la marcha de la sociedad, al disponer el ET (art. 64.4) que los documentos contables que deban ponerse a disposición de los socios, han de ser conocidos también por los representantes de los trabajadores. En este proceso se distingue la formulación de las Cuentas de su aprobación. Entre ambos, cronológicamente, se produce la revisión o verificación contable, a la que aludiré en otro apartado.

La formulación corresponde a los administradores. Se trata de una función indelegable (art. 249.2 LSC), pero no debe ser entendida en un sentido material atinente a la redacción y confección física de los documentos, que puede ser realizada por cualquier persona autorizada. Se refiere a la responsabilidad en lo atinente a la veracidad de las Cuentas y a la gestión de la empresa social, por lo que los documentos anteriores deben incluir la firma de todos ellos. De omitirse la de alguno se señalará en cada uno de los documentos en que falte, con expresa indicación de la causa (arts. 25.2 y 37 Ccom, art. 253 LSC). Esta responsabilidad no decae, aunque las Cuentas sean aprobadas por la Junta de socios (art. 238.4 LSC). La formulación deberá realizarse en el plazo máximo de tres meses contados a partir del cierre del ejercicio social, si bien la redacción posterior no provoca la nulidad de las Cuentas, sino simplemente la responsabilidad de los administradores por los eventuales perjuicios causados a la sociedad (art. 238 LSC). La obligación incluye la elaboración de la propuesta de aplicación del resultado y, en su caso, la formulación del informe de gestión (art. 253.1 LSC).

Cumplidos los deberes de auditoría a los que luego se aludirá, las Cuentas deben ser sometidas a la aprobación de la junta de socios (art. 272.1 LSC). A partir de la convocatoria de la junta, cualquier socio podrá obtener de la sociedad, de forma inmediata y gratuita, los documentos que han de ser sometidos a la aprobación de la misma, así como, en su caso, el informe de gestión y el informe el auditor de cuentas. En la convocatoria se hará mención de este derecho (art.272.2 LSC). Es este un derecho de información inderogable de los socios, cuya vulneración acarrea la nulidad del acuerdo de aprobación de las Cuentas (art.204.1 LSC). Salvo disposición contraria de los estatutos, durante ese mismo plazo, el socio o socios de la sociedad de responsabilidad limitada que representen al menos el cinco por ciento del capital podrán examinar en el domicilio social, por sí o en unión de experto contable, los documentos que sirvan de soporte y de antecedente de las cuentas anuales, sin que ello impida ni limite el derecho de la minoría a que se nombre un auditor de cuentas con cargo a la sociedad (art. 272.3 LSC). En las sociedades cotizadas esos documentos han de ponerse a disposición de los accionistas e inversores en la página web, sin perjuicio del derecho de los accionistas a solicitar la información de forma impresa (art. 539 LSC).

La doctrina se halla dividida en torno a si la Junta puede modificar las Cuentas, salvo que se trate de la corrección de simples errores materiales, o si debe limitarse a aprobarlas o no para que, en este último caso, los administradores las revisen y sometan nuevamente a la Junta; si bien en la práctica es esto último lo que sucede.

4. Depósito y publicidad

El depósito de las Cuentas se encomienda al Registro Mercantil del domicilio del depositante y deberá efectuarse, por regla general, dentro del mes siguiente a su aprobación (arts. 279 LSC y 365 RRM). Ha de depositarse la certificación del acuerdo del órgano competente que contenga la aprobación de las cuentas y la aplicación del resultado, expedida por las personas facultadas para certificar los acuerdos, cuyas firmas han de ser legitimadas notarialmente, y un ejemplar de las cuentas aprobadas, firmadas por las personas obligadas a formularlas; así como, en su caso, de las cuentas consolidadas, a las que se adjuntará un ejemplar de cada una de ellas. Si fuera obligatorio, se depositará también el informe de gestión. Y el de auditoría, cuando la sociedad deba auditar las Cuentas o la auditoría se hubiera acordado a petición de la minoría (art. 279 LSC). Si alguna o varias de las Cuentas anuales se hubieran formulado en forma abreviada, se hará constar así en la certificación con expresión de la causa (arts. 279 LSC, 366 RRM).

El depósito debe efectuarse con arreglo a los modelos oficiales, bien en papel o por medios informáticos (RDGRN de 28 de febrero de 2011). Se practicará asiento en el Libro diario correspondiente (art. 367 RRM), procediendo después el registrador a la calificación de los documentos. En esta materia es importante destacar que la calificación registral ha de restringirse exclusivamente a verificar si los documentos presentados son los exigidos por la Ley, si están debidamente aprobados y si constan las preceptivas firmas, sin que comprenda, por tanto, ni la validez ni la exactitud del contenido de aquellos (arts. 280.1 LSC y 368.1 RRM). Verificado el cumplimiento de estos requisitos se tendrá por efectuado el depósito, practicándose el correspondiente asiento en el Libro de depósito de Cuentas y en la hoja abierta a la entidad depositante (arts. 280.1 LSC y 368.2 RRM). En caso de que no procediere el depósito se estará a lo establecido para los títulos defectuosos (art. 368.3 RRM). Los registradores deberán conservar las cuentas anuales y los documentos complementarios depositados en el Registro Mercantil durante seis años a contar desde la publicación del anuncio del depósito en el BORME (arts. 280 LSC y 377 RRM).

El incumplimiento de la obligación de depósito puede dar lugar a dos sanciones de particular relevancia. En primer término, una multa administrativa, que impondrá el Instituto de Contabilidad y Auditoría de Cuentas, previa instrucción de expediente (art. 283 LSC). En segundo lugar, el cierre del Registro, que procederá transcurrido un año desde la fecha del cierre del ejercicio social sin que se haya practicado en el Registro Mercantil el depósito de las Cuentas Anuales debidamente aprobadas. Se trata, no obstante, de un cierre parcial en tanto se exceptúan los títulos relativos al cese o dimisión de los administradores, gerentes, directores generales o liquidadores, y a la revocación o renuncia de poderes, así como a la disolución de la sociedad y al nombramiento de liquidadores y a los asientos ordenados por la autoridad judicial o administrativa (art. 282.2 LSC y 378.1 RRM). El cierre, además, no se efectuará cuando las cuentas anuales no se hubieran depositado por no estar aprobadas por el órgano competente y se acredite esta circunstancia en los términos exigidos por el RRM (art. 378.5 RRM).

Por lo que a la publicidad se refiere es conveniente distinguir entre la publicidad de las cuentas depositadas y la publicación del depósito. La primera se hace efectiva por medio de certificación emitida por el registrador o de copia de los documentos depositados, que puede expedirse en soporte informático, a solicitud de cualquier persona (arts. 281 LSC, 369 RRM). La publicación del depósito se lleva a cabo mediante anuncio en el BORME de las sociedades que han cumplido con su obligación de depósito. A tal fin, dentro de los tres primeros días hábiles de cada mes, los registradores mercantiles territoriales remitirán al Registro Mercantil Central una relación alfabética de las sociedades que hayan cumplido en debida forma, durante el mes anterior, la obligación de depósito (art. 370 RRM).

5. Cuentas consolidadas

Toda sociedad dominante de un grupo de sociedades debe formular las Cuentas Anuales y el informe de gestión consolidados (art. 42 Ccom). Por tanto, la obligación de consolidar solo afecta a los grupos jerárquicos o por subordinación, tal y como se definen en la lección 9.

Como excepción, no se exige cuando concurran las circunstancias previstas en el art. 43 Ccom.

La consolidación se hará en la forma y de acuerdo con los criterios previstos en el Ccom y sus normas de desarrollo (arts. 43 bis a 49 Ccom y RD 1159/2010 de 17 de septiembre sobre Normas para la Formulación de Cuentas Anuales Consolidadas). Deberán incluirse en ella, necesariamente, las sociedades integrantes del grupo, así como las empresas dominadas por éstas, cualquiera que sea su forma jurídica y con independencia de su domicilio social. Asimismo, la junta general de la sociedad dominante deberá designar a los auditores de cuentas que habrán de controlar las Cuentas Anuales y el informe de gestión del grupo. Los auditores verificarán la concordancia del informe de gestión con las cuentas anuales consolidadas. Las cuentas consolidadas y el informe de gestión del grupo habrán de someterse a la aprobación de la junta general de la sociedad obligada a consolidar simultáneamente con las cuentas anuales de esta sociedad. En cualquier caso los socios de las sociedades pertenecientes al grupo, incluidos los socios externos, que son los socios minoritarios de las sociedades filiales, aunque no tienen participación alguna, ni incidencia en la sociedad matriz, disfrutan del derecho de información sobre las cuentas consolidadas del grupo, del informe de gestión del grupo y del informe de los auditores (art. 42.5 Ccom), que les permite impugnar el acuerdo de aprobación conseguido en la matriz. Finalmente, el depósito de las cuentas consolidadas, del informe de gestión del grupo y del informe de los auditores de cuentas en el Registro Mercantil y la publicación del mismo se efectuarán de conformidad con lo establecido para las cuentas anuales de las sociedades anónimas.

Es importante destacar, sin embargo, que la obligación de formular las Cuentas Anuales y el informe de gestión consolidados no exime a las sociedades integrantes del grupo de formular sus propias Cuentas Anuales y el informe de gestión correspondiente, conforme a su régimen específico.

IV. AUDITORÍA DE CUENTAS

1. Caracterización

La auditoría de cuentas es una actividad consistente en la revisión y verificación de las cuentas anuales, así como de otros estados financieros o documentos contables, elaborados con arreglo al marco normativo de información financiera que resulte de aplicación, siempre que aquélla tenga por objeto la emisión de un informe sobre la fiabilidad de dichos documentos que pueda tener efectos frente a terceros (art. 1.2 LAC). Para la calificación de esta actividad como auditoría es imprescindible que sea llevada a cabo precisamente por un auditor o una sociedad de auditoría, mediante la emisión del correspondiente informe y con sujeción a los requisitos y formalidades establecidos en la LAC (art. 1.3 LAC).

Aunque sean realizados por el auditor, no constituyen, sin embargo, auditoría de cuentas los trabajos realizados sobre cuentas anuales, estados financieros o documentos contables consistentes en la comprobación específica de hechos concretos, en la emisión de certificaciones o en la revisión o aplicación de procedimientos con un alcance limitado inferior al exigido por la normativa reguladora de la auditoría de cuentas para poder emitir una opinión técnica de auditoría de cuentas (art. 3 REAC). El motivo obedece a que se realiza un trabajo con un alcance diferente y se emite una opinión con un significativo menor grado de fiabilidad. Tampoco tienen tal consideración aquellos trabajos que no reúnan los requisitos de la auditoría de cuentas, aunque su realización esté atribuida legalmente a los auditores de cuentas. Tales trabajos no estarán sujetos el régimen de supervisión y control previsto en la normativa reguladora de la actividad de auditoría de cuentas. Únicamente se prevé su sujeción a las guías aprobadas, en su caso, conjuntamente por las corporaciones de auditores, de acuerdo con el mismo procedimiento que el diseñado para las normas de auditoría, y, en su defecto, a los usos y a la práctica habitual en la realización del tipo de trabajo en cuestión (art. 3 REAC).

Los informes emitidos por auditores de cuentas sobre trabajos que no estén comprendidos en las modalidades de auditoría no podrán identificarse como informes de auditoría de cuentas, ni su redacción o presentación podrán generar confusión respecto a su naturaleza como trabajos de auditoría de cuentas realizados conforme a la normativa reguladora de la actividad de auditoría de cuentas definida en el art. 6 LAC (art. 3 REAC).

2. Clases de auditoría

En atención a los estados financieros o documentos contables objeto de examen, la auditoría de cuentas reviste dos modalidades (arts. 4 LAC y 2 REAC). La auditoría de cuentas anuales y la auditoría de otros estados financieros o documentos contables.

La auditoría de cuentas anuales consiste en revisar y verificar a efectos de dictaminar si dichas cuentas expresan la imagen fiel del patrimonio, de la situación financiera, del resultado de sus operaciones y, en su caso, de los flujos de efectivo de la entidad auditada, de acuerdo con el marco normativo de información financiera que resulte de aplicación y, en particular, con los principios y criterios contables contenidos en el mismo. Adicionalmente, cuando la entidad auditada viniera obligada a emitir el informe de gestión, o lo hubiera emitido voluntariamente, los auditores de cuentas verificarán la concordancia de los datos contenidos en el mismo con los de las cuentas anuales examinadas y si su contenido es conforme con lo establecido en la normativa de aplicación (arts. 4 LAC, 4 REAC y 268 LSC). Concluye con la emisión de un informe, al que se atribuye el carácter de documento mercantil, cuya característica más peculiar consiste en que incluye, de forma clara y precisa, la opinión técnica del auditor sobre si las cuentas anuales de un determinado ejercicio expresan los pormenores a que se ha hecho referencia antes (arts. 5 LAC, 5 y 6 REAC y 268 LSC).

La opinión podrá revestir cuatro modalidades: favorable, con salvedades, desfavorable o denegada. Asimismo, se indicarán, en su caso, las posibles incertidumbres significativas o materiales relacionadas con hechos o condiciones que pudieran suscitar dudas significativas sobre la capacidad de la entidad auditada para continuar como empresa en funcionamiento.

La auditoría de otros estados financieros o documentos contables comprende estados financieros o documentos contables distintos de las cuentas anuales, pero elaborados con arreglo a los principios y normas contenidos en el marco normativo de información financiera aplicable expresamente establecido para su elaboración. En particular, quedan incluidos en este concepto los estados o documentos contables integrantes de las cuentas anuales que se elaboren separadamente o, incluso, elaborados en su conjunto, pero que se refieran a un período inferior al del ejercicio social.

3. La obligación de auditar

3.1. Ámbito de aplicación de la obligación de auditar

En principio es el propio empresario, en su condición de titular de la información contable sometida a examen, quien se halla facultado para decidir el sometimiento de sus cuentas a auditoría y para nombrar al auditor. En estos casos no serán de aplicación las limitaciones temporales de contratación establecidas en la LAC (art. 22.3 LAC). Sin embargo, en algunos supuestos es la Ley la que obliga a la verificación y en otros la auditoría deviene obligatoria, previa solicitud de parte legitimada.

3.2. Obligación legal de auditar

3.2.1. Supuestos legales de auditoría obligatoria

Se considera auditoría obligatoria la auditoría de las cuentas anuales o de las cuentas consolidadas, que sea exigida por el Derecho de la Unión Europea o la legislación nacional (art. 3.2 LAC). Están obligadas legalmente a someter sus cuentas anuales a auditoría las entidades, cualquiera que sea su naturaleza jurídica, en las que concurra alguna de las siguientes circunstancias (DA 1 LAC, arts. 263 LSC, Ccom y 62 LCoop):

I) Que emitan valores admitidos a negociación en mercados regulados o sistemas multilaterales de negociación.

II) Que emitan obligaciones en oferta pública.

III) Las entidades sujetas a supervisión pública, como son, en especial, las financieras y todas aquellas relacionadas con los mercados de valores y con el sector asegurador.

IV) Las que reciban subvenciones, ayudas o realicen obras, prestaciones, servicios o suministren bienes al Estado y demás Organismos Públicos.

V) Las sociedades colectivas y comanditarias simples, cuando a la fecha de cierre del ejercicio, todos los socios colectivos sean sociedades españolas o extranjeras.

VI) Las sociedades de capital, salvo que, durante dos ejercicios consecutivos reúnan, a la fecha de cierre de cada uno de ellos, al menos dos de las circunstancias siguientes: que el total de las partidas del activo no supere los dos millones ochocientos cincuenta mil euros, que el importe neto de su cifra anual de negocios no supere los cinco millones setecientos mil euros y que el número medio de trabajadores empleados durante el ejercicio no sea superior a cincuenta.

VII) Las demás entidades que superen los límites que reglamentariamente fije el Gobierno por Real Decreto, incluidas las sociedades mercantiles que formen en parte del sector público estatal, autonómico o local.

3.2.2. Régimen jurídico de la auditoría obligatoria

El nombramiento de auditor deberá efectuarse por un período de tiempo determinado inicialmente, que no podrá ser inferior a tres años ni superior a nueve, a contar desde la fecha en que comience. Si bien es posible la reelección por períodos máximos de tres años una vez que haya finalizado el período inicial. La prórroga podrá efectuarse de manera expresa o tácita, si a la finalización del período de contratación inicial o de prórroga del mismo, ni el auditor de cuentas o la sociedad de auditoría, ni la entidad auditada manifestaren su voluntad en contrario. En este caso el contrato quedará tácitamente prorrogado por un plazo de tres años (arts. 264 LSC y 22.1 LAC). El régimen varía tratándose de entidades de interés público (art. 3.5.LAC).

En las sociedades de capital el nombramiento es competencia de la junta de socios, que deberá efectuarlo antes de que finalice el ejercicio a auditar. Cuando la junta general no hubiera nombrado al auditor antes de que finalice el ejercicio a auditar, o la persona nombrada no acepte el cargo o no pueda cumplir sus funciones, los administradores y cualquier socio podrán solicitar del registrador mercantil del domicilio social la designación de la persona o personas que deban realizar la auditoría, de acuerdo con lo dispuesto en el RRM.

El auditor, o la sociedad de auditoría, dispondrán como mínimo de un plazo de un mes, a partir del momento en que les fueren entregadas las cuentas firmadas por los administradores, para presentar su informe. Pero, *si, una vez firmado y entregado el informe, los administradores se vieran obligados a reformular las cuentas anuales, el auditor habrá de emitir un nuevo informe sobre las cuentas anuales reformuladas* (art. 270 LSC). De otro lado, en la auditoría de entidades de interés público, además del informe de auditoría (art. 35 LAC), habrá de elaborarse toda una serie de informes adicionales.

El auditor no podrá ser destituido antes de que finalice el periodo inicial para el que fue nombrado, o antes de que finalice cada uno de los trabajos para los que fue contratado una vez finalizado el periodo inicial, a no ser que medie justa causa. No obstante, la LSC regula estas mismas hipótesis de forma distinta. Prevé que cuando concurra justa causa, los administradores de la sociedad y las personas legitimadas para solicitar el nombramiento de auditor podrán pedir al letrado de la administración de justicia o registrador mercantil la revocación del que hubieran nombrado este último o del designado por la junta general y el nombramiento de otro (art. 266.1 LSC). La resolución que se dicte sobre la revocación del auditor será recurrible ante el Juez de lo Mercantil (art. 266.3 LSC).

3.3. Obligación de auditar a instancia de parte legitimada

En las sociedades que no estén obligadas a someter las cuentas anuales a verificación por un auditor, los socios que representen, al menos, el cinco por ciento del capital social, podrán solicitar del registrador mercantil del domicilio social —o del Registro de Cooperativas, en su caso— que, con cargo a la sociedad, nombre un auditor de cuentas para que efectúe la revisión de las cuentas anuales de un determinado ejercicio, siempre que no hubieran transcurrido tres meses a contar desde la fecha de cierre de dicho ejercicio (arts. 265.2 LSC, 359 RRM y 62.2 LCoop). La auditoría se limitará a las cuentas anuales y al informe de gestión del último ejercicio, disponiéndose, como mínimo, de un mes, a partir del momento en que sean entregadas las cuentas para presentar el informe (art. 360 RRM). Si el auditor no pudiese realizar la auditoría por causas no imputables al propio auditor, emitirá un informe con opinión denegada por limitación absoluta en el alcance de sus trabajos, comunicándoselo al registrador (art. 361 RRM). En tales circunstancias, la sociedad no podrá depositar en el RM las cuentas correspondientes al ejercicio que hubiera debido ser auditado (art. 366.1 5º RRM); lo que, además de a una multa, da lugar al cierre parcial del Registro (arts. 283 LSC y 378 RRM).

Por otra parte, cuando concurra justa causa, los administradores de la sociedad y las personas legitimadas para solicitar el nombramiento de auditor podrán pedir al letrado de la administración de justicia o al registrador mercantil la revocación del que hubiera nombrado este último y el nombramiento de otro (art. 266.1 LSC). La resolución que se dicte sobre la revocación del auditor será recurrible ante el Juez de lo Mercantil (art. 266.3 LSC). Adicionalmente, tratándose de sociedades de interés público, están legitimados para solicitar la revocación y el nuevo nombramiento los accionistas que representen el 5 por ciento o más de los derechos de voto o del capital, la Comisión de Auditoría o el ICAC. En tal caso, no obstante, la petición se dirigirá al juez (art. 266.3 LSC).

Asimismo, se prevé con carácter general que todo empresario vendrá obligado a someter a auditoría sus cuentas anuales cuando así lo acuerde el letrado de la administración de justicia o el registrador mercantil del domicilio social del empresario si acogen la petición fundada de quien acredite un interés legítimo (art. 40.1 Ccom). Si el informe contuviera opinión denegada o desfavorable, el letrado de la administración de justicia o el registrador mercantil acordará que el empresario satisfaga al solicitante las cantidades que hubiera anticipado. Si el informe contuviera una opinión con reservas o salvedades, se dictará resolución determinando en quién deberá recaer y en qué proporción el coste de la auditoría. Si el informe fuera con opinión favorable, el coste de la auditoría será de cargo del solicitante (art. 40.2 Ccom).

3.4. Nombramiento de auditor por el RM

La Ley atribuye al registrador mercantil competencia para el nombramiento de auditor en casos específicos, en relación con concretas actuaciones que no tienen la consideración de auditoría de cuentas (art. 3 REAC). Es el caso, por ejemplo, de la verificación del balance aprobado en caso de aumento de capital con cargo a reservas (art. 303.2 LSC y art. 363 RRM) o del informe sobre la exactitud de los datos ofrecidos por los administradores en caso de aumento de capital por compensación de créditos [art. 301.3 LSC y art. 363 RRM]. La solicitud ha de ser efectuada por los administradores (art. 363 RRM).

El registrador mercantil únicamente podrá designar como auditores a las personas que consten inscritas en el ROAC por cada circunscripción territorial y además según orden alfabético resultante del sorteo efectuado por el RMC y publicado en el BORME (arts. 355.1 y 356 RRM).

La retribución de los auditores será fijada por el registrador al efectuar el nombramiento, pero deberá ajustarse a las reglas establecidas en la legislación de auditoría (arts. 267 LSC, 22 LAC y 362 RRM).

4. El auditor

4.1. Caracterización y clases de auditores

El auditor se obliga con la entidad auditada a elaborar un informe por lo que la relación que surge entre ambos ha de calificarse como un contrato de arrendamiento de obra (art. 8 REAC). Los auditores de cuentas no son en ningún caso órganos de la sociedad auditada. Los auditores pueden ser tanto personas físicas como jurídicas, debiendo constituirse en este último caso como sociedades de auditoría de cuentas [arts. 8 y 11 LAC].

4.2. Adquisición de la condición de auditor

La condición de auditor se adquiere, tras haber superado determinadas pruebas de aptitud de contenido reglado, mediante la inscripción en el Registro Oficial de Auditores de Cuentas (ROAC) dependiente del ICAC [arts. 8, 9 y 10 LAC].

4.3. El estatuto profesional del auditor

4.3.1. Disciplina aplicable

Sin perjuicio de referencias parciales a aspectos del mismo en otros textos legales, como la LSC, el estatuto profesional del auditor se halla regulado en la LAC, en el REAC, en las normas de auditoría, en las normas de ética e independencia y en las normas de control de calidad interno. A las auditorías de cuentas de entidades de interés público les será también de aplicación el Reglamento (UE) nº 537/2014, del Parlamento Europeo y del Consejo, de 16 de abril, sobre los requisitos específicos para la auditoría legal de las entidades de interés público (art. 2.1 LAC).

Las normas de auditoría constituyen los principios y requisitos que deben observar los auditores de cuentas en la realización del trabajo de auditoría de cuentas y sobre las que deben basarse las actuaciones necesarias para expresar una opinión técnica responsable e independiente. Se consideran normas de auditoría las contenidas en la LAC, en el REAC, en las normas internacionales de auditoría adoptadas por la Unión Europea y en las normas técnicas de auditoría. Las normas de ética expresan en qué medida la responsabilidad y actuación de los auditores de cuentas debe estar presidida por el principio de interés público que informa la actividad de auditoría de cuentas. En este sentido, los auditores de cuentas en el ejercicio de su actividad han de tener en consideración y actuar en todo caso con sujeción a los principios éticos de competencia profesional, diligencia debida, integridad y objetividad (arts. 2.3 LAC y 19 REAC). Por último, las normas de control de calidad interno tienen por objeto establecer los principios y requisitos a seguir por los auditores de cuentas en la implantación de un sistema de control de calidad interno que les permita asegurar razonablemente que la actividad de auditoría de cuentas se realiza conforme a lo exigido en la LAC, en el REAC y en las normas de auditoría y de ética (art. 20 REAC).

4.3.2. Ejercicio de la actividad de auditoría

La vigente LAC incorpora a nuestro ordenamiento la Directiva 2014/56/UE del Parlamento Europeo y del Consejo, de 16 de abril de 2014 y coordina la normativa que prevé con el Reglamento (UE) nº 537/2014, del Parlamento Europeo y del Consejo, de 16 de abril de 2014, sobre los requisitos específicos para la auditoría legal de las entidades de interés público. De conformidad con ambos textos, la LAC incorpora dos principios básicos que han de regir el ejercicio de la actividad de auditoría, el escepticismo y el juicio profesional, y refuerza la independencia y objetividad de los auditores en el ejercicio de dicha actividad como pilar fundamental en que reside la confianza que se deposita en el informe de auditoría.

El escepticismo profesional es la actitud que implica mantener siempre una mente inquisitiva y especial alerta ante cualquier circunstancia que pueda indicar una posible incorrección en las cuentas anuales auditadas, debida a error o fraude, y examinar de forma crítica las conclusiones de auditoría, sea cual fuere la experiencia anterior del auditor de cuentas en relación con la honestidad e integridad de los responsables de la administración y de los directivos de la entidad auditada (art. 13.1 LAC). El juicio profesional consiste en la aplicación competente, adecuada y congruente con las circunstancias que concurran, de la formación práctica, el conocimiento y la experiencia del auditor de cuentas de conformidad con las normas de auditoría, de ética y del marco normativo de información financiera que resulten de aplicación para la toma de decisiones en la realización de un trabajo de auditoría de cuentas. La aplicación del juicio profesional debe razonarse y documentarse adecuadamente. No se admitirá la mera remisión al juicio profesional como justificación de decisiones que, de otra forma, no estén respaldadas por los hechos o circunstancias concurrentes en el trabajo, por la evidencia de auditoría obtenida o que no sean conformes con lo establecido en la normativa citada anteriormente (art. 13.3 LAC).

No obstante, la independencia continúa ocupando un lugar capital por cuanto se erige en soporte fundamental de demostración de la objetividad. Por independencia se entiende la ausencia de intereses o influencias que puedan menoscabar la objetividad del auditor en la realización del trabajo de auditoría. Con la instauración de la misma se pretende asegurar que los usuarios de la información económica financiera auditada acepten con la máxima garantía y plena confianza dicha información, en la medida en que, precisamente, ha sido verificada por un tercero independiente y, por ello, de manera objetiva.

Para ello se ha optado por un régimen mixto que se basa, por una parte, en la enunciación de un principio general de independencia que obliga a todo auditor a abstenerse de actuar cuando pudiera verse comprometida su objetividad en relación a la información económica financiera a auditar (art. 14 LAC); y por otra parte, en la enumeración de un conjunto de circunstancias, situaciones o relaciones específicas en las que se considera que, en el caso de concurrir, los auditores no gozan de independencia respecto a una entidad determinada, siendo la única solución o salvaguarda posible la no realización del trabajo de auditoría.

Se configuran, pues, como presunciones iuris et de iure, generadoras de incompatibilidad con la realización de la auditoría, que obligan al auditor a abstenerse de realizar la auditoría de cuentas de la entidad en cuestión (art. 14.3 LAC). Se refieren a circunstancias que concurren en el propio auditor, derivadas de servicios prestados a la entidad auditada (arts. 16 y 39 LAC) o a entidades vinculadas o con una relación de control con la entidad auditada (arts. 17 y 39 LAC) o de situaciones que concurren en familiares de los auditores principales responsables (arts. 18 y 39 LAC) o en otras personas o entidades relacionadas directamente con el auditor de cuentas o sociedad de auditoría (arts. 19 y 39 LAC) o en otras personas o entidades pertenecientes a la red del auditor o de la sociedad de auditoría (arts. 20 y 39 LAC), así como a la percepción de honorarios de la entidad auditada por encima de la cuantía establecida en la LAC (arts. 25 y 41 LAC).

A estos efectos, los auditores deberán establecer los procedimientos necesarios para detectar e identificar las amenazas a su independencia, evaluarlas y, cuando sean significativas, aplicar las medidas de salvaguarda adecuadas (art. 15 LAC). Si de la evaluación se deduce que no se trata de una situación de incompatibilidad, sino de simple amenaza, el auditor solo está obligado a abstenerse cuando se concluya que la amenaza es significativa para la objetividad y que las medidas de salvaguarda aplicadas no han eliminado o reducido a un grado aceptablemente bajo el riesgo de falta de independencia. A estos efectos, se entiende que se reduce a un grado aceptablemente bajo el riesgo de falta de independencia en aquellos supuestos en los que, de acuerdo con las circunstancias y factores que concurran en relación con la entidad auditada, el trabajo de auditoría en concreto así como la formación y conocimientos requeridos sobre la materia, un tercero informado pudiera concluir que el auditor de cuentas es capaz de ejercer un juicio objetivo e imparcial sobre las cuestiones tratadas durante la realización del trabajo de auditoría y que, por tanto, no resulta comprometida su independencia (arts. 43, 44 y 45 REAC).

Por otra parte, el ejercicio de la actividad de auditoría está sujeto al cumplimiento de un conjunto de deberes adicionales. Entre ellos destaca, en primer lugar, el de formación continuada, cuyo fin es mantener el adecuado nivel de exigencia en relación con la actualización de sus conocimientos dentro de un entorno financiero y mercantil en continuo cambio y progresivamente más complejo. En segundo lugar, se instituye el deber de prestar fianza o suscribir un seguro de responsabilidad civil que garantice permanentemente y de forma individualizada y suficiente el resarcimiento de los daños y perjuicios que pudieran causar por el incumplimiento de sus obligaciones. Finalmente, se instauran también los deberes de guardar secreto y de conservación y custodia. Los auditores deben aplicar, además, precisas normas sobre organización interna (arts. 28 y 42 LAC) y sobre organización del trabajo (art. 29 y 43 LAC) y, en caso de auditores de entidades de interés público, también acerca de la estructura organizativa (art. 44 LAC).

4.3.3. La responsabilidad del auditor

Los auditores de cuentas están sujetos a un complejo sistema de responsabilidad que comprende, además del ámbito penal, el civil y el administrativo. Civilmente responden de los daños y perjuicio que pudieran causar por el incumplimiento de los deberes a que han de someter su actuación profesional. Es de destacar a este respecto que la responsabilidad del auditor implica una actitud de vigilancia y de alerta en la detección de posibles amenazas a su independencia y en la adopción de las medidas de salvaguarda necesarias para reducirlas y, en su caso, eliminarlas, a cuyo objeto está sometido a un especial deber de adoptar medidas de salvaguarda (art. 15 LAC). Responden de manera directa e ilimitada frente a la empresa auditada y frente a terceros de los daños y perjuicios ocasionados, pero de forma proporcional al daño efectivo, lo que supone que la responsabilidad será exigible en forma personal e individualizada, con exclusión del daño o perjuicio causado por la propia entidad auditada o por los terceros (art. 26.2 LAC). Si se trata de sociedades de auditoría, la responsabilidad afecta al propio auditor que haya firmado el informe de auditoría y a la sociedad, de manera solidaria (art. 26.3 LAC). Los restantes socios auditores que no hayan firmado el informe de auditoría no responden.

La legitimación para exigir la responsabilidad frente a la sociedad al auditor o sociedad de auditoría se rige por lo dispuesto para los administradores de sociedades de capital (art. 271 LSC). La acción para exigir la responsabilidad contractual del auditor de cuentas y de la sociedad de auditoría prescribirá a los cuatro años a contar desde la fecha del informe de auditoría (art. 26.4 LAC). La acción para exigir la responsabilidad extracontractual se rige por lo dispuesto en el Cciv (art. 26.1 LAC) y prescribe al año (art. 1968.2° Cciv) y afecta a todos aquellos sujetos distintos a la entidad auditada, incluyendo, pues, tanto a socios de esta como a terceros en sentido estricto.

Asimismo, están sujetos a responsabilidad administrativa en los casos previstos en la LAC (arts. 70 a 86 LAC y 80 a 95 REAC), correspondiendo la potestad sancionadora al ICAC (arts. 68 LAC y 80 REAC).

4.3.4. Derechos del auditor

Entre los derechos que su estatuto atribuye a los auditores destaca el de percibir una remuneración. Los honorarios correspondientes a los servicios de auditoría se fijarán, en todo caso, antes de que comience el desempeño de sus funciones y para todo el periodo en que deban desempeñarlas. Los honorarios no podrán estar influidos o determinados por la prestación de servicios adicionales a la entidad auditada.

Por lo demás, los auditores de cuentas y sociedades de auditoría deberán comunicar al ICAC, anualmente, las horas y honorarios facturados a cada entidad auditada, distinguiendo las que corresponden a trabajos de auditoría de cuentas y otros servicios prestados, así como cualquier otra información que precise el ICAC para el ejercicio de sus funciones (arts. 24.2 y 41.3 LAC).

Lección 4

El registro mercantil. La representación en el derecho mercantil. El establecimiento mercantil

SUMARIO: I. EL REGISTRO MERCANTIL. 1. Caracterización. 2. Sujetos y actos inscribibles. 3. Organización. 3.1. Registros mercantiles territoriales. 3.1.1. Titular, circunscripción y funciones. 3.1.2. La calificación registral. 3.1.3. Eficacia de la inscripción respecto del hecho inscrito. 3.2. Registro Mercantil Central. Funciones. 4. El BORME. 5. La publicidad. 5.1. Publicidad formal. 5.2. Publicidad material. El principio de oponibilidad. II. LA REPRESENTACIÓN. 1. Representación voluntaria, legal y orgánica. 2. La representación voluntaria: auxiliares del empresario. 2.1. Caracterización. 2.2. Clases. 2.2.1. El apoderado general. 2.2.2. Los apoderados singulares. 2.2.3. Los representantes de comercio. III. EL ESTABLECIMIENTO MERCANTIL. 1. Caracterización. 2. El establecimiento mercantil en sentido estricto. Concepto. 2.2. Clases. 3. El establecimiento mercantil en sentido amplio. La dimensión objetiva de la empresa. 3.1. Concepto y naturaleza. 3.2. Elementos. 3.3. La transmisión.

I. EL REGISTRO MERCANTIL

1. Caracterización

El Registro Mercantil es un Registro Público dotado de publicidad legal porque su misión no es únicamente hacer accesible al público en general ciertos datos relevantes para el tráfico mercantil; sino que los datos que se incluyen en él se consideran conocidos por todos con independencia de que efectivamente los hayan conocido. Su origen remoto se encuentra en la matrícula de los gremios y Corporaciones de la Edad Media. Primero con efectos internos, para el conocimiento de los propios comerciantes. Después, externos, respecto de terceros. En la actualidad su organización y funciones se hallan reguladas en el Ccom y en el Real Decreto 1784/1996 de 19 de julio por el que se aprueba el Reglamento del Registro Mercantil (RRM).

2. *Sujetos y actos inscribibles*

El RM es un registro de personas y de los actos que estas realizan. Es importante destacar que la relación de sujetos y actos inscribibles tiene carácter de *numerus clausus*, por lo que no pueden acceder al RM otros distintos de los expresamente autorizados por la Ley o por el RRM. Tal medida se justifica en razón de la seguridad del tráfico y la protección de terceros a que tiende el RM como instrumento de publicidad, ante la inseguridad que podría generar el que cualquier acto o sujeto, por su exclusiva voluntad, se beneficiara de los efectos de la publicidad ligados a la inscripción. En concreto son sujetos inscribibles los empresarios y ciertas organizaciones a las que la Ley atribuye tal condición. Por ejemplo, los fondos de pensiones o los fondos de inversión, que no son sujetos, sino patrimonios dotados de un cierto grado de autonomía (cfr. art. 16 Ccom, art. 81 RRM y vid. DA 4ª de la Ley 7/1996 de 15 de enero de Ordenación del Comercio Minorista).

Ahora bien, no todos los sujetos inscribibles deben acceder obligatoriamente al RM. El modelo adoptado por el RRM puede considerarse mixto pues, junto a ciertos casos en que la inscripción es obligatoria; hay otros en que es simplemente facultativa. En concreto la inscripción de los empresarios individuales es potestativa. No obstante, con el fin de "estimular eficazmente por medios indirectos la inscripción" (cfr. EM Ccom), el empresario individual no inscrito no podrá pedir la inscripción de ningún documento en el RM, ni aprovecharse de sus efectos legales (art. 19.1 Ccom), esto es, de los efectos positivos de la publicidad propios del Registro. La falta de inscripción de ciertos actos de la vida mercantil impide además que puedan ser opuestos a terceros. Sin embargo, al empresario individual no inscrito no se le puede prohibir que legalice sus libros (art. 27.1 y 2 Ccom, 330 RRM). El carácter potestativo de la inscripción del empresario individual se excepciona en el caso del naviero, esto es, del empresario individual dedicado al comercio marítimo (art. 19.1 Ccom). Por otro lado, hay que dejar siempre a salvo el caso tradicional de práctica obligatoria de la inscripción en situaciones de concurso previsto en el art. 322 RRM.

Tratándose de empresarios sociales y otras organizaciones sujetas a inscripción, aunque el art. 19.2 Ccom dispone que la inscripción de todas ellas es obligatoria, esta afirmación debe ser matizada en el sentido al que se aludirá en los capítulos dedicados al Derecho de Sociedades. Adicionalmente esta regla se excepciona en los supuestos de fondos de inversión y fondos de capital-riesgo, cuya inscripción es potestativa (art. 10.6 de la Ley 35/2003 de 4 de noviembre de Instituciones de Inversión Colectiva y art. 7 de la Ley 25/2005 de 24 de noviembre, reguladora de las entidades de capital riesgo y de sus sociedades gestoras). Por último, cabe destacar que cualesquiera sujetos y entidades de inscripción obligatoria deben hacer constar en toda su documentación, correspondencia, notas de pedido y facturación, además del domicilio, los datos identificadores de su inscripción en el RM. Las sociedades mercantiles y demás entidades harán constar también su forma jurídica y, en su caso, la situación de liquidación en que se encuentren (art. 24.1 Ccom). El incumplimiento de estas obligaciones será sancionado con multa (art. 24.2 Ccom).

Por lo que se refiere a los actos inscribibles, su relación varía en función de la clase de sujeto de que se trate (art. 16.1. 8° y 22 Ccom). La que prevé el Ccom está minuciosamente detallada en el RRM donde se regula el contenido de la hoja registral de cada uno de ellos. Con esta indicación se quiere destacar el papel esencial que desempeña el RRM en la regulación de los empresarios y, en especial, de las sociedades y otras entidades inscribibles. Constituye un complemento necesario de las distintas leyes que los regulan, cuyo conocimiento es imprescindible.

3. Organización

El RM es una oficina pública dependiente de la Dirección General de los Registros y del Notariado, integrada en el Ministerio de Justicia. En el organigrama del RM ha de distinguirse entre los Registros territoriales y el Registro Mercantil Central.

3.1. Registros mercantiles territoriales

3.1.1. Titular, circunscripción y funciones

A cargo de los Registros mercantiles territoriales, en virtud de oposición, se encuentran los registradores de la propiedad y mercantiles (art. 13 RRM). En el caso de los Registros Mercantiles territoriales y provincias de gran envergadura económica, el RM puede contar con una pluralidad de registradores mercantiles, que llevarán el despacho de documentos con arreglo al Convenio de distribución de materias o sectores que acuerden, que deberá ser aprobado por la DGSJFP (art.

15.1 RRM y vid. Instrucción DGSJFP de 12 de febrero de 1999). Al contrario, en las de menor actividad económica, el titular del Registro suele tener a su cargo también el Registro de la Propiedad.

Los Registros territoriales se hallan ubicados en cada capital de provincia, en las ciudades de Ceuta y Melilla y en determinadas islas (art. 16.1 RRM). La circunscripción territorial de los mismos coincide con la provincia en cuya capital radican, excepto en los casos de Ceuta, Melilla y las islas (art. 16.2 RRM). Su función fundamental es practicar las inscripciones relativas a los empresarios y organizaciones inscribibles y sus actos y vicisitudes. Junto a este cometido la Ley les asigna tres funciones más. El nombramiento de auditores de cuentas y expertos independientes, el depósito y publicación de las cuentas anuales de los empresarios y la legalización de los libros contables de estos últimos.

3.1.2. La calificación registral

La calificación registral, denominada también principio de legalidad (art. 18.2 Ccom y 6 y 58.2 RRM), implica un examen de los documentos presentados limitado a juzgar acerca de la legalidad de las formas extrínsecas de aquellos, así como de la capacidad y legitimación de los que los otorguen o suscriban y la validez de su contenido. Y, además, sólo por lo que resulte de ellos y de los asientos del RM. A consecuencia de ello se estima que tiene un carácter prevalentemente formal.

Excepción a este principio constituyen las facultades otorgadas al notario en lo atinente al denominado juicio notarial de suficiencia. Conforme a él, en los instrumentos públicos otorgados por representantes o apoderado, el notario autorizante insertará una reseña identificativa del documento auténtico que se le haya aportado para acreditar la representación alegada y expresará que, a su juicio, son suficientes las facultades representativas acreditadas para el acto o contrato a que el instrumento se refiera. La reseña por el notario de los datos identificativos del documento auténtico y su valoración de la suficiencia de las facultades representativas harán fe suficiente, por sí solas, de la representación acreditada, bajo responsabilidad del notario. Por ese motivo el registrador limitará su calificación a la existencia de la reseña identificativa del documento, del juicio notarial de suficiencia y a la congruencia de éste con el contenido del título presentado, sin que pueda solicitar que se le transcriba o acompañe el documento del que nace la representación (art. 98 de la 24/2001 de 27 de diciembre, de

Medidas Fiscales, Administrativas y del Orden Social y 24/2005, de 18 de noviembre, de Reforma para el Impulso a la Productividad).

Los efectos de la calificación se restringen a extender, suspender o denegar la inscripción (art. 59 RRM). Si la calificación es positiva no cabe recurso gubernativo alguno. El interesado, no obstante, podrá reclamar ante la jurisdicción civil la declaración de inexactitud o de nulidad del asiento practicado (art. 20.1 Ccom). Contra la calificación del registrador que deniegue o suspenda la inscripción el interesado dispone de recursos en la vía administrativa y judicial.

3.1.3. Eficacia de la inscripción respecto del hecho inscrito

Considerando la eficacia de la inscripción respecto del hecho inscrito se distinguen en nuestro Derecho dos tipos de inscripciones, las constitutivas y las declarativas. Que una inscripción tenga efectos constitutivos significa que la existencia del negocio o acto depende de su inscripción, que actúa como *condictio sine qua non* de la producción de los efectos pretendidos. Ejemplo de este tipo de inscripciones es la relativa a las sociedades anónimas y limitadas, que, según la doctrina tradicional, no existen como tales hasta que no medie la inscripción. Criterio que hoy ya no es posible sostener en términos tan radicales, como veremos en su momento. Por su parte, la inscripción es declarativa cuando el acto o negocio existe y produce los efectos que le son propios con independencia de aquélla. Es la regla general en nuestro Derecho.

Es distinto orden de cosas, es preciso advertir que, cualquiera que sea la eficacia de la inscripción respecto del hecho inscrito, de ningún modo, adquiere carácter sanatorio. La inscripción, de otra forma, no convalida los actos y contratos que sean nulos con arreglo a las Leyes (arts. 20.2 Ccom y 7.2 RRM). Es verdad que el contenido del Registro se presume exacto y válido (art. 20.1 Ccom y 7.1 RRM). Por ese motivo, una vez inscrito, el acto se presume exacto y válido. Se trata del principio de legitimación, que es una consecuencia o complemento del principio de legalidad, porque es la calificación del registrador la que permite establecer tal presunción. Pero se trata de una simple presunción, que puede ser destruida mediante resolución judicial donde se declare su inexactitud o nulidad, ya que los asientos del Registro estén bajo la salvaguarda de los Tribunales (arts. 20.1 y 7.1 RRM). Hasta que la resolución judicial no sea inscrita, sin embargo, los asientos del Registro continúan produciendo los efectos que les son propios (art. 20.1 Cco y 7.1 RRM). La misma, además, no puede perjudicar los derechos de tercero de buena fe adquiridos conforme a Derecho, entendiéndose adquiridos de tal forma los que resulten de acto o contrato válido con arreglo al contenido del Registro (art. 20.2 Ccom y 8 RRM).

3.2. Registro Mercantil Central. Funciones

La organización del Registro Mercantil se completa con el RMC, que ocupa el vértice del sistema registral. Se trata de un registro único con sede en Madrid, que no incluye entre sus funciones la ordinaria de inscribir a los empresarios y sus actos, con la sola excepción del registro de las sociedades y entidades que hubieran trasladado su domicilio al extranjero sin perder la nacionalidad española (arts. 20 y 379 RRM). Está concebido como un registro de carácter esencialmente informativo y centralizador de los datos esenciales de las inscripciones practicadas en los Registros territoriales (arts. 17.3, 18.3, 23.3 Ccom y 379 y ss. RRM). Específicamente tiene encomendadas las tareas de ordenación, tratamiento y publicidad meramente informativa de los datos que recibe de los Registros territoriales, el archivo y publicidad de las denominaciones de las sociedades y demás organizaciones inscribibles y la comunicación a la Oficina de Publicaciones Oficiales de las Comunidades Europeas de los datos a que se refiere el artículo 14 del Reglamento CE 2157/2001 del Consejo, de 8 de octubre, por el que se aprueba el Estatuto de la Sociedad Anónima Europea y la publicación del BORME (art. 379 RRM).

4. El Borme

El BORME se publica diariamente, salvo sábados, domingos y días festivos en Madrid. Su publicación corresponde al RMC, pero la impresión y distribución del mismo es competencia del Organismo Autónomo BOE (art. 423 RRM). Los actos sujetos a publicación están previstos por la Ley y el propio RRM (art. 420 RRM). Con este propósito, el BORME cuenta con dos secciones. La sección primera se denomina "empresarios" y tiene dos apartados: "actos inscritos", en el que se recogerán los datos a que se refieren los arts. 386 a 391 RRM, y "otros actos publicados en el RM", en el que se incluyen los datos a que se refiere el art. 392 RRM (art. 421 RRM). La segunda sección se denomina "anuncios y avisos legales", y en ella se contienen los anuncios y avisos correspondientes a los sujetos y organizaciones inscritas que no causen operación en el RM y cuya publicación resulte impuesta por la Ley (art. 422 RRM).

5. La publicidad

5.1. Publicidad formal

Se habla de publicidad formal para poner de manifiesto que, en consonancia con la función primaria del Registro como instrumento de publicidad, el RM es público, en el sentido de que cualquier persona tiene acceso a él y goza del derecho de acceder a la información recogida en los asientos registrales (art. 23.1 CCom y art. 12 RRM). Tal publicidad se hace efectiva a través de dos instrumentos, las certificaciones y las notas informativas o copias (art. 23 Ccom). Las certificaciones son expedidas con la firma del registrador y constituyen la única forma de acreditar fehacientemente el contenido de los asientos del Registro o de los documentos archivados o depositados en él (art. 23.1 Ccom y 77.2 RRM). La nota informativa, simple, o copia de los asientos y de los documentos depositados en el Registro, se diferencia de la certificación porque no cumple la función de acreditar fehacientemente el contenido de los asientos del Registro (art. 222.5 LH). Pero, frente a ella, ofrece dos ventajas. En primer lugar, que ha de expedirse en el plazo máximo de tres días desde la solicitud y, en segundo lugar, que su coste es menor (art. 78 RRM). Adicionalmente, a algunos de los datos también es posible acceder a través de Internet, en la página web http://www.registradores.org.

5.2. Publicidad material. El principio de oponibilidad

La llamada publicidad material se ocupa de los efectos de la inscripción respecto de terceros. No obstante, en la actualidad, tales efectos se producen a partir de la publicación en el BORME. Los efectos son de dos tipos.

Por un lado, el efecto positivo supone que los actos sujetos a inscripción son oponibles a terceros desde su publicación en el BORME (art. 21.1 Ccom), en el sentido de que el contenido de los asientos del Registro se presume conocido por todos desde el momento de la publicación, sin posibilidad de oponer prueba en contrario. De modo que es indiferente que, de hecho, se ignoren. Como excepción, con el objeto de procurar en la medida de lo posible un conocimiento real, cuando se trate de operaciones realizadas dentro de los quince días siguientes a la publicación, los actos inscritos y publicados no serán oponibles a terceros de buena fe que prueben que no pudieron conocerlos (art. 21.2 Com). La buena fe del tercero se presume en tanto no se pruebe que, en efecto, conocía la discordancia entre la publicación y la inscripción (art. 21.4 Ccom). En todo caso, quienes hayan ocasionado la discordancia entre el contenido de la inscripción y el de la publicación están obligados a resarcir al perjudicado (art. 21.3 Ccom). En cualquier caso, es conveniente advertir que la publicación determina sólo el momento de la oponibilidad, pero su contenido se rige por la inscripción, de tal manera que no se podrá alegar el desconocimiento de datos cuya publicidad no se exige, pero constituyen el contenido de la inscripción. En este sentido hay que interpretar la norma que permite al tercero de buena fe invocar el contenido de la publicación frente al de la inscripción, si aquel le fuera más favorable (art. 21.3 Ccom).

En el aspecto negativo, la publicidad material determina que la ausencia de inscripción y publicación de un hecho que debiera haberse inscrito y publicado impide su oponibilidad a terceros de buena fe. De manera que la ausencia de inscripción o publicación de un hecho que debiera haberse inscrito y publicado, libera al tercero de la necesidad de conocerlo, puesto que se presume que no lo conoce. El efecto se produce únicamente frente a terceros de buena fe. Eso significa, en primer término, que "la falta de inscripción no podrá ser invocada por quien esté obligado a procurarla" (art. 4.2 RRM), tanto si tal invocación pretende dulcificar la responsabilidad patrimonial de quien estaba obligado a la inscripción como incrementarla. De otro lado, ha de tratarse de terceros de buena fe. La buena fe se presume mientras no se pruebe que conocían el acto sujeto a inscripción y no inscrito o el acto inscrito y no publicado (art. 21.4 Ccom), de manera que dicho acto resulta inoponible, salvo que se pruebe su conocimiento efectivo (art. 21.4 Ccom). Y, adicionalmente, los terceros de buena fe sí podrán invocar el hecho no inscrito en lo que les sea favorable. Si la obligación exigía para su plena eficacia el sistema de publicidad registral, quien debió gestionar la inscripción no podrá invocar su falta de gestión para liberarse de la obligación asumida, pero ese mismo defecto no ha de dejar a la otra parte sin la posibilidad; bien de exigir el cumplimiento de la obligación que dependía de la inscripción del hecho; o bien, según los casos, de dar por extinguido el vínculo por falta de inscripción (vid. art. 40 LSC).

II. LA REPRESENTACIÓN

1. Representación voluntaria, legal y orgánica

La representación es una institución jurídica por cuyo intermedio los actos realizados materialmente por una persona (representante) se imputan a otra (representado). La representación puede ser legal, voluntaria y orgánica. La primera tiene su origen en un mandato legal, que la ordena para suplir la falta o la limitación de la capacidad de obrar de un sujeto, vgr. la de los hijos menores de edad es suplida por sus padres. La representación voluntaria surge, al contrario, de la voluntad del representado, por lo que, a diferencia de la legal, presupone su plena capacidad de obrar. También de manera opuesta a la legal tiene una disciplina específica y propiamente mercantil, que difiere de la civil. Finalmente, la representación orgánica, constituye una hipótesis de indudable interés en nuestra disciplina, en cuyo seno, específicamente en el Derecho de Sociedades, se encuentran sus orígenes y ámbito de actuación.

En efecto, la representación orgánica constituye el instrumento a través del cual la sociedad manifiesta externamente la voluntad social y ejecuta los actos necesarios para el desenvolvimiento de sus actividades, sirviéndose en última instancia de personas naturales. Las sociedades mercantiles, en especial las que están dotadas de personalidad jurídica, necesitan valerse de órganos y estos a su vez de "portadores" del órgano. El órgano es un haz de competencias determinadas por la Ley, que son desempeñadas por el portador del mismo. Entre estos órganos figura el de administración de la sociedad, que tiene atribuida la representación de la misma frente a terceros. Pues bien, los portadores de ese órgano, ostentan la representación orgánica de la sociedad. Al contrario que la representación voluntaria, la orgánica es una representación necesaria pues toda sociedad debe contar obligadamente con representantes orgánicos ya que, de otra forma, no podría relacionarse con terceros; mientras que es potestativo valerse de representantes voluntarios. En segundo lugar, si bien el órgano ha de ser ocupado por determinadas personas, la actuación de estas en el marco de las competencias legalmente fijadas supone que los efectos jurídicos de aquella se imputan directamente a la sociedad y sólo a ella, esto es, su actuación será la de la misma sociedad sin interposición de persona. Esta circunstancia permite diferenciar otra vez la representación orgánica de la voluntaria, pues en esta última se distingue el sujeto que actúa y aquel en cuya esfera jurídica despliega efectos su actuación. Por último, a diferencia de la representación voluntaria, la representación orgánica tiene un contenido legal típico predeterminado por la Ley con carácter inderogable.

2. La representación voluntaria: auxiliares del empresario

2.1. Caracterización

Por auxiliar del empresario se entiende el colaborador del empresario integrado de modo permanente en su organización empresarial en una posición de carácter subordinado, de forma que no asume un riesgo empresarial propio. En consecuencia, la naturaleza jurídica de la relación que une al auxiliar y al empresario es laboral (art. 1 ET). Por este motivo es obligado aceptar que los preceptos del Ccom reguladores de esta relación están implícitamente derogados por la normativa laboral.

Entre estos auxiliares, hay algunos que únicamente desempeñan sus labores en el interior de la empresa; pero hay otros que participan en la actividad exterior de la misma, entrando en relaciones contractuales con los terceros por cuenta del empresario. Los primeros carecen de poder de representación, salvo que se les otorgue de modo expreso. Los segundos, que son los que interesan aquí, son representantes voluntarios del empresario. Cuentan, por consiguiente, con un poder otorgado por el empresario para contratar por su cuenta y en su nombre (arts. 281, 292.1° y 293 en relación con el art. 1 Ccom). De ahí que no adquieran la condición de empresarios ni, por amplio que sea el poder otorgado, su posición sea equiparable a los representantes orgánicos del empresario social.

Ahora bien, la representación que ostentan difiere de la civil. Coincide con ella en que su origen es voluntario, pero se diferencian en que la representación mercantil se exterioriza en apoderamientos típicos en atención a la apariencia que genera la actuación del auxiliar en el tráfico y para proteger a los terceros de buena fe. El poder del auxiliar es, por consiguiente, un poder descrito legalmente, de forma tal que, si la representación que se le otorga es voluntaria por su origen, se convierte en legal por su contenido una vez conferida, salvo que se limite de forma expresa. En resumen, el empresario es libre de nombrar un auxiliar, pero cuando lo hace sin especificar restricción alguna en el ámbito representativo,debe saber que cuantos actos jurídicos realice el designado en la esfera del giro o tráfico del establecimiento se reputarán efectuados por su cuenta con presunción "*iuris et de iure*". Manteniéndose dentro de estos límites, la actividad de los auxiliares vinculará al empresario frente al tercero contratante, ya actúe en nombre del empresario, ya en el propio del representante, si, en este último caso, lo ha hecho por cuenta de aquel. En efecto, el auxiliar ha de actuar, no solo por cuenta o interés del empresario, sino también a nombre de este. El Ccom exige que así lo manifieste aquel al contratar y que lo haga constar de modo expreso en todos los documentos que suscriba (*contemplatio domini* expresa) (art. 284 Ccom). Contratando de esta forma su actuación tiene eficacia directa para el empresario representado de modo que es este quien queda obligado frente al tercero como si aquella hubiera sido realizada por él mismo. Por eso la acción para exigir el cumplimiento se hará efectiva en sus bienes y no en los del auxiliar (art. 285 Ccom). Excepcionalmente, no obstante, el tercero puede dirigirse también contra el auxiliar cuando exista confusión de patrimonio entre ambos (art. 285 Ccom).

Por el contrario, si el auxiliar actúa en nombre propio se obliga directamente con el tercero. No se establece relación alguna con el empresario, salvo que lo haya hecho por cuenta de este (representación indirecta). En esa hipótesis, el tercero podrá dirigir su acción contra ambos, empresario y auxiliar (arts. 286 y 287 Ccom). La actuación por cuenta del empresario existe cuando el acto pertenece a la función que le ha sido encomendada y al frente de la cual aparece en el tráfico, en cuyo caso el tercero únicamente tendrá que acreditar la concurrencia de esa circunstancia (*contemplatio domini* presunta o *ex facta concludentia)* (art. 286 Ccom). Si excede de ella, deberá probar que, en el caso concreto, obró por orden del empresario o que este aprobó su gestión en términos expresos o por hechos positivos (art. 286 Ccom). Es decir, que el auxiliar dispone de un poder específico aparte del característico de su posición jurídica de auxiliar (arts. 283, 286, 292 y 293). El mismo efecto tiene la contratación por delegación sin el consentimiento del empresario, debido a la exigencia legal de que tal actividad se desempeñe personalmente (art. 296 Ccom). Sin autorización del empresario, el auxiliar no puede delegar en otro el encargo recibido. La contravención de esta prohibición provoca que responda directamente de las gestiones del sustituto y de las obligaciones contraídas por este. Como contrapartida el empresario está obligado a resarcir a los auxiliares de todo gasto extraordinario o pérdida que sufran con ocasión del desempeño de sus funciones, salvo pacto expreso (art. 298 Ccom).

Finalmente, cabe destacar que, en razón de esas mismas necesidades derivadas del tráfico empresarial en relación con la seguridad jurídica y la protección de los terceros, el poder está dotado de permanencia sin que sea precisa su renovación para cada acto concreto del representante y sin que se extinga, aun sobreviniendo la muerte del principal, hasta que no sea revocado expresamente (arts. 290 y 291 Ccom).

2.2. Clases

2.2.1. El apoderado general

El apoderado general o factor es el auxiliar del empresario dotado de un poder general para realizar en nombre y por cuenta del empresario el tráfico o giro propio de aquel (art. 281), administrando, dirigiendo y contratando sobre las cosas concernientes a su empresa (art. 283). Ahora bien, poder general no tiene por qué significar en todo caso poder ilimitado. El poder es general cuando se refiere a los objetivos generales de la empresa, lo que permite entender que es posible estar al frente de determinadas áreas funcionales o territoriales, sin que el poder pierda el carácter general en la medida en que en aquellas estén implicados los objetivos generales de la empresa en su totalidad. Por este motivo la restricción del ámbito de ejercicio de las facultades y poderes atribuidos a una determinada parcela de la actividad empresarial o a un concreto territorio no excluye la consideración de factor. Por otro lado, el poder es general cuando está otorgado en términos generales, pero también cuando contiene una enumeración de facultades, siempre que la conjunción de ellas confiera al representante capacidad para dirigir la empresa en su conjunto o sectores funcionales o territoriales de la misma en que se vean implicados sus objetivos generales.

Los poderes del factor pueden estar inscritos en el RM o no. En este último caso se habla de factor notorio. En caso de inscripción, los poderes son oponibles a terceros en sus propios términos, esto es, con las limitaciones establecidas, desde la fecha de su publicación en el BORME hasta que conste su revocación de la misma manera (art. 291.2

en relación con el art. 21, ambos del Ccom). El empresario será quien fije la amplitud de dicho apoderamiento (arts. 283 Ccom), con la particularidad, no obstante, de que, si en razón de las limitaciones, el poder deja de ser general, se habrá perdido la condición de factor. Cuando, por el contrario, el poder no se haya inscrito, los terceros sólo cuentan con la publicidad de hecho, de manera que se produce una vinculación del empresario frente a los terceros de buena fe, aunque el factor no manifieste la existencia del poder o, incluso, cuando actúe con abuso de confianza o transgrediendo las facultades conferidas, o se apropie de los efectos del contrato, siempre y cuando la actividad del factor esté amparada por la apariencia creada frente a terceros en razón de su función, esto es, "siempre que estos contratos recaigan sobre objetos comprendidos en el giro o tráfico del establecimiento" (primera parte del art. 286 referida al "factor notorio" Ccom). En otro caso, esto es, tratándose de negocios no comprendidos en ese tráfico, sólo habrá vinculación del empresario si consta la orden de éste o existe ratificación posterior (último inciso del art. 286 Ccom). Ahora bien, dado que esos efectos se producen en razón de la mecánica a la que está sometida la publicidad de hecho, cuya ordenación preside las relaciones con terceros, no se producen en las relaciones entre el empresario y el factor, de forma que, si éste último se excede en su actuación del ámbito de poder conferido, incurrirá en responsabilidad (art. 297 Ccom).

2.2.2. Los apoderados singulares

Frente al factor, dotado de un poder general, los apoderados singulares son auxiliares del empresario cuyo poder de representación está restringido a determinadas operaciones o a alguna parte del giro y tráfico del principal. Dentro de esta categoría genérica cabe incluir a los dependientes y a los mancebos. Mientras que los primeros son aquellos apoderados singulares que tienen atribuida la representación para la actividad de una sección o rama del negocio, el poder de los mancebos es más restringido. Se circunscribe a las ventas y cobranzas en almacenes abiertos al público, así como a la recepción de mercaderías. Se excluyen las cobranzas que hicieran fuera del almacén, por no operar en este caso la publicidad de hecho, y aquellas que procedan de ventas a plazos, exigencia que parece tener como fin condicionar las operaciones de los mancebos exclusivamente al cobro al contado (art. 294.2 Ccom). En lo relativo a la posibilidad de limitar estos apoderamientos hay una coincidencia con la disciplina del factor, aunque no se exprese de modo tan terminante como al tratar de éste. Los poderes son inscribibles (art. 21 CCom) y se cuenta con la posibilidad de la publicidad de hecho expresa (arts. 292.1 y 293 Ccom) o derivada de la posición que ocupan en la empresa (art. 294 y 295 Ccom).

2.2.3. Los representantes de comercio

Los "representantes de comercio", conocidos también como agentes o viajantes, son personas físicas que asumen la función de promover de manera estable operaciones mercantiles relativas al giro o tráfico de la empresa fuera del establecimiento del empresario, siguiendo las instrucciones de éste y sin asumir el riesgo y ventura de las mismas. Actúan en nombre y por cuenta del empresario, pero sólo en esa labor de promoción, limitándose a transmitir los pedidos de los clientes. Frente a estos últimos no se comprometen de suyo al cumplimiento de la obligación. Y, además, su actuación no vincula al empresario, que puede o no aceptar la operación.

La relación interna que les une con el empresario es de carácter laboral, ordinaria o especial [art. 2.1 f) ET), estando sometidos, en este último caso, a la disciplina prevista en el RD 1438/1985 de 1 de agosto. Esta circunstancia les diferencia de los agentes comerciales, que son colaboradores independientes del empresario. Frente al representante, el agente retiene la autonomía organizativa de la actividad, la asunción del riesgo empresarial de la actividad de promoción y la asunción de los costes de tal actividad (ex art. 2.2. LCA y arts. 1.3. f) y 2.1 f) ET y 1.2. b) del RD 1 de agosto 1985).

III. EL ESTABLECIMIENTO MERCANTIL

1. Caracterización

La Ley no define de modo unívoco el establecimiento. De los distintos preceptos que se refieren a él es posible no obstante inferir la existencia de un concepto estricto y otro amplio. Estrictamente, la noción coincide con los bienes inmuebles y las instalaciones en los que el empresario desarrolla su actividad. Desde el punto de vista amplio, establecimiento es sinónimo de empresa en sentido objetivo.

2. El establecimiento mercantil en sentido estricto

2.1. Concepto

Estrictamente considerado, por establecimiento hay que entender cualquier instalación en la que el empresario desarrolla su actividad. En consecuencia, no coincide en todo caso con el local, entendido este como instalación inmueble de carácter fijo y permanente, sino que abarca también toda instalación móvil en la que el empresario ejerce su actividad [art. 59 bis 1 d) TRLCU], como sucede, por ejemplo, en el caso de la venta ambulante o no sedentaria, realizada en puestos desmontables o transportables o en camiones-tienda (art. 53 LOCM).

El concepto no incluye la necesidad de que se encuentre abierto al público, lo que sucede en la mayoría de los establecimientos industriales, que distribuyen su producción a través de otros empresarios, como agentes o concesionarios. Con todo, el hecho de que el establecimiento se encuentre abierto al público tiene importantes efectos en el ámbito mercantil. Específicamente por las especialidades del régimen jurídico de las compraventas realizadas en ellos. La Ley considera establecimientos abiertos al público los almacenes o las tiendas que permanezcan abiertos al público por espacio de ocho días consecutivos, o se hayan anunciado por medio de rótulos, muestras o títulos en el local del mismo, o por avisos repartidos al público o insertos en los diarios de la localidad (art. 85.2. 2° Ccom). Las compraventas realizadas en ellos se presumen hechas al contado, salvo pacto en contrario (art. 87 Ccom). Y los objetos vendidos son irreivindicables, es decir, el propietario carece de acción para reclamar la devolución de los bienes al comprador de buena fe, quedando únicamente a salvo su derecho para ejercitar las acciones civiles o penales que puedan corresponderle contra quien los hubiere vendido indebidamente (art. 85 Ccom). Por público, el Código alude a una noción más amplia que la de consumidor, pues incluye también la distribución al por mayor a otros empresarios, pero evidentemente comprende al consumidor.

2.2. Clases

Atendiendo a la índole de la actividad que se desarrolle en él, el establecimiento puede ser comercial, industrial o de servicios (arts. 283, 286 Ccom). Si bien tal distinción tiene más interés en el ámbito administrativo que en el mercantil, donde no hay un régimen específico para cada modalidad. Cabe asimismo distinguir entre establecimiento principal, secundario y accesorio. El primero es aquel donde está situado el centro principal de las operaciones empresariales. El secundario o sucursal es el establecimiento dotado por el empresario de representación permanente y de autonomía de gestión a través del cual se desarrollan total o parcialmente las actividades de la empresa (art. 295 RRM). Los demás establecimientos tendrán la consideración de accesorios. De la sucursal hay que diferenciar la filial por cuanto esta última es una sociedad dotada de personalidad jurídica cuyas acciones o participaciones son titularidad de otra sociedad de la que es independiente jurídicamente, pero no económicamente.

3. El establecimiento mercantil en sentido amplio. La dimensión objetiva de la empresa

3.1. Concepto y naturaleza

Desde un punto de vista amplio el establecimiento expresa el aspecto objetivo de la empresa plasmando la existencia de un conjunto de elementos materiales —entre los que se encuentra el establecimiento en sentido estricto, pero también otros como las materias primas—, inmateriales y personales organizados por el empresario para el ejercicio de su actividad empresarial y en el cual se materializa y objetiviza esta.

En este sentido amplio, el establecimiento constituye una unidad funcional que permite concebirle como bien económico con una utilidad de tal carácter, propia y distinta de la mera agregación de las utilidades que pueden proporcionar los diferentes elementos que lo componen, considerados individualmente, lo que explica que el establecimiento adquiera un valor superior al que alcanzarían aisladamente cada uno de los diferentes elementos que lo integran y que alcance la consideración de objeto unitario de tráfico jurídico en el ámbito del Derecho Contractual. Sin embargo, no engendra un objeto unitario en el ámbito de los derechos reales. Por el contrario, se fragmenta en múltiples relaciones jurídicas sobre cada uno de los elementos que lo integran, cuya naturaleza jurídica se diversificará en función de la de estos y de las exigencias funcionales de la actividad. En consecuencia, los elementos patrimoniales así agrupados no pierden por ello su autonomía y propia sustantividad. Tampoco modifican su régimen jurídico individual, salvo, tal vez las mercaderías, cuando han sido adquiridas en tiendas o almacenes abiertos al público (cfr. art. 85 Ccom, frente a los arts. 348 y 349 Cciv). Además, pueden ser separados del establecimiento y sustituidos por otros sin que se rompa la unidad (cfr. art. 22 LHM), en tanto no se produzca una dispersión esencial que destruya la organización.

3.2. Elementos

Aunque el catálogo de los elementos integrantes del establecimiento depende, en cada caso concreto, tanto de la naturaleza, como de la entidad de la actividadempresarial a la que esté funcionalmente ligado el mismo, a nivel general puededecirse que está integrado por los bienes y derechos afectos a la actividad empresarial, las relaciones jurídicas y de hecho establecidas por el empresario para el desarrollo de dicha actividad y el fondo de comercio resultante de la organización de los elementos anteriores. Puede tratarse de bienes materiales muebles(materias primas, mercaderías, medios de transporte), o inmuebles (como el localen que se encuentra instalado), o de bienes inmateriales (patentes, marcas...), derechos reales, derechos de crédito, relaciones jurídicas (vgr. de servicios con elpersonal que presta su trabajo en él) y de posiciones jurídicas complejas.

Junto a este conglomerado de elementos objetivo-patrimoniales, se advierte en el establecimiento la existencia de un conjunto de valores inmateriales, cuyo número, si bien puede variar también en el caso concreto, puede ser reducido a tres. En primer término, la organización como tal, esto es, la selección, combinación y disposición de los elementos objetivo-patrimoniales integrantes del establecimiento (vgr. procedimientos de fabricación o comercialización no patentables, fuentes de aprovisionamiento, red de comercialización...). En segundo lugar, las relaciones de hecho que la actividad desarrollada a través del estable cimiento genera con los proveedores y, sobre todo, con la clientela como círculo indeterminado de personas que le otorgan con habitualidad su preferencia y que tienden a anudarse a la organización y acompañarla en su eventual transmisión. Finalmente, las meras expectativas de ganancia asociadas a factores exógenos de la empresa relativos al entorno en que esta se desenvuelve (tendencias de crecimiento económico del sector...). Se habla en este sentido de fondo de comercio —el "aviamiento" de la doctrina italiana— para hacer referencia a ese conjunto de heterogéneos valores inmateriales, que, en definitiva, constituyen lo más característico del establecimiento, dotándole de un valor adicional al que alcanzarían aisladamente cada uno de los diferentes elementos que lo integran. Este mayor valor se materializa especialmente, con ocasión de la transmisión del mismo, en el "sobreprecio" que el adquirente paga por encima del atribuido a los elementos objetivo-patrimoniales que integran la organización, considerados en su individualidad. Ahora bien, estos componentes no constituyen elementos autónomos añadidos a los patrimoniales. Se trata de propiedades o cualidades del establecimiento como unidad, puesto que radican en su misma configuración estructural, en su disposición. La prueba más determinante de la falta de autonomía de estos elementos es su nulo valor económico en cuanto se desgajen del conjunto.

3.3. La transmisión

La concepción del establecimiento como un bien económico derivada de la existencia de una unidad funcional y de conexión estructural justifica su consideración como objeto de tráfico jurídico unitario. En este sentido, puede constituir el objeto de diferentes operaciones jurídicas cuya finalidad es la transmisión de aquella unidad, como una organización "en funcionamieno". Transmisible es sólo la organización fruto de la actividad del empresario, no la propia actividad creadora que, en cuanto tal, sigue siendo personal e intransferible. Y no hay tampoco, propiamente, transmisión de los valores inmateriales (clientela, expectativas...) generados por aquella. La objetivación real de una y otros no les con vierte en objetos de derecho, susceptibles de disposición. Lo que no obsta a quela causa de todos los negocios, como fin económico perseguido por las partes, seael traspaso "fáctico" de ese campo de actividad "objetivado" de la empresa y delos valores económicos inmateriales a él asociados y, en tal sentido, acomoden ala misma sus respectivas prestaciones y contraprestaciones.

Estas apreciaciones consienten afirmar, en primer término, que la trasmisión de los elementos patrimoniales sólo adquiere relevancia para el adquirente en la medida en que sean necesarios para la continuación de esa actividad de explotación. Y permiten, en segundo lugar, resolver las dudas que puedan suscitarse ante la trasmisión de un conjunto de elementos de un mismo establecimiento. Sólo si estos son suficientes para que el adquirente desarrolle por su intermedio la actividad empresarial, se presumirá que ha existido transmisión del establecimiento en sí y no de un conjunto de elementos del mismo aisladamente considerados. Explican también, en tercer lugar, que, aunque no sea posible que el trasmitente se comprometa a disponer de la actividad en sí misma, sí ha de colaborar —positiva y negativamente— a fin de que los valores inmateriales objetivados ligados a la organización sean utilizados por el adquirente, a fin de que pueda realizar el mismo tipo de actividad que aquel venía desarrollando por intermedio del establecimiento cedido.

La unidad del objeto y de la causa justifica, por fin, que la operación jurídica a través de la cual se arbitra sea única, y no una mera yuxtaposición de diferentes actos jurídicos relativos a cada uno de los distintos elementos que integran el establecimiento. Se trata de la transmisión del establecimiento, como una organización "en funcionamiento". No se está, pues, ante una pluralidad de actos según los bienes, derechos y relaciones que compongan aquel. Lo que sucede, no obstante, es que, al no alcanzar aquel la consideración de bien jurídico *strictu sensu*, no puede ser objeto de un único derecho subjetivo. Por el contrario, existen múltiples derechos sobre cada uno de los elementos que lo integran, de modo que, aunque estén así agrupados no pierden por ello su autonomía y propia sustantividad, ni, en general, modifican su régimen jurídico individual. En consecuencia, la trasmisión de la titularidad de cada uno de sus componentes sigue estando sometida a la normativa que los disciplina en particular, lo que se traduce en una diversificación del régimen de la trasmisión, según la ley de circulación de cada elemento.

En cuanto a las fórmulas transmisivas se distinguen, en primer término, las que tienen lugar de modo definitivo inter *vivos* o *mortis causa*, de las que sólo se producen a título limitado (arrendamiento, usufructo). Dejando a salvo, no obstante, algunos aspectos concretos, como la aportación de establecimiento a una sociedad de capital (art. 66 LSC), ninguno de esos supuestos cuenta con un régimen jurídico específico en nuestro Derecho. Asimismo, junto a esas modalidades transmisivas, el establecimiento puede ser objeto unitario de garantía o embargo por semejantes motivos a los esbozados al tratar de aquellas, es decir, en razón de la representación unitaria que del conjunto de sus elementos quieran hacer las partes, o imponga el ordenamiento.

DERECHO DE LA COMPETENCIA. PROPIEDAD INTELECTUAL. PUBLICIDAD

Lección 5

Derecho de la competencia. Publicidad comercial. Publicidad ilícita

I. DERECHO DE LA LIBRE COMPETENCIA

1. Concepto económico de competencia y Derecho de la libre competencia

El concepto económico de competencia alude a la concurrencia en un mismo mercado de diferentes agentes económicos que ofrecen sus productos y servicios a un conjunto de consumidores, que actúan independientemente, y que constituyen la demanda. En el modelo de competencia perfecta el mercado se concibe como institución básica organizada en torno a la igualdad formal de oferentes y demandantes, de modo que el precio constituye siempre un dato externo a ambos. Sin embargo, la realidad se ha encargado de demostrar que esta visión clásica del equilibrio del mercado no se da más que excepcionalmente y que el reconocimiento de la libertad de iniciativa económica no comporta sin más una "situación objetiva" de libre competencia. Por el contrario, el derecho individual a la libre iniciativa económica ha permitido, unas veces, renunciar a esa libertad a través de límites convencionales a la competencia y, otras, excluir del mercado a los restantes competidores mediante la adquisición de una posición de dominio, que permite influir decisivamente sobre los precios o las condiciones de aquel.

Estos hechos demuestran que, por sí solo, el mercado no puede garantizar la existencia de libre competencia. Es necesario que el ordenamiento proteja su efectivo desarrollo. En particular, la defensa de la libre competencia es un principio de orden público económico y, en cuanto tal, pieza clave del vigente sistema constitucional económico, reconocido como uno de los principios básicos de la denominada "Constitución Económica" en el art. 38 CE cuando reconoce la "la libertad de empresa en el marco de la economía de mercado".

De ahí que, tanto nuestra legislación interna, como la comunitaria, hayan dispuesto un sector normativo específico, incluido dentro del Derecho Mercantil, cuyo objeto es promover y proteger la existencia de una competencia libre y efectiva. Con ese propósito se prohíben aquellas prácticas y conductas que tienen por objeto o producen el efecto de falsear la competencia en los diferentes sectores del mercado. Se trata de las prácticas colusorias y del abuso de posición dominante. Además, las prohibiciones alcanzan a conductas llevadas a cabo por los poderes públicos, por ejemplo, determinadas ayudas públicas prohibidas por sus efectos sobre el mantenimiento de la competencia. Al tiempo, las concentraciones de empresas están sometidas al control público, entendiéndose por empresa cualquier persona o entidad que ejerza una actividad económica, con independencia del estatuto jurídico de dicha entidad y de su modo de financiación (DA IV LDC).

El contenido material de ambas normativas, estatal y comunitaria, es sustancialmente idéntico ya que la primera constituida básicamente por la Ley de Defensa de la Competencia incorpora los principios del TFUE y, en gran parte, el Derecho derivado integrado por diferentes Reglamentos comunitarios.

En la actualidad, el Derecho de la libre competencia se encuentra ante un importante desafío motivado por la generalización de la denominada economía de los datos. El Big Data y su tratamiento supone un salto cualitativo muy importante que coloca a quien dispone de los datos y del conocimiento y técnicas para tratarlos en una situación de ventaja competitiva sin precedentes. Las grandes compañías tecnológicas que dominan el mercado, las denominadas GAFA (Google, Apple, Facebook y Amazon) a la que habría que añadir también Microsoft, así como las de origen asiático, las denominadas BAXT (Baidu, Alibaba, Xiaomi y Tecent) tienen acceso a un número muy elevado de datos de sus clientes. Datos que obtienen tanto por sus relaciones directas con los mismos, como de empresas relacionadas con ellas que prestan servicios como titulares de redes sociales, buscadores o servicios de compra muy extendidos en la actualidad. La aplicación de programas de inteligencia artificial y el manejo de los datos resultantes, permiten a estas empresas crear auténticos perfiles digitales de sus clientes. Ello les permite, lógicamente, afinar mucho en sus políticas de venta y publicidad perfectamente adaptadas a los gustos y preferencias de sus clientes. También les permiten conocer las tendencias del mercado y prepararse para ellas adelantándose a cualquier competidor o entrando en nuevos mercados. Hay que tener en cuenta que se produce una concentración asimétrica de conocimientos en muy pocos actores, lo que exige aplicar unas normas, no muy diferentes a las que en la actualidad se ocupan de la defensa de la competencia, pero sí adaptadas a este nuevo escenario.

2. El modelo español

El Derecho español de la competencia está recogido en la Ley 15/2007 de 3 de julio de Defensa de la Competencia y en su Reglamento, aprobado por RD 216/2008, así como en Ley 3/2013, de 4 de junio, de creación de la Comisión Nacional de los Mercados y la Competencia y en la Ley 1/2002 de 21 de febrero, de Coordinación de las Competencias del Estado y las Comunidades Autónomas en materia de defensa de la competencia, entre las normas más destacadas. Esta última Ley fue promulgada a consecuencia de la STC 208/1999 de 11 de noviembre, que determinó que la defensa de la competencia no es una materia de competencia exclusiva del Estado en todas sus dimensiones. En concreto, especificó que las CC AA pueden contar con competencias de ejecución, no normativas; por tanto, dentro de su ámbito territorial respectivo. Por consiguiente, el modelo español de aplicación de la LDC es de carácter descentralizado puesto que está integrado, por una parte, por la CNMC, como Autoridad Nacional de la Competencia (ANC) y, por otra, por las Autoridades Autonómicas de Defensa de la Competencia (AAC), que asumen competencias de ejecución de la normativa estatal.

Las AAC son las constituidas por las respectivas CC AA. Su composición y funcionamiento se rigen por las normas autonómicas que desarrollan las competencias ejecutivas en la materia de la Comunidad en cuestión; si bien el marco básico para su creación se establece en la Ley 1/2002 anteriormente citada, que también aclara las normas de procedimiento aplicables a las actuaciones de dichos órganos. Esa misma Ley disciplina los criterios que rigen el reparto de competencias entre las AAC y la ANC, así como los mecanismos de coordinación, colaboración e información recíprocas al objeto de garantizar la aplicación uniforme del Derecho de la Competencia en todo el territorio nacional.

En cuanto a los criterios de reparto, corresponderá a la ANC el ejercicio de las competencias respecto de los procedimientos que tengan por objeto conductas prohibidas, autorizaciones singulares de tales conductas, abuso de posición dominante, falseamiento de la libre competencia por actos desleales y control de concentraciones que alteren o puedan alterar la libre competencia en un ámbito supraautonómico o en el conjunto del mercado nacional, o puedan afectar a la unidad de mercado nacional, entre otras causas, por la dimensión del mercado afectado, la cuota de mercado de la empresa correspondiente, la modalidad y alcance de la restricción de la competencia, o sus efectos sobre los competidores efectivos o potenciales y sobre los consumidores y usuarios, aun cuando tales conductas se realicen en el territorio de una Comunidad Autónoma.

La ANC es también competente cuando la conducta pueda atentar contra principios reconocidos en la Constitución, como el establecimiento de un equilibrio económico adecuado y justo entre las diversas partes del territorio español, la libertad de circulación y establecimiento de las personas y la libre circulación de bienes en todo el territorio nacional o la igualdad de todos los españoles en el ejercicio de los derechos y en el cumplimiento de los deberes constitucionales, aun cuando tales conductas se realicen en el territorio de una Comunidad Autónoma. En consecuencia, corresponde a las CC AA el ejercicio en su territorio de las competencias respecto de los procedimientos que tengan por objeto conductas anticompetitivas que, sin afectar a un ámbito superior al de una Comunidad Autónoma o al conjunto del mercado nacional, alteren o puedan alterar la libre competencia en el ámbito de la respectiva Comunidad Autónoma.

3. Conductas colusorias

Por conducta colusoria se entiende todo acuerdo, decisión o recomendación colectiva, o práctica concertada o conscientemente paralela, que tenga por objeto, produzca o pueda producir el efecto de impedir, restringir o falsear la competencia en todo o parte del mercado nacional o, en su caso, en el mercado interior. En particular constituyen conductas de este tipo la fijación, de forma directa o indirecta, de precios o de otras condiciones comerciales o de servicio, la limitación o el control de la producción, la distribución, el desarrollo técnico o las inversiones, el reparto del mercado o de las fuentes de aprovisionamiento, la aplicación, en las relaciones comerciales o de servicio, de condiciones desiguales para prestaciones equivalentes que coloquen a unos competidores en situación desventajosa frente a otros y la subordinación de la celebración de contratos a la aceptación de prestaciones suplementarias que, por su naturaleza o con arreglo a los usos de comercio, no guarden relación con el objeto de tales contratos —contratos vinculados— (arts. 1.1 LDC, 101.1 TFUE).

Las conductas colusorias están prohibidas. La infracción de esta prohibición se sanciona de manera especialmente contundente mediante la nulidad de los acuerdos, decisiones y recomendaciones afectados (arts. 1.2 LDC, 101.2 TFUE). La vulneración de la prohibición constituye además infracción administrativa, por lo que puede dar lugar a la imposición de una sanción en sentido estricto (art. 62 LDC). Sin embargo, las conductas colusorias no incurren en la prohibición cuando, a pesar de reunir los requisitos que la determinarían, cumplen los presupuestos para ser consideradas exentas.

4. *Prácticas abusivas*

Por práctica abusiva se entiende la explotación abusiva por una o varias empresas de su posición de dominio en todo o en parte del mercado (arts. 2.1 LDC y 102 TFUE). En consecuencia, es irrelevante el hecho de que la o las empresas se limiten a disfrutar de una posición dominante en el mercado. Se requiere, además, la explotación abusiva de esa posición dominante. Por consiguiente, el concepto de práctica abusiva exige la concurrencia de dos presupuestos, a saber, la existencia de una posición de dominio en todo o parte del mercado nacional o del mercado interior, en su caso, y el ejercicio abusivo de ese poder.

La explotación abusiva por una o varias empresas de su posición de dominio en todo o en parte del mercado está prohibida, sin que se admitan excepciones (arts. 2.1 LDC y 102 TFUE). La vulneración de la prohibición constituye infracción administrativa, por lo que puede dar lugar a la imposición de una sanción en sentido estricto (art. 62 LDC).

5. Falseamiento de la libre competencia por actos desleales

La LDC incluye entre las conductas prohibidas los actos de competencia desleal que, por falsear la libre competencia, afecten al interés público (art. 3 LDC). Por consiguiente, se exige la concurrencia de tres presupuestos. Que exista un acto de competencia desleal en los términos definidos por la legislación en la materia. Que el acto en cuestión afecte a la libertad de competencia en el mercado y, finalmente, que tal afectación comprometa el interés público. El interés público consiste en el caso en preservar el funcionamiento competitivo del mercado por lo que ha de estimarse lesionado cuando la afectación a la libertad de competencia ocasione una grave perturbación en aquel. De no concurrir la totalidad de los presupuestos, la legislación aplicable no será la que protege la libre competencia, sino la que se ocupa de la competencia desleal.

6. Supuestos de dispensa de las prohibiciones

Las prohibiciones relativas a conductas colusorias, al abuso de posición dominante y al falseamiento de la competencia por actos desleales no se aplican en tres supuestos, a saber, en caso de que la conducta deba estimarse exenta por Ley, cuando sean declaradas inaplicables por el órgano competente y en las hipótesis de acuerdos de menor importancia. Estos acuerdos comprenden todas aquellas conductas que, por su escasa relevancia, no son capaces de afectar de manera significativa a la competencia.

7. Control de las operaciones de concentración económica

Por concentración económica se entiende toda operación que suponga un cambio estable del control de la totalidad o parte de una o varias empresas. Concretamente, se estima producido este cambio de control como consecuencia de (I) la fusión de dos o más sociedades anteriormente independientes, (II) la adquisición por una empresa del control sobre la totalidad o parte de una o varias empresas, o (III) la creación de una empresa en participación (*joint venture*) y, en general, la adquisición del control conjunto sobre una o varias empresas, cuando estas desempeñen de forma permanente todas las funciones de una entidad económica autónoma [arts. 3.1. y 4 Reglamento (CE) nº 139/2004 del Consejo y 7.1 LDC]. Además, en el contexto interno, se añade, como cláusula de cierre del criterio para la determinación de la existencia de control, el que concurra alguno de los presupuestos que engendra la existencia de un grupo de sociedades de conformidad con el art. 4 LMV (art. 7 LDC), remisión que ahora debe entenderse realizada al art. 42 del Ccom.

La normativa sobre concentraciones parte del principio de que las reorganizaciones y concentraciones de empresas deben valorarse de forma positiva en la medida en que responden a las exigencias de una competencia dinámica y pueden aumentar la competitividad de la industria, mejorar las posibilidades de crecimiento y elevar el nivel de vida. No obstante, se estima que es necesario garantizar que el proceso de restructuración no cause un perjuicio duradero a la competencia. Por ello, tanto el Derecho comunitario, como el Derecho interno contienen disposiciones que regulan las concentraciones que puedan obstaculizar de forma significativa la competencia efectiva en el mercado interior o en una parte sustancial del mismo o, en su caso, en el mercado interno, sometiéndolas a un procedimiento de control.

La normativa sobre concentraciones se basa en un sistema de control *ex ante* en virtud del cual las concentraciones que reúnan los requisitos previstos en el Reglamento 139/2004 o en la LDF deben ser notificadas de modo obligatorio, respectivamente, a la Comisión Europea o a la CNMC después de la celebración del acuerdo, del anuncio de la oferta pública de adquisición o de la adquisición de una participación de control. El objeto del procedimiento de control es evaluar la compatibilidad de la concentración, respectivamente, con el mercado interior o con el mercado nacional. El criterio sustantivo que se utiliza para esa evaluación es la susceptibilidad de la concentración para obstaculizar de forma significativa la competencia efectiva, respectivamente, en el mercado común o en una parte sustancial del mismo o en el mercado nacional. Tratándose de concentraciones de dimensión nacional, se añade un segundo criterio sustantivo consistente en la existencia de un interés general distinto de la defensa de la competencia (art. 10 LDC).

El procedimiento comunitario concluye mediante decisión de la Comisión en la que declarará que la concentración es incompatible o compatible con el mercado común según si comprueba o no, respectivamente, que es susceptible de obstaculizar de forma significativa la competencia efectiva en el mercado interior o en una parte sustancial del mismo. Dicha decisión puede ser apelada ante el Tribunal de Justicia de la Unión Europea. Además, la Comisión podrá pedir que se lleven a cabo las modificaciones necesarias para hacer dicha concentración compatible.

En el ámbito interno, la CNMC adopta una resolución en la que podrá: I) acordar el archivo de las actuaciones; II) autorizar la concentración; III) subordinar la autorización de la concentración al cumplimiento de determinados compromisos propuestos por los notificantes o condiciones; IV) Prohibir la concentración (art. 58 LDC). En los dos últimos supuestos, debe remitir el asunto al Ministro de Economía, quien podrá decidir elevar la concentración al Consejo de Ministros. En esta hipótesis el Consejo de Ministros adoptará un acuerdo sobre la concentración, que puede confirmar la resolución dictada por el Consejo de la CNMC o autorizar la concentración, con o sin condiciones, en atención al criterio sustantivo del interés público. Antes de adoptar el acuerdo correspondiente, podrá solicitar informe a la CNMC (arts. 58.6 y 60 LDC).

8. Ayudas Públicas

Las ayudas públicas son aquellas otorgadas por los Estados o mediante fondos estatales, bajo cualquier forma, que, favoreciendo a determinadas empresas o producciones, falseen o amenacen falsear la competencia, y afecten a los intercambios comerciales entre Estados miembros (art. 107.1 TFUE) o a los que suceden en el interior del Estado (art. 11 LDC). Las ayudas públicas generan un alto riesgo de que la competencia sea distorsionada, así como de que den lugar a discriminaciones injustificadas entre las empresas. Por este motivo están sujetas a una disciplina específica, tanto en el ámbito comunitario, como en el interno. Los regímenes previstos en uno y otro difieren, sin embargo, sustancialmente.

La legislación básica sobre ayudas de Estado en el ámbito comunitario está incluida en los arts. 107 a 109 TFUE. Conforme a ellos se consideran incompatibles con el mercado interior las ayudas públicas en que concurran los elementos enunciados en el apartado anterior en la medida en que afecten a los intercambios comerciales entre Estados miembros (art. 107.1 TFUE). Se estima que no reúnen el requisito de la afectación aquellas ayudas que no excedan los límites cuantitativos establecidos en el Reglamento (UE) 1407/2013, de 18 de diciembre relativo a la aplicación de los artículos 107 y 108 del Tratado de Funcionamiento de la Unión Europea a las ayudas de mínimos. Excepto estas, todas las demás ayudas están prohibidas y han de ser notificadas a la Comisión, que decidirá si puede concederse o no [art. 108.3 TFUE y Reglamento (CE) nº 659/1999 del Consejo, de 22 de marzo de 1999, relativo a las modalidades de aplicación del artículo 108 TFUE en relación con las Ayudas de Estado, que contiene las reglas generales en materia de procedimiento], salvo que la ayuda en cuestión esté incluida en alguna de las categorías previstas en los Reglamentos de exención que dicta la Comisión, relativos a las categorías de ayudas públicas sobre las que el Consejo haya determinado que pueden quedar exentas del procedimiento de notificación (art. 108.4 TFUE). Entre estos Reglamentos destaca el Reglamento (UE) 651/2014, de 17 de junio, que declara determinadas categorías de ayudas compatibles con el mercado interior en aplicación de los artículos 107 y 108 del Tratado, conocido como Reglamento General de Exención por Categorías.

En contraste con los amplios poderes de que goza la Comisión en el contexto europeo, la legislación española sobre ayudas públicas concede a la CNMyC unas facultades mínimas por cuanto, en síntesis, se reducen a la emisión de informes y a la formulación de propuestas.

II. LA COMPETENCIA DESLEAL

1. Consideraciones generales: la cláusula general

Tal y como se indicó en la Parte General, la regulación de la competencia desleal está dirigida a mantener la competencia en interés de todos los que participan en el mercado, prohibiendo prácticas comerciales desleales. En la actualidad, cobran especial importancia las actuaciones llevadas a cabo en un entorno virtual con la intervención de prestadores de servicios de la sociedad de la información. Por ello, ha sido preciso modernizar la ley para incluir determinadas prácticas contrarias a los intereses de las personas consumidoras que se dan en las relaciones de consumo a través de internet y que requieren de un tratamiento particularizado.

La LCD incluye una cláusula general y una serie de supuestos específicos. La función principal asignada a la cláusula general consiste en constituir la norma del cierre del sistema, en el sentido de que permite declarar la deslealtad de conductas que no estén expresamente tipificadas en los restantes preceptos de la LCD.

En relación con la cláusula general, lo cierto es que a pesar de su apariencia unitaria, recoge dos supuestos diferentes. El primero, que alude a los actos desleales en las relaciones entre empresas o profesionales (art. 4.1, inciso primero LCD). El segundo, cuando se trata de relaciones con consumidores (artículo 4.1. inciso segundo LCD).

El concepto de competencia desleal exige la realización de un acto que reúna tres requisitos. En primer lugar, es imprescindible que el acto en cuestión se realice en el mercado (art. 2.1. LCD). A estos efectos, es indiferente que se ejecute antes, durante o después de una operación comercial o contrato, así como el hecho de que el contrato llegue a celebrarse o no (art. 2.3 LCD). En segundo lugar, es necesario que se ejecute con fines concurrenciales (art. 2.1 LCD). Se presume la finalidad concurrencial del acto cuando, por las circunstancias en que se realice, se revele objetivamente idóneo para promover o asegurar la difusión en el mercado de las prestaciones propias o de un tercero (art. 2.2 LCD). En consecuencia, se excluyen de la noción los actos realizados con una finalidad distinta a la concurrencial. El tercer requisito, que determina la consideración de desleal del acto, consiste en que resulte objetivamente contrario a las exigencias de la buena fe (art. 4.1 LCD).

La buena fe relevante en esta sede se determina a través de dos juicios de compatibilidad y de la ponderación de las categorías de intereses implicadas. El primer juicio de compatibilidad es el relativo a la existente entre el acto enjuiciado y el modelo de competencia que protege la LCD, en tanto su objeto primario de protección es precisamente el interés general en el correcto funcionamiento de ese sistema de competencia (art. 1 LCD). A este respecto existe cierto consenso acerca de que el modelo de competencia tutelado por la LCD es el de la competencia basada en las propias prestaciones o competencia por el esfuerzo. Este sistema se funda en que la libertad de actuación en el mercado debe ser utilizada para operar en él con fundamento en las características y bondades (precio, calidad, servicio al cliente, etc.) de las propias prestaciones, entendiendo por prestación no sólo el producto o servicio ofertado, sino también toda la actividad desplegada, incluyendo la promocional y publicitaria, destinada precisamente a convencer a la clientela acerca de la bondad de la oferta. Por oposición a este sistema, el modelo de la competencia no basada en las propias prestaciones, comprende todos aquellos actos tendentes, bien a limitar o restringir la libertad y autonomía de decisión del consumidor, bien a obstaculizar al competidor, bien a aprovecharse indebidamente del esfuerzo ajeno o a apropiarse ilegítimamente de las prestaciones de un tercero.

El segundo juicio de compatibilidad, es el que se efectúa en el contexto constitucional. La apuesta de nuestro texto constitucional por un sistema de economía social de mercado obliga a concluir que el modelo de competencia económica que la LCD pretende tutelar no se restringe a tener en cuenta el principio de competencia de prestaciones, sino que debe promover los valores y derechos constitucionalmente reconocidos. La tipificación como acto de competencia desleal de la publicidad ilícita (art. 18 LCD), y la inclusión, dentro de esta categoría, de modalidades tales como la publicidad contraria a la dignidad de la persona o a los valores y derechos constitucionalmente reconocidos, comprendiendo la publicidad vejatoria para las mujeres, o la publicidad de determinados productos cuya publicidad se encuentra prohibida, no hacen más que demostrar la necesidad de este segundo juicio de compatibilidad. Por consiguiente, la tutela de un valor o derecho constitucionalmente reconocido podrá servir también de fundamento para un juicio de deslealtad, aun cuando la práctica examinada no entre en abierta contradicción con el principio de competencia de prestaciones. Finalmente, han de ponderarse las categorías de intereses implicadas, esto es, el interés de los consumidores y competidores y el interés general en el correcto funcionamiento del sistema de competencia, teniendo en cuenta que, en caso de conflicto, prevalece este último ya que los dos primeros son objeto de una protección refleja o mediata, mientras que el interés general es el objeto inmediato y prevalente de tutela (art. 1 LCD).

Cuando se trate de relaciones con consumidores o usuarios (art. 4.1, inciso segundo LCD) "se entenderá opuesto a las exigencias de la buena fe el comportamiento de un empresario o profesional contrario a la diligencia profesional, entendida ésta como el nivel de competencia y cuidados especiales que cabe esperar de un empresario conforme a las prácticas honestas del mercado, que distorsione o pueda distorsionar el comportamiento económico del consumidor medio o del miembro medio del grupo destinatario de la práctica, si se trata de una práctica comercial dirigida a un grupo concreto de consumidores".

Por consiguiente, a diferencia de lo que sucede con la cláusula general para empresarios, la cláusula general cuando se trata de relaciones con consumidores condiciona su ámbito de aplicación al concurso de dos presupuestos diversos: en primer término, que el comportamiento del empresario o profesional resulte contrario a la diligencia profesional que le es exigible, entendiéndose tal diligencia como el nivel de competencia y cuidados especiales que cabe esperar de un empresario conforme a las prácticas honestas del mercado. En segundo lugar, que sea susceptible de distorsionar de manera significativa el comportamiento económico del consumidor medio o del miembro medio del grupo al que se dirige la práctica.

2. *Catálogo de supuestos concretos de competencia desleal*

La LCD tipifica un amplio repertorio de actos ilícitos que, pese a su extensión y detalle, no cabe considerar como un numerus clausus debido a la existencia de la cláusula general. La tipificación se efectúa, al hilo de la Directiva 2005/29, introduciendo una artificial fragmentación en el Derecho de la competencia desleal, al distinguir entre prácticas comerciales desleales entre empresas y prácticas comerciales desleales de las empresas en sus relaciones con los consumidores. No obstante lo anterior, aquí se sigue un criterio de clasificación sistemático, ampliamente aceptado, que distingue entre los actos contrarios a los intereses de los competidores, de los consumidores y los opuestos al buen funcionamiento del mercado.

2.1. Actos contrarios a los intereses de los competidores

2.1.1. Actos de denigración

Entre los actos dirigidos contra un competidor determinado hay que mencionar, en primer término, los actos de denigración, entendiendo por tales la realización o difusión de manifestaciones sobre la actividad, las prestaciones, el establecimiento o las relaciones mercantiles de un tercero que sean aptas para menoscabar su crédito en el mercado, a no ser que sean exactas, verdaderas y pertinentes. En particular, no se estiman pertinentes las manifestaciones que tengan por objeto la nacionalidad, las creencias o ideología, la vida privada o cualesquiera otras circunstancias estrictamente personales del afectado (art. 9 LCD)

2.1.2. Actos de imitación

La LCD parte del principio de que la imitación de prestaciones e iniciativas empresariales o profesionales ajenas es libre, salvo que estén amparadas por un derecho de exclusiva reconocido por la ley. De modo que únicamente la reputa desleal cuando resulte idónea para generar la asociación por parte de los consumidores respecto a la prestación o comporte un aprovechamiento indebido de la reputación o el esfuerzo ajeno, siempre que los riesgos de asociación o de aprovechamiento de la reputación ajena sean evitables. En otro caso se excluye la deslealtad de la práctica. Por otra parte, la imitación sistemática de las prestaciones e iniciativas empresariales o profesionales de un competidor se considera desleal cuando dicha estrategia se halle directamente encaminada a impedir u obstaculizar su afirmación en el mercado y exceda de lo que, según las circunstancias, pueda reputarse una respuesta natural del mercado (art. 11 LCD)

2.1.3. Aprovechamiento indebido de la reputación ajena

Es desleal el aprovechamiento indebido, en beneficio propio o ajeno, de las ventajas de la reputación industrial, comercial o profesional adquirida por otro en el mercado. En particular, se reputa desleal el empleo de signos distintivos ajenos o de denominaciones de origen falsas acompañadas de la indicación acerca de la verdadera procedencia del producto o de expresiones tales como "modelo", "sistema", "tipo", "clase" y similares (art. 12 LCD).

2.1.4. Violación de secretos

Es desleal la divulgación o explotación sin autorización de su titular de secretos empresariales. Su régimen jurídico será el establecido en la legislación sobre secretos empresariales.

2.1.5. Inducción a la infracción contractual

Es desleal la inducción a trabajadores, proveedores, clientes y demás obligados a infringir los deberes contractuales básicos que han contraído con los competidores. Sin embargo, la inducción a la terminación regular de un contrato o el aprovechamiento en beneficio propio o de un tercero de una infracción contractual ajena sólo se reputará desleal cuando, siendo conocida, tenga por objeto la difusión o explotación de un secreto empresarial o vaya acompañada de circunstancias tales como el engaño, la intención de eliminar a un competidor del mercado u otras análogas (art. 14 LCD).

2.2. Actos contrarios a los intereses de los consumidores

2.2.1. Consideraciones generales

Se incluyen en este apartado un conjunto de normas, muy prolijas, que pretenden garantizar la libertad de decisión del consumidor. La LCD carece en este contexto de la necesaria coherencia y sistemática. En primer término, por cuanto para cierto tipo de actos incluye una doble regulación de prácticas comerciales en las que participa un consumidor. En efecto, los actos de engaño, las omisiones engañosas y las prácticas agresivas están sometidos a una doble tipificación. Por un lado, su calificación como acto de competencia desleal se encuentra consagrada en los arts. 5, 7 y 8 LCD, aplicables con carácter general, y a los que remite expresamente el art. 19 LCD cuando se trata de las relaciones con consumidores. Por otra parte, la LCD contiene un amplio catálogo de prácticas, concretamente especificadas, relativas a esos mismos tipos de actos, que son consideradas también como desleales cuando se realicen con consumidores (arts. 21 a 31 LCD), que no rigen, sin embargo, para los empresarios y profesionales.

A modo de introducción general cabe decir que ese catálogo de prácticas desleales concretamente tipificadas posee una doble funcionalidad. Por un lado, implica un reproche directo de deslealtad en relación con las prácticas que allí se recogen, evitando que, en relación con ellas, deba analizarse si concurren los requisitos generales para su calificación como prácticas engañosas. Se entiende que lo son per se, a modo de "lista negra", en la medida en que cumplan las condiciones previstas en la norma respectiva (art. 19.2 LCD). Por otra parte, su contenido ofrece valiosas pautas interpretativas e integradoras al objeto de determinar el alcance de los presupuestos necesarios para calificar como engañosa una práctica que no cuente con una tipificación expresa. No obstante, ha de tenerse en cuenta que tales previsiones únicamente se aplican a las prácticas que se dirijan o tengan como destinatarios a los consumidores. Por tanto, si esas mismas prácticas se producen en el ámbito de las relaciones entre empresarios o profesionales, no serán merecedoras de un reproche automático de deslealtad, de modo que su licitud o ilicitud deberá ser examinada a la luz de las definiciones generales.

La LCD tampoco ha extremado la coherencia, en segundo lugar, cuando designa los tipos de actos que han de reputarse desleales para los consumidores. En efecto, tratándose de estos únicamente remite a la disciplina general cuando se trata de actos de engaño, omisiones engañosas y prácticas agresivas (art. 19.1 LCD), por lo que obliga a concluir que el resto de actos a los que no alude expresamente no rigen en caso de prácticas con consumidores. Esta orientación es abiertamente criticable ya que muchos de ellos han sido instituidos principalmente para cobijar los intereses de los consumidores. Resulta, por tanto, en ciertos casos, que un precepto predispuesto para la tutela del consumidor no se aplica a las relaciones con consumidores. Con ello, adicionalmente, se ha fragmentado el ámbito de aplicación de la LCD, pues el dispositivo enunciado supone la existencia de unas prácticas que son desleales solo cuando el destinatario es un empresario y de otras que solo lo son cuando el destinatario es un consumidor.

2.2.2. *Actos de confusión*

Se considera desleal todo comportamiento que resulte idóneo para crear confusión con la actividad, las prestaciones o el establecimiento ajeno. Para fundamentar la deslealtad de la práctica basta con que se produzca el riesgo de asociación por parte de los consumidores respecto de la procedencia de la prestación (art. 6 LCD). La LCD no define el por riesgo de confusión, por lo que parece conveniente utilizar el concepto que de él ofrece el Derecho de Marcas. En consecuencia, por riesgo de confusión hay que entender el riesgo de que el público consumidor concluya que dos productos o servicios proceden de un mismo empresario (riesgo de confusión en sentido estricto), o, al menos, de empresas vinculadas jurídica o económicamente entre sí (riesgo de asociación). Para apreciar su existencia deben utilizarse asimismo parámetros similares a los que ordena el Derecho de Marcas. De modo que, en particular, procede efectuar dos tipos de comparaciones. En primer lugar, la relativa a la identidad o similitud y a la proximidad competitiva entre los correspondientes productos o servicios, y, en segundo lugar, la referente a la identidad o similitud entre su presentación comercial, sus signos distintivos o su publicidad. A este último respecto, cabe destacar, sin embargo, que el medio a través del cual se crea ese riesgo no está limitado en la LCD. Por tanto, el riesgo de confusión puede apoyarse en signos distintivos, como las marcas o los nombres comerciales, pero también en otros signos identificadores de la actividad, la prestación o el establecimiento, como pueden ser, por ejemplo, los embalajes, la presentación comercial, los escaparates..., o en determinados elementos publicitarios, como los catálogos o los carteles.

Los actos de confusión se incluyen entre aquellos cuyo objeto es la tutela de los consumidores pues, aunque también protegen al empresario en su derecho de asegurarse de que se identifique correctamente la procedencia empresarial de sus productos o servicios, la protección se otorga en última instancia en beneficio de los consumidores al objeto de que no se distorsione su derecho de elección. Eso no obstante, la LCD no prevé la aplicación de este precepto a las prácticas con consumidores (art. 19.1 LCD).

En su lugar regula un supuesto específico de acto de confusión en relación con aquellos. En ese ámbito, se reputan desleales aquellas prácticas comerciales, incluida la publicidad comparativa, que, en su contexto fáctico y teniendo en cuenta todas sus características y circunstancias, creen confusión, incluido el riesgo de asociación, con cualesquiera bienes o servicios, marcas registradas, nombres comerciales u otras marcas distintivas de un competidor, siempre que sean susceptibles de afectar al comportamiento económico de los consumidores y usuarios (art. 20 LCD).

En consecuencia, los actos de confusión que se planteen en las relaciones entre empresarios o profesionales solo podrán ser examinados a la luz del art. 6 LCD; mientras que, en caso de consumidores, se aplicará el art. 20 LCD. Ese último precepto subsume los actos desleales de confusión dentro de las prácticas comerciales engañosas, por lo que induce a entender que el riesgo de confusión constituye una hipótesis específica del riesgo de engaño en la medida en que desencadena o puede desencadenar el error de los consumidores en punto al origen empresarial del producto, que es precisamente una de las circunstancias sobre las que puede recaer el engaño [art. 5.1 g) LCD]. Adicionalmente, la LCD incluye un supuesto concreto de práctica engañosa por confusión para consumidores, que supone una tipificación especial en relación con la general que efectúa el art. 20 LCD. En efecto, son desleales, por engañosas las prácticas por confusión consistentes en "promocionar un bien o servicio similar al comercializado por un determinado empresario o profesional para inducir de manera deliberada al consumidor o usuario a creer que el bien o servicio procede de ese mismo empresario o profesional, no siendo cierto" (art. 25 LCD). Esta práctica se inserta dentro del catálogo o lista negra de comportamientos que se consideran desleales en sí mismos en las relaciones con consumidores. Sin necesidad, por tanto, de verificar si se cumplen los requisitos previstos en el art. 20 LCD.

2.2.3. Actos de engaño

Son desleales los actos de engaño, entendiendo por tal cualquier conducta que contenga información falsa o información que, aun siendo veraz, por su contenido o presentación, induzca o pueda inducir a error a los destinatarios, siendo susceptible de alterar su comportamiento económico, siempre que incida sobre alguno de los aspectos mencionados en la LCD. Entre ellos destacan, la naturaleza del bien o servicio, sus características principales o el precio (art. 5.1 LCD). Cuando el empresario o profesional indique en una práctica comercial que está vinculado a un código de conducta, el incumplimiento de los compromisos asumidos en dicho código, se considera desleal, siempre que el compromiso sea firme y pueda ser verificado, y, en su contexto fáctico, esta conducta sea susceptible de distorsionar de manera significativa el comportamiento económico de sus destinatarios (art. 5.2 LCD).

También se considera desleal cualquier operación que consista en la comercialización de un bien como idéntico a otro comercializado en otros Estados miembros, cuando ese bien tenga una composición o características significativamente diferentes, salvo que esté justificado por factores legítimos y objetivos (art. 5.3 LCD). Con ello se pretende atajar el denominado fenómeno de la calidad dual, en virtual del cual se vende un producto con la misma marca y envasado, pero con distinta composición y, por tanto calidad, según los Estados en los que se comercialice.

Son desleales también las omisiones engañosas. Consisten en la ocultación de la información necesaria para que el destinatario adopte o pueda adoptar una decisión relativa a su comportamiento económico con el debido conocimiento de causa (art. 7 LCD). La práctica es igualmente desleal si la información que se ofrece es poco clara, ininteligible, ambigua, no se ofrece en el momento adecuado, o no se da a conocer el propósito comercial de la misma, cuando no resulte evidente por el contexto (art. 7 LCD). Para la determinación del carácter engañoso de estos actos se atenderá al contexto fáctico en que se producen, teniendo en cuenta todas sus características y circunstancias y las limitaciones del medio de comunicación utilizado.

Estos dos preceptos ofrecen las definiciones generales de actos de engaño y omisiones engañosas y rigen tanto para las prácticas con empresarios como para las que tienen lugar con consumidores (art. 19.1 LCD). Sin embargo, junto a ellos, la LCD incluye un prolijo catálogo de prácticas expresamente tipificadas como engañosas (arts. 21 a 27 LCD), que rigen únicamente en la medida en que se dirijan o tengan como destinatarios a los consumidores. De modo que, si esas mismas prácticas se producen en el ámbito de las relaciones entre empresarios o profesionales, no serán merecedoras de un reproche automático de deslealtad. Su licitudo ilicitud deberá ser examinada a la luz de las definiciones generales de los actos de engaño y de omisiones engañosas.

Finalmente, deben ser tenidas en cuenta nuevas prácticas relacionadas con el entorno virtual. En concreto, se califican de desleales: la reventa de entradas de espectáculos empleando medios automatizados para evitar los límites a las compras masivas; las que afirmen que las reseñas de un bien o servicio son añadidas por consumidores y usuarios que han utilizado o adquirido realmente el bien o servicio, sin tomar medidas razonables y proporcionadas para comprobar que dichas reseñas pertenezcan a tales consumidores y usuarios; o las que añadan o encarguen a otra persona física o jurídica que incluya reseñas o aprobaciones falsas o distorsionadas de consumidores con el fin de promocionar bienes o servicios.

2.2.4. Actos de comparación

Los actos de comparación pública, incluida la publicidad comparativa, mediante una alusión explícita o implícita a un competidor, están permitidos si los bienes o servicios comparados tienen la misma finalidad o satisfacen las mismas necesidades y la comparación se realiza de modo objetivo entre una o más características esenciales, pertinentes, verificables y representativas de los bienes o servicios, entre las cuales podrá incluirse el precio. Ahora bien, en el supuesto de productos amparados por una denominación de origen o indicación geográfica, denominación específica o especialidad tradicional garantizada, la comparación sólo podrá efectuarse con otros productos de la misma denominación. Y no podrán presentarse bienes o servicios como imitaciones o réplicas de otros a los que se aplique una marca o nombre comercial protegido. Además, la comparación no podrá contravenir lo dispuesto en la LCD en materia de actos de denigración, explotación de la reputación ajena o engaño, incluidas las prácticas engañosas por confusión para los consumidores, previstas en el art. 20 LCD (art. 10 LCD).

Este último precepto alude, también expresamente, a la publicidad comparativa como una de las modalidades publicitarias que, potencialmente, puede desencadenar el riesgo de confusión entre el público de los consumidores, considerándola desleal por tal motivo. Lo que contrasta con la regulación general de los actos de comparación, en la que no efectúa referencia explícita alguna al riesgo de confusión, ni tampoco implícita fuera del caso de las prácticas con consumidores (art. 10 LCD). De modo que esta sesgada y asistemática regulación induce a pensar que la publicidad comparativa solo es desleal en relación con los consumidores cuando provoca un riesgo de confusión. El art. 20 LCD únicamente se aplica a los consumidores, y el art. 10 LCD no rige para las relaciones con ellos a tenor del art. 19.1 LCD. Por consiguiente, será desleal respecto de aquellos cuando genera riesgo de confusión; pero no si no cumple los requisitos generales de licitud de los actos de comparación del art. 10 LCD, a pesar de que esos requisitos han sido seleccionados precisamente en atención a la tutela de los intereses económicos de los consumidores. Y de que no hay duda de que la publicidad comparativa afecta a los intereses económicos de los consumidores cuando es apta para generar un riesgo de confusión, pero también cuando se refiere a productos o servicios que no sean similares o no compara de forma objetiva características esenciales, pertinentes, verificables y representativas de aquéllos.

2.2.5. *Prácticas agresivas*

Son desleales las prácticas agresivas, esto es, todo comportamiento que, teniendo en cuenta sus características y circunstancias, sea susceptible de mermar de manera significativa, mediante acoso, coacción, incluido el uso de la fuerza, o influencia indebida, la libertad de elección o conducta del destinatario en relación al bien o servicio y, por consiguiente, afecte o pueda afectar a su comportamiento económico. A este respecto, se considera influencia indebida la utilización de una posición de poder en relación con el destinatario de la práctica para ejercer presión, incluso sin usar fuerza física ni amenazar con su uso. Para determinar si una conducta hace uso del acoso, la coacción o la influencia indebida se tendrán en cuenta las circunstancias previstas en la LCD. Entre ellas destaca el momento y el lugar en que se produce, su naturaleza o su persistencia, el empleo de un lenguaje o un comportamiento amenazador o insultante o la explotación por parte del empresario o profesional de cualquier infortunio o circunstancia específicos lo suficientemente graves como para mermar la capacidad de discernimiento del destinatario, de los que aquél tenga conocimiento, para influir en su decisión con respecto al bien o servicio (art. 8 LCD).

Esta previsión afecta a empresarios o profesionales y a consumidores (art. 19.1 LCD). Adicionalmente, en caso de prácticas con estos últimos, la LCD contiene un catálogo de prácticas de esta índole (arts. 28 a 31 LCD) que se consideran desleales per se (art. 19.2 LCD).

2.3. Actos contrarios al mercado

2.3.1. *Violación de normas*

Se considera desleal prevalerse en el mercado de una ventaja competitiva adquirida mediante la infracción de las leyes. La ventaja ha de ser significativa. Tendrá también la consideración de desleal la simple infracción de normas jurídicas que tengan por objeto la regulación de la actividad concurrencial. Igualmente, se considera desleal la contratación de extranjeros sin autorización para trabajar obtenida de conformidad con lo previsto en la legislación sobre extranjería. Y finalmente, se considera desleal el incumplimiento reiterado de las normas de lucha contra la morosidad en las operaciones comerciales (art. 15 LCD).

2.3.2. Discriminación y dependencia económica

Es ilícito el tratamiento discriminatorio del consumidor en materia de precios y demás condiciones de venta, a no ser que medie causa justificada. Y la explotación por parte de una empresa de la situación de dependencia económica en que puedan encontrarse sus empresas clientes o proveedores que no dispongan de alternativa equivalente para el ejercicio de su actividad. Esta situación se presumirá cuando un proveedor, además de los descuentos o condiciones habituales, deba conceder a su cliente de forma regular otras ventajas adicionales que no se conceden a compradores similares. Tendrá asimismo la consideración de desleal la ruptura, aunque sea de forma parcial, de una relación comercial establecida sin que haya existido preaviso escrito y preciso con una antelación mínima de seis meses, salvo que se deba a incumplimientos graves de las condiciones pactadas o en caso de fuerza mayor y la obtención, bajo la amenaza de ruptura de las relaciones comerciales, de precios, condiciones de pago, modalidades de venta, pago de cargos adicionales y otras condiciones de cooperación comercial no recogidas en el contrato de suministro que se tenga pactado (art. 16 LCD).

2.3.3. Venta a pérdida

Es desleal la venta a pérdida, esto es, la realizada bajo coste, o bajo precio de adquisición cuando sea susceptible de inducir a error a los consumidores acerca del nivel de precios de otros productos o servicios del mismo establecimiento, cuando tenga por efecto desacreditar la imagen de un producto o de un establecimiento ajenos o cuando forme parte de una estrategia encaminada a eliminar a un competidor o grupo de competidores del mercado (art. 17 LCD).

3. Acciones

Contra los actos de competencia desleal, incluida la publicidad ilícita, podrán ejercitarse las siguientes acciones:

I) Acción declarativa de deslealtad.

II) Acción de cesación de la conducta desleal o de prohibición de su reiteración futura. Asimismo, podrá ejercerse la acción de prohibición, si la conducta todavía no se ha puesto en práctica.

III) Acción de remoción de los efectos producidos por la conducta desleal.

IV) Acción de rectificación de las informaciones engañosas, incorrectas o falsas.

V) Acción de resarcimiento de los daños y perjuicios ocasionados por la conducta desleal, si ha intervenido dolo o culpa del agente.

VI) Acción de enriquecimiento injusto, que sólo procederá cuando la conducta desleal lesione una posición jurídica amparada por un derecho de exclusiva u otra de análogo contenido económico.

En las sentencias estimatorias de las acciones previstas en los cuatro primeros casos anteriores, el tribunal, si lo estima procedente, y con cargo al demandado, podrá acordar la publicación total o parcial de la sentencia o, cuando los efectos de la infracción puedan mantenerse a lo largo del tiempo, una declaración rectificadora.

III. PUBLICIDAD COMERCIAL

1. Generalidades. La publicidad ilícita. La publicidad desleal

Por publicidad se entiende toda forma de comunicación realizada por una persona física o jurídica, pública o privada, en el ejercicio de una actividad comercial, industrial, artesanal o profesional con el fin de promover de forma directa o indirecta la contratación de bienes muebles o inmuebles, servicios, derechos y obligaciones (art. 2 LGP). Son destinatarios de la publicidad las personas a las que se dirija el mensaje publicitario o las que éste alcance (art. 2 LGP).

La publicidad se rige por la Ley 34/1988, de 11 de noviembre, General de Publicidad (LGP), por la LCD y por las normas especiales que regulen determinadas actividades publicitarias (art. 1 LGP). La LCD establece un régimen jurídico unitario sobre la deslealtad de las prácticas engañosas, de las agresivas y, en general, de las prácticas desleales. Su disciplina se aplica con independencia de quien sea el autor de la práctica, de que sus destinatarios sean consumidores o empresarios y del medio utilizado para realizar la oferta. Por consiguiente, se ha superado la tradicional distinción entre los actos desleales y la regulación de la publicidad ilícita por desleal o engañosa.

Debido a ello, la LGP queda reducida a poco más que una norma meramente contractual, en la que se han dejado únicamente supuestos particulares de publicidad ilícita y las acciones y remedios que posibilitan su represión, en especial frente a la publicidad que atente contra la dignidad de la persona o vulnere los derechos y valores reconocidos en la Constitución, significativamente en lo que se refiere a la infancia, la juventud y la mujer. El resto de materias están disciplinadas en la LCD. En efecto, la publicidad ilícita por su carácter engañoso, agresivo y, en general, la desleal tiene la consideración de acto de competencia desleal en los términos contemplados en la LCD [art. 3 e) LGP]. Adicionalmente, la publicidad considerada ilícita por la LGP, fuera de esos casos, también se reputará desleal (art. 18LCD).

2. *Supuestos específicos de publicidad ilícita*

La publicidad es ilícita, en primer lugar, cuando atente contra la dignidad de la persona o vulnere los valores y derechos reconocidos en la Constitución, especialmente los previstos en sus artículos 14, 18 y 20. 4. Se entenderán incluidos en la previsión anterior los anuncios que presenten a las mujeres de forma vejatoria o discriminatoria, bien utilizando particular y directamente su cuerpo o partes del mismo como mero objeto desvinculado del producto que se pretende promocionar, bien su imagen asociada a comportamientos estereotipados que vulneren los fundamentos de nuestro ordenamiento coadyuvando a generar la violencia a que se refiere la Ley Orgánica 1/2004, de 28 de diciembre, de Medidas de Protección Integral contra la Violencia de Género y la Ley Orgánica de garantía integral de la libertad sexual. Asimismo, cualquier forma de publicidad que contribuya a generar violencia o discriminación sobre menores de edad o fomente estereotipos de carácter sexista, racista, estético o de carácter homofóbico o transfóbico o por razones de capacidad [art. 3 a) LGP].

Es también ilícita la publicidad dirigida a menores que les incite a la compra de un bien o de un servicio, explotando su inexperiencia o credulidad, o en la que aparezcan persuadiendo de la compra a padres o tutores. Por otra parte, no se podrá, sin un motivo justificado, presentar a los niños en situaciones peligrosas. Tampoco se deberá inducir a error sobre las características de los productos, ni sobre su seguridad, ni acerca de la capacidad y aptitudes necesarias en el niño para utilizarlos sin producir daño para sí o a terceros [art. 3 b) LGP]. Asimismo, es ilícita la publicidad subliminal. Es subliminal la publicidad que, mediante técnicas de producción de estímulos de intensidades fronterizas con los umbrales de los sentidos o análogas, pueda actuar sobre el público destinatario sin ser conscientemente percibida [arts. 3 c) y 4 LGP].

Es ilícita igualmente la publicidad que infrinja lo dispuesto en la normativa que regule la publicidad de determinados productos, bienes, actividades o servicios [art. 3 d) LGP]. A este respecto la LGP alude a la publicidad de materiales o productos sanitarios y de aquellos otros sometidos a reglamentaciones técnico-sanitarias, así como la de los productos, bienes, actividades y servicios susceptibles de generar riesgos para la salud o seguridad de las personas o de su patrimonio; a la publicidad sobre juegos de suerte, envite o azar; y a los supuestos en que la protección de los valores y derechos constitucionalmente reconocidos así lo requieran (art. 5.1 LGP). Los reglamentos que desarrollen estas previsiones y aquellos que, al regular un producto o servicio, contengan normas sobre su publicidad especificarán las siguientes circunstancias, a saber, I) la naturaleza y características de los productos, bienes, actividades y servicios cuya publicidad sea objeto de regulación; II) la forma y condiciones de difusión de los mensajes publicitarios y III) los requisitos de autorización y, en su caso, registro de la publicidad, cuando haya sido sometida al régimen de autorización administrativa previa. Establecerán, asimismo, la exigencia de que en la publicidad de estos productos se recojan los riesgos derivados, en su caso, de la utilización normal de los mismos. En el procedimiento de elaboración de estos reglamentos será preceptiva la audiencia de las organizaciones empresariales representativas del sector, de las asociaciones de agencias y de anunciantes y de las asociaciones de consumidores y usuarios, en su caso, a través de sus órganos de representación institucional. El otorgamiento de autorización habrá de respetar los principios de libre competencia, de modo que no pueda producirse perjuicio de otros competidores. Sin embargo, una vez vencido el plazo de contestación que las normas especiales establezcan para los expedientes de autorización, se entenderá concedida esta por silencio administrativo positivo. En cambio, la denegación de solicitudes de autorización deberá ser motivada (art. 5.2 y 3 LGP).

En especial, tratándose de productos estupefacientes, psicotrópicos y medicamentos, destinados al consumo de personas y animales, solamente podrán ser objeto de publicidad en los casos, formas y condiciones establecidos en las normas especiales que los regulen (art. 5.4 LGP). De otro lado, se prohíbe la publicidad de todo tipo de bebidas alcohólicas en aquellos lugares donde esté prohibida su venta o consumo y la que tenga lugar por medio de la televisión cuando su graduación alcohólica supere los 20 grados centesimales. Esta última prohibición podrá extenderse por el Gobierno a las bebidas con graduación alcohólica inferior a 20 grados centesimales. En general, además, la forma, contenido y condiciones de la publicidad de bebidas alcohólicas serán limitados reglamentariamente en orden a la protección de la salud y seguridad de las personas, teniendo en cuenta los sujetos destinatarios, la no inducción directa o indirecta a su consumo indiscriminado y en atención a los ámbitos educativos, sanitarios y deportivos (art. 5.5 LGP).

Finalmente, hay que destacar que el incumplimiento de las normas especiales que regulen la publicidad de los productos, bienes, actividades y servicios aludidos tendrá consideración de infracción a los efectos previstos en la Ley Generalpara la Defensa de los Consumidores y Usuarios y en la Ley General de Sanidad (art. 5.6 LGP), además de ser considerados, en su caso, actos de competencia desleal (art. 18 LCD).

3. Acciones

Las acciones frente a la publicidad ilícita son las establecidas con carácter general para la competencia desleal en la LCD. Adicionalmente, frente a la publicidad ilícita por utilizar de forma discriminatoria o vejatoria la imagen de la mujer, están legitimados para el ejercicio de las acciones previstas en el artículo 32.1, 1.ª a 4.ª de la LCD la Delegación del Gobierno para la Violencia de Género, el Instituto de la Mujer o su equivalente en el ámbito autonómico, las asociaciones legalmente constituidas que tengan como objetivo único la defensa de los intereses de la mujer y no incluyan como asociados a personas jurídicas con ánimo de lucro y el Ministerio Fiscal (art. 6 LCD).

4. El jurado de la publicidad de autocontrol

Autocontrol es una asociación sin ánimo de lucro, compuesta por los principales anunciantes, agencias de publicidad, medios de comunicación y asociaciones profesionales relacionadas con la actividad publicitaria en España. La Asociación gestiona el sistema español de autorregulación de la comunicación comercial construido sobre la base de tres instrumentos esenciales, a saber, un Código de Conducta, un Gabinete Técnico que presta asesoramiento previo sobre concretos proyectos de campañas publicitarias antes de su emisión, a través del servicio de "*copy advice*" y un órgano independiente, el Jurado de la Publicidad de Autocontrol.

El Jurado de la Publicidad es un órgano especializado en materia deontológico-publicitaria y jurídico-publicitaria, formado por personas independientes, que actúa con plena y absoluta autonomía. Sus principales funciones son formular los anteproyectos de códigos éticos y otras normas de conducta en materia de comunicación comercial que se presenten a la Junta Directiva de la Asociación para su tramitación definitiva y, sobre todo, resolver, de conformidad con su Reglamento, las reclamaciones o controversias que se presenten en relación con las comunicaciones comerciales realizadas o difundidas por los asociados, o por terceros no asociados que acepten expresa o tácitamente su competencia, por presunta infracción de los códigos y normas de conducta aprobados por la Asociación.

En este aspecto es una instancia de resolución extrajudicial de controversias que desempeña un arbitraje de tipo institucional y especializado en materia publicitaria y de comunicación comercial. En razón del cumplimiento por su parte de los requisitos y principios de independencia, transparencia, contradicción, eficacia, legalidad, libertad de elección y derecho de representación, el sistema extrajudicial de controversias publicitarias de Autocontrol forma parte de la Red EJE (Red Extra-Judicial Europea) de la Comisión Europea.

Lección 6

Propiedad intelectual (I) Signos distintivos. Invenciones y creaciones técnicas Diseños industriales

SUMARIO: EL SIGNIFICADO DE LA PROPIEDAD INTELECTUAL. II. SIGNOS DISTINTIVOS. 2.1. Caracterización. 2.2. Las marcas. 2.3. El nombre comercial. 2.4. El nombre de dominio. 2.5. Denominaciones de origen e indicaciones geográficas. III. RÉGIMEN JURÍDICO DE LAS MARCAS. 1. Composición. 1.1. El signo constitutivo de marca. 1.2. Prohibiciones absolutas. 1.3. Prohibiciones relativas. 2. Clases de marcas. 2.1. Marca nacional. Marca de la Unión Europea. Marca internacional. 2.2. Marcas renombradas. 3. Nacimiento del derecho sobre la marca. 4. Contenido.4.1. Derechos. 4.2. Acciones. 4.3. Cargas. 5. La marca como objeto de derecho de propiedad. Cesión y licencia de la marca. 6. Extinción. 6.1. Nulidad. 6.2. Caducidad. IV.INVENCIONES Y CREACIONES TÉCNICAS. 1. Caracterización y modalidades. 2. Las patentes. 2.1. Caracterización. 2.2. Disciplina. 2.3. requisitos de patentabilidad. 2.4. Derechos del inventor. Cargas. 2.5. Acciones.3. Los modelos de utilidad. V. CREACIONES ESTÉTICAS. LOS DISEÑOS INDUSTRIALES. 1. Caracterización y delimitación frente a otras figuras. 1.1 Caracterización. 1.2. Diseño industrial y diseño artístico. 1.3. Diseño industrial y modelo de utilidad. 2. Clases. 3. Disciplina jurídica. 4. Requisitos de protección. 4.1. Requisitos generales. 4.2. Otros requisitos .5. Titularidad del diseño. Derechos y cargas. 6. La protección del diseño no registrado. 7. Acciones

I. INTRODUCCIÓN A LA PROPIEDAD INTELECTUAL

1. El significado de la propiedad intelectual

La propiedad intelectual es una locución técnica que incluye la disciplina de las creaciones industriales (patentes, modelos de utilidad, diseños de los signos distintivos (marcas, nombres comerciales y rótulos de establecimiento), de los signos distintivos de calidad (denominaciones de origen e indicaciones geográficas) y de los derechos de autor, concebidos todos ellos como creaciones del intelecto humano y, por ende, como bienes inmateriales susceptibles de protección por el Derecho.

Se trata de una orientación político-jurídica acorde con la preconizada por la OMPI ya en 1967 y posteriormente ratificada por la Declaración de las partes contratantes del GATT de Punta del Este en 1986. En ambas sedes se propuso agrupar las distintas clases de derechos sobre bienes inmateriales en una sola categoría bajo la denominación genérica de propiedad intelectual. Locución en la que quedarían comprendidos, por tanto, los tradicionales derechos de propiedad industrial recogidos en el Convenio de la Unión de París como los regulados en el Convenio de Berna, que integran los derechos de autor y derechos conexos.

Este criterio amplio fue adoptado también en el protocolo 28 del Acuerdo sobre el Espacio Económico Europeo y en el Acuerdo Marco Interregional de Cooperación entre la Comunidad Europea y sus Estados miembros, por un lado, y el Mercado Común del Sur y sus Estados Partes, por otro (BOE 3 de noviembre de 1999). Asimismo, en el Acuerdo sobre los aspectos de los derechos de propiedad intelectual relacionados con el comercio («Acuerdo sobre los ADPIC»), aprobado, en el marco de las negociaciones multilaterales de la Ronda Uruguay, mediante la Decisión 94/800/CE del Consejo y celebrado en el marco de la Organización Mundial del Comercio de 1995. Este acuerdo fue ratificado por España el 30 de diciembre de 1994, con lo que pasó a ser derecho de obligado cumplimiento en nuestro país. El acuerdo define la propiedad intelectual disponiendo que se extiende a: 1. Derecho de autor y derechos conexos 2. Marcas de fábrica o de comercio 3. Indicaciones geográficas 4. Dibujos y modelos industriales 5. Patentes 6. Esquemas de trazado (topografías) de los circuitos integrados 7. Protección de la información no divulgada 8. Control de las prácticas anticompetitivas en las licencias contractuales.

En el mismo sentido se pronuncian el resto de textos legales vinculantes en España, que conforman el régimen jurídico de nuestro país. Por ejemplo, la Directiva 2004/48/CE del Parlamento Europeo y del Consejo de 29 de abril de 2004 relativa al respeto de los derechos de propiedad intelectual, que incluye dentro de esta categoría no solo los derechos de autor y afines, sino también el resto de derechos de la propiedad intelectual, tales como patentes, marcas, diseños. La incorporación de esa Directiva en España se hizo modificando la Ley de Patentes, la Ley de Marcas y la Ley de protección jurídica del Diseño Industrial. Finalmente, cabe señalar el Reglamento de la Unión Europea 2015/2424 del Parlamento Europeo y del Consejo de 16 de diciembre de 2015, que modifica la denominación de la anterior OAMI (Oficina de Armonización del Mercado Interior) que, desde ese momento, se llama Oficina de Propiedad Intelectual de la Unión Europea (EUIPO), atribuyéndole las competencias básicas de registrar las marcas y diseños de los Estados miembros de la Unión Europea,como partes que son de la propiedad intelectual, que resulta claro no se restringe a los derechos de autor. Resulta por tanto evidente que debe abandonarse la distinción que venía haciéndose en nuestro país entre propiedad industrial y propiedad intelectual, sobre la base de que en el Código Civil de 1889 se acuña el término de propiedad intelectual.

Considerando que las normas citadas anteriormente son bastante posteriores a 1889 y que definen la propiedad intelectual en sentido distinto a la contenida en el Código Civil no es posible sostener, legalmente, que exista una identificación legal entre propiedad intelectual y derechos de autor. Con esta orientación no se quiere importar fórmulas del Derecho comparado necesitadas todavía de un debate que, entre nosotros, dista de ser satisfactorio. Se trata de contribuir a la elaboración de un sistema orgánico y sentar las bases destinadas a dar una unidad de sentido al conjunto de los materiales normativos que disciplinan las creaciones intelectuales.

2. Signos distintivos

2.1. Caracterización

Los signos distintivos constituyen una creación intelectual cuya finalidad es individualizar y diferenciar la empresa como organización, su titular, sus productos y su sede física. Se trata, en efecto, de instrumentos sensoriales que, al exteriorizarse en los múltiples elementos que guardan relación con la empresa, o en los que ésta se manifiesta en su actividad de relación con los terceros en el mercado (productos, inmuebles e instalaciones, documentación mercantil relacionada con el negocio, instrumentos publicitarios o de propaganda de la empresa), hacen posible que aquellos la reconozcan en su individualidad y puedan diferenciarla de otras organizaciones del mismo género que concurren con ella al mercado.

Son, por consiguiente, bienes inmateriales típicos de empresa, que confieren a su titular un derecho de utilización exclusiva. Su inclusión dentro del Derecho Mercantil es innegable puesto que se produce por una doble conexión. Por un lado, en su dimensión de bienes inmateriales típicos de empresa, constituyen elementos de la empresa en su sentido objetivo. Por otro lado, se incardinan en el régimen de la competencia. En el de la libre competencia en la medida en que, si, por un lado, la restringen; por otro, constituyen factores concurrenciales de primer orden. En el de la competencia desleal, puesto que esta comprende su protección cuando los signos se utilizan en la realización de prácticas desleales.

2.2. Las marcas

La marca es el signo distintivo que sirve para individualizar y distinguir en el mercado productos o servicios de una persona de productos o servicios idénticos o similares de otra persona (arts. 4 LM y 4 RMUE). Su principal característica es, por tanto, su aptitud diferenciadora o distintiva. El derecho sobre la marca se resuelve en la utilización del signo con el fin de diferenciar determinadas "clases" de productos o servicios, dentro de las previstas en el Nomenclátor internacional establecido en virtud del Arreglo de Niza de 15 de junio de 1957, que es sucesivamente revisado [arts. 12.1 d) y 12.2 LM y 33. 3 RMUE]. Esta característica fundamental el principio de especialidad sobre el que tradicionalmente descansa el régimen jurídico del derecho sobre la marca. Este no se refiere al signo en abstracto sino a la relación entre el signo y los productos o servicios que identifica, por lo que productos o servicios de naturaleza distinta pueden distinguirse con el mismo signo sin menoscabar el derecho exclusivo del primer titular.

En atención a su noción, la primera función que desempeña la marca consiste en indicar el origen empresarial del producto o servicio. Habida cuenta que el uso de la marca puede ser cedido a terceros, esta función da al consumidor la certeza de que el producto revestido con la marca no ha sido objeto de manipulaciones sin consentimiento del titular. La función indicadora de la calidad —segunda que se atribuye a la marca— se recoge en el art. 36.2 LM y en el art. 15.2 RMUE. En ellos se establece que, aun habiéndose producido el agotamiento de la marca, el *"ius prohibendi"* del titular renace cuando el estado de los productos designados por ella ha sido modificado o alterado tras su comercialización. Con todo, la terminología es un tanto equívoca porque esta función no supone que los productos identificados con una marca sean productos de calidad. Únicamente alude a que tales productos tienen unas características homogéneas.

Cabe también reconocer que la marca puede desempeñar una función indicadora del prestigio o buena reputación ("*goodwill*") de los productos o servicios entre el público consumidor, que se hace especialmente visible en el caso de marcas renombradas, a las que luego aludiré. El prestigio puede deberse a la buena calidad de los productos, pero también a la publicidad o incluso a la fuerza sugestiva del propio signo. Junto a las anteriores, la marca desempeña asimismo una función publicitaria. Debido a su propia configuración sintético-simbólica constituye un instrumento particularmente idóneo para potenciar el mensaje publicitario. Al tiempo, la publicidad puede convertirse en un efectivo mecanismo para generar o incrementar el prestigio anudado a la marca.

Su régimen jurídico se analiza con detalle en el epígrafe II.

2.3. El nombre comercial

El nombre comercial es el signo distintivo que identifica al empresario en el tráfico mercantil distinguiéndole, en el ejercicio de su empresa, de los empresarios que desarrollan actividades idénticas o similares. Como regla general, son de aplicación al nombre comercial, las normas de la LM relativas a las marcas, en la medida en que no sean incompatibles con su propia naturaleza y salvo disposición expresa en contra (art. 87.2 LM).

2.4. El nombre de dominio

El nombre de dominio es una clave que se traduce en una secuencia gráfica cuya función es identificar y permitir el acceso a una página web. Los nombres de dominio pueden ser de primer y segundo nivel. Los de primer nivel consisten en un sufijo que aparece al final de la secuencia, que se asigna para un conjunto de actividades, vgr. ".com", para instituciones comerciales, o para un determinado país, vgr. ".es" para España. El de segundo nivel es el nombre de dominio concreto. Se forma anteponiendo al sufijo de primer nivel la denominación elegida por el solicitante para identificarse. En España, la asignación de los nombres de segundo nivel del primero ".es" corresponde a la entidad pública española"Red.es", conforme a lo previsto en la DA 6ª de la LSICE y a la OM ITC/1542/2005 de 19 de mayo, que aprueba el plan nacional de nombres de dominio de internet bajo el código de país correspondiente a España —".es"—.

Cuando la página web se utiliza para ofertar productos y servicios, el nombre de dominio se convierte en su signo identificativo de estos o del empresario dentro del comercio electrónico, cumpliendo, por tanto, un papel similar al que realizan las denominaciones sociales y los signos distintivos de la empresa. Esta circunstancia explica los problemas de compatibilidad que se generan en el tráfico entre aquellos y estos últimos, que están acrecentados porque los órganos competentes para asignar los nombres de dominio son distintos de los que otorgan las denominaciones y los signos distintivos y porque la atribución se hace sin considerar derechos anteriores distintos de los propios nombres de dominio. La Ley, sin embargo, no ofrece una solución aceptable para defender los derechos de los titulares de signos prioritarios.

2.5. Denominaciones de origen e indicaciones geográficas

Por denominación de origen se entiende el nombre de una región, de un lugar determinado o, en casos excepcionales, de un país, que sirve para designar un producto agrícola o alimenticio o una bebida originarios de dicha región, lugar o país, cuya calidad o características se deban, fundamental o exclusivamente, al medio geográfico con sus factores naturales y humanos, y cuya producción, transformación y elaboración se realicen en la zona geográfica delimitada. Por indicación geográfica se entiende el nombre de una región, de un lugar determinado o, en casos excepcionales, de un país, que sirve para designar un producto agrícola, alimenticio o una bebida originarios de dicha región, lugar o país, que posea una cualidad determinada, una reputación u otra característica que pueda atribuirse a dicho origen geográfico, y cuya producción, transformación o elaboración se realicen en la zona geográfica delimitada.

En consecuencia, los dos niveles de referencia geográfica son distintos. La denominación de origen consiste en la denominación de un producto cuya producción, transformación y elaboración deben tener lugar en una zona geográfica determinada, con una especialización reconocida y comprobada (por ejemplo: "*Mozzarella di Bufala Campana*"). A diferencia de ella, la indicación geográfica indica el vínculo con el territorio en, al menos, una de las fases de producción, transformación o elaboración ("*Turrón de Alicante*"). Por lo tanto, el vínculo con el territorio es más fuerte en el primer caso.

En el contexto español, la normativa básica que regula estos signos distintivos está constituida por la Ley 6/2015, de 12 de mayo, de Denominaciones de Origen e Indicaciones Geográficas Protegidas de ámbito territorial supra-autonómico.

II. RÉGIMEN JURÍDICO DE LAS MARCAS

1. Composición

1.1. El signo constitutivo de marca

El ordenamiento reconoce en principio un amplio margen de libertad en orden a la composición del signo constitutivo de la marca. únicamente se requiere que goce de fuerza distintiva, del mismo modo que se exige para la marca de la Unión Europea. No hace falta, por tanto, que la marca sea susceptible de representación gráfica, como sucedía antes de la reforma de la LM para su adaptación a la normativa de la Unión Europea (arts. 4 LM y 4 RMUE). A fin de permitir una mayor flexibilidad y garantizar al mismo tiempo una mayor seguridad jurídica en cuanto a los medios de representación de la marca, solo se requiere que el signo sea apropiado para ser representado en el Registro de Marcas de manera que permita a las autoridades competentes y al público en general determinar el objeto claro y preciso de la protección otorgada a su titular. Por tanto, puede representarse de cualquier forma que se considere adecuada usando la tecnología generalmente disponible, y no necesariamente por medios gráficos, siempre que la representación sea clara, precisa, autosuficiente, fácilmente accesible, inteligible, duradera y objetiva.

Esa libertad se halla, no obstante, restringida, puesto que el signo no puede incurrir en las prohibiciones que establece la Ley, que tipifica dos clases, las prohibiciones absolutas y las relativas. Ambas se diferencian, en particular, porque, mientras las primeras consignan requisitos que debe reunir el signo en sí mismo sin compararlo con otros, las segundas exigen tal comparación. El fundamento de su protección es, en consecuencia, distinto. Las prohibiciones absolutas pretenden preferentemente la tutela de intereses públicos o generales. Por el contrario, las relativas persiguen amparar los derechos de terceros particulares. Por este motivo, la comprobación de la inexistencia de prohibiciones absolutas se efectúa de oficio por la OEPM o, en su caso, por la EUIPO, y la denegación de registro basada en prohibiciones relativas requiere oposición del titular afectado (arts. 19 y 20 LM y arts. 7 y 8 RMUE y R11 y 15 RPMUE).

1.2. Prohibiciones absolutas

En el catálogo de prohibiciones absolutas se distinguen las siguientes:

I) Las que afectan a los signos que carecen de carácter distintivo de los productos o servicios que se pretende diferenciar con ellos, denominadas, de ordinario, indicaciones genéricas. En particular incurren en esta prohibición los signos descriptivos, esto es, los que se componen exclusivamente de indicaciones que designan características del producto o servicio al que se refieren, tales como su calidad, cantidad, destino o procedencia geográfica [art. 5.1 c) LM y art. 7.1 c) RMUE], y los que se componen exclusivamente de indicaciones que se hayan convertido en habituales para designar los productos o servicios de que se trate [art. 5.1 d) LM y art. 7.1 c) RMUE].

II) Los signos constituidos exclusivamente por la forma u otra característica impuesta por la naturaleza misma del producto; o por la forma u otra característica del producto necesaria para obtener un resultado técnico; o por la forma u otra característica que dé un valor sustancial al producto [art. 5.1. e) LM]. Se trata de un artículo que también ha sido modificado al trasponer la DM, al objeto de extender las prohibiciones también a los signos compuestos por otras características, como puede ser, por ejemplo, el color o el sonido.

III) Los signos engañosos. Se entiende por tal aquellos que puedan inducir al público a error, por ejemplo, sobre la naturaleza, la calidad o la procedencia geográfica del producto o servicio [arts. 5.1. g) LM y 7.1 g) RMUE]. El error se refiere al signo en relación con el producto o servicio al que identifica, no al generado por confusión con los productos o servicios de un competidor, que genera una prohibición relativa. Un supuesto específico de este tipo de prohibiciones es la que impide registrar signos que incluyan indicaciones de procedencia geográfica que identifiquen vinos o bebidas espirituosas que no tengan esa procedencia, incluso cuando se indique el verdadero origen del producto ose utilice la indicación geográfica traducida o acompañada de expresiones tales como "clase", "tipo", "estilo", "imitación" u otras análogas [arts. 5.1. h) LM].

IV) Los signos que no reúnen los requisitos generales relativos a la composición de la marca [arts. 4.1 y 5.1 a) LM y arts. 4 y 7.1 a) RMUE].

V) Los signos oficiales identificativos del Estado o de las Administraciones Públicas y aquellos otros previstos con un significado público determinado [arts. 5.1 i), j) y k) LM y 7.1 h) e i) RMUE].

VI) Los signos contrarios a la ley, al orden público o a las buenas costumbres [arts. 5.1 f) LM y 7.1 f) RMUE].

1.3. Prohibiciones relativas

Las prohibiciones relativas impiden el registro como marca de signos que ocasionan un riesgo de confusión con derechos anteriores adquiridos por terceros sobre ese signo o uno semejante o que lesionan otros derechos reconocidos a su titular. Tanto la LM como el RMUE explicitan de manera puntual cuáles son esos derechos, cuando se consideran anteriores y en qué consiste el riesgo de confusión. Entre los derechos destacan las marcas, denominaciones de origen o indicaciones geográficas, nombres comerciales y las denominaciones o razones sociales de una persona jurídica. En lo atinente al carácter anterior de tales derechos, el criterio principal es el de la prioridad de la solicitud de registro, considerándose que son signos anteriores aquellos cuya fecha de presentación de la solicitud sea anterior, siempre que resulte finalmente registrada (arts. 6 y 7 y DT 3ª 3 LM, y 8.2 RMC). Junto a él, no obstante, existen ciertos casos en que se estima anterior el derecho, aunque no esté registrado, ni solicitado su registro. Finalmente, para apreciar la existencia de las prohibiciones relativas, se exige, en tercer lugar, que exista riesgo de confusión.

Por riesgo de confusión se entiende el riesgo de que el público pueda creer que los productos o servicios a los que se pretende aplicar el signo posterior proceden de la misma empresa que los designados con la marca anterior (riesgo de confusión en sentido estricto) o de empresas jurídica o económicamente relacionadas (riesgo de asociación). La existencia de un riesgo de confusión para el público debe apreciarse globalmente, teniendo en cuenta todos los factores del supuesto concreto que sean pertinentes. Por consiguiente, de conformidad con el principio de especialidad de la marca, para advertir su existencia es preciso, en primer término, realizar una doble comparación. Por un lado, la de los signos. Por otro, la de los productos o servicios identificados con ellos. La apreciación de riesgo de confusión depende, en particular, del grado de similitud entre la marca y el signo posterior y entre los productos o servicios designados con ambos.

Cuando los signos y los productos o servicios son idénticos no ha lugar a duda alguna, por lo que la Ley incluye una presunción *iuris et de iure* de la existencia de riesgo de confusión [arts. 6.1 a) LM y 8.1 a) RMUE]. Es en el caso en el que no exista esa doble identidad cuando ha de procederse de forma meticulosa a la doble comparación [arts. 6.1 b) LM y 8.1 b) RMUE]. Por lo que respecta a la de los productos o servicios, debe efectuarse teniendo en cuenta todos los factores pertinentes que caracterizan la relación entre los mismos. Estos factores incluyen, en particular, su naturaleza, su destino, su utilización y su carácter competidor o complementario, de modo que habrán de tenerse en cuenta también los canales de distribución. Sin embargo, no constituye un factor decisivo el que figuren o no en la misma clase del Nomenclátor internacional. En relación con la comparación de los signos, la apreciación global del riesgo de confusión, debe basarse en la impresión de conjunto producida por las marcas en el consumidor medio —a quien se supone normalmente informado y razonablemente atento y perspicaz—, atendiendo a su grado de similitud gráfica, fonética y conceptual, pero teniendo en cuenta, en particular, sus elementos distintivos y dominantes, esto es, postergando los elementos genéricos y descriptivos. En ausencia de elementos gráficos, se concederá relevancia al aspecto fonético sobre el conceptual, atendiendo en especial a los vocablos iniciales de cada una de las marcas enfrentadas.

Con todo, es importante tener en cuenta que la apreciación global implica una cierta interdependencia entre los factores tomados en consideración y, en particular,entre la similitud de las marcas y la de los productos o los servicios cubiertos. Así, un bajo grado de similitud entre los productos o servicios cubiertos puede ser compensado por un elevado grado de similitud entre las marcas, y a la inversa. Por otro lado, como excepción, ha de tenerse en cuenta que, en caso de marcas notorias y renombradas y, si se trata de una marca nacional, también de nombres comerciales de esos tipos, la apreciación del riesgo de confusión no precisa que se trate de productos idénticos o similares. Basta que el uso de la marca posterior pueda indicar una conexión entre los productos y servicios amparados por la misma y el titular de los signos notorios o renombrados o que el uso del signo posterior, realizado sin justa causa pueda implicar un aprovechamiento indebido o un menoscabo del carácter distintivo o de la notoriedad o renombre de los signos anteriores (arts. 8.1 LM y 8.5 RMUE).

2. Clases de marcas

2.1. Marca nacional. Marca de la Unión Europea. Marca internacional

En atención al ámbito territorial de su protección, las marcas pueden ser nacionales, de la Unión Europea e internacionales.

La marca nacional es aquello cuyo ámbito de protección territorial se restringe a un Estado determinado. En España, está regulada en la Ley

17/2001, de 7 de diciembre, de MarcasEsta ley ha sufrido una profunda modificación para su adaptación a la Directiva (UE) 2015/2436 del Parlamento Europeo y del Consejo, de 16 de diciembre de 2015, relativa a la aproximación de las legislaciones de los Estados miembros en materia de marcas (DM). Su régimen jurídico sustantivo está construido sobre la base de disposiciones europeas. En razón de esa circunstancia su disciplina coincide básicamente con la marca de la Unión Europea, lo que ha aconsejado tratar ambas de forma conjunta.

La marca de la Unión Europea es la que goza de vigencia en todo el territorio de la Unión. Su régimen jurídico está contenido básicamente en el Reglamento (UE) 2017/1001 del Parlamento Europeo y del Consejo de 14 de junio de 2017 sobre la marca de la Unión Europea, publicado en el DOUE de 16 de junio de 2017 que deroga el Reglamento 207/2009. El sistema que instituye el Reglamento se basa en los principios de unidad y autonomía. En aplicación del principio de unidad permite registrar una misma marca en todo el territorio de la Unión mediante una sola solicitud y a través de un único organismo, la Oficina de Propiedad Intelectual de la Unión Europea (EUIPO). Comocorolario del principio de autonomía, los textos legales comunitarios contienen una regulación completa, exclusiva y excluyente de las marcas de la Unión, tanto en lo que respecta al régimen sustantivo, como al administrativo y procedimental. Este principio supone el respeto a los sistemas de marcas nacionales o internacionales que convivan con él para las marcas que no quieran operar a nivel de la Unión Europea.

Como excepción, no obstante, al principio de autonomía, existen algunos aspectos de la disciplina que se rigen por la normativa interna. Sucede, en particular, con las acciones por violación de la marca de la Unión, cuyo régimen procedimental es el del Derecho interno, o con la normativa de la marca como objeto de negocios jurídicos, ámbito en el que se ordena una asimilación a la marca nacional, sin perjuicio de las prescripciones del Reglamento.

La marca internacional es aquélla objeto de protección en varios Estados, pero sujeta al régimen jurídico de cada uno de ellos. Se encuadra en un sistema de registro de marcas para países que están integrados en el Sistema de Madrid. Por tanto, no es una marca que sea registrable en todo el mundo, sino únicamente en los países integrados en tal Sistema. El Sistema establece un procedimiento internacional de marcas para obtener la protección en más de un país con la misma solicitud, en un único idioma y pagando una única tasa. Su principal ventaja consiste en la simplificación y unificación de trámites que supone, como serían el examen formal y la publicación. Asimismo, este tipo de marcas son más fáciles de gestionar que varias marcas nacionales, dado que son objeto de una única renovación (el registro internacional tiene una duración de 10 años renovable cada 10 años) y también es más fácil registrar cambios de titularidad, representante o limitaciones en los productos o servicios.

En este mismo plano internacional cabe citar el registro de marcas en el ámbito del Convenio de la Unión de París de 20 de marzo de 1883, posteriormente revisado. Como hitos fundamentales de su disciplina destacan la consagración de los principios de tratamiento nacional y de tratamiento unionista. El primero obliga a todos los Estados a conceder a los ciudadanos de los demás Estados contratantes la misma protección y ventajas que otorga a sus nacionales. Los ciudadanos de Estados no contratantes también estarán protegidos por el Convenio si tienen un establecimiento industrial o comercial real y efectivo en alguno de los Estados contratantes. El principio de tratamiento unionista significa que el de trato nacional se entiende sin perjuicio del régimen jurídico especialmente previsto por el Convenio. En ese contexto, hay que citar, en primer término, el fundamental derecho de prioridad, según el cual quienes hayan depositado regularmente unas solicitudes en un país de la Unión gozarán, para efectuar el depósito en otros países, de un plazo durante el cual no podrá denegarse la protección solicitada sobre la base de hechos acaecidos durante ese tiempo. Al tiempo, rige el principio de protección de la marca unionista "tal cual es". A tenor del mismo se permite el registro de la marca en un segundo Estado en la misma forma en que se registró en el país de origen, aun cuando suponga una violación de alguna norma del Estado en que se pretende el registro ulterior, de modo que no podrá ser rehusada para su registro ni invalidada más que en los casos excepcionales previstos de forma expresa en el Convenio.

2.2. Marcas renombradas

La adaptación de nuestra LM a la DM ha supuesto la eliminación de la distinción que venía realizándose en nuestro Ordenamiento entre marcas notorias y renombradas. En su redacción actual, la LM, al igual que el RMUE, únicamente contempla las marcas renombradas o de renombre (art. 8 LM). Aunque no las define, señala la Exposición de Motivos del RD-Ley 33/2018, de 21 de diciembre, que ha de tenerse en cuenta que, conforme a la jurisprudencia más extendida, para que una marca goce de renombre ha de ser conocida «por una parte significativa del público interesado en los productos o servicios».

La principal característica de las marcas renombradas es que se tutelan sin considerar el principio de especialidad. Es decir, se protegen aunque la marca posterior se refiera a productos o servicios que no sean similares a los protegidos por la marca renombrada anterior, siempre y cuando concurra alguna de las condiciones previstas en la Ley. A saber, que el uso de la marca posterior pueda indicar una conexión entre los productos o servicios amparados por la misma y el titular de los signos renombrados, o, en general, que con ese uso, realizado sin justa causa, *se pretendiera obtener una ventaja desleal del carácter distintivo o del renombre de la marca anterior o tal uso fuera perjudicial para dicho carácter distintivo o dicho renombre.* En consecuencia, el titular de estos signos puede oponerse al registro, instar la nulidad de este y ejercitar las acciones de infracción de marcas frente a signos posteriores, idénticos o semejantes, aunque no exista similitud entre los correspondientes productos y servicios.

3. Nacimiento del derecho sobre la marca

Para la adquisición del derecho sobre la marca, la LM prevé un sistema en cierto modo mixto que combina el principio de inscripción registral con el de la notoriedad. En efecto, el derecho sobre la marca se adquiere por el registro válidamente efectuado (art. 2 LM). Sin embargo, el titular de una marca no registrada notoriamente conocida goza de la mayor parte de las facultades que confiere el derecho de marca [arts. 6.2 d) y 34.5 LM y 8.2 c) RMC].

4. Contenido

4.1. Derechos

En el contenido del derecho de marca se aprecia una doble dimensión, positiva y negativa (arts. 34.1 LM y 9 RMUE). La primera consiste en que el registro de la marca confiere a su titular el derecho exclusivo de utilizarla en el tráfico económico para los productos o servicios respecto de los que se ha otorgado.

La dimensión negativa tiene unos contornos más amplios. Conforme al principio de especialidad confiere al titular de la marca la posibilidad de oponerse a la utilización por terceros en el tráfico económico de cualquier marca que pudiera inducir a confusión con la suya en relación con productos o servicios similares a aquellos a los que se aplica la primera. La existencia de confusión se decide según los mismos criterios que rigen para el riesgo de confusión y de asociación a los que me referí antes, de modo que, tratándose de marcas renombradas, se extiende a la prohibición de uso para productos o servicios no similares, siempre que el uso de la marca posterior pueda indicar una conexión entre los productos o servicios amparados por la misma y el titular de los signos renombrados o, en general, cuando ese uso, realizado sin justa causa, pueda implicar un aprovechamiento indebido o un menoscabo del carácter distintivo o del renombre de los signos anteriores.

No obstante, la vertiente negativa del derecho de marca está sometida a limitaciones objetivas y subjetivas. Las primeras se anudan a la necesidad de que el monopolio que concede el derecho de marca, y la consiguiente limitación de la competencia que supone, se restrinja a las actuaciones necesarias para preservar la función esencial de la marca, esto es, identificar y diferenciar en el mercado los productos y servicios para los que ha sido concedida. Con ese objeto, tanto la LM, como el RMUE, enuncian una serie de actuaciones que no se pueden prohibir a los terceros y regulan el agotamiento del derecho de marca. El agotamiento impide al titular de la marca oponerse a la ulterior comercialización de los productos que han sido introducidos en el mercado por él o por un tercero con su consentimiento, v. gr. un licenciatario. Esta regla queda excepcionada —reactivándose de nuevo el *ius prohibendi* del titular— si éste demuestra que existen motivos legítimos para oponerse a la comercialización. Las limitaciones subjetivas se aplican a la dimensión negativa del derecho de marca. Derivan de la tolerancia del titular en el uso por un tercero de una marca confundible con la suya durante un período de cinco años consecutivos (arts. 52 LM y 61 RMUE).

4.2. Acciones

Para hacer efectivo el derecho sobre la marca en las distintas facetas apuntadas, la LM consagra con carácter general la facultad del titular de la marca registrada para ejercitar ante los órganos jurisdiccionales las acciones civiles o penales que correspondan contra quienes lesionen sus derechos y relaciona los tipos principales de acciones civiles que otorga al titular de la marca (arts. 40 y 45 LM), cuya competencia está atribuida a los juzgados de lo mercantil.

4.3. Cargas

El disfrute del derecho sobre la marca está supeditado al cumplimiento por su titular de una serie de cargas:

I) La primera es la de usarla. La marca ha de ser objeto de uso efectivo y real (arts. 39 LM y 18 RMUE). El incumplimiento de la carga legal de uso de la marca durante cinco años consecutivos tiene importantes consecuencias:

a) El titular de la marca no podrá ejercitar su derecho exclusivo frente a un tercero cuando ha incumplido la carga del uso (arts. 41.2 LM y 54 RMC).

b) no puede declararse la nulidad de una marca en razón de otra anterior, si esta no está siendo usada (arts. 52.2 LM y 54 RMC).

c) constituye una causa de caducidad del registro, según se verá más abajo [art. 26 b) LM].

II) La segunda es la solicitar la renovación de su registro. El registro de la marca se otorga por diez años contados desde la fecha de depósito de la solicitud, pero podrá renovarse indefinidamente por períodos ulteriores de diez años, siempre que el titular solicite su renovación y pague la tasa correspondiente (arts. 31 y 32 LM y 46 y 47 RMC).

5. La marca como objeto de derecho de propiedad. Cesión y licencia de la marca

La marca es objeto del derecho de propiedad considerando que el signo constitutivo de la misma es un bien inmaterial dotado de un valor económico apreciable. Este bien inmaterial constituye el objeto de un poder de dominación, que se asimila al derecho de propiedad, que se atribuye al titular de la marca y que alcanza también a la mera solicitud. En este contexto se entiende que, tanto la marca como su solicitud, pueden pertenecer a una o a varias personas proindiviso. Asimismo, el poder de dominación que se atribuye al titular sobre la marca y su solicitud permite que ambas puedan ser cedidas o licenciadas, así como dadas en garantía o ser objeto de derechos reales o de embargo y ejecución y, en general, ser transmitida por todos los medios que el Derecho reconoce con total desconexión o independencia de la empresa, en la que se integre, siempre y cuando se observe el principio básico de indivisibilidad de la marca (arts. 46.2 LM y 19 a 29 RMUE).

La LM se refiere en particular a la cesión y a la licencia. La cesión implica una transmisión plena del derecho sobre la marca o sobre la solicitud del registro de la misma. Tanto la LM como el RMC adoptan en esta materia un sistema de libre cesión de la marca conforme al cual puede transmitirse con total independencia de la empresa a la que se halla adscrita (arts. 46.2 LM y 20 RMUE). El principio solo se excepciona cuando la transmisión pueda inducir al público a error, en particular sobre la naturaleza, la calidad o la procedencia geográfica de los productos o de los servicios para los cuales esté solicitada o registrada, en cuyo caso se denegará la inscripción de la transmisión. Sin embargo, la transmisión de la marca se considera un elemento natural de la de la empresa, por lo que la transmisión de la empresa en su totalidad implicará la de sus marcas, salvo que exista pacto en contrario o ello se desprenda claramente de las circunstancias del caso (arts. 47.1 LM y 20.2 RMC).

La licencia supone una autorización de uso de la marca, reteniendo su propietario la titularidad de la misma. Tanto la LM como el RMUE regulan de forma muy parcial esta figura, ya que sólo tipifican determinadas clases de licencias (arts. 48 LM y 25 RMUE). Se distinguen, en efecto, las licencias exclusivas de las que no lo son, presumiendo que son de este último tipo, salvo pacto en contrario. En la licencia no exclusiva el licenciante podrá conceder otras licencias y utilizar por sí mismo la marca; mientras que en las exclusivas se obliga a no conceder licencias ulteriores a terceros en la zona geográfica asignada al licenciatario, así como a prohibir a los restantes licenciatarios que invadan las zonas ajenas, zonas que pueden estar referidas a todo el territorio comunitario o español o sólo a una parte del mismo. Asimismo, sólo podrá utilizar la marca si en el contrato se hubiera reservado expresamente ese derecho (licencia exclusiva reforzada).

La licencia, por otro lado, puede ser global, esto es, relativa a todos los productos o servicios para los que esté registrada la marca, o parcial —que comprende sólo una parte de ellos— y extenderse a todo o parte del territorio español o de la Unión. El titular de una licencia no podrá cederla a terceros, ni conceder sublicencias, a no ser que se hubiere convenido lo contrario. En punto a los derechos atribuidos al licenciante, la legislación refuerza considerablemente la posición de éste último pues le permite ejercitar frente al licenciatario que viole alguna de las limitaciones establecidas en el contrato de licencia relativas a su duración, a la forma protegida por el registro, a la naturaleza de los productos o servicios, al territorio en el cual pueda ponerse la marca o a la calidad de los productos fabricados o de los servicios prestados por el licenciatario, los derechos conferidos por la marca, además de los que ya dispone derivados del contrato. Sustancialmente puede ejercitar frente al licenciatario la acción de cesación. Hay que tener en cuenta, no obstante, que la lista anterior tiene carácter de *numerus clausus.*

6. Extinción

El derecho sobre la marca registrada se extingue por la declaración de nulidad y por caducidad.

6.1. Nulidad

Son causas de nulidad absoluta las prohibiciones absolutas analizadas antes y haber actuado de mala fe al presentar la solicitud de marca (art. 51 LM y 59.1 RMUE). La acción para pedir la declaración de nulidad en razón dichas causas es imprescriptible. Ahora bien, hay que tener en cuenta aquí la regla del llamado "segundo significado". Conforme a ella, en caso de prohibiciones relacionadas con el carácter genérico, no procede la nulidad cuando este se pierda ulteriormente debido al uso que se ha hecho del signo, por su titular o con su consentimiento, adquiriendo en consecuencia el carácter distintivo propio de la marca.

La marca se verá afectada por una causa de nulidad relativa cuando esté incursa en alguna de las prohibiciones relativas (arts. 52 LM y 60 RMUE). Sin embargo, el titular del derecho anterior no puede ejercitar la acción si ha tolerado el uso por el tercero de la marca posterior durante cinco años consecutivos, salvo que la presentación de la solicitud de la marca posterior se hubiera efectuado de mala fe (arts. 52.2 LM y 61 RMUE).

Una de las principales novedades introducidas en nuestra LM tras su reforma para adaptarse a la nueva Directiva de Marcas es la atribución a la OEPM de la competencia para declarar la nulidad. No obstante, se reconoce la posibilidad de plantear una pretensión de nulidad en vía judicial por medio de una demanda reconvencional en el seno de una acción por violación de marca. Estarán legitimados quienes ostenten interés legítimo cuando se ejercita una acción basada en la existencia de prohibiciones absolutas. En el supuesto de acción de nulidad basada en prohibiciones relativas, corresponde al titular del derecho anterior afectado.

La declaración de nulidad de la marca de la Unión Europea corresponde en primera instancia a la EUIPO, cuyas decisiones son recurribles ante el Tribunal General y ante el TJUE. Sin embargo, los tribunales de marca de los distintos Estados pueden pronunciarse en torno a la nulidad cuando se aduzca mediante demanda de reconvención en una acción por violación de marca.

La resolución firme declaratoria de la nulidad tiene efecto retroactivo, esto es, se estima que ni el registro ni la solicitud que originó aquel tuvieron nunca efectos (arts. 54.1 LM y 55.2 RMUE).

6.2. Caducidad

Es posible distinguir dos grupos de causas de caducidad, según la intervención de la voluntad del titular de la marca en el hecho que la origina. Las causas de caducidad voluntarias son aquellas que obedecen a motivos relacionados con la voluntad de su titular. Se trata en concreto de la caducidad por falta de renovación de la marca y por renuncia (arts. 54, 3 55, 56, 57 LM y 57 RMUE).

Las causas de caducidad no voluntarias son aquellas independientes de la voluntad de su titular. En este contexto se distinguen tres tipos (art. 54.1. LM y 58 RMUE):

I) Incumplimiento de la carga legal de usar la marca registrada. Esta causa concurre salvo que su titular acredite la existencia de causas justificativas de la falta de uso, que han de consistir en circunstancias obstativas independientes de su voluntad, como las restricciones a la importación u otros requisitos oficiales impuestos a los productos o servicios para los que esté registrada.

II) La segunda causa de caducidad consiste en la conversión de la marca registrada en la designación usual del producto o servicio en relación al cual la marca había sido registrada. Se trata de la vulgarización de la marca en su concepción subjetiva, por cuanto la misma depende, en los términos de la Ley, no tanto de los hábitos del público y de los competidores como de la propia conducta o pasividad del titular de la marca registrada

III) La tercera causa de caducidad presupone la concurrencia de dos requisitos. Uno objetivo, que la marca pueda inducir a error al público, especialmente acerca de la naturaleza, la calidad, las características o la procedencia geográfica de los productos o servicios en relación con los que la marca ha sido registrada. Y otro subjetivo, que consiste en que el sobrevenido carácter engañoso tenga su origen en el uso que de la marca venga haciendo su titular o un tercero con su consentimiento, normalmente un licenciatario

IV. INVENCIONES Y CREACIONES TÉCNICAS.

1. Caracterización y modalidades

Las creaciones técnicas constituyen un tipo particular de creaciones intelectuales y, por ende, de bienes inmateriales, cuya característica común consiste en que están destinadas a resolver un problema técnico para satisfacer las necesidades de la comunidad directamente mediante su aplicación industrial o comercial. Este dato las diferencia de los descubrimientos científicos, que no incluyen necesariamente esa aplicación industrial directa. Las modalidades principales de creaciones técnicas son las patentes y los modelos de utilidad.

2. Las patentes

2.1. Caracterización.

Las patentes constituyen creaciones intelectuales tendentes a resolver un problema técnico para satisfacer las necesidades de la comunidad directamente mediante su aplicación industrial. En concreto se trata de creaciones denominadas de fondo puesto que se basan en la existencia de una invención. En atención a ello no hay duda alguna de que la patente tiene una importancia de primer orden en el progreso tecnológico. Y que, por ende, el hecho de que la invención se ponga a disposición del público en general comporta grandes beneficios en el orden económico, e incluso social, general. Ahora bien, resulta claro que nadie dedicaría tiempo y dinero para idear nuevos inventos, si su creación no le reportara una compensación económica. Por eso ha sido necesario arbitrar un sistema que compatibilice el interés del inventor con el interés de la comunidad en conocer el invento y en utilizar el producto de la invención. Este sistema es el sistema de patentes. En su seno se produce, en efecto, una compatibilización racional de ambos intereses porque el inventor queda protegido por el derecho exclusivo que se le otorga para producir y comercializar el objeto de su invención, pero solo durante un tiempo limitado. De modo que, transcurrido el plazo, cualquier persona puede explotar y comercializar el objeto de la invención, lo que atiende al interés del Estado y de la comunidad.

2.2. Disciplina

La normativa nacional básica está constituida por la Ley 24/2015 de 24 de julio, de patentes, desarrollada por el RD 316/2017, de 31 de marzo, por el que se aprueba el Reglamento para la ejecución de la Ley de Patentes (RELP).

La normativa europea básica es el Convenio de la Patente Europea (CPE), adoptado en Munich el 5 de octubre de 1973, si bien posteriormente ha sido objeto de revisión. El Convenio establece una regulación mínima que se aplica a todas las patentes europeas con preferencia sobre eventuales normas de carácter nacional de los Estados parte, en particular disciplina los requisitos de patentabilidad. Y crea un procedimiento centralizado de concesión de patentes, de cuya gestión se encarga la OEP. De este modo, la patente europea se caracteriza por su unidad y la autonomía. Es única porque se concede, trasmite, revoca o expira para todos los países de la Organización; y es autónoma porque a esos trámites sólo se aplica la normativa prevista en el CPE. Ahora bien, la patente europea sólo es unitaria hasta que es expedida, ya que, después de su concesión, se convierte en tantas patentes nacionales como países se designan en la solicitud.

La normativa internacional básica está constituida por el Tratado de Cooperación en Materia de Patentes (PCT), firmado en Washington el 19 de junio de 1970 y por el Convenio de la Unión de París de 20 de marzo de 1883. Se limita a regular un procedimiento único para su solicitud y tramitación en los diversos Estados, entre los signatarios, en que se solicita. Por ello, una vez finalizado el procedimiento previsto en el PCT, el solicitante debe traducir y presentar la solicitud en cada uno de los países en que desee la protección para que se conceda o deniegue la patente según las concretas leyes nacionales.

2.3. Requisitos de patentabilidad

La LP delimita el ámbito de la patentabilidad recurriendo a la noción de invención y exigiendo tres requisitos cumulativos: novedad, actividad inventiva y susceptibilidad de aplicación industrial.

La invención es una regla ideada para permitir la obtención de un resultado determinado de carácter técnico, que puede referirse tanto al procedimiento como al objeto resultante. La LP no suministra directamente esta definición, pero se infiere de los supuestos, que sí prevé, que no considera invenciones (art. 4.4. LP).

La LP exige novedad absoluta o mundial, señalando como parámetro para decidir acerca de su existencia que la invención no esté comprendida en el estado de la técnica, entendiendo que dicho estado está constituido por todo lo que antes de la fecha de presentación de la solicitud de patente se ha hecho accesible al público en España o en el extranjero.

El segundo requisito de patentabilidad es la actividad inventiva, que existe solo cuando la invención no resulta del estado de la técnica de manera evidente para un experto en la materia. Para decidir en torno a ella no se tienen en cuenta el contenido de las solicitudes de patentes o modelos de utilidad españoles, de patentes europeas, ni de patentes internacionales PCT que hayan entrado en fase nacional en España, cuya fecha de presentación sea anterior a la fecha de la prioridad. La invención ha de tener, además, aplicación industrial, es decir, ha de ser ejecutable de modo que un experto normal en la materia a la que se refiere obtenga el resultado previsto realizando las operaciones descritas en ella. Y ha de ser apta para conseguir un resultado útil que sirva para satisfacer una necesidad humana. Se considera que una invención es susceptible de aplicación industrial cuando su objeto puede ser fabricado o utilizado en cualquier clase de industria, incluida la agrícola.

A pesar de que una determinada invención reúna todos los requisitos de patentabilidad, no resultará patentable si incurre en alguna de las excepciones a la patentabilidad que recoge la LP.

2.4. Derechos del inventor. Cargas

La invención es una creación de la mente humana. Por esta razón sólo puede ser titular del derecho sobre ella una persona física. Este derecho sobre la invención posee un doble contenido, personal y patrimonial.

Desde el punto de vista personal la invención otorga a su autor el derecho personalísimo a ser reconocido como autor de la misma, aun cuando no llegue a ser titular de la patente (arts. 14 LP). Se trata de un derecho intransmisible.

Desde el punto de vista patrimonial el derecho del inventor tiene como contenido esencial el derecho a la concesión de la patente. Por eso la LP atribuye al inventor, o a sus causahabientes, el derecho a la patente. Debido a esta circunstancia las personas jurídicas pueden solicitar patentes (art. 3 LP). En caso de que sean varias las personas que conjuntamente han realizado una invención, el derecho a la patente pertenece a todos "en común" (arts. 10.2 LP). Si las han realizado de forma independiente, el derecho corresponde al primer inventor solicitante (art. 10.3 LP).

En su vertiente positiva el derecho de patente comprende la facultad de explotar la invención patentada en exclusiva en el territorio español y por un plazo improrrogable de 20 años (art. 58 LP). Dado su contenido y valor económico, este derecho, sin embargo, puede ser transmitido, en vez de ejercitado directamente (art. 10.1 LP). Esta transmisión puede ser a título de cesión, que permite la transmisión plena del derecho sobre la patente, o de licencia, en virtud de la cual se otorga a un tercero la explotación de su objeto. Las licencias pueden ser voluntarias, obligatorias y de pleno derecho

En su vertiente negativa el derecho de exclusiva que otorga la patente permite impedir a terceros no autorizados la explotación de la invención ya sea de forma directa, como indirecta. La prohibición de explotación directa comprende todas sus fases, desde la industrial hasta la comercialización (art. 59 LP). Esta vertiente está sujeta a tres limitaciones principales. Cabe citar, en primer lugar, las que se refieren a supuestos que no pueden considerarse actos de explotación, ya que el derecho exclusivo que otorga la patente se circunscribe a su explotación. El segundo límite es el relativo al llamado derecho de preuso. Conforme a él no es posible impedir la explotación a quien, con anterioridad y de buena fe, estuviera explotando en España el objeto de la invención patentada (art. 63LP). El tercer límite está constituido por el agotamiento de la patente. La patente tiene por objeto recompensar y estimular al inventor. Esta finalidad se entiende cumplida cuando el producto ha sido puesto en circulación en el mercado del Espacio Económico Europeo por el titular, o con su consentimiento. Por ese motivo el derecho de patente se considera agotado en aquel momento, de forma que el titular de la patente no podrá prohibir al comprador la utilización o reventa del producto (art. 61.2 LP).

Por otra parte, se imponen al titular de la patente una serie de cargas. En primer término, la de pagar las anualidades, dado que el impago de las mismas dará lugar a la caducidad de la patente, que podrá ser explotada por cualquiera. En segundo lugar, la carga de explotar la patente, pues en caso contrario, el titular será sancionado con la caducidad de la patente, o la concesión a terceros de licencias obligatorias de su patente.

2.5. Acciones

La previsión genérica que establece el art. 70 LP, al declarar que el titular de la patente podrá ejercitar ante los órganos de la jurisdicción ordinaria las acciones que correspondan contra quienes lesionen su derecho aclara que dispone de cualesquiera acciones, entre ellas las de carácter penal. Además, la LP establece un catálogo de acciones que tienen como finalidad hacer efectivos los derechos que comprende el genérico derecho de patente, esto es, permitir que el titular goce del monopolio de explotación sobre el invento patentado. Entre ellas destacan, la acción de cesación y la de indemnización de daños y perjuicios.

3. Los modelos de utilidad

El modelo de utilidad es una invención que consiste en dar a un objeto una nueva configuración, estructura o composición de la que resulte alguna ventaja prácticamente apreciable para su uso o fabricación (art. 137.1 LP). Tradicionalmente se ha diferenciado por ello de la patente, ya que esta constituye una invención de fondo; mientras que el modelo es una invención de forma.

III. CREACIONES ESTÉTICAS. LOS DISEÑOS INDUSTRIALES

1. Caracterización y delimitación frente a otras figuras

1.1. Caracterización y delimitación frente a otras figuras.

El diseño industrial es una creación intelectual relativa a la apariencia de la totalidad o de una parte de un producto que se deriva de las características del producto en sí, en particular, las líneas, contornos, colores, forma, textura o materiales, o de su ornamentación [art. 1.2 a) y EM LDI y art. 3 a) RDMC]. La apariencia en que consiste el diseño confiere al producto un valor añadido desde el punto de vista comercial al hacerle funcional y estéticamente más atractivo para el consumidor y, por tanto, más vendible. La referencia a la apariencia exige integrar en el concepto de diseño el requisito de la "visibilidad" a la que aluden también los arts. 8 LDI y 4.2 RDMC. Por consiguiente, la apariencia o aspecto del producto en cuestión, incluidos una parte de otro producto o un componente de un producto complejo, han de ser visibles durante la utilización normal del producto por el usuario final.

A tenor de esta definición resulta claro que el diseño es un bien inmaterial dotado de un valor en sí mismo que no se confunde con el producto en que se plasma.

1.2. Diseño industrial y diseño artístico

No se exige que la creación en que consiste el diseño industrial tenga un valor artístico, es decir, un alto nivel de creatividad y de originalidad. Si la tiene no se tratará de un simple diseño industrial, sino de una obra de arte aplicada a la industria, conocida como diseño artístico. En este caso podrá acogerse también a la tutela que le brinda los derechos de autor, ya que ambas formas de protección son independientes, acumulables y compatibles (DA 10ª LDI y art. 10.1 LPI).

1.3. Diseño industrial y modelo de utilidad

El valor añadido desde el punto de vista comercial, característico del diseño industrial, puede derivar de la estética y de su funcionalidad, de modo que el concepto incluye los diseños que tienen carácter estético u ornamental y los diseños funcionales, excluyéndose, sin embargo, de su ámbito de protección aquellos cuyas características formales vengan exclusivamente impuestas por su función técnica (arts. 11. 1 LDI y 8.1 RDMC).

De cumplir exclusivamente una función técnica, la creación podrá protegerse como modelo de utilidad. Clases

2. Clases

Atendiendo a su objeto, el diseño admite dos modalidades. Las formas tridimensionales, denominadas modelos, y las formas bidimensionales, conocidas como dibujos. Su régimen jurídico, sin embargo, no difiere por lo que la distinción carece de relevancia a efectos de su disciplina. De otro lado, según se condicione o no la concesión de un derecho exclusivo con efectos "erga omnes" al registro en una oficina pública, el diseño puede ser registrado o no registrado. La Ley española solo regula los diseños registrados, de manera que la concesión del derecho exclusivo con efectos "erga omnes" se vincula al registro. Eso no obstante, el diseño no registrado goza de una protección comunitaria específica, establecida en el RDMC con efectos uniformes en toda la Unión Europea y, por tanto, también en España.

3. Disciplina jurídica

La disciplina nacional básica sobre el diseño está constituida por la Ley 20/2003, de 7 de julio, de Protección Jurídica del Diseño Industrial, (LDI), que regula el diseño cuyo ámbito de protección territorial se restringe al Estado español. La Ley fue desarrollada reglamentariamente mediante Real Decreto 1937/2004 de 27 septiembre.

La normativa comunitaria principal está formada por el Reglamento (CE) nº 6/2002 del Consejo, de 12 de diciembre de 2001, sobre los dibujos y modelos comunitarios (RDMC), por el Reglamento (CE) nº 2245/2002, de 21 de octubre de 2002, de ejecución del primero, y por el Reglamento (CE) nº 2246/2002 de la Comisión de tasas que se han de abonar a la EUIPO en concepto de registro de dibujos y modelos comunitarios.

El RDMC establece el régimen jurídico del diseño comunitario, que es aquel que goza de vigencia en todo el territorio de la Unión europea. El sistema que instituye el RDMC se basa en los principios de unidad y autonomía. En aplicación del principio de unidad, permite registrar un diseño en todo el territorio de la Unión Europea mediante una sola solicitud y a través de una única oficina, la (EUIPO). Como corolario del principio de autonomía, los textos legales comunitarios contienen una regulación completa, exclusiva y excluyente del diseño comunitario, tanto en lo que respecta al régimen sustantivo, como al administrativo y procedimental. Este principio supone el respeto a los sistemas de diseño nacionales o internacionales que convivan con él para los diseños que no quieran operar a nivel de la Unión Europea.

El sistema de registro internacional de dibujos y modelos industriales, denominado "sistema de La Haya". El sistema está administrado por la Oficina Internacional de la OMPI y ofrece la posibilidad de proteger los dibujos o modelos industriales en varias Partes Contratantes presentando una única solicitud internacional ante la Oficina Internacional de OMPI en Ginebra (Suiza), en un único idioma, acompañada del pago de una única serie de tasas, en una única divisa.

Esta única solicitud internacional sustituye a toda una serie de solicitudes que, de otro modo, habrían tenido que presentarse en distintas oficinas nacionales. La principal ventaja de este sistema reside en la simplificación y unificación de trámites que supone. Sin embargo, este sistema no instituye un diseño internacional propiamente dicho, ni un procedimiento internacional de concesión en sentido estricto ya que no contiene un régimen jurídico exhaustivo aplicable al diseño con independencia del Estado en el que cual se solicita la protección. Por el contrario, el diseño solicitado internacionalmente está sometido a la normativa de cada uno de esos Estados en su más amplio sentido, incluyendo la disciplina sustantiva y procedimental sobre concesión del registro, salvo algún trámite específicamente considerado en las Actas.

4. Requisitos de protección

4.1. Requisitos generales

El fundamento de la protección del diseño reside no sólo en el acto de creación, sino también en que ésta produce un enriquecimiento del patrimonio de las formas estéticas aplicadas al comercio y a la industria. En atención a ello los requisitos para la protección del diseño industrial son dos, novedad y carácter singular (arts. 5 LDI y 4 RDMC).

Se considera que un diseño es nuevo cuando ningún otro diseño idéntico haya sido hecho accesible al público antes de la fecha de presentación de la solicitud de registro o, si se reivindica prioridad unionista, antes de la fecha de prioridad. Son idénticos los diseños cuyas características difieran sólo en detalles irrelevantes (arts. 6 LDI y 5.2 RDMC).

Se estima que un diseño posee carácter singular cuando la impresión general que produzca en el usuario informado difiera de la impresión general producida en dicho usuario por cualquier otro diseño que haya sido hecho accesible al público antes de la fecha de presentación de la solicitud de registro o, si se reivindica prioridad, antes de la fecha de prioridad. Para determinar si el diseño posee carácter singular se tendrá en cuenta el grado de libertad del autor para desarrollar el diseño (arts. 7 LDI y 6 RDMC).

Por su parte, un diseño ha sido hecho accesible al público cuando haya sido publicado, expuesto, comercializado o divulgado de algún otro modo antes de la fecha de presentación de la solicitud de registro o, si se reivindica prioridad, antes de la fecha de prioridad, salvo que estos hechos, razonablemente, no hayan podido llegar a ser conocidos en el curso normal de los negocios por los círculos especializados del sector de que se trate que operen en la Unión Europea (arts. 7.1 LDI y 7 RDMC). Cabe señalar, que se contemplan una serie de prohibiciones de registro (ar 12 LDI); también, se contempla una serie de motivos de denegación de registro, que pueden ser apreciables de oficio o a instancia de parte. En caso de que el diseño se hubiera concedido, todas ellas actúan como causas de nulidad.

4.2. Otros requisitos

Cabe referirse en este apartado a los requisitos que se exigen para que un diseño ordinario pueda considerarse un diseño artístico y que tendrán que ver con el grado de creatividad y originalidad del mismo. Se precisa que el diseño tenga creatividad y originalidad.

El concepto de creatividad se define en atención a un criterio subjetivo, esto es, relativo al autor de la obra. Supone la capacidad para concebir intelectualmente la obra, pero también, si se trata de una obra plástica, la capacidad para ejecutarla material y personalmente. La noción de originalidad se relaciona con una dimensión objetiva por lo que se traduce en una cualidad predicable del objeto de la propiedad intelectual, esto es, de la obra, significando que plasma la capacidad de creación del autor. Por tanto, debe descartarse el criterio meramente objetivo de determinación de la originalidad, que la asimila a la novedad, toda vez que este se restringe exclusivamente a datos como el de si la obra ha sido o no divulgada y el de si es, o no, una obra diferente a otras anteriores. Si bien esas circunstancias constituyen presunciones fundadas de la falta de originalidad. En consecuencia, hay que inclinarse por el criterio subjetivo, considerando, pues, que la obra es original si revela que ha sido fruto de la capacidad de creación personal de su autor, lo que se decide en atención al reflejo que tienen en aquellas circunstancias tales como el esfuerzo y el trabajo del autor, su personalidad, el sello de su individualidad...

Más difícil resulta precisar el grado o nivel de creatividad y originalidad que se exige para que la creación pueda considerarse un diseño artístico. En este aspecto cualquier consideración obedece en gran medida a motivaciones subjetivas, por lo que, a pesar de los esfuerzos realizados por la doctrina, no se ha encontrado un principio de aplicación general suficientemente claro.

5. Titularidad del diseño. Derechos y cargas.

Para obtener la protección del diseño nacional y del diseño comunitario registrado es preciso que sea registrado, respectivamente, en la OEPM (art. 2 LD) y en la EUIPO [arts. 1.1 a) y 12 RDMC]. La innovación en que consiste el diseño es una creación de la mente humana. Por este motivo sólo puede ser titular del derecho sobre ella una persona física. Sin embargo, este derecho posee un doble contenido: personal y patrimonial.

Desde el punto de vista personal la creación otorga a su autor el derecho personalísimo a ser reconocido como tal, aun cuando no llegue a ser titular del diseño registrado (arts. 19 LDI y 18 RDMC). Se trata de un derecho intransmisible.

Desde el punto de vista patrimonial el derecho del creador tiene como contenido esencial el derecho al diseño. Por eso, tanto la LDI como el RDMC, atribuyen al inventor o a sus causahabientes el derecho a registrar el diseño (arts. 14.1 LDI y 14.1. RDMC). Dado su contenido y valor económico, este derecho, sin embargo, puede ser transmitido, en vez de ejercitado directamente. Debido a esta circunstancia las personas jurídicas pueden obtener el registro de diseños (art. 4 LDI).

El titular del diseño tiene derecho al disfrute exclusivo de su innovación. Sin embargo, dicho derecho de explotación exclusiva se otorga sujeto a límites generales de índole territorial y temporal. Respecto de los primeros, sólo puede ejercitarse en el territorio español, o, tratándose de diseños comunitarios, en el territorio de la Unión Europea. En cuanto a los segundos, el plazo de vigencia tiene una duración de cinco años contados desde la fecha de presentación de la solicitud de registro. Sin embargo, podrá renovarse por uno o más períodos sucesivos de cinco años hasta un máximo de 25 años computados desde dicha fecha (arts. 43 LDI y 12 RDMC).

El aspecto positivo del derecho que confiere el diseño consiste en que atribuye a su titular el derecho exclusivo de utilizarlo, lo que incluye, entre otros actos, la fabricación, la oferta, la comercialización, la importación y exportación o el uso de un producto que incorpore el diseño, así como el almacenamiento de dicho producto para alguno de los fines mencionados (arts. 45 LDI y 19 RDMC). Ahora bien, este aspecto del derecho está limitado en dos sentidos. En primer término, por el hecho de que la explotación del diseño registrado no podrá llevarse a cabo de forma contraria a la ley, la moral, el orden público o la salud pública, y estará supeditada, en todo caso, a las prohibiciones o limitaciones temporales o indefinidas establecidas o que se establezcan por las disposiciones legales (arts. 51.1 LDI y 9 RDMC). En segundo lugar, porque el derecho sobre el diseño registrado no podrá invocarse para eximir a su titular de responder frente a las acciones dirigidas contra él por violación de otros derechos de propiedad intelectual o industrial que tengan una fecha de prioridad anterior (art. 52.2 LDI). Se trata de los llamados diseños de cobertura cuyo mero registro no es apto para eximir a su titular frente a las acciones dirigidas contra él por violación de otros derechos propiedad intelectual o industrial anteriores.

Dado su contenido y valor económico, este derecho, sin embargo, puede ser transmitido, en vez de ejercitado directamente. Esta transmisión puede ser a título de cesión, que permite la transmisión plena del derecho sobre la patente, o de licencia, en virtud de la cual se otorga a un tercero la explotación de su objeto. Las licencias pueden ser de diferentes tipos atendiendo al ámbito territorial y a a las facultades que se conceda al licenciatario.

En el aspecto negativo el diseño permite a su titular prohibir su utilización por terceros sin su consentimiento con la misma extensión que antes respecto de un diseño idéntico al suyo (arts. 45 LDI y 19.1 RDMC) o que no produzca en el usuario informado una impresión general diferente (arts. 47 LDI y 10.1. RDMC), es decir, que carezca frente a él del requisito del carácter singular. Este aspecto negativo también está sujeto a limitaciones.

Cabe citar, en primer lugar, las que derivan de actos de utilización del diseño que no suponen explotación industrial o comercial del mismo (arts. 48 LDI y 20 RDMC). El segundo límite está constituido por el llamado derecho de preuso.

El tercer límite está constituido por el agotamiento del derecho de diseño.

El contenido del derecho de diseño impone a su titular la carga de renovarle en los plazos previstos en la ley, abonando la tasa correspondiente. La falta de renovación provoca la caducidad del diseño [arts. 43, 44 y 71.1 a) LDI y 13 RDMC].

6. La protección del diseño no registrado

La protección del diseño no registrado se hace necesaria ante la realidad a la que se enfrentan ciertos sectores industriales en los que se crea un gran número de diseños que, sin embargo, están destinados a tener una vida comercial muy breve. En estos casos, exigir el registro para obtener la protección resultaría desproporcionado no solo por sus costes económicos, sino también por los temporales. El hecho de que la normativa española no prevea tal protección es indiferente pues este tipo de modelos está regulado en el RDMC con efectos uniformes en toda la Unión Europea. Esta circunstancia convierte en superflua cualquier otra normativa similar de alcance nacional, ya que, automáticamente, todos los diseños no registrados que cumplan las condiciones del RDMC quedan incluidos en la cobertura comunitaria.

Pues bien, según el RDMC, el derecho al diseño no registrado se adquiere a partir de la fecha en que dicho diseño sea hecho público por primera vez dentro de la Comunidad. Se considera que un diseño ha sido hecho público dentro de la Comunidad si se ha publicado, expuesto, comercializado odivulgado de algún otro modo, de manera tal que, en el tráfico comercial normal, dichos hechos podrían haber sido razonablemente conocidos por los círculos especializados del sector de que se trate, que operen en la Comunidad. No obstante, no se considerará que el dibujo o modelo ha sido hecho público por el simple hecho de haber sido divulgado a un tercero en condiciones tácitas o expresas de confidencialidad [arts. 1.1 b) y 11 RDMC]. El plazo de duración de la protección es de tres años, contados a partir de aquella fecha en que se hizo público (art. 11 RDMC), si bien el derecho a registrarlo se pierde con el transcurso de un año [arts. 10.1 b) LDI y arts. 7.2 b) RDMC].

Ahora bien, el aspecto negativo de este derecho se limita a impedir a los terceros la utilización del diseño cuando el posterior sea una copia del anterior (art.19 RDMC). Por tanto, el titular del diseño comunitario no registrado tan sólo recibe protección, de modo coherente con el único derecho que ostenta, cuando se ha producido copia de aquél. Ahora bien, la copia no sólo se dará en los casos de total identidad, sino también cuando el diseño impugnado no produzca en los usuarios informados una impresión general distinta, debiendo tenerse en cuenta, al determinar la protección, el grado de libertad del autor al desarrollar su dibujo o modelo (art. 10 RDMC). Por este motivo, la utilización impugnada no se considerará resultante de haber sido copiado el diseño protegido en caso de quesea resultado de un trabajo de creación independiente realizado por un autor del que quepa pensar razonablemente que no conocía el dibujo o modelo divulgado por el titular (art. 19 RDMC).

7. Acciones

La LDI establece un catálogo de acciones que tienen como finalidad hacer efectivos los derechos que comprende el genérico derecho protegido por el diseño, esto es, permitir que el titular goce del monopolio de utilización y explotación de dicho diseño (arts. 53 a 57 LDI). Entre ellas destacan, la acción de cesación de los actos que violen su derecho y la de indemnización de los daños y perjuicios sufridos, cuyo contenido se precisa en la LDI [arts. 53 b) a 55 LDI]. A tales efectos se consagra una responsabilidad objetiva para quienes fabriquen o importen el objeto de la patente y una responsabilidad por culpa para quienes lo comercialicen (art. 54 LDI).

Estas acciones prescriben a los cinco años, contados desde el momento en que pudieron ejercitarse (art. 57 LDI).

Lección 7

Propiedad intelectual (II). Derechos de autor y derechos afines. Propiedad intelectual en entornos digitales. Protección de datos

I. CARACTERIZACIÓN Y DISCIPLINA APLICABLE

1. Caracterización

En sentido amplio la propiedad intelectual comprende los derechos que se confieren a las personas sobre las creaciones de su mente. Estos derechos suelen ser derechos exclusivos sobre la utilización o explotación de la creación por un plazo determinado. El hecho de que el concepto central de la propiedad intelectual esté constituido por la creación de la mente permite entender incluidos en el mismo los derechos de autor y derechos con él relacionados. Su protección, a través de derechos de exclusiva, es por ello, semejante a la de otros derechos de propiedad intelectual.

Junto con los derechos de autor tradicionales, cabe aludir a otra serie de derechos afines, entre otros, los derechos de los artistas, intérpretes y ejecutantes, de los productores de fonogramas y de los productores de grabaciones audiovisuales, de las entidades de radiodifusión, sobre las meras fotografías y sobre determinadas producciones editoriales. También, los denominados derechos sobre las bases de datos que presentan contornos difusos. Finalmente, no puede tratarse los derechos de autor y afines sin efectuar una consideración a su evolución y tratamiento jurídico en entornos digitales.

2. Disciplina aplicable

2.1. Disciplina interna

La legislación interna básica se halla constituida, además de por los arts. 428 y 429 Cciv, por el RD Legislativo 1/1996 de 12 de abril por el que se aprueba el Texto Refundido de la Ley de Propiedad Intelectual (LPI), que incorpora las Directivas comunitarias sobre la materia.

Este texto legal ha ido modificándose, al objeto de adaptarse a las normas comunitarias. Por Ley 21/2014 de 4 de noviembre, se produjo una importante modificación pasando a regular los derechos de autor propiamente dichos y los derechos relacionados con él, que denomina "otros derechos de propiedad intelectual". Además, se incluyeron nuevos instrumentos para evitar la vulneración de los derechos de autor, especialmente en Internet, medidas para mejorar la transparencia y control de las entidades de gestión, un pago compensatorio y nuevos límites a la copia privada.

Desde esa modificación de la Ley, se han aprobado tres Directivas: la Directiva 2014/26/UE , relativa a la gestión colectiva de los derechos de autor y derechos afines y a la concesión de licencias multiterritoriales de derechos sobre obras musicales para su utilización en línea en el mercado interior; la Directiva (UE) 2017/1564 , sobre ciertos usos permitidos de determinadas obras y otras prestaciones protegidas por derechos de autor a favor de personas ciegas, con discapacidad visual u otras dificultades para acceder a textos impresos; y la Directiva (UE) 2019/790 sobre los derechos de autor y derechos afines en el mercado único digital.

El retraso del legislador español en la transposición de las Directivas ha motivado la publicación del Real Decreto-ley 2/2018, de 13 de abril, que permitió adaptar parcialmente la ley española a la Directiva 2014/26, en espera de que se apruebe la nueva LPI en la que se lleve a cabo la plena adaptación del Derecho interno al Derecho de la Unión Europea. Y recientemente, la publicación del Real Decreto-ley 24/2021, de 2 de noviembre para adaptar la ley española a la Directiva 2019/790.

1.2. Síntesis de las fuentes internacionales

Además del ADPIC, son de destacar a escala internacional: I) el Convenio para la Protección de la Obras Literarias y Artísticas, adoptado en Berna de 9 de septiembre de 1886, revisado en varias ocasiones, y cuyos principios básicos son proteger las obras literarias y artísticas, dar un trato nacional al autor extranjero y establecer una protección mínima; II) el Convenio Universal de Derechos de Autor hecho en Ginebra el 6 de septiembre de 1952; III) El Convenio de Roma sobre la protección de los artistas intérpretes o ejecutantes, los productores de fonogramas y los organismos de radiodifusión, adoptado el 26 de octubre de 1961; y IV) el Tratado de la OMPI de 20 de diciembre de 1996, sobre Derecho de Autor (WCT), adoptado en Ginebra el 20 de diciembre de 1996.

II. EL DERECHO DEAUTOR

1. Requisitos de protección

El objeto del derecho de autor es toda creación original, ya sea literaria, artística o científica, expresada por cualquier medio o soporte, tangible o intangible, actualmente conocido o que se invente en el futuro (art. 10.1 LPI). Tras definir el objeto del derecho de autor en estos términos, la LPI relaciona una lista no exhaustiva de ejemplos en los que mezcla tipos de creaciones y clases de soportes. En cualquier caso, con arreglo a tal definición, es posible concluir que la protección conferida por el derecho de autor requiere la concurrencia de dos requisitos, a saber, la existencia de una creación y la originalidad. El concepto de creatividad se define en atención a un criterio subjetivo, esto es, relativo al autor de la obra. Supone la capacidad para concebir intelectualmente la obra, pero también, si se trata de una obra plástica, la capacidad para ejecutarla material y personalmente. La noción de originalidad se relaciona con una dimensión objetiva por lo que se traduce en una cualidad predicable del objeto de la propiedad intelectual, esto es, de la obra, significando que plasma la capacidad de creación del autor.

Por tanto, debe descartarse el criterio meramente objetivo de determinación de la originalidad, que la asimila a la novedad, toda vez que este se restringe exclusivamente a datos como el de si la obra ha sido o no divulgada y el de si es, o no, una obra diferente a otras anteriores. Si bien esas circunstancias y, sobre todo la última, constituyen presunciones fundadas de la falta de originalidad. En consecuencia, hay que inclinarse por el criterio subjetivo, considerando, pues, que la obra es original si revela que ha sido fruto de la capacidad de creación personal de su autor, esto es, que se trata de una creación propia del sujeto, lo que se decide en atención al reflejo que tienen en aquella circunstancias tales como el esfuerzo y el trabajo del autor, su personalidad, el sello de su individualidad... De cualquier modo, la necesidad de que se trate de una creación propia del sujeto, excluye la originalidad de la obra que sea resultado de copia o de plagio. Por el contrario, no es un requisito para la protección la inscripción en el Registro de la Propiedad Intelectual, pues la inscripción es potestativa y meramente declarativa. El Registro General de la Propiedad Intelectual tiene carácter único en todo el territorio nacional. Está integrado por el Registro Central, dependiente del Ministerio de Cultura, por los Registros Territoriales, establecidos y gestionados por las CCAA, y por una Comisión de Coordinación, como órgano colegiado de colaboración entre los Registros.

2. Derechos personales y patrimoniales

La creación atribuye a su autor dos tipos de derechos, un derecho personal, el llamado derecho moral (arts. 14 a 16 LPI) y un derecho de carácter patrimonial o derecho de explotación (arts. 17 a 23LPI).

2.1. Derecho moral

El derecho moral comprende un conjunto de facultades que se caracterizan por ser intransmisibles, salvo a título *mortis causa*, y, como consecuencia de ello, por carecer de contenido patrimonial inmediato, si bien su lesión da lugar a indemnización, con independencia de que se acredite o no la producción de daños y perjuicios. Se trata de las siguientes facultades:

I) La facultad de decidir si su obra ha de ser divulgada y en qué forma, y determinar si tal divulgación ha de hacerse con su nombre, bajo seudónimo o signo, o anónimamente.

II) La facultad de exigir el reconocimiento de su condición de autor de la obra.

III) La de exigir el respeto a la integridad de la obra.

IV) La de modificar la obra respetando los derechos adquiridos por terceros y las exigencias de protección de bienes de interés cultural.

V) La de retirar la obra del comercio, por cambio de sus convicciones intelectuales o morales, previa indemnización de daños y perjuicios a los titulares de derechos de explotación.

VI) La de acceder al ejemplar único o raro de la obra, cuando se halle en poder de otro.

2.2. Derecho de explotación

2.2.1. Concepto y contenido

El derecho de contenido patrimonial consiste en el derecho de explotar la obra con carácter exclusivo. Comprende, por tanto, las dos clásicas vertientes que caracterizan a los derechos de ese tipo. Por un lado, la vertiente positiva, consistente en la atribución del derecho exclusivo de explotar la obra en cualquier forma. En especial, mediante su reproducción, distribución, comunicación pública y transformación. Se entiende por reproducción la fijación directa o indirecta, provisional o permanente, por cualquier medio y en cualquier forma, de toda la obra o de parte de ella, que permita su comunicación o la obtención de copias. Se considera distribución la puesta a disposición del público del original o de las copias de la obra, en un soporte tangible, mediante su venta, alquiler, préstamo o de cualquier otra forma.

Se estima comunicación pública todo acto por el cual una pluralidad de personas pueda tener acceso a la obra sin previa distribución de ejemplares a cada una de ellas. Son actos de comunicación pública, por ejemplo, las representaciones escénicas, recitaciones disertaciones y ejecuciones públicas de las obras dramáticas, dramático-musicales, literarias y musicales mediante cualquier medio o procedimiento o la proyección o exhibición pública de las obras cinematográficas y de los demás audiovisuales. No se considerará pública la comunicación cuando se celebre dentro de un ámbito estrictamente doméstico que no esté integrado o conectado a una red de difusión de cualquier tipo. Finalmente, la transformación de una obra comprende su traducción, adaptación y cualquier otra modificación en su forma de la que se derive una obra diferente. A este respecto es de destacar que los derechos de autor comprenden no solo la obra original, sino también las llamadas obras derivadas, esto es, las traducciones y adaptaciones, las revisiones, actualizaciones y anotaciones, los compendios, resúmenes y extractos, los arreglos musicales y, en general, cualesquiera transformaciones de una obra literaria, artística o científica, sin perjuicio del derecho que se atribuye al autor de la transformación.

En el aspecto negativo el derecho permite a su titular prohibir la realización de cualquier acto de explotación a todo tercero, sin su autorización.

2.2.2. Límites. En particular el relativo a la copia privada

2.2.2.1. Caracterización

Como sucede con el resto de derechos de propiedad intelectual en sentido amplio, el derecho de explotación exclusiva del autor está sujeto a determinados límites. Junto a los que se derivan de la propia descripción de los actos de explotación (arts. 18 a 21 LPI), entre esos límites destaca, en lo relativo al derecho de reproducción, el atinente a la copia privada.

La copia privada constituye un límite al derecho exclusivo de explotación mediante reproducción que asiste al autor. Por consiguiente, la copia privada no constituye un derecho del copista, sino un límite del derecho exclusivo del autor. Esta apreciación tiene suma importancia por cuanto supone que, como todo límite a un derecho, ha de ser interpretado de forma restrictiva. De forma que la copia privada solo será lícita siempre que concurran cumulativamente las condiciones previstas en la LPI que, además, según lo dicho, han de interpretarse de forma restrictiva.

2.2.2.2. Requisitos de licitud de la copia privada

Las condiciones previstas en la LPI a fin de que se aplique el beneficio de la limitación, y, por ende, al objeto de excluir la necesaria autorización del autor para la reproducción, que constituyen, según la propia LPI límites legales de la copia privada, son las siguientes y han de concurrir cumulativamente (art. 31.2 LPI):

I) Ha de tratarse de obras ya divulgadas.

II) La reproducción ha de efectuarse sin asistencia de terceros, esto es, se requiere que la persona en quien concurran los requisitos legales sea, materialmente, la que realice la copia; sin que pueda encargar a otro que la efectúe.

III) Ha de llevarse a cabo por una persona física exclusivamente para su uso privado, no profesional ni empresarial, y sin fines directa ni indirectamente comerciales, sin que la copia pueda ser objeto de una utilización colectiva ni lucrativa, ni de distribución mediante precio. De modo que están excluidas de la autorización legal cualesquiera personas en quienes no concurra esa condición, quienes, por ende, no pueden realizar copias de ningún tipo sin autorización del autor. En particular, en ningún caso están habilitados para realizar copias sin autorización del autor los establecimientos dedicados a realizar copias para el público (establecimientos de reprografía o de copiado de discos), ni las empresas que ponen a disposición del público los medios para realizar las copias. Ambos supuestos están excluidos expresamente por el RD 1434/1992 de 27 de noviembre [art. 10.1 a)]. Ahora bien, la persona física no se beneficia de la limitación únicamente por el hecho de serlo. Es imprescindible, además, que confiera a la copia uso exclusivamente privado, no profesional ni empresarial, ni tampoco colectivo y que la realice sin fines directa ni indirectamente comerciales, ni lucrativos, ni pueda distribuirla mediante precio.

IV) Ha de referirse a obras a las que haya accedido legalmente desde una fuente lícita. A estos efectos, se entenderá que se ha accedido legalmente y desde una fuente lícita a la obra divulgada únicamente en los siguientes supuestos: 1° Cuando se realice la reproducción, directa o indirectamente, a partir de un soporte que contenga una reproducción de la obra, autorizada por su titular, comercializado y adquirido en propiedad por compraventa mercantil. 2° Cuando se realice una reproducción individual de obras a las que se haya accedido a través de un acto legítimo de comunicación pública, mediante la difusión de la imagen, del sonido o de ambos, y no habiéndose obtenido dicha reproducción mediante fijación en establecimiento o espacio público no autorizada.

En consecuencia, no existe acceso legal cuando el ejemplar de la obra no es propiedad del copista en virtud de contrato de compraventa. Por consiguiente, no cabe amparar en el límite, por ejemplo, las copias que se obtienen de obras destinadas a préstamo público, ya que, en este caso, la disponibilidad de la obra no está amparada en la propiedad del copista. Además, en el préstamo solo se autoriza, siempre que dicho préstamo se lleve a cabo a través de establecimientos accesibles al público, la puesta a disposición de una obra para su uso por tiempo limitado y, no por tanto, la reproducción de la obra. Ni total, ni parcial. A estos efectos interesa destacar también que la reproducción parcial de pequeños fragmentos de obras solo está permitida sin autorización de su autor al profesorado de la educación reglada cuando tales actos se hagan únicamente para la ilustración de sus actividades educativas, en la medida justificada por la finalidad no comercial perseguida, y siempre que no se trate de libros de texto o de manuales universitarios, que están excluidos de la autorización (art. 32.3 LPI).

Y tampoco existe acceso legal cuando el soporte que contenga la reproducción de la obra no haya sido autorizado por el autor o no haya sido adquirido en propiedad por compraventa mercantil, conteniendo la obra, lo que supone la ilicitud, por ejemplo, de los dispositivos electrónicos en que se contienen reproducciones no autorizadas de las obras. Adicionalmente existen dos tipos de obras de las cuales no cabe hacer copia privada ni aún con sujeción a los requisitos anteriores, los programas de ordenador y las bases de datos electrónicas (art. 31.2 LPI).

También exige autorización la puesta a disposición del público por parte de prestadores de servicios electrónicos de agregación de contenidos, de textos o fragmentos de textos de publicaciones de prensa objeto de derechos de propiedad intelectual, por parte de quienes fueran los titulares de los mismos. Se excepcionarán los casos en los que se ponga a disposición del público instrumentos que faciliten la búsqueda de palabras asiladas siempre que se realice sin finalidad comercial propia y esa búsqueda se realice estrictamente circunscrita a lo imprescindible para ofrecer resultados de búsqueda en respuesta a consultas previamente formuladas por un usuario al buscador y siempre que la puesta a disposición del público incluya un enlace a la página de origen de los contenidos (art. 32.2. LPI).

2.2.2.3. El pago compensatorio

Aun cuando se den las condiciones que determinan su licitud, ha de tenerse en cuenta que la copia privada ocasiona evidentes perjuicios a los autores, desincentivándoles para emprender actividades creadoras, lo que, sin duda, lesiona también a la sociedad en la medida en que se detiene el progreso en el ámbito de la literatura, el arte y las ciencias. En efecto, conforme a la doctrina sentada por STJUE de 21 de octubre de 2010, dictada sobre una cuestión prejudicial presentada por un Tribunal español, la realización de una copia por una persona física que actúa a título particular debe considerarse un acto que puede generar un perjuicio para el autor de la obra en cuestión. Por consiguiente, quien causa el perjuicio al titular exclusivo del derecho de reproducción es la persona que realiza, para su uso privado, una reproducción de una obra protegida sin solicitar la autorización previa de su titular. Así pues, incumbe en principio a dicha persona reparar el perjuicio derivado de tal reproducción, financiando la compensación que se abonará al titular.

La regulación de este tema ha sido polémica y ha pasado por distintas fases. En un primer momento, se estableció una compensación equitativa, mal llamada por la prensa "canon digital". Se trataba del establecimiento de un canon que gravaba a quienes disponían de quipos, aparatos y soportes de reproducción digital, y quienes ponen los mismos a disposición de personas privadas o les prestan un servicio de reproducción.

Según la STJUE de 21 de octubre de 2010, el sistema español, sin embargo, no se ajustaba al Derecho de la Unión Europea al considerar que efectuaba una aplicación indiscriminada del canon por copia privada. A consecuencia de ello se procedió a la supresión de la compensación equitativa por copia privada, y a su sustitución por un pago a cargo de los Presupuestos Generales del Estado.

Esta solución, tampoco resultó ser pacífica, y fue objeto de una nueva revisión al objeto de lograr el adecuado equilibrio entre los intereses de los autores protegidos por los derechos de autor y los empresarios y agentes afectados por la medida. Tras la sentencia del STJUE de 9 de junio de 2016, en la que se permita que se utilice cualquier sistema de compensación, con la única condición de que resulten solo grabados aquellos que utilizan la copia privada, se procede a la modificación de la LPI, regulándose en el artículo 25 la compensación equitativa por copia privada.

Se sujeta a compensación equitativa la reproducción de obras divulgadas en forma de libros o publicaciones, así como de fonogramas, videogramas o de otros soportes sonoros, visuales o audiovisuales, realizada mediante aparatos o instrumentos técnicos no tipográficos, exclusivamente para uso privado, no profesional ni empresarial, sin fines directa ni indirectamente comerciales. Esa compensación será única para cada una de las tres modalidades de reproducción mencionadas y está dirigida a compensar adecuadamente el perjuicio causado a los sujetos acreedores como consecuencia de las reproducciones realizadas al amparo del límite legal de copia privada. La cuantía de la compensación se determinará para cada modalidad en función de los equipos, aparatos y soportes materiales idóneos para realizar dicha reproducción, fabricados en territorio español o adquiridos fuera de este para su distribución comercial o utilización dentro de dicho territorio.

Recibirán esa compensación equitativa únicamente los autores de las obras anteriormente señaladas, explotadas públicamente en alguna de las formas mencionadas en dicho apartado, conjuntamente y, en los casos y modalidades de reproducción en que corresponda, con los editores, los productores de fonogramas y videogramas y los artistas intérpretes o ejecutantes cuyas actuaciones hayan sido fijadas en dichos fonogramas y videogramas. Este derecho se configura como á irrenunciable para los autores y los artistas intérpretes o ejecutantes. También los editores o titulares de derechos, cuando se ponga a disposición del público por parte de prestadores de servicios electrónicos, de contenidos que han sido divulgados en publicaciones de carácter periódico o en sitios web de actualización periódica, y cuya finalidad sea informativa, la de entretenimiento o la de crear opinión pública.

Vendrán obligados al pago de la compensación los fabricantes en España, en tanto actúen como distribuidores comerciales, así como los adquirentes fuera del territorio español, para su distribución comercial o utilización dentro de este, de equipos, aparatos y soportes materiales citados anteriormente. Asimismo, serán responsables solidarios del pago de la compensación los distribuidores, mayoristas y minoristas, que sean sucesivos adquirentes de los mencionados equipos, aparatos y soportes materiales, con respecto de los deudores que se los hubieran suministrado, salvo que acrediten haber satisfecho efectivamente a estos la compensación

2.2.3. Transmisión

A diferencia del derecho moral, los derechos de explotación son susceptibles de transmisión a terceros, tanto *inter vivos*, como *mortis causa*. Pueden asimismo ser hipotecados, pero no son embargables. Lo son, por el contrario, sus frutos o productos, que se considerarán como salarios, tanto en lo relativo al orden de prelación para el embargo, como a retenciones o parte inembargable. La transmisión se produce de manera independiente en relación con los distintos derechos que comprende, ya que cada uno de ellos es independiente entre sí y está sujeto a un propio régimen jurídico (art. 23 LPI). Por tanto, se limita al derecho o derechos cedidos, a las modalidades de explotación expresamente previstas y al tiempo y ámbito territorial que se determinen (art. 43.1 LPI).

Tratándose de actos *intervivos* la falta de mención del tiempo limita la transmisión a cinco años y la del ámbito territorial al país en el que se realice la cesión. Si no se expresan específicamente y de modo concreto las modalidades de explotación de la obra, la cesión quedará limitada a aquella que se deduzca necesariamente del propio contrato y sea indispensable para cumplir la finalidad del mismo. Y no alcanza a las modalidades de utilización o medios de difusión inexistentes o desconocidos al tiempo de la cesión. La cesión otorgada por el autor a título oneroso le confiere una participación proporcional en los ingresos de la explotación, en la cuantía convenida con el cesionario, aunque también podrá pactarse una remuneración a tanto alzado para el autor en los casos previstos en la LPI con sujeción al derecho de revisión por remuneración no equitativa (arts. 46 y 47 LPI). En este aspecto la particularidad más relevante consiste en que su ejercicio suele cederse a las entidades de gestión colectiva de derechos de propiedad intelectual, ya que son ellas las que cuentan con los medios de control adecuados de los actos de reproducción, distribución y comunicación pública, de los que carece el autor o incluso su causahabiente. Por este motivo, el ejercicio efectivo de tales derechos sólo es posible por medio de tales entidades.

Las entidades de gestión colectiva de derechos de propiedad intelectual son organizaciones privadas de base asociativa y, según la LPI, de naturaleza no lucrativa, que se dedican, en nombre propio o ajeno, a la gestión de derechos de propiedad intelectual de carácter patrimonial por cuenta de sus legítimos titulares. Sometidas a tutela administrativa, requieren la autorización del Ministerio de Cultura para actuar en el cumplimiento de sus funciones, entre las que se encuentran las siguientes:

I) Administrar los derechos de propiedad intelectual conferidos, con sujeción a la legislación vigente y a sus estatutos. Estas entidades ejercitan derechos de propiedad intelectual, bien de forma delegada por sus legítimos titulares, o bien por mandato legal (derechos de gestión colectiva obligatoria), persiguen las violaciones a estos derechos mediante un control de las utilizaciones, fijan una remuneración adecuada al tipo de explotación que se realice y perciben esa remuneración con arreglo a lo estipulado.

II) En el ámbito de las utilizaciones masivas, celebran contratos generales con asociaciones de usuarios de su repertorio y fijan tarifas generales por la utilización del mismo;

III) Realizan el reparto de la recaudación neta correspondiente a los titulares de derechos;

IV) Prestan servicios asistenciales y de promoción de los autores y artistas intérpretes o ejecutantes.

V) Protegen y defienden los derechos de propiedad intelectual contra las infracciones que se cometan, acudiendo en su caso a la vía judicial.

3. Duración y protección

El derecho moral de autor es imprescriptible por lo que su duración es ilimitada. Por el contrario, los derechos de explotación duran toda la vida de su autor y setenta años después de su muerte (art. 26 LPI), tras lo cual pasan al dominio público (art. 41 LPI). Para su protección, el titular de los derechos puede ejercitar todas las acciones reconocidas en la Ley. Sin perjuicio de ello, la LPI hace referencia a algunas de ellas, entre las que destacan la acción de cesación y la indemnización de daños y perjuicios, que, en el caso de daño moral, procederá aun no probada la existencia de perjuicio económico (arts. 138 a 143 y LPI). La LPI prevé además ciertas especialidades en materia de medidas cautelares (art. 141 LPI). La competencia objetiva para conocer de estas acciones y medidas corresponde a los Juzgados de lo Mercantil (art. 86 *ter* LOPJ).

III. OTROS DERECHOS DE PROPIEDAD INTELECTUAL

1. Introducción

Junto al Derecho de autor, la LPI regula lo que denomina “otros derechos de propiedad intelectual”. Estos derechos incluyen los tres clásicos grupos relativos a los derechos de los artistas, intérpretes o ejecutantes, de los productores de fonogramas y de grabaciones audiovisuales y de las entidades de radiodifusión. La LPI añade además otras dos categorías, los derechos sobre las meras fotografías y los derechos sobre determinadas producciones editoriales. Adicionalmente hace referencia a una protección que denomina "sui generis" de las bases de datos.

Pues bien, dejando a salvo los artistas, en el resto de los supuestos no parece que medie una actividad creadora significativa, por lo que posiblemente el fundamento de la protección resida en la valoración de la actividad o iniciativa empresarial de quienes contribuyen a la difusión de las obras o, en general, a incrementar el conocimiento del acervo cultural.

2. Derechos de los artistas, intérpretes y ejecutantes

Se entiende por artista intérprete o ejecutante la persona que represente, cante, lea, recite, interprete o ejecute en cualquier forma una obra, incluyendo al director de escena y al director de orquesta. Estas personas gozan de los dos típicos derechos de la propiedad intelectual, a saber, el derecho moral y el de explotación. El derecho moral comprende un conjunto de facultades que se caracterizan por ser irrenunciables e intransmisibles, salvo a título mortis causa y, como consecuencia de ello, por carecer de contenido patrimonial inmediato, si bien su lesión da lugar a indemnización, con independencia de que se acredite o no la producción de daños y perjuicios. Se trata de las siguientes facultades: la de exigir el reconocimiento de su nombre sobre sus interpretaciones o ejecuciones; la de oponerse a toda deformación, modificación, mutilación o cualquier aten tado sobre su actuación que lesione su prestigio o reputación, siendo necesaria la autorización expresa del artista, durante toda su vida, para el doblaje de su actuación en su propia lengua. Este derecho tiene una duración ilimitada, transmitiéndose indefinidamente a los herederos.

El derecho de explotación comprende el derecho exclusivo de autorizar la fijación y reproducción de sus actuaciones, así como la comunicación pública de sus actuaciones y de las fijaciones de sus actuaciones y la distribución de las fijaciones de sus actuaciones. Los derechos de explotación son transmisibles por cualquier título y tienen una duración de cincuenta años. No obstante, si, dentro de dicho período, se publica o se comunica lícitamente al público, por un medio distinto al fonograma, una grabación de la interpretación o ejecución, los mencionados derechos expirarán a los cincuenta años computados desde el día 1 de enero del año siguiente a la fecha de la primera publicación o la primera comunicación pública, si ésta es anterior. Si la publicación o comunicación pública de la grabación de la interpretación o ejecución se produjera en un fonograma, los mencionados derechos expirarán a los setenta años computados desde el día 1 de enero del año siguiente a la fecha de la primera publicación o la primera comunicación pública, si ésta es anterior.

3. Derechos de los productores de fonogramas y de los productores de grabaciones audiovisuales. Derechos de las entidades de radiodifusión

Por fonograma se entiende toda fijación exclusivamente sonora de la ejecución de una obra o de otros sonidos. Es productor de un fonograma la persona natural o jurídica bajo cuya iniciativa y responsabilidad se realiza por primera vez la mencionada fijación. Si dicha operación se efectúa en el seno de una empresa, el titular de ésta será considerado productor del fonograma. De otro lado, se entiende por grabaciones audiovisuales las fijaciones de un plano o secuenciade imágenes, con o sin sonido, sean o no creaciones susceptibles de ser calificadas como obras audiovisuales. Se considera productor de una grabación audiovisual a la persona natural o jurídica que tenga la iniciativa y asuma la responsabilidad de dicha grabación audiovisual.

Tanto a los productores de fonogramas como a los productores de grabaciones audiovisuales se les reconocen los derechos de reproducción, comunicación pública y distribución, con una duración de cincuenta años. No obstante, si el fonograma se publica lícitamente durante dicho período, los derechos expirarán setenta años después de la fecha de la primera publicación lícita. Si durante el citado período no se efectúa publicación lícita alguna pero el fonograma se comunica lícitamente al público, los derechos expirarán setenta años después de la fecha de la primera comunicación lícita al público. En el caso del productor de grabaciones audiovisuales estos derechos comprenden también las fotografías extraídas de la grabación. Finalmente cabe indicar que las entidades de radiodifusión gozan del derecho exclusivo de autorizar la fijación, retransmisión y comunicación pública de sus emisiones o transmisiones; así como la reproducción, puesta a disposición del público y distribución de las fijaciones de sus emisiones o transmisiones. Estos derechos de explotación durarán cincuenta años.

4. Derechos sobre las meras fotografías y sobre determinadas producciones editoriales

Los derechos sobre las meras fotografías se reconocen a quien realice una fotografía u otra reproducción obtenida por procedimiento análogo a aquélla, cuando ni una ni otra tengan el carácter de obras protegidas por los derechos de autor. Estas personas gozan del derecho exclusivo de autorizar su reproducción, distribución y comunicación pública, en los mismos términos reconocidos en la LDI a los autores de obras fotográficas. La disciplina sobre producciones editoriales comprende las obras inéditas y las obras no protegidas por el derecho de autor. Respecto de las primeras, toda persona que divulgue lícitamente una obra inédita tendrá sobre ella los mismos derechos de explotación que hubieran correspondido a su autor. En cuanto a las segundas, los editores de obras no protegidas por el derecho de autor gozan del derecho exclusivo de autorizar la reproducción, distribución y comunicación pública de dichas ediciones siempre que puedan ser individualizadas por su composición tipográfica, presentación y demás características editoriales. Todos estos derechos tendrán una duración de veinticinco años.

5. Derecho "sui generis" sobre las bases de datos

Se consideran bases de datos las colecciones de obras, de datos, o de otros elementos independientes dispuestos de manera sistemática o metódica y accesibles individualmente por medios electrónicos o de otra forma (art. 12.2 LPI). Las bases de datos así concebidas están protegidas por el derecho de autor en sentido estricto cuando, por la selección o disposición de sus contenidos, constituyan creaciones intelectuales. Ahora bien, esta protección se refiere únicamente a la estructura de la base de datos en cuanto forma de expresión de la selección o disposición de sus contenidos, por lo que no es extensiva a éstos últimos. Dichos contenidos pueden ser considerados obras protegidas por el derecho de autor independientemente (art. 12.1). Pues bien, además de esta eventual doble protección, la LPI reconoce un tercer derecho, que denomina "sui generis" sobre las bases de datos, que es acumulable a los anteriores, esto es, se aplica con independencia de la posibilidad de que dicha base de datos o su contenido esté protegida por el derecho de autor o por otros derechos.

El derecho "sui generis" sobre una base de datos protege la inversión sustancial, evaluada cualitativa o cuantitativamente, que realiza su fabricante, ya sea de medios financieros, empleo de tiempo, esfuerzo, energía u otros de similar naturaleza, para la obtención, verificación o presentación de su contenido. El derecho se concede, pues, al fabricante de la base de datos. Para comprender la índole del mismo es necesario tener en cuenta los derechos que se atribuyen al usuario legítimo de una base de datos. Este podrá, sin autorización del fabricante de la base, extraer y/o reutilizar una parte sustancial del contenido de la misma, en los siguientes casos:

I) Cuando se trate de una extracción para fines privados del contenido de una base de datos no electrónica.

II) Cuando se trate de una extracción con fines ilustrativos de enseñanza o de investigación científica en la medida justificada por el objetivo no comercial que se persiga y siempre que se indique la fuente.

III) Cuando se trate de una extracción y/o reutilización para fines de seguridad pública o a efectos de un procedimiento administrativo o judicial.

Ahora bien, estas previsiones no podrán interpretarse de manera tal que permitan su aplicación de forma que cause un perjuicio injustificado a los intereses legítimos del titular del derecho o que vaya en detrimento de la explotación normal del objeto protegido. Además, fuera de estos casos, el fabricante ostenta el derecho "sui generis" de prohibir la extracción y/o reutilización de la totalidad o de una parte sustancial del contenido de ésta, evaluada cualitativa o cuantitativamente, siempre que la obtención, la verificación o la presentación de dicho contenido representen una inversión sustancial desde el punto de vista cuantitativo o cualitativo. Este derecho podrá transferirse, cederse o darse en licencia contractual.

Por otra parte el usuario legítimo goza en todo caso del derecho de extraer y/o reutilizar partes no sustanciales de su contenido, evaluadas de forma cualitativa o cuantitativa, con independencia del fin a que se destine. Pero en ningún caso podrá realizar actos que:

I) Sean contrarios a una explotación normal de dicha base o lesionen injustificadamente los intereses legítimos del fabricante de la base. En particular está prohibida la extracción y/o reutilización repetidas o sistemáticas de partes no sustanciales del contenido de una base de datos que supongan actos contrarios a una explotación normal de dicha base o que causen un perjuicio injustificado a los intereses legítimos del fabricante de la base.

II) Perjudiquen al titular de un derecho de autor o de los restantes derechos de propiedad intelectual. Estos derechos expiran por el transcurso de quince años.

IV. PROPIEDAD INTELECTUAL EN ENTORNOS DIGITALES

1. Consideraciones generales

El entorno digital da lugar a la aparición de nuevos problemas relacionados con la propiedad intelectual motivados por el uso de tecnologías que no existían en el momento de publicación de los textos legales vigentes y a los que, por tanto, el Ordenamiento jurídico se debe enfrentar.

En general todos los sectores de la propiedad intelectual se ven afectados por la digitalización. En el contexto de los negocios *on line,* el nombre de dominio es en la práctica una de las formas básicas de identificación de un empresario e incluso de sus productos, aun cuando realmente su función es identificar y permitir el acceso a una página web. Esto choca con el Derecho de Marcas en el que se atribuye, como es sabido, la función de identificación de los productos y servicios de un empresario para diferenciarlos del de otro, a las marcas. También puede aludirse a los conflictos que surgen con los buscadores o comparadores de información, tan extendidos en la actualidad, que pueden en ocasiones conducir a resultados contrarios al Derecho de la Competencia. En relación con las patentes surgen interrogantes acerca de la patentabilidad de algunas invenciones relacionadas con las TICs a la vista de la exclusión de los programas de ordenador como tales programas.

Finalmente, los derechos de autor es uno de los ámbitos donde más se deja sentir la influencia de las TICs y por tanto, en el que el Derecho debe adaptarse para regular la coexistencia de estos derechos con el entorno digital dominado, cada vez más, por la tecnología de Big Data y por el almacenamiento de datos en la nube (*cloud*). Aspectos como la identidad digital, el derecho al olvido, y las nuevas formas de delincuencia asociados al entorno digital son aspectos igualmente que deben ser objeto de especial atención por el legislador.

2. Nombres de dominio y marcas

En el entorno digital cada vez son más frecuentes los conflictos entre las marcas y los nombres de dominio. Los derechos de marca tienen un ámbito de protección territorial que choca con el uso de los nombres de dominio en Internet, esencialmente extraterritorial. La Ley de Marcas, por ello, ya contempla la prohibición de usar una marca como nombre de dominio.

Esta prohibición afecta, desde un punto de vista estricto, al uso de direcciones de Internet sin el consentimiento del titular o licenciatario de la marca, así como el uso de esas direcciones de internet en páginas web, documentación de la empresa, etc. Y esto entra en colisión con el funcionamiento del registro de nombres de dominio (tanto del primer nivel, los *generic top level Domains,* comolos territoriales, como es el caso del nivel "com" o el nivel "es").

El nombre de dominio se ha convertido, de facto, en uno de los signos distintivos de una empresa en Internet; es más, en numerosas ocasiones los tribunales se han pronunciado en el sentido de que el nombre de dominio cumple en Internet la función de marca. La sencillez del registro del nombre de dominio, en el que se aplica el principio *first to file,* en virtud del cual se adjudica el nombre de dominio al primero que lo solicita, con independencia que ese solicitante sea o no el titular de un derecho de marca sobre un signo idéntico o semejante, ha dado lugar a que se produzcan registros de mala fe por parte de quienes se quieren aprovechar de la reputación o fama de una marca ya existente, en un fenómeno que se conoce como ciberocupación (*cybersquatting).*

En similares términos podemos referirnos a otro supuesto habitual como es el uso en internet de marcas de terceros previa comercialización de palabras clave vinculadas a enlaces publicitarios en motores de búsqueda (es el caso típico de *Google AdWords*). El problema se produce cuando se usan esas marcas o nombres comerciales como palabras claves de productos o servicios, de suerte que cuando se introducen determinados términos en la búsqueda que resultan idénticos a las marcas, se proporcionan enlaces patrocinados a sitios en línea que pueden ser competidores del titular o licenciatario de la marca o incluso donde se pueden ofrecer productos que imitan de la marca.

Se trata, entre otros, de claros ejemplos de colisión entre nombres de dominio con el tradicional Derecho de Marcas, pero también en relación con el Derecho de la competencia, dado que las actuaciones anteriormente descritas pueden constituir actos de confusión y actos desleales de explotación de la reputación ajena. El conflicto entre ambos sistemas dista de estar resuelto satisfactoriamente y exige nuevas soluciones adaptadas al nuevo entorno digital.

3. Los derechos de autor en el Mercado Único Digital

Otro ámbito donde se está notando especialmente el conflicto entre las concepciones tradicionales y las nuevas propias del entorno digital es el de los derechos de autor. La evolución de las tecnologías digitales ha transformado la manera en que se crean, producen, distribuyen y explotan las obras y otras prestaciones protegidas. La evolución vertiginosa de las tecnologías en los últimos años ha posibilitado la copia y reproducción de las creaciones intelectuales con bastante facilidad y distribución y comunicación a través de redes sociales y plataformas sin el consentimiento de la persona autora de las mismas que, por otra parte, deja de recibir la contraprestación económica que le corresponde. El papel de las plataformas que alojan contenidos es un foco permanente de conflictos, puesto que invocan para eximir cualquier tipo de responsabilidad respecto de los contenidos que alojan, el principio de neutralidad tecnológica. Aparecen también nuevas licencias pensadas para el mundo digital, como las *Creative Commons.*

El legislador consciente de esa dicotomía, inició un proceso de reforma de la Directiva en materia de propiedad intelectual que ha cristalizado en la Directiva de Derechos de Autor en el Mercado Único Digital. En ella se establecen normas para adaptar determinadas excepciones y limitaciones a los entornos digital y transfronterizo, así como medidas destinadas a facilitar determinadas prácticas de concesión de licencias en lo que respecta a la difusión de obras que están fuera del circuito comercial y la disponibilidad en línea de obras audiovisuales en plataformas de vídeo a la carta con miras a garantizar un mayor acceso a los contenidos. A fin de lograr un correcto funcionamiento del mercado de los derechos de autor, también se incluyen normas sobre los derechos de edición, sobre el uso de obras y otras prestaciones por parte de los proveedores de servicios en línea que almacenan y facilitan acceso a los contenidos cargados por los usuarios, y sobre la transparencia de los contratos de autores y artistas intérpretes o ejecutantes.

En esta línea, en nuestro Ordenamiento se ha modificado la LPI con la finalidad de mejorar el acceso seguro de las personas usuarias de Internet al contenido en línea protegido por derechos de autor, principalmente contenidos pedagógicos o científicos, los programas de radio y televisión, las obras europeas audiovisuales y el patrimonio cultural; así como la de garantizar un correcto y equitativo funcionamiento del mercado de los derechos de autor en el entorno digital.

Entre las medidas introducidas se amplía el catálogo de límites que permiten excluir la necesaria autorización de los titulares de derechos para el uso de obras y prestaciones protegidos. Es el caso de los límites de minería de textos y datos para uso científico o comercial. También se reconoce un derecho conexo para los editores de prensa en el entorno digital, con la finalidad de que los editores puedan obtener una remuneración por el uso de sus contenidos en Internet. Y se introducen nuevas obligaciones para las plataformas digitales que permiten el acceso a contenidos protegidos por derechos de autor que suponen un incremento de sus deberes de colaboración con las autoridades en los supuestos de que se vulneren derechos de autor. Hay cuestiones de calado como la posibilidad misma de que las plataformas sean obligadas a bloquear el acceso a la web de los infractores, que cancelen su nombre de dominio o incluso que suspendan sus servicios de pagos electrónicos o publicidad. Nuevamente, el Ordenamiento jurídico debe lograr el equilibrio entre intereses jurídicos contrapuestos.

V. OTRAS FORMAS DE PROTECCIÓN DE LOS BIENES INMATERIALES. LOS SECRETOS EMPRESARIALES

La innovación constituye un estímulo fundamental para el desarrollo de nuevos conocimientos. Las empresas valoran sus secretos empresariales tanto como los derechos de propiedad intelectual puesto que se trata de una herramienta que permite gestionar su competitividad. El objetivo, por tanto, es proteger la información de la empresa que abarca no solo conocimientos técnicos científicos, sino también datos empresariales relativos a clientes y proveedores, planes comerciales y estudios o estrategias de mercado.

Por esta razón, los secretos empresariales reciben una protección específica, en tanto bienes inmateriales, sujetos a negocios jurídicos. Su régimen jurídico se encuentra recogido en la Directiva (UE) 2016/943 del

Parlamento Europeo y del Consejo, de 8 de junio de 2016, relativa a la protección de los conocimientos técnicos y la información empresarial no divulgados (secretos comerciales) contra su obtención, utilización y revelación ilícitas. Y en nuestro país por la Ley la Ley 1/2019, de 20 de enero de Secretos Empresariales que realiza la transposición a nuestro Ordenamiento de la mismas (LSE).

Se considera secreto empresarial cualquier información o conocimiento, incluido el tecnológico, científico, industrial, comercial, organizativo o financiero, que sea secreto, tenga un valor empresarial y haya sido objeto de medidas razonables por parte de su titular para mantenerlo en secreto. La ley atribuye al titular del secreto empresarial un derecho subjetivo de naturaleza patrimonial, susceptible de ser objeto de transmisión, en particular, de cesión o transmisión a título definitivo y de licencia o autorización de explotación con el alcance objetivo, material, territorial y temporal que en cada caso se pacte (art. 1.1 LSE).

La protección se dispensa al titular de un secreto empresarial, que es definido por la ley como cualquier persona física o jurídica que legítimamente ejerza el control sobre el mismo. Esta protección se extiende frente e a cualquier modalidad de obtención, utilización o revelación de la información constitutiva de aquél que resulte ilícita o tenga un origen ilícito con arreglo a lo previsto en esta ley (art. 1.2 LSE).

A estos efectos, la obtención de la información constitutiva del secreto empresarial se considera lícita cuando se realice por alguno de los medios siguientes (art. 2.1. LSE):a) El descubrimiento o la creación independientes; b) La observación, estudio, desmontaje o ensayo de un producto u objeto que se haya puesto a disposición del público o esté lícitamente en posesión de quien realiza estas actuaciones; c) El ejercicio del derecho de los trabajadores y los representantes de los trabajadores a ser informados y consultados, de conformidad con la normativa vigente; d) Cualquier otra actuación que, según las circunstancias del caso, resulte conforme con las prácticas comerciales leales.

Asimismo, no procederán las acciones y medidas previstas en esta ley cuando se dirijan contra actos de obtención, utilización o revelación de un secreto empresarial que hayan tenido lugar en cualquiera las circunstancias siguientes (art. 2.3. LSE) :a) En ejercicio del derecho a la libertad de expresión e información recogido en la Carta de los Derechos Fundamentales de la Unión Europea, incluido el respeto a la libertad y al pluralismo de los medios de comunicación; b) Con la finalidad de descubrir, en defensa del interés general, alguna falta, irregularidad o actividad ilegal que guarden relación directa con dicho secreto empresarial; c) Cuando los trabajadores lo hayan puesto en conocimiento de sus representantes, en el marco del ejercicio legítimo de las funciones atribuidas por la normativa aplicable, siempre que tal revelación fuera necesaria para ese ejercicio; d) Con el fin de proteger un interés legítimo reconocido por el Derecho europeo o español.

Tal y como señalábamos, el secreto empresarial es susceptible de transmisión (art. 4 LSE), así como de cotitularidad (art. 5 LSE) y de licencia (art. 6 LSE). En la ley se recoge un catálogo de acciones de defensa para hacer frente a la violación del secreto empresarial, entre las que hay que destacar, la acción para exigir la indemnización de daños y perjuicios; en este punto, por tanto, se regula de forma similar a las patentes y otros derechos de propiedad intelectual.

Por otra parte, la violación de secretos empresariales es, además, un acto de competencia desleal, contrario a los intereses de los competidores, tal y como viene reconocido en la Ley de Competencia Desleal, que remite a la propia LSE para su calificación y régimen jurídico.

VI. PROTECCIÓN DE DATOS

La protección de las personas físicas en relación con el tratamiento de datos personales es un derecho fundamental. Viene recogido en el ámbito europeo en el artículo 8, apartado 1, de la Carta de los Derechos Fundamentales de la Unión Europea y el artículo 16, apartado 1, del Tratado de Funcionamiento de la Unión Europea (TFUE) que establecen que toda persona tiene derecho a la protección de los datos de carácter personal que le concierna. Y en nuestro país, en el artículo 18.4 CE.

La globalización y el desarrollo tecnológico han planteado nuevos retos para la protección de los datos personales. La tecnología proporciona en la actualidad potentes instrumentos de captación y de intercambio de datos en unos volúmenes cada vez más crecientes y sin precedentes. Resulta cada vez más habitual la difusión por parte de las personas físicas de un importante volumen de datos personales. Este nuevo contexto es el que ha motivado una profunda revisión de la normativa de la Unión Europea, al objeto de reforzar la seguridad jurídica y práctica para las personas físicas, los operadores económicos y las autoridades públicas. De este modo, además, es como se puede generar la confianza necesaria para que la economía digital pueda desarrollarse en todo el mercado interior. En este entorno digital dominado por la tecnología de Big Data y por el almacenamiento de datos en la nube (cloud), aparecen nuevos problemas relacionados con el derecho al olvido y nuevas formas de delincuencia asociadas a la identidad digital.

En esta línea se han aprobado dos importantes normas que componen lo que se conoce como el nuevo marco europeo de protección de datos y que deben ser de especial aplicación respecto de las empresas que usan tecnología Big data: *el Reglamento (UE) 2016/679 del Parlamento Europeo y del Consejo de 27 de abril de 2016, relativo a la protección de las personas físicas en lo que respecta al tratamiento de datos personales y a la libre circulación de estos datos y por el que se deroga la Directiva 95/46/CE* (RGPD) y la Directiva 2016/680 del Parlamento Europeo y del Consejo de 27 de abril de 2016, relativa a la protección de las personas físicas en lo que respecta al tratamiento de datos personales por parte de las autoridades competentes para fines de prevención, investigación, detección o enjuiciamiento de infracciones penales o de ejecución de sanciones penales, y a la libre circulación de dichos datos.

El RGPD unifica y moderniza la normativa europea sobre protección de datos, estableciendo mecanismos para que, por un lado, los ciudadanos puedan tener un mejor control de sus datos personales y por otro, las empresas puedan aprovechar al máximo las oportunidades de un mercado único digital, reduciendo la burocracia y beneficiándose de una mayor confianza de los consumidores. La Directiva de Protección de Datos, por su parte, está destinada a la protección de los datos de víctimas, testigos y sospechosos de la comisión de delitos en los ámbitos policiales y de la Justicia. Las personas físicas deben tener el control de sus propios datos personales.

Siguiendo esa estela, se ha aprobado la Ley Orgánica 3/2018, de 5 de diciembre, de Protección de Datos Personales y garantía de los derechos digitales(LOPD). Teniendo que cuenta que el RGPD es de aplicación directa, cabría hablar de desarrollo o complemento del Derecho de la Unión Europea, tal y como establece la Exposición de Motivos de la LOPD. Por tanto, en materia de protección de datos habrá que aplicar ambas disposiciones. El campo para nuestra norma será organizativo y de completar aquellos elementos que no hayan sido desarrollados en la norma comunitaria. En ese sentido, la ley matiza y completa el régimen del RGPD en cuanto a los principios básicos de tratamiento de datos. Exactitud, confidencialidad, consentimiento son los que han de seguirse por par te de los encargados y responsables. Estas reglas, que son las que abren la puerta a los derechos que reconoce la ley en relación con los datos, están modulados en una serie de supuestos específicos que atañen directamente al ámbito mercantil: tratamiento de datos de contacto de empresarios individuales y de profesionales liberales (art. 19), sistemas de información crediticia, (art.20), tratamientos relacionados con la realización de determinadas operaciones mercantiles (art. 21) y sistemas de exclusión publicitaria (art. 23).

En relación con el régimen de exclusión publicitaria, el artículo 23 LOPD, establece una serie de prescripciones. En primer lugar, que será lícito el tratamiento de datos personales que tenga por objeto evitar el envío de comunicaciones comerciales a quienes hubiesen manifestado su negativa u oposición a recibirlas. En este sentido, podrán crearse sistemas de información, generales o sectoriales, en los que solo se incluirán los datos imprescindibles para identificar a las personas a las que se dirigen, a las que la ley denomina afectados. Es posible, además, que los interesados establezcan únicamente limitaciones a la recepción de comunicaciones comerciales de determinadas empresas.

En segundo término, establece que quienes deseen utilizar los datos personales para la remisión de comunicaciones comerciales deberán informar a los afectados acerca de los sistemas de exclusión publicitaria existentes. Las entidades responsables de los sistemas de exclusión publicitaria comunicarán a la autoridad de control competente su creación, su carácter general o sectorial, así como el modo en que los afectados pueden incorporarse a los mismos y, en su caso, hacer valer sus preferencias. La autoridad de control competente hará pública en su sede electrónica una relación de los sistemas de esta naturaleza que le fueran comunicados, incorporando la información mencionada en el párrafo anterior. A tal efecto, la autoridad de control competente a la que se haya comunicado la creación del sistema lo pondrá en conocimiento de las restantes autoridades de control para su publicación por todas ellas.

Finalmente, señala que quienes pretendan realizar comunicaciones de mercadotecnia directa, deberán previamente consultar los sistemas de exclusión publicitaria que pudieran afectar a su actuación, excluyendo del tratamiento los datos de los afectados que hubieran manifestado su oposición o negativa al mismo. No será necesario realizar esa consulta cuando el afectado, siguiendo lo establecido en la ley, hubiera prestado su consentimiento para recibir la comunicación a quien pretenda realizarla.

DERECHO DE SOCIEDADES

Lección 8

Sociedades. Caracterización

SUMARIO: I. PRELIMINAR. II. CARACTERIZACIÓN. 1. Conceptos amplio y estricto de sociedad. 2. Funciones del concepto amplio. III. SOCIEDADES CIVILES Y MERCANTILES. 1 Criterios de atribución del carácter mercantil. 2. Clases de sociedades mercantiles. 2.1. Sociedades de personas. 2.1.1. Caracterización. 2.1.2. La sociedad colectiva. 2.1.3. La sociedad comanditaria simple. Sociedades de capital. 2.2.1. Caracterización. 2.2.2. Tipos principales

I. PRELIMINAR

Las sociedades son formas de organización de tareas colectivas, creadas por y para el tráfico. Como norma, en efecto, los distintos tipos de sociedades han ido surgiendo de forma paulatina y espontánea en el tráfico para atender las necesidades de este. No son, por tanto, invenciones del legislador, de ahí la falta de homogeneidad que existe entre ellos. La sociedad civil, la forma social más simple, constituye una evolución de la "*societas* romana", surgida como consecuencia de las transformaciones experimentadas en el sector agrario y artesano en la época feudal. La sociedad colectiva, primera forma social de carácter mercantil, nace aproximadamente en la misma época con el objeto de atender las exigencias de las empresas de la época, dedicadas básicamente al comercio. Frente al comerciante individual se presenta como una técnica de agregación de esfuerzos que, además, pretende aprovechar el crédito de aquel tras su fallecimiento. Por eso no son extrañas razones sociales tales como "hijos o herederos de..., sociedad colectiva" o "Viuda de ...". De ahí su carácter de "sociedad general entre mercaderes" de índole, además, familiar. La sociedad comanditaria simple y las cuentas en participación surgen también en ese tiempo. En estos casos para permitir que personas que no querían ejercer el comercio públicamente pudieran, no obstante, obtener rendimientos del ejercido por terceros. Tal era el caso de los clérigos o de la nobleza, por las connotaciones sociales negativas que acompañaban al ejercicio de cualquier profesión en la época.

Con posterioridad surgen las Compañías coloniales, antecedente de las actuales sociedades anónimas, con el objeto de reunir el ingente capital necesario para acometer las empresas de ultramar. A diferencia de todas estas formas sociales, surgidas espontáneamente en el tráfico, la sociedad de responsabilidad limitada, es la única que fue producto de una invención del legislador. Fue creada por la Ley de 1892, en Alemania, como un híbrido entre las sociedades anónimas y las sociedades colectivas, tomando de las primeras la limitación de responsabilidad de los socios y de las segundas el reducido número de partícipes. Más adelante, otra vez a instancias de los particulares, nacieron tipos con los que se pretendía suprimir al intermediario capitalista, procurando ayuda y cobertura a los propios socios. A estas finalidades responden las sociedades cooperativas o las mutuas. Este catálogo de formas sociales se mantiene básicamente en la actualidad, con la particularidad de que ahora la Ley no permite a los particulares inventar nuevas modalidades. Únicamente están autorizados a introducir modificaciones en los tipos legales, hasta donde les permitan sus leyes reguladoras, lo que, en algunos casos, puede llegar a desvirtuar los rasgos originarios, dando lugar a formas mixtas.

II. CARACTERIZACIÓN

1. Conceptos amplio y estricto de sociedad

Estrictamente considerada la sociedad es un contrato por el cual dos o más personas se obligan a poner en común dinero, bienes o industria para obtener lucro, esto es, con ánimo de obtener ganancias y partirlas entre sí (arts. 1665 Cciv y 116 del Ccom). Sin embargo, desde un punto de vista amplio, para que exista sociedad únicamente es preciso que concurra origen negocial y promoción en común de un fin común. Concepto amplio y estricto se diferencian, pues, en razón de los elementos que los integran.

2. Funciones del concepto amplio

Las funciones asignadas al concepto amplio de sociedad demuestran su relevancia en el plano constructivo del Derecho de Sociedades. Tiene asignada, en primer término, una función ordenadora. Conforme a ella, en un plano lógico, todas las figuras en las que concurran los tres elementos del mismo han de ser calificadas como sociedades. En segundo lugar, el concepto amplio cumple una función residual y de régimen jurídico supletorio por cuanto permite aplicar la normativa societaria a figuras que no reúnen todos los requisitos o elementos esenciales del tipo elegido. En concreto, las normas civiles o las mercantiles previstas para la sociedad colectiva según la índole de la actividad que se ejercite. Si la actividad es mercantil se aplicará el esquema de la sociedad colectiva, que es una estructura societaria igual de genérica que la civil, pero diseñada para el tráfico mercantil. Más allá de este esquema se precisa una voluntad electora del tipo, por lo que, si no hay ninguna o esta se frustra, porque no se han reunido los elementos esenciales del tipo en cuestión, la figura se incardina en el tipo general del tráfico mercantil, esto es, en la sociedad colectiva.

En consecuencia, es claro que nuestro Derecho se basa en un sistema de *numerus clausus,* conforme al cual los únicos tipos que cabe constituir son los expresamente recogidos en la Ley. En resumen, no hay libertad de creación de tipos.

III. SOCIEDADES CIVILES Y MERCANTILES

1. Criterios de atribución del carácter mercantil

En el sistema del CCom, el criterio relevante para considerar mercantil una sociedad es el material. Esto significa que son sociedades mercantiles las que tienen por objeto una actividad empresarial. Y por ello, requieren de una forma mercantil, es decir, son empresarios.

Hay que señalar no obstante, que este sistema se ha visto superado por la LSC en relación con la sociedad anónima y limitada, puesto que en todo caso, con independencia a la actividad a la que se dediquen, serán consideradas sociedades mercantiles y se les aplicará el estatuto del empresario.

También debe tenerse en cuenta, que el art. 1670 CCiv. permite que sociedades que no lleven a cabo una actividad empresarial puedan utilizar una forma mercantil. En este caso, se les aplicará las normas del tipo social elegido, aun cuando no se les puede considerar, como tales, empresarios.

2. Clases de sociedades mercantiles

Las sociedades mercantiles pueden ser de dos clases, sociedades de personas y de capital.

2.1. Sociedades de personas.

2.1.1. Caracterización

Las sociedades de personas poseen una estructura organizativa simple y concreta, ya que se apoya directamente en las personas que la integran, sin interposición de un esquema de órganos con competencias predeterminadas por la Ley. A consecuencia de ello, las relaciones internas transcurren entre socios o entre socios y administradores, pero no como miembros de un órgano de administración, puesto que en su seno rige el principio de autoorganicismo, que quiere decir que todo socio, por el mero hecho de serlo, ostenta ya facultades gestoras y representativas. Expresándolo más terminantemente, el socio es, además, administrador, lo que atribuye a la condición de socio un acentuado carácter personalista. Asimismo, la Junta general no es un órgano que adopte sus decisiones por mayoría según el régimen colegial, sino el conjunto de todos los socios que deciden por unanimidad. Incluso aunque se pacte que las decisiones puedan tomarse por mayoría parece que esta es la expresión directa de la voluntad de los socios y no el resultado de la deliberación de un órgano colegiado.

Debido a estas circunstancias la identidad y las cualidades personales de los socios son tan determinantes del consentimiento de los demás que informan los aspectos esenciales de su régimen jurídico. En el momento fundacional importan más tales cualidades que la aportación al capital, de ahí que se admita el mero socio industrial. Se genera además una relación de naturaleza profundamente personal que se plasma en el principio del autoorganicismo, en el voto personal, en el régimen de la disolución —donde se observa cómo las incidencias personales de los socios afectan al contrato mismo y, por ende, a la sociedad—, de la separación o la exclusión y, sobre todo, en el cambio de socios, que, al constituir una modificación del contrato, requiere el consentimiento unánime de todos, observándose en atención a todo ello una correlación básica entre estructura del tipo y principio general de intransmisibilidad.

En cuanto a las relaciones externas el nexo que se produce entre la sociedad y los terceros implica relaciones de los socios colectivamente considerados y los terceros, por lo que las obligaciones son obligaciones de todos los socios. De ahí que, aunque estas sociedades estén dotadas de patrimonio, no es titularidad de la sociedad como persona jurídica, sino del conjunto de los socios. Por eso el grado de subjetivación de estas sociedades es el propio de la comunidad germánica. En este tipo de comunidad el patrimonio pertenece a la colectividad de los socios, no por cuotas, como en la comunidad romana, sino en su conjunto. A consecuencia de ello se produce una separación del patrimonio común del individual de cada socio, pero esta separación no es perfecta, lo que explica el régimen de responsabilidad de estos tipos sociales: hay una separación de deudas y un sistema de prelación de acreedores. Primero cobran los acreedores de la sociedad. Pero si la sociedad no tiene patrimonio suficiente, entra en juego la responsabilidad subsidiaria e ilimitada de los socios por las deudas sociales. Los tipos principales de sociedades de personas son la sociedad colectiva y la comanditaria simple.

2.1.2. Sociedad colectiva.

La sociedad colectiva es la sociedad general del tráfico mercantil. El dato más relevante de la sociedad colectiva es que la aplicación de su régimen legal es independiente de la voluntad electiva del tipo social en los términos indicados anteriormente. Es una sociedad externa y manifiesta o publicada, es decir, que está organizada para actuar en el tráfico como tal sociedad, y lo hace efectivamente. Es el prototipo de sociedades de personas La estructura simple en que se basa la sociedad colectiva obliga a exigir la presencia, al menos, de dos socios. De modo que el negocio fundacional es siempre un contrato. La escritura pública no constituye en este tipo societario una exigencia ad solemnitatem, ni tampoco su inscripción reviste carácter "constitutivo".

El carácter simple de la estructura y la naturaleza profundamente personal de la relación que se instaura en este tipo de sociedades explican que, en el modelo legal, las decisiones se adopten por unanimidad. Justifica igualmente que el cambio de socios requiera el consentimiento unánime de todos, ya que constituye una modificación del contrato social, por lo que existe una correlación básica entre estructura del tipo y principio general de intransmisibilidad. Estas notas se advierten igualmente en el régimen de la disolución (arts. 221 y ss. Ccom), donde se observa cómo las incidencias personales de los socios afectan al contrato mismo y, por ende a la sociedad, y en la separación o la exclusión de socios (arts. 218, 219, 220 y 225 Ccom). Ahora bien, en materia relaciones jurídicas internas, destaca el carácter dispositivo de la regulación, porque los socios pueden desviarse del modelo previsto por el legislador para las relaciones socio y sociedad (arts. 117 y 121 Ccom.).

El socio ostenta una serie de derechos patrimoniales, como el derecho a participar en los beneficios y la cuota de liquidación; y entre los derechos administrativos, destaca el derecho a administrar, que corresponde a todo socio por el mero hecho de serlo, conforme al principio de autoorganicismo que rige en este tipo de sociedades. No obstante, es posible conferir la gestión en sentido estricto a todos los socios (art. 129 Ccom), a una parte de ellos (arts. 131 ss. Ccom) o a uno solo, concediéndole la facultad privativa de administrar y representar a la sociedad. Este último es el supuesto del denominado gerente estatutario. Esta opción por el gerente estatutario implica que el resto de socios no podrán inmiscuirse en la actividad gestora que lleve a cabo; pero seguirán conservando la facultad de control que se traduce en la posibilidad de exigir al gerente reclamaciones e información, nombrar un coadministrador o solicitar la exclusión del gerente en sede judicial.

En cuanto a las relaciones jurídicas externas, tal y como se ha señalado en el epígrafe anterior, los socios responderán de forma subsidiaria a la sociedad por las deudas sociales, y de forma personal, ilimitada y solidaria (art. 127 CCOm). Se trata de un régimen imperativo que no puede ser modificado por la voluntad de los socios.

2.1.3. Sociedad comanditaria simple

La sociedad en comandita es una modalidad de sociedad colectiva caracterizada por la adición de un elemento "capitalista". El elemento diferenciador de ambos tipos societarios radica en la existencia de una doble categoría de socios. Los socios colectivos cuyo estatuto es el mismo que en la sociedad colectiva. Y los socios comanditarios, a quienes se prohíbe la intervención en las tareas gestoras y cuya responsabilidad frente a terceros está limitada a su aportación.

2.2. Sociedades de capital

2.2.1 Caracterización

La LSC no define las sociedades de capital (en adelante SC). Se limita a especificar que son sociedades de este tipo la sociedad de responsabilidad limitada, la sociedad anónima y la sociedad comanditaria por acciones (art. 1.1 LSC). No obstante, se aprecian en ellas unas notas caracterizadoras comunes que se inducen del propio texto legal. Se trata de las siguientes:

En primer término, estas sociedades comparten la misma organización. Todas ellas están dotadas de una estructura corporativa o compleja y están sometidas, por tanto, a un régimen estatutario. Lo que, en síntesis, significa:

I) En primer lugar, la existencia de órganos cuyo número y competencias están predeterminados por la Ley. En concreto la junta de socios y el órgano de administración. En segundo lugar, que en este último órgano rige el principio de heterorganicismo, que excluye de la condición de socio el derecho a administrar. Y, en tercer lugar, que todos los órganos están regidos por el régimen colegial. Esto supone que los acuerdos se toman por mayoría, lo que exige la sumisión del acuerdo a un procedimiento legalmente determinado, integrado, básicamente, por la convocatoria, la reunión, la deliberación y la votación.

A consecuencia de las características anteriores, la organización adquiere la consideración de persona jurídica en sentido estricto, y con ello, una notable independencia, tanto en el plano personal, respecto de sus socios, como en el ámbito patrimonial. Frente a los socios, la independencia de la organización se traduce en que las relaciones jurídicas surgen entre cada uno de ellos y la sociedad como persona jurídica.

II) La independencia de la organización en el plano patrimonial se traduce en la nota de responsabilidad limitada. En efecto, dicha independencia ocasiona la creación de un patrimonio perfectamente acotado y responsable desligado del de los socios, quienes, precisamente debido a esta circunstancia, no responden de las deudas sociales. Es común afirmar a ese respecto que una de las notas caracterizadoras de las SC consiste en que se trata de sociedades de responsabilidad limitada. No es de extrañar, en particular por la denominación de uno de los tipos precisamente como sociedad de responsabilidad limitada.

Sin embargo, esta apreciación necesita ser matizada a fin de no incurrir en imprecisiones técnicas. Las SC, como personas (jurídicas) que son, no tienen responsabilidad limitada, sino ilimitada. Responden con todo su patrimonio de las deudas presentes y futuras, como ordena el art. 1911 Cciv. Por otra parte, los socios tampoco asumen responsabilidad limitada frente a terceros. Respecto de ellos no hay responsabilidad alguna, puesto que, entre ambos, se interpone la persona jurídica que es la sociedad, lo que suprime cualquier tipo de relación entre socios y terceros.

La responsabilidad limitada concurre, pues, únicamente en las relaciones socio/SC en el sentido de que la responsabilidad del socio frente a la sociedad queda limitada a la cuantía de su aportación. Este dato es uno de los motivos de la gran difusión de estos tipos sociales. Y la diferencia más aparente con las llamadas sociedades de personas (colectivas y comanditarias), cuyos socios, como se sabe, responden de las deudas de la sociedad de manera solidaria, si bien subsidiariamente.

III) La responsabilidad limitada de los socios a su aportación al capital, fundamenta la tercera nota caracterizadora de estos tipos de sociedad, que es la especial significación que tradicionalmente se ha atribuido al capital social como mecanismo de protección de terceros. Desprovistos de la garantía que supone la responsabilidad subsidiaria de los socios, el patrimonio de la sociedad constituye el único medio de tutela de aquellos. A consecuencia de ello, la correcta integración del capital está sometida a rigurosas reglas arbitradas en defensa de dichos terceros, desde el mismo momento de la fundación de la sociedad, (régimen de las aportaciones, incluyendo su composición, ya que ha de tratarse, como veremos, de bienes valorables con arreglo a criterios objetivos), durante su vida (régimen de los beneficios) y hasta su extinción (normativa sobre reducción de capital y disolución por pérdidas). No obstante lo anterior, esta función del capital social como mecanismo de garantía para terceros se ha desdibujado de forma notable, ante la constancia de que el capital no logra ser una garantía suficiente, dado que en ningún caso permite corroborar que se trate de una sociedad solvente o que tenga liquidez, que es realmente lo que garantiza a los acreedores el cobro de sus créditos. Resulta, pues, en la actualidad un aspecto del régimen de las sociedades de capital muy cuestionado.

IV) Por otra parte, esta misma característica explica la importancia que se concede en el seno de estas sociedades a la aportación de capital, por encima de las cualidades personales de los socios. En aplicación de este principio fundamental, para adquirir la condición de socio es imprescindible efectuar aportaciones al capital, sin que pueda conseguirse en ningún caso tal posición a través de prestaciones de trabajo o industria (art. 58 LSC). De igual modo, como regla general, los derechos y obligaciones se atribuyen en proporción a la aportación de cada socio al capital social. Puede decirse por eso que existe una estrecha correlación entre la existencia de este tipo de sociedades y la presencia del capital.

V) Es asimismo rasgo caracterizador de este tipo de sociedades el carácter constitutivo que se atribuye a su inscripción en el RM (art. 20 LSC). Sin inscripción no hay SC regular. El fundamento de esta previsión es esencialmente práctico. Se trata de proteger a los terceros, cuya única garantía queda constituida por el capital social, el patrimonio que lo respalda, más propiamente. Para que la sociedad pueda beneficiarse de la responsabilidad limitada, la Ley exige que se informe de ese dato a los terceros, lo que se consigue mediante la inscripción en el RM.

VI) Finalmente, cabe indicar que las SC son sociedades mercantiles simplemente por adoptar cualquiera de las formas que constituyen sus tipos, con independencia de cuál sea su objeto (actividad a la que se dedique) o su fin (lucrativo o no). Tanto desde el punto de vista objetivo, como subjetivo, por lo que gozan en todo caso de la condición de empresarios. Todos los tipos comparten la condición de empresario por la forma de la que disfrutan.

2.2.2. *Tipos principales*

Las notas caracterizadoras de las SC enunciadas en el apartado anterior no se aprecian con la misma intensidad en todos los tipos. Los tipos principales de SC son las sociedades anónimas (SA), las sociedades de responsabilidad limitada (SL) y las sociedades comanditarias por acciones (SCA). Siempre a grandes rasgos, la SA está diseñada para poder constituir el cauce formal de ejercicio de grandes empresas, entendiendo por tales no tanto las que disponen de un gran capital, sino muy especialmente las que están integradas por un gran número de socios cambiantes y que acuden para su financiación al ahorro ajeno (sociedades abiertas). Mientras, la SL está prevista para pocos socios relativamente sustituibles, entre los que tendencialmente existen ciertas relaciones personales (sociedades cerradas). A consecuencia de ello, su régimen interno de funcionamiento es más flexible que el de la SA y su carácter capitalista convive con ciertos elementos de personalización, como el régimen restrictivo de la transmisión de las participaciones.

Sin embargo, esto no quiere decir que la SA sea un tipo exclusivo de grandes empresas que recurren para su financiación al mercado de capitales. Por el contrario, se trata de una forma social de reconocida polivalencia funcional, capaz de constituir la forma jurídica de sociedades abiertas o cotizadas y cerradas. En el primer caso, las normas de la LSC, que las dedica un título especial, deben integrarse con las previstas en la LMV y su normativa de desarrollo. De otro lado, la opción por la sociedad cerrada está propiciada por la exigua cuantía de capital mínimo que se exige para su constitución, que además sólo tiene que estar desembolsado en un 25%. Por no mencionar la gran libertad de pactos que se permite en su seno. En particular en lo relativo a las restricciones sobre transmisibilidad de acciones. Así como por la posibilidad de recurrir a institutos más propios de las formas previstas para pocos socios, como ocurre, en particular, con las prestaciones accesorias. Todo ello unido a la inexistencia en la SL de capital máximo y de número máximo de socios permite afirmar que nuestras dos SC básicas son, en gran medida, intercambiables entre sí.

Junto a ellas, la SCA es, a pesar de su denominación, una SA cuya especificidad más relevante se aprecia en el estatuto jurídico de sus administradores, a quienes se les atribuye la condición de socios colectivos, lo que se traduce en la asunción de una responsabilidad personal e ilimitada por las deudas sociales. En compensación por esta agravación de la responsabilidad disfrutan de una mayor estabilidad en el cargo (art. 252 LSC). A consecuencia de ello, las SCA se rigen por las normas específicamente aplicables a este tipo social y, en lo que no esté en ellas previsto, por lo establecido en la LSC para las SA (art. 3.2 LSC). A lado de estos tipos básicos, la LSC regula ciertos subtipos de SA, de SL o de ambas. Subtipo de las dos es la sociedad unipersonal puesto que trata de una modalidad de uso restringido en alguna de ellas. Su característica definitoria consiste en que está integrada por un solo socio (arts. 12 a 14 LSC).

Subtipo de la SL es la Sociedad Nueva Empresa, que está diseñada para facilitar la creación de sociedades mercantiles por PYMES, aunque no con mucho acierto, ya que su régimen jurídico es particularmente restrictivo (arts. 434 a 454 LSC).

Subtipos de la SA son la sociedad cotizada, a la que se aludió antes, y la sociedad anónima europea domiciliada en España. Los rasgos más destacados deesta última se refieren al proceso de constitución y a las formas de organizar la administración social, en cuyo ámbito se admite el sistema dual de administración (arts. 455 a 494 LSC).

Lección 9

La fundación de las sociedades. Modificaciones estructuturales

I. LA FUNDACIÓN DE LAS SOCIEDADES

1. Elementos de la fundación

1.1. Caracterización

En la fundación de la sociedad hay que distinguir el negocio fundacional y los elementos no negociales de la fundación. El negocio es un elemento esencial de la fundación de cualquier tipo de sociedad; pero, no es suficiente para ultimarla. Se precisan los elementos no negociales. El elemento principal de este tipo es la inscripción en el RM.

1.2. El negocio fundacional

1.2.1. Caracterización

El negocio fundacional es un contrato, salvo en la hipótesis de sociedad unipersonal, en que es un negocio unilateral. En cualquier caso, se trata de un negocio jurídico en sentido propio, es decir, de un negocio obligatorio, que debe, por ende, incardinarse en el Derecho de obligaciones, ya que del mismo surgen derechos y obligaciones, poderes y facultades que implican a la sociedad con cada uno de sus socios. Los derechos y las obligaciones pueden ser de contenido patrimonial o económico y administrativo o político. Entre los derechos patrimoniales destaca el derecho a los beneficios y el derecho a la cuota de liquidación; mientras que la obligación económica fundamental es la de aportar. En el ámbito administrativo, el derecho de carácter político por excelencia es el voto. El negocio produce asimismo una vinculación de carácter jurídico personal, que deriva del deber de fidelidad, pero esta circunstancia no autoriza a excluir el carácter propio del mismo para incluirlo en una hipotética categoría de negocios jurídico-personales.

En las hipótesis ordinarias, se trata también de un contrato bilateral o plurilateral con prestaciones recíprocas porque todos los socios se obligan recíprocamente unos frente a otros a realizar prestaciones, pero no las prometen en función de las de sus consocios, para intercambiarlas con ellos. Se prometen todas en atención al fin común. No se intercambian, se unen, para promover en conjunto el fin común. Por este motivo, el contrato de sociedad no tiene carácter sinalagmático.

1.2.2. Elementos esenciales

Dada la caracterización del negocio fundacional como negocio jurídico de carácter obligacional, los elementos esenciales para su validez son los que prevé con carácter general el Derecho de obligaciones, esto es, capacidad (arts. 315, 322, 323, 166.1, 271.2º Cciv y 1263 Cciv), consentimiento, objeto y causa (art. 1261 Cciv).

La peculiaridad más relevante del consentimiento consiste en que no se precisa voluntad electora del tipo. Si no se elige uno concreto, se entiende que se ha optado por la sociedad colectiva ya que, en el resto de tipos, se concede el privilegio de la limitación de la responsabilidad, por lo que, para acogerse a él, es necesario cumplir los requisitos que prevé la Ley en defensa de los terceros. Si no se cumplen se aplica el tipo más rígido de la colectiva.

El objeto del contrato son las aportaciones de los socios. Finalmente, la causa tiene dos dimensiones. Una abstracta, que se resuelve en el fin común, y otra concreta que alude al objeto social, esto es, el sector o ramo de actividad o actividades a que se dedica la sociedad.

1.3. La escritura

La escritura es la forma solemne que recoge el negocio fundacional y sus modificaciones. Su contenido reproduce los elementos esenciales exigidos para la validez de los contratos en el Derecho Común con las adaptaciones derivadas de la especificidad del negocio fundacional, por lo que varía según la forma social elegida. Además, puede incluir todos los pactos y condiciones que los socios fundadores juzguen conveniente establecer, siempre que no se opongan a las leyes ni contradigan los principios configuradores del tipo social elegido. En general, incluye los nombres de los otorgantes, lo que cada socio aporta y las cuotas de socio que se le atribuyen en su razón, así como la voluntad de fundar determinada sociedad. En las sociedades de capital debe contener necesariamente los estatutos, que comprenden las normas de organización y funcionamiento que han de regir aquellas.

Conforme a las reglas generales del Derecho de Obligaciones y contratos esta forma no puede considerarse elemento esencial del contrato (arts. 1254 y 1278 y concordantes Cciv). Para las sociedades de personas, el Ccom reitera la misma regla de libertad de forma (arts. 117, 119 y 51 Ccom). Ahora bien, en estos casos, además de forma solemne no necesaria, la escritura es un presupuesto de acceso al RM, dado el principio de titulación pública que rige en él. El sistema cambia al tratar de las sociedades de capital. En estas sociedades la escritura es necesaria, en el sentido de que no es una simple vía de acceso al RM, como en las sociedades de personas, sino un elemento esencial de carácter constitutivo del negocio fundacional (requisito de forma *ad solemnitatem*) que ha de ser considerado como presupuesto del tipo, ya que es en ella dónde se insertan todos los elementos de la organización.

1.4. La inscripción

La inscripción en el RM es el más importante de los elementos no negociales de la fundación. Su tratamiento difiere según se trate de sociedades de personas o de capitales. En el primer caso, la inscripción en el RM es meramente declarativa (art. 119 Ccom), de modo que la sociedad existe conforme a su tipo aun sin inscripción en aquel. En cambio, en las sociedades de capital tiene, igual que la escritura, carácter constitutivo (art. 20 LSC). Antes de la inscripción no existe sociedad de capital regular.

2. Nulidad de la sociedad y sociedades de hecho

2.1. Causas de nulidad

Las sociedades únicamente pueden ser declaradas nulas por motivos de fondo, nunca de forma. Tratándose de sociedades de personas sucede esto porque, en ellas, la escritura no es un elemento esencial del negocio, de modo que su ausencia no determina la nulidad.

En caso de sociedades de capital ocurre debido a que la falta de escritura ocasiona la inexistencia como tal sociedad de capital, pero no impide su consideración como sociedad colectiva o civil. Salvando la circunstancia anterior, las causas de nulidad que afectan a las sociedades de personas son idénticas a las que pueden aquejar a cualquier otro contrato, de conformidad con la teoría general del Derecho de Obligaciones y Contratos. Por el contrario, en las sociedades de capital están restringidas con carácter de *ius cogens*. Fuera de los casos enunciados en la LSC no podrá declararse la inexistencia ni la nulidad de la sociedad ni tampoco declararse su anulación (art. 56.2 LSC). Los motivos de nulidad relacionados en la LSC pueden agruparse en dos grandes categorías. Por un lado, aquellos que coinciden con la ausencia de elementos esenciales generales aplicables a todo otro negocio jurídico, aunque matizados en su aplicación al contrato de organización que es la sociedad de capital, incluyéndose los defectos de capacidad, que allí darían lugar a la anulabilidad. Por otro, los que sancionan la ausencia de elementos esenciales del tipo específico de sociedad de capital.

2.2. Efectos de la nulidad: las sociedades de hecho

Las especificidades más relevantes de la nulidad de la sociedad se perciben al analizar los efectos de la misma, que se separan radicalmente de los asignados al instituto en la teoría general del Derecho de Obligaciones. Mientras que allí se tiene el negocio por no realizado desde siempre, con efectos retroactivos, obligándose a la devolución recíproca de lo percibido por cuenta de él; la sociedad nula es tratada como si no lo fuera, aplicándosele técnicas que surten efectos únicamente desde ahora, lo que se justifica por la necesidad de garantizar la seguridad del tráfico. En particular por la de proteger a los terceros que se han relacionado con la sociedad nula, confiando en la apariencia de validez generada por la inscripción en el RM o por su funcionamiento de hecho en el tráfico. Dicho resultado se consigue reestructurando la causa de nulidad como causa de disolución, que, entonces, abre el proceso de liquidación.

Por otra parte, en tanto la nulidad no sea declarada se está ante una sociedad de hecho. A grandes rasgos una sociedad de hecho es una sociedad nula que actúa en el tráfico como si no lo fuera. Es preciso que la sociedad haya comenzado a actuar, sin que sea suficiente la mera ejecución del contrato en el ámbito interno mediante la realización de las aportaciones prometidas por los socios. Y, naturalmente, se requiere también que el motivo de nulidad subsista, porque, si ha desaparecido, por el motivo que sea, o ha sido confirmado o convalidado, la sociedad ya no es nula, de modo que no resulta de aplicación la doctrina de la sociedad de hecho.

3. Sociedades en formación

La sociedad en formación es una sociedad cuyos pactos constan en escritura pública, pero aún no se ha inscrito en el RM, aunque existe la voluntad de inscribirla. Está regulada en la LSC con el objeto de conciliar el interés de los socios en iniciar la actividad social a la mayor brevedad con las necesidades de tutela de los terceros que se relacionen con una organización que todavía no es sociedad de capital regular al faltarle el presupuesto de la inscripción. La disciplina que dicta la Ley, que está presidida por ese doble objetivo, comprende tanto el momento anterior a la inscripción como el posterior a ella. Con anterioridad a la inscripción se dicta una regla general y una excepción. Como regla general, de los actos y contratos celebrados en nombre de la sociedad antes de su inscripción en el RM, responderán solidariamente quienes los hubiesen celebrado, a no ser que, conforme al significado genuino de la condición suspensiva, su eficacia hubiese quedado condicionada a la inscripción y, en su caso, posterior asunción de los mismos por parte de la sociedad (art. 36 LSC).

Excepcionalmente, la Ley contempla una serie de casos en que responde la sociedad en formación, pero todavía no en calidad de sociedad capital, sino de específica organización corporativa capaz de asumir en nombre propio la titularidad de relaciones jurídicas, y obligada, por ello, a cumplirlas. Se trata de los siguientes supuestos: I) actos y contratos indispensables para la inscripción de la sociedad —como, por ejemplo, los gastos de notario, registro o liquidación de impuestos—; II) de los realizados por los administradores dentro de las facultades que les confiere la escritura para la fase anterior a la inscripción; III) de los estipulados en virtud de mandato específico por las personas a tal fin designadas por todos los socios (art. 37.1 LSC); y, salvo que la escritura o los estatutos sociales dispongan otra cosa, de los realizados por los administradores en ejecución del objeto social, si la fecha de comienzo de las operaciones coincide con el otorgamiento de la escritura fundacional. En este último caso los administradores están facultados para el pleno desarrollo del objeto social y para realizar toda clase de actos y contratos (art. 37.3 LSC). La asunción de estos actos por la sociedad se realiza con cargo al patrimonio formado por las aportaciones de los socios (art. 37.1 LSC), en el que se incluye, no sólo lo que los socios hayan aportado efectivamente y de hecho en ese momento, sino también todo aquello que se hubieran comprometido a aportar (art. 37.2 LSC).

Una vez inscrita la sociedad, pero siempre en relación con los actos y contratos suscritos con anterioridad a la misma, la Ley prevé también dos hipótesis en que la sociedad asumirá la responsabilidad del cumplimiento de aquellos. Con carácter automático, esto es, por el mero hecho de la inscripción, sin que se requiera manifestación alguna, la sociedad quedará obligada por aquellos actos y contratos que, por excepción, eran responsabilidad de la sociedad en formación (art. 38.1 LSC). De los demás se seguirá respondiendo conforme a la regla general enunciada arriba, salvo que la sociedad los asuma, esto es, los acepte, lo que deberá hacer dentro del plazo de tres meses desde su inscripción (art. 38.1 LSC). En ambos casos cesará la responsabilidad de los socios, administradores y representantes, sustituida por la de la sociedad ya inscrita (art. 38.2 LSC).

4. Sociedades irregulares

La irregularidad es un defecto de publicidad, no de forma. Una sociedad irregular es aquella cuyos pactos constan en escritura pública, pero falta la inscripción en el RM y, contemporáneamente, actúa en el tráfico como tal sociedad. Por consiguiente, se advierte en ella una disociación entre (ausencia de) publicidad registral y (existencia de) publicidad de hecho que el ordenamiento resuelve concediendo preminencia a esta última sobre la primera al objeto de tutelar a los terceros.

Concebida en estos términos y dado el carácter declarativo de la inscripción, la irregularidad no modifica el régimen jurídico al que se someten las sociedades de personas. No afecta a las relaciones internas, ni a las externas, en que se actuará igual conforme al CCom, aunque obviamente existirá una inoponibilidad a terceros de los términos del contrato, ya que el régimen de la inscripción y de la publicidad legal se dirige a protegerlos. El hecho sujeto a inscripción y no inscrito no les es oponible (publicidad material negativa), a excepción de a aquellos que le conocieran por vía extrarregistral (arts. 21 CCom y 9 RRM). El límite está en la buena fe. Esta afirmación resulta de especial interés para determinar el régimen de responsabilidad de los socios comanditarios. Su responsabilidad solo estará limitada si demuestran que el tercero conocía su condición de comanditarios. Hay que pensar que existen socios colectivos que responden ilimitadamente.

A diferencia de lo que sucede con las sociedades de personas, en las sociedades de capital la inscripción tiene carácter constitutivo. Por consiguiente, otorgada la escritura pública y no inscrita en el RM en el plazo de un año desde el otorgamiento, o antes, si se verifica la voluntad de no inscribir, la sociedad en formación se convierte en una sociedad irregular (art. 39.1 LSC), si es que ha comenzado de hecho sus operaciones. En tal situación queda frustrado definitivamente el fin perseguido por las partes, pues consistía en la creación de una sociedad de capital, que no va a constituirse. Por ese motivo la Ley autoriza a cada una de las partes a desligarse de los vínculos frustrados, esto es, cualquier socio podrá instar la disolución de la sociedad ante el juez de lo mercantil del lugar del domicilio social y exigir, previa liquidación del patrimonio social, la cuota correspondiente, que se satisfará, siempre que sea posible, con la restitución de sus aportaciones (art. 40 LSC). Todo ello sin perjuicio de exigir la responsabilidad pertinente a los fundadores y administradores por la falta de inscripción (art. 32.1 LSC).

Mientras tanto, como hay escritura en dónde constan todos los elementos de la organización, en las relaciones internas se aplican las reglas de la corporación. Pero falta el plano externo, de protección a terceros, que eventualmente puedan relacionarse con ella, que es necesario tener en cuenta, porque puede que la sociedad continúe el ejercicio de sus actividades. A este respecto, la normativa a aplicar no puede ser la de las sociedades de capital. En el supuesto de que los socios no instaran la disolución, si la actividad a la que se dedica la sociedad consiste en el ejercicio de una empresa, se aplicará la disciplina de la sociedad colectiva; en caso contrario, se aplicará la de la sociedad civil (art. 39.1 LSC).

II. EFECTOS DE LA FUNDACIÓN

La fundación produce dos efectos. El obligatorio y el organizativo. El efecto obligatorio consiste, según lo dicho antes, en que genera una serie de derechos y obligaciones, poderes y facultades entre los socios y la sociedad. El efecto organizativo supone la creación de una organización o estructura que unifica al grupo, aunando su actuación y dotándole de capacidad para ser sujeto de derechos y obligaciones, por lo que este efecto se resuelve en la atribución a la sociedad de un particular grado de subjetivación que le permite tener relaciones externas, con terceros, e internas con sus socios.

La personalidad jurídica convierte a la sociedad en un sujeto de derecho independiente del conjunto de los socios que la forman, lo que se traduce en múltiples ventajas, pero puede también dar lugar a verdaderos fraudes y abusos en diferentes ámbitos del Derecho. Con el objeto de sancionar esos fraudes y abusos surgió la llamada doctrina del "levantamiento del velo de la personalidad jurídica". Por su intermedio se prescinde de la personalidad jurídica para penetrar o descubrir el sustrato real de las personas físicas situadas en su interior, con el objeto de aplicarlas directamente las normas legales.

El amparo legal que se utiliza para ello es muy variopinto. Se acude a expedientes tales como la simulación, el fraude de ley, la buena fe, la identidad económica material o el abuso del Derecho, pero sin que el recurso a los mismos se funde en criterios seguros, que quedan, por el contrario, remitidos al libre arbitrio de los jueces, quienes, en ocasiones, no ofrecen fundamentos convenientemente razonados y, muchas veces, acuden a este expediente con excesiva profusión. Todo ello provoca sin duda una gran inseguridad jurídica a la que debiera ponerse freno.

III. DENOMINACIÓN

La denominación social identifica a la sociedad en el tráfico y la permite actuar en él como grupo unificado. Es el instrumento formal que hace posible el mantenimiento de relaciones con terceros y, por ende, la imputación a la misma de los derechos y obligaciones que surgen de ellas. Por eso constituye el atributo más relevante de la personalidad jurídica, lo que explica que la falta de esta mención en los estatutos acarree la nulidad de la sociedad (art. 56 LSC).

También en atención a ello, con el objeto de evitar confusiones, cada sociedad deberá tener una sola denominación social (art. 398.1 RRM). Puede estar formada con letras del alfabeto de cualquiera de las lenguas oficiales españolas y con expresiones numéricas en guarismos árabes o números romanos (art. 399 RRM).

En la composición de toda denominación se distinguen dos tipos de elementos. El identificativo del tipo social de que se trate y el de la propia sociedad. Solo el primero puede incluirse mediante abreviaturas, que serán las explicitadas en el Ccom, en la LSC y en el RRM (arts. 126 Ccom, 398.2 y 403 RRM, 6 LSC). Es en el segundo elemento en el que se aprecian las diferencias entre sociedades de personas y de capital. Las sociedades de personas solo pueden utilizar una denominación subjetiva o razón social, en el sentido de que ha de estar integrada por el nombre de todos los socios, de alguno de ellos o de uno solo. En cambio, las sociedades de capital pueden girar bajo una razón social o bajo una denominación objetiva. Esta última puede hacer referencia a una o varias actividades económicas o ser de fantasía, pero no es posible adoptar una denominación objetiva que haga referencia a una actividad que no esté incluida en el objeto social (art. 402 RRM).

IV. DOMICILIO Y SEDE ELECTRÓNICA

1. El domicilio

El domicilio es el lugar donde se localiza la actuación de la actividad de la sociedad. No es solo una población o término municipal. Es el inmueble o lugar concreto dónde se sitúa la sede social. Ha de consignarse necesariamente en la escritura o en los estatutos y referenciarse en toda la documentación (art. 24 Ccom). A él se anudan importantes funciones de variada índole, como la competencia judicial en caso de ejercicio de acciones contra la sociedad o la identificación del lugar de reunión de la Junta General.

La elección del lugar del domicilio no es libre, sino que debe vincularse a la localización de la gestión del fin común. Se trata de un criterio de conexión real. Las sociedades cuyo principal establecimiento o explotación radique dentro del territorio español deberán tener su domicilio en España (art. 9.2 LSC). Y, dentro de España, en el lugar en que se halle el centro de su efectiva administración y dirección, o en el que radique su principal establecimiento o explotación (art. 9.1 LSC). Por tanto, el domicilio debe fijarse en alguno de esos lugares. Y, en caso de discordancia, originaria o sobrevenida, es preciso rectificar el domicilio que conste en los estatutos inscritos para hacerlo coincidir con el domicilio real —donde se halle el centro de su efectiva administración y dirección o dónde radique su principal establecimiento o explotación—.

Ahora bien, los terceros podrán considerar como domicilio cualquiera de ellos (art. 10 LSC).

Por otra parte, el domicilio ha de ser único y estable. La sociedad no puede establecer varios domicilios, ni uno rotatorio. Su cambio constituye, de ordinario, una modificación estatutaria. Por excepción, salvo disposición contraria de los estatutos, el órgano de administración será competente para cambiar el domicilio social dentro del mismo término municipal (285.2 LSC). De otro lado, también salvo disposición contraria de los estatutos, el órgano de administración será competente para acordar la creación, la supresión o el traslado de las sucursales en cualquier lugar del territorio nacional o del extranjero (art. 11 LSC).

2. La sede electrónica

La sede electrónica de la sociedad es definida por la LSC como la página web corporativa de aquella (arts. 11 bis-11 quáter LSC). Su creación deberá acordarsepor la junta general, previa inclusión del asunto en el orden del día de la convocatoria de forma expresa, y el acuerdo deberá ser inscrito en el RM y publicado en el BORME. Sin embargo, salvo disposición estatutaria en contrario, su modificación, traslado o supresión será competencia del órgano de administración, aunque el acuerdo deberá inscribirse en el RM y será publicado en el BORME, así como en la propia página web que se ha acordado modificar, trasladar o suprimir durante los treinta días siguientes a contar desde la inserción del acuerdo. Es importante destacar a estos efectos que, hasta que la publicación de la página web en el BORME tenga lugar, las inserciones que realice la sociedad en ella no tendrán efectos jurídicos. Además, los estatutos sociales podrán exigir que, antes de que se hagan constar en la hoja abierta a la sociedad en el RM, estos acuerdos se notifiquen individualmente a cada uno de los socios.

Como regla general, la creación de la página web corporativa constituye una facultad de la sociedad. Por excepción, las sociedades cotizadas deberán disponer de ella para atender el ejercicio por parte de los accionistas del derecho de información y para difundir la información relevante exigida por la legislación sobre el mercado de valores, sin perjuicio del derecho de los accionistas a solicitar la información en forma impresa. Corresponde al consejo de administración establecer el contenido de la información a facilitar en la página web, de conformidad con lo que establezca el Ministerio de Economía o, con su habilitación expresa, la CNMV. En todo caso, se habilitará en ella un Foro Electrónico de Accionistas, al que podrán acceder tanto los accionistas individuales como las asociaciones voluntarias que puedan constituir, con el fin de facilitar su comunicación con carácter previo a la celebración de las Juntas generales. En el Foro podrán publicarse propuestas que pretendan presentarse como complemento del orden del día anunciado en la convocatoria, solicitudes de adhesión a tales propuestas, iniciativas para alcanzar el porcentaje suficiente para ejercer un derecho de minoría previsto en la ley, así como ofertas o peticiones de representación voluntaria (art. 539 LSC).

V. NACIONALIDAD

La nacionalidad española de la sociedad se adquiere mediante el cumplimiento de dos requisitos cumulativos. La constitución con arreglo a las leyes españolas y el domicilio en España (art. 28.1 Cciv y 15 Ccom). En este contexto, el art. 8 LSC parece presuponer que sólo pueden tener domicilio en España las sociedades constituidas con arreglo al Derecho español. En cualquier caso, sólo cuando ambos requisitos queden simultáneamente satisfechos cabrá atribuir a la sociedad nacionalidad española, sin perjuicio, naturalmente, de lo que puedan disponer en otro sentido los Tratados internacionales.

VI. MODIFICACIONES ESTRUCTURALES

1. Caracterización

Las modificaciones estructurales consisten en alteraciones de la sociedad que van más allá de las simples modificaciones estatutarias para afectar a la estructura patrimonial o personal de la sociedad. Por tanto, incluyen la transformación, la fusión, la escisión y la cesión global de activo y pasivo tanto internas como transfronterizas , incluyendo las que se llevan a cabo dentro del Espacio Económico Europeo -intraeuropeas– y las que se desarrollan fuera del mismo – extraeuropeas– Su regulación se encuentra en el RD-Ley 5/2003 que transpone la Directiva 2019/2121. Su ámbito de aplicación se extiende a todas las sociedades que tengan la consideración de mercantiles, bien por la naturaleza de su objeto, bien por la forma de su constitución; si bien se excluyen las de las sociedades cooperativas, a pesar de su carácter mercantil (art. 2 LME).

El régimen jurídico de las modificaciones estructurales se integra por un conjunto de disposiciones comunes aplicables a todas ellas, sin distinción de que sean operaciones internas o transfronterizas; y por una serie de normas específicas para cada uno de los tipos de modificación interna regulados en la ley. Asimismo, se contempla el régimen de las modificaciones estructurales transfronterizas, que pueden ser intraeuropeas y extraeuropeas.

2. Disposiciones comunes

Las disposiciones comunes son un conjunto de normas aplicables a todas las modificaciones estructurales. Los administradores deben elaborar un proyecto de modificación estructural con una serie de menciones mínimas, así como un informe para los socios y trabajadores en el que expliquen y justifiquen los aspectos jurídicos y económicos de la modificación, sus consecuencias para los trabajadores, así como para la actividad futura de la sociedad y sus acreedores. También será necesario un informe de experto independiente designado por el Registrador Mercantil que será puesto a disposición de los socios antes de la celebración de la Junta donde debe decidirse la modificación.

Toda modificación estructural deberá ser acordada por la junta general, atendiendo a los requisitos y formalidades exigidos en el régimen de la sociedad o sociedades participantes en la operación. Tanto para las sociedades anónimas, como para las limitadas, se establecen mayorías cualificadas, que podrán ser elevadas en los estatutos. El acuerdo es susceptible de impugnación.

Se establece, asimismo, un régimen común de protección de socios, acreedores y trabajadores. La protección de los socios se lleva a cabo articulando, en los casos que proceda teniendo en cuenta la modificación de que se trate, un derecho a una compensación en efectivo adecuada por la venta de sus acciones, participaciones o cuotas. Para ello, será preciso que hayan votado en contra de la aprobación del proyecto de transformación o sean titulares de acciones o participaciones sin voto.

En cuanto a los acreedores, se establece un conjunto de medidas de garantía. Se aplica, no obstante, solo a los acreedores titulares de créditos que no hayan vencido y que sean anteriores a la publicación del proyecto de modificación, que no estén de acuerdo con las garantías que les han ofrecido o con el hecho de que no se les haya ofrecido ninguna y que hayan notificado a la sociedad su desacuerdo.

3. Transformación por cambio de tipo social

3.1. Concepto y caracteres

Mediante la transformación por cambio de tipo social una sociedad adopta un tipo social distinto. La transformación no supone la constitución de una nueva sociedad, sino un mero cambio de forma jurídica y estructura interna, por eso conserva su misma personalidad jurídica. A consecuencia de ello la transformación se produce sin solución de continuidad en las relaciones fácticas, su actividad no sufre paralización.

3.2. Supuestos

Se adopta un criterio de permisibilidad muy amplio a la hora de identificar los tipos sociales entre los que puede efectuarse la transformación. Se admite la transformación de una sociedad mercantil inscrita en cualquier otro tipo de sociedad mercantil, en una agrupación de interés económico o en una sociedad cooperativa. Por su parte una SA podrá transformarse en SAE y viceversa. De otro lado, una agrupación europea de interés económico, podrá transformarse en agrupación de interés económico. Igualmente, una agrupación de interés económico podrá transformarse en cualquier tipo de sociedad mercantil y en agrupación europea de interés económico. La sociedad civil podrá transformarse en cualquier tipo de sociedad mercantil. Las sociedades cooperativas podrán transformarse en sociedades mercantiles y en sociedades cooperativas europeas y estas últimas en sociedades cooperativas.

3.3. Forma y requisitos

La transformación habrá de ser acordada necesariamente por la junta de socios. El acuerdo de transformación se adoptará con los requisitos y formalidades establecidos en el régimen de la sociedad que se transforma, que, en todo caso, son los que corresponden a las modificaciones estatutarias de alta trascendencia, cuyas normas han de aplicarse a la transformación. Además, se establecen medidas relacionadas con el derecho de información de los socios, para que puedan tener la información suficiente para decidir si apoyan o no la transformación.

La inscripción en el RM tiene carácter constitutivo, ya que la eficacia de la transformación está supeditada a la misma. Una vez inscrita, la transformación podrá ser impugnada en el plazo de tres meses.

3.4. Efectos

Se distinguen los efectos internos y los externos. Los primeros afectan a la posición jurídica de los socios. Los segundos a las relaciones con terceros.

En el ámbito interno, los socios asumen la posición jurídica correspondiente al nuevo tipo social, pero no es posible modificar su participación social, salvo que concurra su consentimiento expreso.

En punto a las relaciones con terceros cabe recordar que la transformación no supone la constitución de una nueva sociedad, sino un mero cambio de forma jurídica y estructura interna, pero con mantenimiento de la misma personalidad jurídica. A consecuencia de ello se produce sin solución de continuidad en las relaciones fácticas, de modo que su actividad no sufre paralización. Pero como puede entrañar un cambio de responsabilidad de los socios, es preciso arbitrar normas para proteger a los acreedores. En concreto los socios que, en virtud de la transformación asuman responsabilidad personal e ilimitada por las deudas sociales, responderán en la misma forma de las deudas anteriores a la transformación. Por otra parte, salvo que los acreedores sociales hayan consentido expresamente la transformación, subsistirá la responsabilidad de los socios que respondían personalmente de las deudas de la sociedad transformada por las deudas sociales contraídas con anterioridad a la transformación de la sociedad. Esta responsabilidad prescribirá a los cinco años a contar desde la publicación de la transformación en el BORME.

4. Fusión

4.1. Caracterización y clases

En virtud de la fusión, dos o más sociedades mercantiles inscritas se integran en una única sociedad mediante la transmisión en bloque de sus patrimonios y la atribución a los socios de las sociedades que se extinguen de acciones, participaciones o cuotas de la sociedad resultante, que puede ser de nueva creación o una de las sociedades que se fusionan.

La fusión puede ser de dos clases. Fusión por creación de una nueva sociedad, que implica la extinción de todas las que se fusionan y la creación de una nueva entidad. Y fusión por absorción, en la que se extinguen todas menos una, que absorbe a las demás. Sin embargo, la diferencia entre ellas es meramente formal o externa, no afecta a su naturaleza jurídica, ya que en ambas se advierten las mismas notas caracterizadoras o elementos, que son tres:

I) La extinción de alguna o algunas de las sociedades.

II) La transmisión en bloque de los respectivos patrimonios de las sociedades extinguidas a la nueva entidad o a la absorbente, que adquirirán por sucesión universal los derechos y obligaciones de aquéllas, es decir, en un único acto. Este mecanismo facilita sin duda la cesión patrimonial y explica que la extinción de las sociedades se produzca sin previa liquidación ya que, por su intermedio, no hay deudas que extinguir, ni créditos a cobrar, ni activo que repartir.

III) La integración de los socios de las sociedades extinguidas en la sociedad resultante de la fusión, que se arbitra entregándoles un número de acciones o participaciones, o una cuota de esta última.

Debido a ello, si la fusiones por absorción, la entidad absorbente aumentará, en su caso, el capital social en la cuantía que proceda. El aumento, en efecto, podrá no ser necesario, si la sociedad tiene, por ejemplo, acciones en cartera. De aumentarse el capital, los antiguos socios no tienen derecho de asunción/suscripción preferente (art. 304.2 LSC).

La ley exige que la participación del socio no varíe con la fusión, por lo que las acciones, participaciones o cuotas que reciba deben ser proporcionales a la participación que ostentara en la sociedad extinguida. Por este motivo regula con especial detalle y cuidado el tipo de canje, al objeto de proteger a los miembros de las sociedades extinguidas. Exige en particular que se establezca sobre la base del valor real del patrimonio de las sociedades que participan en la fusión.

4.2. Los efectos de la fusión sobre la responsabilidad de los socios

Salvo que los acreedores sociales hayan consentido de modo expreso la fusión, los socios responsables personalmente de las deudas de las sociedades que se extingan por la fusión contraídas con anterioridad a esa fusión, continuarán respondiendo de esas deudas. Esta responsabilidad prescribirá a los cinco años a contar desde la publicación de la fusión en el BORME (art. 48 LME).

5. Escisión

5.1. Delimitación conceptual, supuestos y función económica

La escisión puede ser total, parcial y constituir en una segregación. Se entiende por escisión total la extinción de una sociedad, con división de todo su patrimonio en dos o más partes, cada una de las cuales se transmite en bloque por sucesión universal a una sociedad de nueva creación o es absorbida por una sociedad ya existente, recibiendo los socios un número de acciones, participaciones o cuotas de las sociedades beneficiarias proporcional a su respectiva participación en la sociedad que se escinde. Además, cuando sea conveniente para ajustar el tipo de canje, los socios podrán recibir una compensación en dinero que no exceda del diez por ciento del valor nominal de las acciones, de las participaciones o del valor contable de las cuotas atribuidas.

Se entiende por escisión parcial el traspaso en bloque por sucesión universal de una o varias partes del patrimonio de una sociedad, cada una de las cuales forme una unidad económica, a una o varias sociedades de nueva creación o ya existentes, recibiendo los socios de la sociedad que se escinde un número de acciones, participaciones o cuotas sociales de las sociedades beneficiarias de la escisión proporcional a su respectiva participación en la sociedad que se escinde; y, en su caso, cuando sea conveniente para ajustar el tipo de canje, los socios podrán recibir, además, una compensación en dinero que no exceda del diez por ciento del valor nominal de las acciones, de las participaciones o del valor contable de las cuotas atribuidas; y reduciendo ésta el capital social en la cuantía necesaria. Si la parte del patrimonio que se transmite en bloque está constituida por una o varias empresas o establecimientos comerciales, industriales o de servicios, podrán ser atribuidas a la sociedad beneficiaria las deudas contraídas para la organización o el funcionamiento de la empresa que se traspasa.

Finalmente se entiende por segregación el traspaso en bloque por sucesión universal de una o varias partes del patrimonio de una sociedad, cada una de las cuales forme una unidad económica, a una o varias sociedades, recibiendo a cambio la sociedad segregada acciones, participaciones o cuotas de las sociedades beneficiarias.

Resulta claro que todas las modalidades de escisión tienen como objeto conseguir una descentralización empresarial. Normalmente con el fin de obtener una mayor especialización o para separar los riesgos que derivan de las distintas actividades realizadas por una misma sociedad. En este sentido puede afirmarse que se trata de operaciones contrarias a la fusión en la que se persigue la concentración empresarial. Pero no debe descartarse que esta quiera conseguirse a través de la escisión ya que es posible que la parte o partes escindidas sean transmitidas a sociedades prexistentes o nuevas. Su función económica es, pues, cuanto menos, ambivalente.

5.2. Régimen jurídico: protección de los socios y de los acreedores

En lo esencial, las notas caracterizadoras de la escisión coinciden con la fusión. También aquí hay traspaso en bloque de patrimonios por sucesión universal. Y tanto en la escisión total como en la parcial integración de socios en las sociedades beneficiarias. El procedimiento y los intereses afectados por la operación son asimismo semejantes. Por estos motivos la escisión se rige por las normas establecidas para la fusión, entendiendo que las referencias a la sociedad resultante de la fusión equivalen a indicaciones relativas a las sociedades beneficiarias de la escisión. Se exceptúan únicamente las salvedades contenidas en la Ley.

Finalmente, en punto a los efectos es significativa la responsabilidad solidaria de todas las sociedades beneficiarias y de la sociedad escindida por las obligaciones asumidas por cualquiera de las primeras (art. 80 LME).

6. Cesión global de activo y pasivo

La cesión global de activo y pasivo es una modificación estructural que se caracteriza por consistir en la transmisión en bloque de todo el patrimonio de la sociedad, por sucesión universal, a uno o a varios socios o terceros, a cambio de una contraprestación que no podrá consistir en acciones, participaciones o cuotas de socio del cesionario. La sociedad cedente quedará extinguida si la contraprestación fuese recibida total y directamente por los socios (art. 81 LME).

Lección 10

Disolución parcial. Disolución, liquidación y extinción de sociedades.

SUMARIO: I. LA DISOLUCIÓN PARCIAL DE LA SOCIEDAD. 1. Concepto y clases. 2. Exclusión de socios. 2.1. Causas. 2.2. Procedimiento de exclusión. 3. Separación de socios. 3.1. Causas. 3.2. Ejercicio del derecho de separación. II. DISOLUCIÓN. 1. Caracterización y clases. 2.Disolución de pleno derecho. 3. Disolución por constatación de la existencia de una causa legal o estatutaria. 4. Disolución por mero acuerdo de la Junta General. 5. Reactivación. LIQUIDACIÓN. 1. Caracterización. 2. Los liquidadores. 3. Operaciones de la liquidación y división del patrimonio social. 4. La intervención en la liquidación. IV. LA EXTINCIÓN DE LA SOCIEDAD. ACTIVO Y PASIVO SOBREVENIDOS.

I. LA DISOLUCIÓN PARCIAL DE LA SOCIEDAD

1. Concepto y clases

La disolución parcial de la sociedad consiste en la extinción de alguna, o algunas, acciones, participaciones o cuotas sociales, por lo que, en caso de sociedades de capital, supone necesariamente la reducción de este. Incluye como modalidades la exclusión y la separación de socios, que se diferencian en que la separación se produce por voluntad del socio, mientras que la exclusión acaece sin, o contra, su voluntad.

2. Exclusión de socios

2.1. Causas

Las causas de exclusión varían según se trate de sociedades de personas o de capital. En las primeras comprenden, en general, conductas que infringen el deber de lealtad, por lo que su fundamento principal reside en la pérdida de confianza que acarrea su realización (art. 218 Ccom). La exclusión se presenta como una sanción de especial dureza ante comportamientos que defraudan la confianza consustancial a este tipo de sociedades. Su elenco es muy amplio y no tiene carácter tasado debido también a que en esta clase de sociedades la reducción de capital que supone no afecta a la garantía de terceros, que reside más en la responsabilidad personal e ilimitada de los socios.

En la medida en que el *intutitu personae* es prácticamente inexistente en la SA en la que lo que importa es la aportación al capital, el único motivo de exclusión que prevé la LSC es la falta de realización de los desembolsos pendientes. Finalmente, el carácter mixto de la SL justifica que en su seno las causas se amplíen. Afectan al socio que incumpla voluntariamente la obligación de realizar prestaciones accesorias, así como al socio administrador que vulnere la prohibición de competencia o hubiera sido condenado por sentencia firme a indemnizar a la sociedad los daños y perjuicios causados por actos contrarios a la ley o a los estatutos o realizados sin la debida diligencia (art. 350 LSC).

Por lo demás, tanto en la SA como en la SL, con el consentimiento de todos los socios, podrán incorporarse a los estatutos causas determinadas de exclusión o modificarse o suprimirse las que figurasen en ellos con anterioridad (art. 351 LSC).

2.2. Procedimiento de exclusión

En las sociedades de personas, la exclusión exige acuerdo unánime o resolución judicial firme. Esta última es necesaria cuando solo hay dos socios o se trata de excluir al gestor estatutario (art. 132 Ccom). En la SL, el acuerdo exige el voto favorable de, al menos, dos tercios de los votos correspondientes a las participaciones en que se divida el capital social (art. 199 LSC) y, si se trata de laexclusión de un socio con participación igual o superior al 25% del capital social, requerirá además resolución judicial firme, siempre que el socio no se conforme con la exclusión acordada, salvo que se trate del socio administrador condenado a indemnizar a la sociedad (art. 352 LSC).

3. Separación de socios

3.1. Causas

De conformidad otra vez con el *intuitu personae* que domina las sociedades de personas y la importancia relativa que se concede a la devolución de aportaciones a los socios, todo socio puede separarse de la sociedad en cualquier momento sin aducir causa alguna. Los demás no podrán oponerse sino por causa de mala fe en quien lo proponga (arts. 224 y 225 Ccom).

Por el contrario, la merma del capital que supone la separación en perjuicio de la garantía de los acreedores obliga a restringir las causas de separación en las sociedades de capital a los casos de adopción de acuerdos especialmente perjudiciales para los socios, exigiendo que no hayan votado a favor de aquellos. Su número está tasado en la LSC (arts. 346 LSC). En concreto, los socios que no hubieran votado a favor del correspondiente acuerdo, incluidos los socios sin voto, tendrán derecho a separarse de la sociedad de capital en los casos siguientes: I) sustitución o modificación sustancial del objeto social; II) prórroga de la sociedad; III) reactivación de la sociedad; y IV) creación, modificación o extinción anticipada de la obligación de realizar prestaciones accesorias, salvo disposición contraria de los estatutos. En las SL tendrán, además, derecho a separarse de la sociedad los socios que no hubieran votado a favor del acuerdo de modificación del régimen de transmisión de las participaciones sociales.

La ley contempla también el derecho de separación en razón de la falta de distribución de beneficios (art. 348 bis LSC). A tenor de dicho precepto, a partir del quinto ejercicio a contar desde la inscripción en el RM de la sociedad, el socio que hubiera votado a favor de la distribución de los beneficios sociales tendrá derecho de separación en el caso de que la junta general no acordara la distribución como dividendo de, al menos, un veinticinco por ciento de los beneficios obtenidos durante el ejercicio anterior que sean legalmente distribuibles, siempre que durante los tres ejercicios anteriores se hayan obtenido beneficios. No obstante lo anterior, aún cuando se dieran esas circunstancias, no surgirá el derecho de separación si el total de los dividendos distribuidos durante los últimos cinco años equivale, por lo menos, al veinticinco por ciento de los beneficios legalmente distribuibles que se hayan producido en ese periodo. Se establece igualmente el derecho de separación del socio de la sociedad dominante cuando concurran una serie de presupuestos especificados en el citado artículo. Esta causa de separación no será de aplicación en las sociedades cotizadas, en las declaradas en concurso, en las que se haya alcanzado un acuerdo de refinanciación y en las sociedades anónimas deportivas.

Por lo demás, no obstante el carácter tasado de las causas de separación, los estatutos pueden incluir otras, modificarlas o suprimirlas, mediando unanimidad (art. 347 LSC).

3.2. Ejercicio del derecho de separación

Los acuerdos que den lugar al derecho de separación se publicarán en el BORME. En la SL y en la SA cuyas acciones sean nominativas, los administradores podrán sustituir la publicación por una comunicación escrita a cada uno de los socios que no hayan votado a favor del acuerdo. El derecho de separación habrá de ejercitarse por escrito en el plazo de un mes a contar desde la publicación del acuerdo o desde la recepción de la comunicación (art. 348 LSC). Para garantizar la eficacia de este derecho la inscripción en el RM de la escritura que documente el acuerdo que origina el derecho de separación, solo es posible si la propia escritura, u otra posterior, contiene la declaración de los administradores de que ningún socio ha ejercitado el derecho de separación dentro del plazo establecido o de que la sociedad, previa autorización de la junta general, ha adquirido las participaciones sociales o acciones de los socios separados, o la reducción del capital (art. 349 LSC).

II. DISOLUCIÓN

1. Caracterización y clases

La disolución consiste en la concurrencia de una causa de disolución. Con ella comienza el proceso de liquidación que, finalmente, terminará con la extinción de la sociedad. Por tanto, no se identifica con la extinción. Por el contrario, la disolución no pone fin a la sociedad, que continúa como contrato y como persona jurídica, ni paraliza su actividad. Supone únicamente un cambio de objeto, que ya no es el ejercicio del objeto social, sino su liquidación. La disolución debe inscribirse en el RM y publicarse en el BORME, sea cual sea su causa (arts. 369 LSC y 226 Ccom).

Por el modo de operar, podemos hablar de dos tipos de causas de disolución: causas no especificadas en la Ley, que, por tanto, necesitan ser creadas por un acto jurídico; y, causas especificadas, que a su vez se dividen entre las precisan declaración de las que no la necesitan.

2. Disolución de pleno derecho

Comprende un conjunto de causas especificadas en la Ley que no precisan ser constatadas. Acaecido el hecho determinado por la Ley, la sociedad queda disuelta. Por eso se dice que operan de forma automática o de pleno de derecho.

Las sociedades de capital se disolverán de pleno derecho en los siguientes casos:

I) Por el transcurso del término de duración fijado en los estatutos, a no ser que, con anterioridad, hubiera sido expresamente prorrogado e inscrita la prórroga en el RM.

II) Por el transcurso de un año desde la adopción del acuerdo de reducción del capital social por debajo del mínimo legal como consecuencia del cumplimiento de una ley, si no se hubiere inscrito en el RM la transformación o la disolución de la sociedad, o el aumento del capital social hasta una cantidad igual o superior al mínimo legal.

III) Por la apertura de la fase de liquidación en el concurso de acreedores. En tal caso, el juez del concurso hará constar la disolución en la resolución de apertura de la fase de liquidación del concurso (art. 361.2 LSC).

Si recae sentencia por violación del derecho de marca imponiendo el cambio de denominación social y éste no se efectuara en el plazo de un año, procediendo el registrador mercantil a practicar la cancelación de oficio (DA 17 LM).

Excepto la segunda, todas estas causas resultan también de aplicación a las sociedades de personas (arts. 221.1 y 223 Ccom).

3. Disolución por constatación de la existencia de una causa legal o estatutaria

Este tipo de disolución comprende un conjunto de causas que están especificadas en la Ley o en los estatutos y a las que aquella anuda obligatoriamente la disolución de la sociedad. Las causas legales están especificadas en la LSC y el Ccom (arts. 363 LSC y 221 y 222 Ccom), según se trate, respectivamente de sociedades de capital o de personas. Las causas de disolución de las SC son las siguientes:

I) El cese en el ejercicio de la actividad o actividades que constituyan el objeto social. En particular, se entenderá que se ha producido el cese tras un período de inactividad superior a un año.

II) La conclusión de la empresa que constituya su objeto.

III) La imposibilidad manifiesta de conseguir el fin social.

IV) La paralización de los órganos sociales de modo que resulte imposible su funcionamiento.

V) Las pérdidas significativas, esto es, pérdidas que dejen reducido el patrimonio neto a una cantidad inferior a la mitad del capital social, a no ser que éste se aumente o se reduzca en la medida suficiente, y siempre que no sea procedente solicitar la declaración de concurso.

VI) La reducción del capital social por debajo del mínimo legal, que no sea consecuencia del cumplimiento de una ley.

VII) El que el valor nominal de las participaciones sociales sin voto o de las acciones sin voto exceda de la mitad del capital social desembolsado y no se restablezca la proporción en el plazo de dos años.

La SCA deberá disolverse también por fallecimiento, cese, falta de capacidad o apertura de la fase de liquidación en el concurso de acreedores de todos los socios colectivos, salvo que, en el plazo de seis meses y mediante modificación de los estatutos, se incorpore algún socio colectivo o se acuerde la transformación de la sociedad en otro tipo social. Las sociedades de personas se disuelven por la pérdida entera de su capital y por las mismas causas que la SCA cuando concurran en cualquiera de los socios colectivos, salvo que, tratándose del fallecimiento, la escritura social contenga el pacto expreso de continuación de la sociedad con los herederos del socio difunto o de subsistir aquella entre los socios sobrevivientes (arts. 221 y 222 Ccom).

Todas ellas son, pues, causas de disolución previstas por la Ley a las que esta anuda la disolución sin solución de continuidad, esto es, sin posibilidad de excluirla ante la concurrencia de la causa. La sociedad no puede adoptar acuerdos sobre ellas. Se trata de su existencia o inexistencia. Existente la causa, la sociedad debe disolverse. Sin embargo, la misma Ley requiere un acuerdo sobre ella (art. 364 LSC).

Impone, en primer término, a los administradores el deber de convocar la junta general en el plazo de dos meses para que adopte el acuerdo de disolución o, si la sociedad fuera insolvente, el de instar el concurso. Cualquier socio podrá solicitar de los administradores la convocatoria si, a su juicio, concurriera alguna causa de disolución o la sociedad fuera insolvente. La junta general podrá adoptar el acuerdo de disolución o, si constare en el orden del día, aquél o aquéllos que sean necesarios para la remoción de la causa (art. 365 LSC).

Si la junta no fuera convocada, no se celebrara, o no adoptara alguno de los acuerdos mencionados antes, cualquier interesado podrá instar la disolución de la sociedad ante el juez de lo mercantil del domicilio social, pero los administradores están obligados a solicitarla cuando el acuerdo social fuese contrario a la disolución o no pudiera ser logrado (art. 366 LSC).

Los administradores no estarán obligados a convocar junta general para que adopte el acuerdo de disolución cuando hubieran solicitado en debida forma la declaración de concurso de la sociedad o comunicado al juzgado competente la existencia de negociaciones con los acreedores para alcanzar un plan de reestructuración del activo, del pasivo o de ambos. En todo caso, la convocatoria de la junta procederá de inmediato en el momento en el que dejen de estar vigentes los efectos de esa comunicación (art. 366 LSC).

Finalmente se impone a los administradores que incumplan la obligación de convocar en el plazo de dos meses la junta general para que adopte, en su caso, el acuerdo de disolución, así como a los administradores que no soliciten la disolución judicial o, si procediere, el concurso de la sociedad, en el plazo de dos meses a contar desde la fecha prevista para la celebración de la junta, cuando ésta no se haya constituido, o desde el día de la junta, cuando el acuerdo hubiera sido contrario a la disolución, una responsabilidad solidaria frente a las obligaciones sociales posteriores al acaecimiento de la causa legal de disolución, presumiéndose además que las obligaciones sociales reclamadas son de fecha posterior al acaecimiento de la causa legal de disolución de la sociedad, salvo que los administradores acrediten que son de fecha anterior (art. 367).

4. Disolución por mero acuerdo de la Junta General

La disolución por mero acuerdo de la junta general es el caso paradigmático de causa de disolución creada por la sola voluntad de los socios, ya que consiste en el simple acuerdo de la junta general, sin fundamento en causa legal o estatutaria alguna o motivo de ningún tipo, que no requiere ser explicitado. Por eso la LSC exige que el acuerdo se adopte con los requisitos establecidos para la modificación de estatutos, a diferencia del acuerdo que constata la causa obligatoria, que solo requiere la mayoría ordinaria (art. 368 LSC). Aunque el CCom no lo diga, la causa anterior es aplicable también en las sociedades de personas, si bien allí se requiere acuerdo unánime. Por ese motivo resulta menos eficaz que la denuncia. En efecto, en la denuncia la causa es la mera voluntad del socio. Rige en exclusiva en las sociedades de personas ya que su fundamento consiste en la pérdida de confianza del socio denunciante en el resto de sus consocios, que no podrán oponerse a la disolución salvo causa de mala fe en aquel (art. 224 Ccom).

5. Reactivación

Por reactivación se entiende el que una sociedad disuelta y, por tanto, en fase de liquidación, retorne a la vida activa (art. 370 LSC). A consecuencia de ello y del modo de funcionar de las causas de disolución el primer requisito de índole material que se exige es que haya desaparecido la causa de disolución, por lo que no podrá acordarse en los casos de disolución de pleno derecho, en que la causa es definitiva e irrevocable. En segundo lugar, es imprescindible que el patrimonio contable no sea inferior al capital social, porque es una exigencia constitutiva general y, en definitiva, la reactivación supone una ulterior constitución. Finalmente, es necesario que no haya comenzado el pago de la cuota de liquidación a los socios. Este requerimiento se anuda al hecho de que, en ese momento, el derecho a la cuota de liquidación ya se ha convertido en un derecho concreto de crédito frente a la sociedad, que corresponde al socio como a un tercero y sobre el que, por tanto, no pueden influir las normas de la organización, ni sus decisiones mayoritarias.

Formalmente la reactivación precisa un acuerdo de la junta general, que se adoptará con los requisitos establecidos para la modificación de los estatutos porque la reactivación implica un nuevo cambio de objeto social, que deja de ser la liquidación impuesta por la disolución, para volver a ser el ejercicio de la actividad en que consiste aquel. Por este motivo el socio que no vote a favor de la reactivación tiene derecho a separarse de la sociedad. Finalmente, los acreedores sociales podrán oponerse al acuerdo de reactivación, en las mismas condiciones y con los mismos efectos previstos en la LSC para el caso de reducción del capital.

III. LIQUIDACIÓN

1. Caracterización

La liquidación es un proceso a través del cual se desafecta el patrimonio social, extinguiéndose las relaciones jurídicas con los socios y terceros. Se abre con la disolución de la sociedad, que ha determinado el cambio de objeto que expresa la liquidación, y termina con la distribución del remanente entre los socios, que es el presupuesto final de la extinción de la sociedad en sentido estricto. Por consiguiente, mientras la liquidación se realiza, la sociedad no está extinguida. Por el contrario, conserva su personalidad jurídica; pero, durante el proceso deberá añadir a su denominación la expresión "en liquidación", con el objeto de dar a conocer a terceros el cambio de objeto (art. 371.2 LSC).

El proceso tiende, además, a mantener la organización social en defensa de los acreedores para, una vez satisfechos, repartir el remanente entre los socios. A consecuencia de ello, mientras que las normas que se dictan para las sociedades de personas son dispositivas, en las sociedades de capital tienen carácter imperativo. Tales normas son las que la Ley prevé expresamente para esta fase de la vida social y todas las que rigen en el período de vida activa, siempre que no sean incompatibles con las primeras. En particular, durante el período de liquidación, se observarán las disposiciones de los estatutos en cuanto a la convocatoria y reunión de las juntas generales de socios, a las que darán cuenta los liquidadores de la marcha de la liquidación para que acuerden lo que convenga al interés común (art. 371.3 LSC). Con todo, dichas normas se aplican a la liquidación societaria, que tiene carácter voluntario, la liquidación forzosa concursal se rige porla legislación concursal.

2. Los liquidadores

Los liquidadores constituyen el órgano de gestión y representación de la sociedad mientras dura la liquidación. Con la apertura del período de liquidación cesan en su cargo los administradores, extinguiéndose su poder de representación y siendo sustituidos por los liquidadores, que asumirán las funciones establecidas en la LSC, con la función esencial de velar por la integridad del patrimonio social en tanto no sea liquidado y repartido entre los socios; si bien los antiguos administradores, si fuesen requeridos, deberán prestar su colaboración para la práctica de las operaciones de liquidación. Por ese motivo, son de aplicación a los liquidadores las normas establecidas para los administradores que no se opongan a lo dispuesto expresamente en materia de liquidación (arts. 374 y 375 LSC).

Como regla general, el cargo de liquidador recae en quienes fueren administradores al tiempo de la disolución de la sociedad, que quedarán convertidos en liquidadores sin necesidad de pronunciamiento ulterior de la junta. Por excepción, los estatutos pueden disponer otra cosa y, asimismo, la junta de socios que acuerde la disolución está habilitada para efectuar una designación distinta (art. 376 LSC). En el supuesto de fallecimiento o de cese del liquidador único, de todos los liquidadores solidarios, de alguno de los liquidadores que actúen conjuntamente, o de la mayoría de los liquidadores que actúen colegiadamente, sin que existan suplentes, cualquier socio o persona con interés legítimo podrá solicitar del juez de lo mercantil del domicilio social la convocatoria de junta general para el nombramiento de los liquidadores. Además, cualquiera de los liquidadores que permanezcan en el ejercicio del cargo podrá convocar la junta general con ese único objeto (art. 377.1 LSC).

Junto a ello, se prevé la designación de liquidadores por el letrado de la administración de justicia o por el registrador mercantil del domicilio social en dos casos:

I) Cuando la junta convocada de acuerdo en los supuestos anteriores no proceda al nombramiento de liquidadores. En este caso, cualquier interesado podrá solicitar su designación al letrado de la administración de justicia o al registrador mercantil del domicilio social

II) Transcurridos tres años desde la apertura de la liquidación sin que se haya sometido a la aprobación de la junta general el balance final de liquidación.

Salvo disposición contraria de los estatutos, los liquidadores ejercerán su cargo por tiempo indefinido y el poder de representación, que se extiende a todas aquellas operaciones que sean necesarias para la liquidación de la sociedad, corresponderá a cada liquidador individualmente (art. 379 LSC). Los liquidadores responderán frente a los socios y a los acreedores de cualquier perjuicio que les hubiesen causado, con dolo o culpa, en el desempeño de su cargo (art. 397 LSC).

3. Operaciones de la liquidación y división del patrimonio social

Con carácter previo al inicio de estas operaciones, los liquidadores asumen el deber inicial de formar un inventario y un balance de la sociedad con referencia al día en que se hubiera disuelto (art. 383 LSC). En su labor de gestionar y representar a la sociedad en liquidación les corresponde concluir las operaciones pendientes y realizar las nuevas que sean necesarias para la liquidación de la sociedad, así como llevar a cabo las operaciones de liquidación en sentido estricto, que comprenden la liquidación del activo y del pasivo.

Las primeras consisten en percibir los créditos sociales, incluyendo los desembolsos pendientes que estuviesen acordados al tiempo de iniciarse la liquidación y los necesarios para satisfacer a los acreedores, y en enajenar los bienes sociales (arts. 385 y 387 LSC). Las operaciones de liquidación del pasivo consisten en pagar las deudas sociales (art. 385 LSC). Junto a ello asumen los deberes de llevanza de la contabilidad y de los libros y documentación de la sociedad (art. 386 LSC) y de información a los socios y acreedores. El deber de información tiene carácter periódico. Los liquidadores harán llegar periódicamente a conocimiento de los socios y de los acreedores el estado de la liquidación por los medios que en cada caso se reputen más eficaces. Si la liquidación se prolongase por un plazo superior al previsto para la aprobación de las cuentas anuales, los liquidadores presentarán a la junta general, dentro de los seis primeros meses de cada ejercicio, las cuentas anuales de la sociedad y un informe pormenorizado que permita apreciar con exactitud el estado de la liquidación (art. 388 LSC).

Concluidas las operaciones de liquidación, someterán a la aprobación de la junta general un balance final, un informe completo sobre dichas operaciones y un proyecto de división entre los socios del activo resultante. El acuerdo aprobatorio del balance y del proyecto podrá ser impugnado por los socios que no hubieran votado a favor del mismo, en el plazo de dos meses a contar desde la fecha de su adopción. Al admitir la demanda de impugnación, el juez acordará de oficio la anotación preventiva de la misma en el RM (art. 390 LSC).

En lo atinente a la división del patrimonio social, esta se practicará con arreglo a las normas que se hubiesen establecido en los estatutos o, en su defecto, con sujeción a las fijadas por la junta general (art. 391 LSC). En cualquier caso, salvo disposición contraria de los estatutos, la cuota de liquidación correspondiente a cada socio será proporcional a su participación en el capital social. En las SA y SCA se restituirá en primer término a los accionistas que hubiesen desembolsado mayores cantidades el exceso sobre la aportación del que hubiese desembolsado menos y el resto se distribuirá entre los accionistas en proporción al importe nominal de sus acciones (art. 392 LSC).

Como regla particular para las sociedades limitadas constituidas con un capital inferior a tres mil euros, en caso de liquidación, voluntaria o forzosa, si el patrimonio de la sociedad fuera insuficiente para atender el pago de las obligaciones sociales, los socios responderán solidariamente de la diferencia entre el importe de tres mil euros y la cifra del capital suscrito (art. 4.1 LSC).

Este derecho a la cuota de liquidación es un derecho de crédito dinerario. El socio no tiene obligación de recibir otros bienes, ni derecho a ello, aunque en su momento fueran aportados por él, debido a que perdió su propiedad de forma definitiva al transmitirlos a la sociedad. Por este motivo, salvo acuerdo unánime, los socios tendrán derecho a percibir en dinero la cuota resultante de la liquidación.

Sin embargo, los estatutos podrán establecer en favor de alguno o varios socios el derecho a que la cuota resultante de la liquidación les sea satisfecha mediante la restitución de las aportaciones no dinerarias realizadas o mediante la entrega de otros bienes sociales, si subsistieren en el patrimonio social, que serán apreciadas en su valor real al tiempo de aprobarse el proyecto de división entre los socios del activo resultante. En este caso, los liquidadores deberán enajenar primero los demás bienes sociales y si, una vez satisfechos los acreedores, el activo resultante fuere insuficiente para satisfacer a todos los socios su cuota de liquidación, los socios con derecho a percibirla en especie deberán pagar previamente en dinero a los demás socios la diferencia que corresponda (art. 393 LSC).

El pago de la cuota de liquidación a los socios se producirá transcurrido el término para impugnar el balance final de liquidación sin que contra él se hayan formulado reclamaciones o firme la sentencia que las hubiese resuelto (art. 394 LSC). Pero, en ningún caso podrá efectuarse el pago a los socios sin la previa satisfacción a los acreedores del importe de sus créditos o sin consignarlo en una entidad de crédito del término municipal en que radique el domicilio social (art. 391 LSC) o, cuando existan créditos no vencidos, sin asegurar previamente el pago (art. 394 LSC). Se trata de normas de *ius cogens* porque están dictadas en defensa de los acreedores.

4. La intervención en la liquidación

En la SA, cuando el patrimonio que haya de ser objeto de liquidación y división sea cuantioso, estén repartidas entre gran número de tenedores las acciones o las obligaciones, o la importancia de la liquidación por cualquier otra causa lo justifique, podrá el Gobierno designar persona que se encargue de intervenir y presidir la liquidación de la sociedad y de velar por el cumplimiento de las leyes y del estatuto social (art. 382

LSC). Adicionalmente, en caso de liquidación de SA, los accionistas que representen la vigésima parte del capital social podrán solicitar del juez de lo mercantil del domicilio social la designación de un interventor que fiscalice las operaciones de liquidación.

IV. LA EXTINCIÓN DE LA SOCIEDAD. ACTIVO Y PASIVO SOBREVENIDOS

La extinción de la sociedad se hará constar en escritura pública, que habrá de contener las menciones previstas en la Ley, y a la que se adjuntarán los documentos requeridos en ella (art. 395 LSC). La escritura se inscribirá en el RM. Entre otros extremos, en la inscripción se expresará que quedan cancelados todos los asientos relativos a la sociedad (art. 396 LSC). En ese momento los liquidadores depositarán en el RM los libros y documentos de la sociedad extinguida (art. 396 LSC).

Sin embargo, en la inteligencia de que, tras la extinción, pueden aparecer bienes o deudas de la sociedad ya inexistente, la LSC dicta dos normas. La primera se refiere al activo sobrevenido. En tal caso, los liquidadores deberán adjudicar a los antiguos socios la cuota adicional que les corresponda, previa conversión de los bienes en dinero cuando fuere necesario. En su defecto, cualquier interesado podrá solicitar del juez del último domicilio social el nombramiento de persona que los sustituya en el cumplimiento de sus funciones (art. 398 LSC). En lo atinente al pasivo sobrevenido, los antiguos socios responderán solidariamente de las deudas sociales no satisfechas hasta el límite de lo que hubieran recibido como cuota de liquidación. Esta responsabilidad de los socios se entiende sin perjuicio de la responsabilidad de los liquidadores (art. 399 LSC).

Lección 11

Sociedades de capital (I). Caracterización y fundación. Régimen del capital y de las aportaciones. Participaciones sociales y acciones. Obligaciones

SUMARIO: I. PARTICULARIDADES DE LA FUNDACIÓN EN LAS SOCIEDADES DE CAPITAL. 1.Requisitos 2. Pactos reservados o parasociales. II. EL CAPITAL SOCIAL. 1. Perfil jurídico del capital social: principios. Capital y patrimonio. 2. Funciones. 2.1. Función organizativa. 2.2. Función de garantía. El principio de realidad. 2.3. La inexistente función productiva y la infracapitalización. 2.4. El capital mínimo. III. LA OBLIGACIÓN DE APORTACIÓN. 1. Caracterización. 2. Aportación al capital. 3. El desembolso. 3.1. Los desembolsos pendientes. 4. Prestaciones accesorias. IV. PARTICIPACIONES SOCIALES Y ACCIONES. 1. Concepto. Participaciones y acciones como partes alícuotas del capital social. 3. Participaciones y acciones como expresión de la condición de socio. 4. La representación de las acciones. V. RÉGIMEN DE TRANSMISIÓN. 1. Transmisión de participaciones. 2. Transmisión de acciones. 3. Ineficacia de la trasmisión. VI. COPROPIEDAD Y DERECHOS REALES. 1. Copropiedad. 2. Derechos reales. 2.1. El usufructo. 2.2. La prenda. VII. LAS OBLIGACIONES.

I. PARTICULARIDADES DE LA FUNDACIÓN EN LAS SOCIEDADES DE CAPITAL

1. Requisitos

Los requisitos de la fundación de las sociedades de capital son de dos tipos, como en toda otra fundación. Se distinguen, en efecto, los elementos de carácter negocial y los no negociales.

En cuanto a los primeros, las sociedades de capital se constituyen por contrato entre dos o más personas, o, en caso de sociedades unipersonales, por acto unilateral (art. 19.1 LSC). Tanto uno como otro deben constar en escritura pública (art. 20 LSC). La escritura es la forma solemne y necesaria que recoge el negocio fundacional. Necesaria quiere decir que no es una simple vía de acceso al RM, como en las sociedades de personas, sino un elemento esencial de carácter constitutivo, un requisito de forma *ad solemnitatem*, que ha de ser considerado como presupuesto del tipo, ya que es en ella dónde se insertan todos los elementos de la organización. En su razón, antes de la escritura no hay sociedad anónima ni sociedad limitada, ni siquiera irregular.

El contenido de la escritura está especificado en la LSC (arts. 22, 23 y 28 LSC). Entre las menciones mínimas que debe incluir destacan, en especial, los estatutos de la sociedad en los que constan las normas de organización y funcionamiento que han de regir aquella. A parte de estas menciones mínimas, en la escritura y en los estatutos se podrán incluir, además, todos los pactos y condiciones que los socios fundadores juzguen conveniente establecer, siempre que no se opongan a las leyes ni contradigan los principios configuradores del tipo social elegido.

El elemento no negocial por excelencia es la inscripción en el RM, que es obligatoria y constitutiva, de modo que reviste carácter esencial para la existencia de la sociedad (art. 20 RM).

Denominamos fundación simultánea al proceso de constitución de la sociedad en el que están presentes, por sí o por medio de representante, todos los socios fundadores en el momento de otorgamiento de la escritura. Estos socios, que pueden ser tanto personas físicas como jurídicas, habrán de asumir la totalidad de las participaciones sociales o suscribir la totalidad de las acciones —principio de suscripción íntegra— (art. 21 LSC). En la SL se requiere además el desembolso íntegro del valor nominal de cada una de las participaciones —principio de desembolso íntegro— (art. 78 LSC). En la SA y en la SCA es suficiente con que se desembolse una cuarta parte del valor nominal de cada una de ellas —principio de desembolso mínimo— (art. 79 LSC). Este es el único tipo de fundación admitido para las sociedades limitadas. Para las sociedades anónimas, se admite otro, la denominada fundación sucesiva, si bien es absolutamente excepcional en la práctica.

La noción de fundador es eminentemente formal. Es la persona física o jurídica que, por sí o por medio de representante, concurre al otorgamiento de la escritura de constitución. Los fundadores responden solidariamente frente a la sociedad, los socios y los terceros de la constancia en la escritura de constitución de las menciones exigidas por la ley, de la exactitud de cuantas declaraciones hagan en aquella y de la adecuada inversión de los fondos destinados al pago de los gastos de constitución (art. 30.1 LSC). Esta responsabilidad se extiende al denominadofundador oculto, esto es, a las personas por cuya cuenta obran los fundadores (art. 30.2 LSC).

Por otra parte, en los estatutos de las sociedades anónimas los fundadores podrán reservarse derechos especiales de contenido económico, cuyo valor en conjunto, cualquiera que sea su naturaleza, no podrá exceder del diez por ciento de los beneficios netos obtenidos según balance, una vez deducida la cuota destinada a la reserva legal y por un período máximo de diez años.

Tratándose de una sociedad de responsabilidad limitada y por mandato europeo, se establece la obligación de constitución en línea. Ello implica el establecimiento de un procedimiento – que se encuentra en fase de desarrollo– en el que no sea preciso que los solicitantes comparezcan en persona ante cualquier autoridad o persona u organismo habilitado en virtud del Derecho nacional para tratar cualquier aspecto de la constitución en línea de sociedades, incluyendo el otorgamiento de la escritura de constitución y la aportación del capital social, contemplándose como excepcional la posibilidad de requerir la presencia física del solicitante. Solo hay dos supuestos en los que el notario puede requerir esa presencia notarial motivándolo adecuadamente; y, sin que ello impida que el resto del procedimiento se desarrolle online: por razones de interés público y con la finalidad de comprobar la identidad exacta del fundador, evitando cualquier falsificación de identidad; y, para comprobar la capacidad del otorgante y, en su caso, los poderes de representación.

Hasta ahora se contemplaba la constitución telemática como una posibilidad a través de un sistema basado en la tramitación del DUE (Documento Único Electrónico) a través de la plataforma CIRCE (Centro de Información y Red de creación de empresas). Este sistema se mantendrá en tanto el nuevo esté completamente desarrollado.

2. Pactos reservados o parasociales

Los pactos reservados o parasociales son acuerdos estructuralmente autónomos del negocio fundacional, porque no se incluyen en los estatutos de la sociedad, ni en la escritura. Pero su dimensión teleológica, su elemento funcional, consiste en la regulación de un interés común o de una determinada conducta social, que modifica o complementa el régimen establecido en la escritura o en los estatutos de la sociedad en cuestión. Es decir, por su intermedio, los socios en cuanto tales, se proponen influir en el funcionamiento de la agrupación modalizando aspectos decisivos de las relaciones jurídico-sociales. Su licitud y validez no se discute. Se trata de sociedades internas, puramente obligacionales. Sin embargo, sus efectos se restringen a las partes que los suscriben, ya que no son oponibles a la sociedad (art. 29 LSC).

La LCS menciona aquellos que incluyen la regulación del ejercicio del derecho de voto en las juntas generales o los que restringen o condicionan la libre transmisibilidad de las acciones o de las obligaciones convertibles o canjeables emitidas por una sociedad anónima cotizada. Dispone asimismo que sus previsiones resultan de aplicación a los pactos parasociales entre socios o miembros de una entidad que ejerza el control sobre una sociedad cotizada (arts. 530 a 535 LSC). Su celebración, prórroga o modificación habrá de ser comunicadas con carácter inmediato a la sociedad y a la CNMV. Han de ser depositados en el RM y publicados como "hechos relevantes". En tanto no tengan lugar las comunicaciones, el depósito y la publicación como hecho relevante, el pacto parasocial no producirá efecto alguno en cuanto a lasreferidas materias. Sin embargo, todo ello puede ser dispensado, por la CNMV cuando la publicidad pueda ocasionar un grave daño a la sociedad. En la decisión se indicará el tiempo de vigencia de la dispensa.

II. EL CAPITAL SOCIAL

1. Perfil jurídico del capital social: principios. Capital y patrimonio

El capital es uno de los conceptos configuradores de las SC. Desde una perspectiva jurídica es una cifra contable, una abstracta magnitud matemática, que aparece en los estatutos de la sociedad, por lo que, técnicamente, no tiene consistencia material. Se trata, además, de una cifra que permanece invariable mientras no se modifiquen los propios estatutos. El capital social está, en efecto, dominado por el principio de determinación. Y, junto a él, por los principios de unidad y de estabilidad. El primero alude a la necesidad de que el importe exacto del capital figure, obligatoriamente, en los estatutos de la sociedad. El principio de determinación así concebido supone también el de unidad. En efecto, la cifra de capital es única, precisamente porque es solo la que se halla determinada en los estatutos. Finalmente, el principio de estabilidad exige que la cifra de capital, que obligatoriamente ha de constar en los estatutos, no puede ser aumentada ni disminuida a no ser que se modifiquen los estatutos en relación con esa específica mención, lo que implica la aplicación de un régimen especial dentro del general relativo a las modificaciones estatutarias.

Por el contrario, el patrimonio es el conjunto de bienes y derechos de valor económico que pertenecen a la sociedad. No figura en los estatutos, ni tiene un valor fijo y estable. En el momento constitutivo ambas cifras normalmente coinciden. Puede no obstante que existan ciertas diferencias al alza, por ejemplo, emisión de acciones con prima, o a la baja, por ejemplo, infravaloración de las aportaciones no dinerarias. Pero en el transcurso de la vida social, mientras que la cifra de capital permanece estable —salvo que se modifiquen los estatutos— la del patrimonio oscilará conforme a los resultados —ganancias o pérdidas— de los negocios que constituyan el objeto social. Lo que, comparando el valor del patrimonio con la cifra del capital —que permanece fija—, informa de la situación económica real de la empresa. Con todo la Ley impone ciertos límites a la falta de correlación entre la cifra de capital y el patrimonio (vgr.disolución por pérdidas), dada la función de garantía frente a terceros asignada al capital social, aspecto al que se aludirá más abajo.

2. Funciones

2.1. Función organizativa

La función organizativa del capital social se desenvuelve en el ámbito de las relaciones internas socio SC. Alude a que la participación en el capital se utiliza de ordinario para determinar la entidad de la condición de socio, en el sentido de que constituye la unidad de medida de todo aquello que es cuantificable en las relaciones internas.

2.2. Función de garantía. El principio de realidad

La función de garantía, la más importante tradicionalmente entre las asignadas al capital, se inscribe de forma preferente en el contexto de las relaciones externas, esto es, de la sociedad con terceros, aunque no exclusiva ya que opera también en beneficio de los socios e incluso de la subsistencia de la propia sociedad en la medida en que su existencia está íntimamente ligada a la del capital. A tenor de la misma el capital desempeña la función de servir de garantía de terceros, quienes, de otra forma, se verían desprotegidos, dado el sistema de irresponsabilidad de los socios que rige en el seno de estas sociedades. Dada la inconsistencia material del capital, tal función se arbitra asignándole el carácter de cifra formal de retención sobre el patrimonio de la sociedad, lo que se consigue, en primer término, considerando el capital social como primera partida del pasivo del balance de la sociedad y, después, mediante un amplio aparato normativo, que se explica en el contexto del principio de realidad, efectividad o correspondencia mínima. Este principio, que expresa la necesidad de que la cifra de capital se corresponda con un patrimonio efectivo o real, se proyecta en toda una serie de preceptos que tienden a preservar una cierta correspondencia entre ambos, desde la constitución de la sociedad y durante toda la existencia de esta, hasta el extremo de que, perdida en la proporción que dice la Ley, la sociedad debe disolverse obligatoriamente.

Manifestaciones de este principio en el momento constitutivo son, por ejemplo, las normas que declaran la nulidad de la creación de acciones y participaciones que no correspondan a una efectiva aportación al capital social, así como las que prohíben la emisión de acciones y participaciones por debajo de la par. También, las normas sobre objeto de las aportaciones —las que prohíben las de industria o trabajo, las que regulan las aportaciones dinerarias y no dinerarias o las que disciplinan las normas sobre fundación retardada—.O los preceptos que exigen la suscripción completa y el desembolso mínimo. Esta correspondencia mínima ha de mantenerse durante toda la vida social, de modo que, si se quiebra, la Ley obliga a restablecerla —reduciendo el capital o reintegrándolo, en caso de SA— y, de no hacerse, ordena la disolución de la sociedad —disolución por pérdidas—.

Además de estas normas, constituyen expresión de este principio otras tales como las que prohíben repartir beneficios ficticios, las restrictivas en materia de adquisición de acciones propias, las que prohíben aumentar el capital si no ha sido desembolsado el anterior en su totalidad, las que ordenan la aplicación en sede de aumento de capital del régimen sobre aportaciones dinerarias y no dinerarias o la normativa sobre reducción de capital real. De ahí que cuando se afirma que el capital constituye la garantía de los terceros, lo que se quiere decir es que es el instrumento técnico a través del cual se produce la vinculación de los valores del activo del patrimonio a aquella garantía. A través de ella la sociedad es obligada a mantener un patrimonio del que no podrá disponer más que a través de rígidos procedimientos. Por eso puede decirse que tal función es desempeñada también a través de la disciplina de la reserva legal, cuya cuantía se fija en relación con el capital social, y de otras reservas, por ejemplo, la reserva por capital amortizado.

Se trata, sin embargo, de una función cada vez más cuestionada, dado que se ha constatado en la práctica que el capital no cumple como tal esa función de garantía frente a los acreedores sociales, puesto que en muchos casos las normas citadas resultan insuficientes. La cifra de capital social en ningún caso permite corroborar que se trate de una sociedad solvente o que tenga liquidez, que es realmente lo que garantiza a los acreedores el cobro de sus créditos. Y, por el contrario, limita la libertad de actuación de las sociedades que se ven constreñidas por ese rígido diseño normativo a la hora de adoptar respuestas rápidas ante un eventual problema de financiación. Esta razón ha llevado a algunos ordenamientos a eliminar el capital social. En el caso de nuestro país, se ha optado por una solución intermedia, consistente en mantener la cifra tradicional de sesenta mil euros para las sociedades anónimas y rebajar a un euro la cifra respecto de las sociedades de responsabilidad limitada que son las más extendidas en la práctica. En todo caso, no se produce un cambio sustancial en cuanto a la garantía, por cuanto se establece que mientras que el capital de las sociedades de responsabilidad limitada no alcance la cifra de tres mil euros deberá destinarse a la reserva legal una cifra al menos igual al 20 por ciento del beneficio hasta que dicha reserva junto con el capital social alcance el importe de tres mil euros; y además, en caso de liquidación, voluntaria o forzosa, si el patrimonio de la sociedad fuera insuficiente para atender el pago de las obligaciones sociales, los socios responderán solidariamente de la diferencia entre el importe de tres mil euros y la cifra del capital suscrito

Se trata de una cuestión nuclear en el Derecho de Sociedades, sobre la que se mantiene viva la discusión, ganando cada vez más adeptos la opción de que debería optarse por mecanismos alternativos que pudieran cumplir de forma más eficaz esa función de garantía a los acreedores, entre ellos, los test de solvencia de la sociedad, ya instaurados en otros ordenamientos.

2.3. La inexistente función productiva y la infracapitalización

A las funciones organizativa y de garantía se añadió posteriormente la financiera empresarial, productiva o de explotación. Partiendo de la premisa de que el régimen del capital obliga a la sociedad a constituir

—y mantener— un patrimonio, un fondo de explotación o factor de producción, esta función consistiría en que tal obligación comprendería que el patrimonio habría de ser el adecuado y suficiente para desarrollar las actividades que integran el objeto social en atención a su naturaleza y volumen. El incumplimiento de esta hipotética exigencia daría lugar a la "infracapitalización" de la sociedad, noción que admite dos dimensiones: la material y la nominal. Existe infracapitalización material cuando la sociedad no cuenta con un patrimonio suficiente y adecuado para el desarrollo de su objeto social. Existe infracapitalización nominal cuando hay patrimonio suficiente, pero no está vinculado a la garantía que significa el capital social —capital de responsabilidad—, sino que procede de otro tipo de aportaciones —desvinculadas— de los socios, normalmente de créditos que conceden estos a la sociedad —capital de crédito—, lo que sin duda, merma la garantía de terceros, pues la disponibilidad de este patrimonio no está sometida a las estrictas reglas que impiden la disminución del patrimonio que respalda al capital social. Lo cierto es, sin embargo, que no hay en nuestro Derecho norma alguna que imponga esta función como propia del capital social. Por consiguiente, las situaciones a que dan lugar a ambos tipos de infracapitalización deban resolverse con otros argumentos y mecanismos. Solo la infracapitalización nominal está regulada en nuestro Derecho, pero únicamente en sede concursal (art. 281 TRLC).

2.4. El capital mínimo

El capital social de la SA no podrá ser inferior a sesenta mil euros y se expresará precisamente en esa moneda. En el caso de la sociedad limitada, tras la reforma operada por la Ley 18/2022 de 28 de septiembre, de creación y crecimiento de empresas podrá ser inferior a un euro y se expresará precisamente en esa moneda (art. 4 LSC). Hay que recordar que, hasta esta reforma, el capital mínimo se situaba en tres mil euros. La opción de mantener el requerimiento de ese mínimo en lugar de haber eliminado el requisito del capital mínimo tiene por objeto, como señala la Exposición de Motivos de la citada ley, garantizar la consistencia de la normativa sobre sociedades de capital, cuya pieza angular es que estas sociedades se constituyen con un capital social de importe estrictamente superior a cero.

No se rompe, de este modo con los principios que sustentan las sociedades de capital, a diferencia de lo que ha sucedido en países de nuestro entorno, como Francia, Portugal e Italia, y en otros como Estados Unidos, Reino Unido, Japón o Canadá, en los que se ha eliminado la necesidad de capital mínimo. Pero se abarata la constitución de sociedades de responsabilidad limitada y se permite a los socios elegir el capital que deseen en función de sus necesidades y preferencias. En la ley se establecen unas cautelas específicas hasta que la cifra alcance los tres mil euros, con la finalidad de salvaguardar el interés de los acreedores.

No se autorizarán escrituras de constitución de sociedad de capital que tengan una cifra de capital social inferior al legalmente establecido. Asimismo, el capital mínimo debe mantenerse durante toda la vida social, por lo que tampoco se autorizarán escrituras de modificación del capital social que lo dejen reducido por debajo de dicha cifra, salvo que sea consecuencia del cumplimiento de una ley (art. 5 LSC) o que, simultáneamente, se acuerde la transformación de la sociedad o el aumento en una cantidad igual o superior a la mínima —operación acordeón— (art. 343.1 LSC). La reducción del capital por debajo del mínimo constituye también una causa de disolución de pleno derecho [art. 360.1 b) LSC].

III. LA OBLIGACIÓN DE APORTACIÓN

1. Caracterización

La obligación de aportación admite dos acepciones básicas. Una amplia y otra estricta. Desde un punto de vista amplio, es aquella cuyo objeto consiste en una prestación cualquiera prometida por el socio para colaborar en la prosecución del fin social previsto en el contrato, por lo que incluye cualquier tipo de prestación de dar, de hacer o de no hacer (art. 1088 Cciv). Estrictamente considerada es aquella cuyo objeto es susceptible de integrar el capital social, más propiamente el patrimonio que respalda este, por lo que ha de ser capaz de cumplir la función de garantía asignada a aquel. A consecuencia de ello su objeto se restringe en los términos que se expresan a continuación.

2. Aportación al capital

Sólo podrán ser objeto de aportación los bienes y derechos patrimoniales susceptibles de valoración económica (art. 58.1 LSC). La susceptibilidad de valoración económica exige que el objeto de la aportación sea valorable económicamente con arreglo a criterios objetivos, excluyéndose en todo caso como posible objeto de la aportación el trabajo o los servicios (art. 58.2 LSC). Las aportaciones son de dos tipos, dinerarias y no dinerarias. Las aportaciones dinerarias son aquellas que se realizan en dinero. La normativa aplicable a este tipo de aportaciones tiene como objetivo básico garantizar su efectiva realización. En el caso de la sociedad anónima se exige acreditarla ante el notario autorizante de la escritura de constitución o de aumento de capital (art. 62 LSC). Se exceptúa el supuesto de SL, en cuyo caso, no se exige tal acreditación; siendo sustituida por la responsabilidad de los fundadores y de quienes adquieran alguna de las participaciones asumidas en la constitución por la realidad de dichas aportaciones. Se trata de una responsabilidad solidaria frente a la sociedad y frente a los acreedores sociales (art. 4 bis 3 LSC)

Las aportaciones no dinerarias son aquellas que no consisten en dinero. Problema común a este tipo de aportaciones es el relativo a su correcta valoración. Con el objeto de preservar la tutela de terceros y socios y, en desarrollo del principio de realidad del capital social, la Ley se sirve de varios mecanismos para asegurarla. En la SA se centran con preferencia en la exigencia de que la valoración sea efectuada por uno o varios expertos independientes. El valor que se otorgue ala aportación en la escritura social no podrá ser superior a la valoración realizada por los expertos (art. 67.3 LSC). De este régimen quedan, no obstante, exceptuados los supuestos expresamente previstos en la LSC, que tienen en común la existencia de una valoración previa dotada de garantías análogas a la que supone la evaluación del experto (art. 69 LSC). En todos estos casos los administradores elaborarán un informe adicional, sustitutivo del informe del experto, cuyo contenido está también determinado en la LSC (art. 70 LSC). En cambio, en la SL, el centro del sistema gira en torno a la responsabilidad que se impone a los fundadores, las personas que ostentaran la condición de socio en el momento de acordarse el aumento de capital y quienes adquieran alguna participación desembolsada mediante aportaciones no dinerarias por la realidad y el valor asignado en la escritura a la aportación. Se trata de una responsabilidad solidaria frente a la sociedad y frente a los acreedores sociales (art. 73 LSC). Esta responsabilidad queda, no obstante, excluida si las aportaciones se someten a valoración pericial conforme a lo previsto para la SA (art. 76 LSC).

Si la aportación se realiza a título de propiedad está sometida a un especial régimen de responsabilidad. Cuando consista en bienes muebles, inmuebles o derechos asimilados —esto es, derechos reales—, el aportante está obligado a la entrega y saneamiento de la cosa objeto de aportación en los términos establecidos en el CCiv para el contrato de compraventa; pero se aplicarán las reglas del Ccom sobre el mismo contrato en materia de transmisión de riesgos (art. 64 LSC). Si la aportación consiste en derechos de crédito el aportante responde de la legitimidad de este y de la solvencia del deudor (art. 65 LSC), por lo que,si el deudor del socio aportante no cumple con la sociedad, este último queda obligado a efectuar el pago. En fin, si se aporta una empresa o establecimiento el aportante queda obligado al saneamiento de su conjunto si el vicio o la evicción afectasen a la totalidad; pero también cuando afecte a alguno de los elementos esenciales para su normal explotación. Y,a diferencia de la disciplina prevista en el Cciv, también procederá el saneamiento individualizado de aquellos elementos de la empresa aportada que sean de importancia por su valor patrimonial (art. 66 LSC).

3. El desembolso

La aportación es la prestación objeto de la obligación de aportar. Consiste, por tanto, en el comportamiento comprometido por el socio al asumir la obligación de aportar. Ahora bien, con el término aportación suele designarse igualmente el cumplimiento, la ejecución o consumación de la obligación de aportar, que se produce al realizar el comportamiento en que consiste la prestación. En la terminología de la LSC esta última acepción se identifica con el término desembolso. En las SC la mera asunción del compromiso no es suficiente para adquirir la condición de socio, aunque, al asumirlo, el patrimonio social queda integrado con el crédito de la sociedad contra el socio. Es necesario que se ejecute la prestación en que consiste la aportación en el mismo acto en que se asumen o suscriben las participaciones o acciones. De modo íntegro en la SL, salvo que esté acogida al régimen de fundación sucesiva, y,al menos, en una cuarta parte de cada una de las acciones, en la SA (arts. 78 y 79 LSC).

3.1. Los desembolsos pendientes

Conocidos tradicionalmente como dividendos pasivos, los desembolsos pendientes son la parte de capital social no desembolsada en el momento de la suscripción o adquisición originaria de las acciones.

El desembolso pendiente consiste, pues, en un aplazamiento parcial de la ejecución de la obligación de aportar, en cuya virtud los accionistas quedan obligados a aportar el monto pendiente, en la forma y dentro del plazo previsto en los estatutos, o, en su defecto, en el plazo decidido por acuerdo de los administradores (arts. 81 y 82 LSA), pero siempre dentro del plazo máximo que ha de estar fijado en los estatutos [art. 23 d) LSC]. Si se trata de aportaciones no dinerarias, el plazo de desembolso no podrá exceder de cinco años desde la constitución de la sociedad o del acuerdo de aumento del capital social (art. 80.3 LSC). Efectuado el desembolso se hará constar en escritura pública que se inscribirá en el RM (art. 135 RRM).

Vencido el plazo, sin que se haya efectuado el pago, el accionista se constituye en mora de forma automática, sin necesidad de intimación (art. 82 LSC), lo que le priva de importantes derechos. No podrá ejercitar el derecho de voto. El importe de sus acciones será deducido del capital social para el cómputo del *quórum*. Tampoco tendrá derecho a percibir dividendos, ni a la suscripción preferente de nuevas acciones ni de obligaciones convertibles. Si bien, una vez abonado el importe de los desembolsos pendientes, junto con los intereses adeudados, podrá reclamar el pago de los dividendos no prescritos, pero no podrá reclamar la suscripción preferente, si el plazo para su ejercicio ya hubiere transcurrido (art. 83 LSC). A su vez, para garantizar integridad del capital social, cuando el accionista se halle en mora, la sociedad podrá, según los casos y atendida la naturaleza de la aportación no efectuada, reclamar el cumplimiento de la obligación de desembolso, con abono del interés legal y de los daños y perjuicios causados por la morosidad, o enajenar las acciones por cuenta y riesgo del socio moroso (art. 84.1 LSC). Si la venta no pudiese efectuarse, la acción será amortizada, con la consiguiente reducción del capital, quedando en beneficio de la sociedad las cantidades ya desembolsadas (art. 84.2 LSC).

El accionista moroso puede transmitir la acción; pero, para reforzar la obligación de pago incumplida, la LSC impone al adquirente y a todos los transmitentes que le precedan una responsabilidad solidaria por la parte no desembolsada, a elección de los administradores de la sociedad. Esta responsabilidad durará tres años, contados desde la fecha de la respectiva transmisión. Cualquier pacto contrario a la responsabilidad solidaria será nulo (art. 85.1 y 2 LSC). Pero el adquirente que pague podrá reclamar la totalidad de lo pagado de los adquirentes posteriores (art. 85.3 LSC).

4. *Prestaciones accesorias*

Las prestaciones accesorias son prestaciones distintas de las aportaciones al capital, por lo que, en ningún caso, podrán integrar el capital social (art. 86.1 y 2 LSC). A consecuencia de ello su objeto no está limitado como ocurre con las aportaciones al capital. Se trata de aportaciones en sentido amplio cuyo objeto, por tanto, comprende todo tipo de prestaciones, de dar, hacer o no hacer (art. 1088 Cciv). Es imprescindible que estén previstas en los estatutos, que expresarán los particulares determinados en la Ley (art. 86.1 y 3, 87, 89.2 LSC). A consecuencia de su necesaria constancia estatutaria la creación de prestaciones accesorias con posterioridad a la constitución, su modificación y su extinción anticipada deberá acordarse con los requisitos previstos para la modificación de los estatutos. Pero requerirá, además, el consentimiento individual de los obligados (art. 89.1 LSC).

IV. PARTICIPACIONES SOCIALES Y ACCIONES

1. Concepto

Es común afirmar que la participación es el concepto fundamental de caracterización de la SL, puesto que es el único de ellos que no concurre de igual modo en las demás sociedades de capital (art. 1 LSC). Lo que es cierto en la medida en que ni en la SA ni en la SCA hay participaciones, sino acciones. Si bien hay que hacer notar desde ahora que las diferencias entre acción y participación no afectan a todas las acepciones de las mismas. En esencia se reducen a la representación de la acción, ya que, a diferencia de esta, las participaciones no pueden incorporarse a valores negociables. Y a ciertas matizaciones en el contenido del conjunto de derechos y obligaciones que pueden integrarlas, que es más flexible. Por lo demás, la participación es, igual que la acción, una parte alícuota del capital social y un conjunto de derechos, obligaciones, facultades y poderes que definen la condición de socio de este tipo de sociedades.

2. Participaciones y acciones como partes alícuotas del capital social

Cuando la Ley dispone que el capital social se dividirá en acciones/ participaciones (art. 1 LSC) y las considera partes alícuotas de aquel (art. 90 LSC), destaca la proporcionalidad concurrente entre —el valor nominal de— la acción/ participación y el capital social, que deriva de la correlación exacta que existe entre el número de acciones/ participaciones que ha emitido la sociedad, su valor nominal y la cifra formal en que se ha fijado en los estatutos el capital social, de manera tal que la cuantía de este es el resultado de multiplicar el número de acciones/ participaciones por su valor nominal. De esta premisa básica se deducen múltiples consideraciones entre las que cabe destacar las relativas a los requisitos atinentes al valor nominal y al valor nominal como medida de la aportación.

Las acciones y las participaciones han de tener necesariamente un valor nominal consistente en una suma [art. 23 d) LSC). La Ley, sin embargo, no fija un valor nominal máximo ni mínimo. Su determinación, por tanto, es libre. Del mismo modo, no exige la Ley que todas las participaciones y acciones tengan el mismo valor nominal. Solo requiere que todas las acciones de una misma serie tengan igual valor nominal (art. 49.2 LSA). El concepto de serie de acciones remite pues al conjunto de ellas con igual valor nominal. Este hecho explica las notas de indivisibilidad y de acumulabilidad de las acciones/ participaciones (art.90 LSC). Que sean indivisibles significa que el socio no puede fraccionar su acción/ participación al objeto de crear otras de menor valor nominal. Por su parte, la acumulabilidad supone la posibilidad de que una misma persona sea titular de varias acciones/ participaciones, sin que por ello pierda cada una de ellas su propia y singular autonomía.

La segunda consecuencia básica que deriva de la consideración de la acción/ participación como parte alícuota del capital hace referencia al principio de correspondencia mínima o efectividad, anudado al capital social en relación con su función de garantía. En efecto, constituyendo el capital social una cifra formal que entraña la medida de lo que, en conjunto, los socios han aportado, o se han comprometido a aportar, a la sociedad, el valor nominal de la acción/ participación señala la cantidad que, como mínimo, se debe aportar para adquirir la consideración de socio, sea en el momento fundacional como, en su caso, ante eventuales aumentos de capital. En atención a esa circunstancia dispone la Ley que será nula la creación de acciones/participaciones que no respondan a una efectiva aportación patrimonial a la sociedad (art. 59.1 LSC). Así como que las acciones/ participaciones no pueden ser emitidas por una cifra inferior a su valor nominal —por debajo de la par— (art. 59.2 LSC). Sí es posible realizar la operación inversa, esto es, emitir acciones/ participaciones con prima, es decir, con la obligación de abonar un precio superior al valor nominal, que no queda adscrito al capital social, sino al patrimonio no vinculado, reflejándose en una cuenta separada del pasivo, en principio de libre disposición por la sociedad.

Conforme a ello, ya en el momento constitutivo, el valor nominal no tiene por qué coincidir con el valor contable o valor neto patrimonial, que se obtiene dividiendo el valor contable o teórico del patrimonio —activo real menos pasivo exigible— por el número de acciones/participaciones. A su vez, ambos pueden ser distintos del valor razonable, que se calcula dividiendo el valor que podría obtenerse en el mercado en caso de venta de la empresa por el número de acciones/ participaciones, pues en tal valor se incluye no solo el valor contable del patrimonio, sino también las reservas latentes y los rendimientos esperados de la actividad social, considerando la capacidad de la sociedad de obtener ganancias con su funcionamiento. En las sociedades cotizadas tal valor suele coincidir con el valor de bolsa o de mercado.

3. Participaciones y acciones como expresión de la condición de socio

La acción /participación expresa la condición de socio de la SA/ SL porque integra el conjunto de derechos, obligaciones, poderes y facultades que ostenta el socio frente a la sociedad (arts. 91 y 93 LSC).

El contenido mínimo de la acción/ participación está explicitado en el art. 93 LSC. Dispone este precepto que comprenden:

I) Derechos de carácter patrimonial o económico: el derecho a participar en el reparto de las ganancias sociales y el derecho a participar en el patrimonio resultante de la liquidación.

II) Derechos de carácter político o administrativo: el de asistir y votar en las juntas generales, el de impugnar los acuerdos sociales y el de información.

III) Y un derecho de carácter mixto cual es el de asunción preferente de nuevas participaciones o de suscripción preferente de nuevas acciones creadas tras los aumentos de capital o de obligaciones convertibles en acciones.

El valor de tal enumeración no debe ser, sin embargo, sobrevalorado por varios motivos:

I) En primer lugar, porque a lo largo del articulado de la Ley se reconocen otros derechos, por ejemplo, el derecho de representación, el de asignación gratuita de acciones ante ciertos aumentos de capital o el derecho de separación.

II) En segundo lugar, porque algunos de ellos, en concreto los de carácter patrimonial, tienen atribuido un carácter abstracto, lo que, a grandes rasgos, significa que el socio no tiene derecho a exigirlos, por el simple hecho de serlo, sino que debe esperar a la concurrencia de condiciones adicionales. Por ejemplo, el derecho a los beneficios solo se convierte en un derecho a exigir los dividendos cuando se apruebe por la junta general un acuerdo que así lo decida.

III) En tercer lugar, porque la propia Ley permite en ocasiones la limitación o incluso la supresión de alguno de ellos. Puede lícitamente limitarse, por ejemplo, el derecho de asistencia (art. 179 LSC) o el derecho de voto (arts. 188.3 y 527 LSC) en la SA. El derecho de voto puede excluirse tanto en la SA como en la SL, mediante la creación de acciones/ participaciones sin voto (arts. 98 a 103 LSC);

IV) Finalmente, porque, en sentido inverso al anterior, cabe la existencia de privilegios o preferencias en cierto tipo de derechos, siempre que no consistan en el derecho a percibir un interés, supongan, de forma directa o indirecta, la alteración de la proporcionalidad entre el valor nominal de la acción y el derecho de voto o el derecho de preferencia o entre el valor nominal de la participación y el derecho de preferencia (art. 96 LSC), entre los casos más significativos. La LSC regula en particular el privilegio consistente en el derecho a obtener un dividendo preferente (arts. 95 y 498 y 499 LSC).

De conformidad con todo ello las participaciones sociales y las acciones pueden otorgar derechos diferentes. Las acciones que tengan el mismo contenido de derechos constituyen una misma clase (art. 94.1 LSC). Para la creación departicipaciones y la emisión de acciones que confieran algún privilegio frente a las ordinarias, habrán de observarse las formalidades prescritas para la modificación de estatutos (art. 94.2 LSC). Además, en ciertos tipos de acciones se exigen otra serie de requisitos. Sucede eso en especial con las acciones rescatables, que solo pueden ser emitidas por SA cotizadas (arts. 500 y 501 LSC).

4. La representación de las acciones

Las acciones pueden estar representadas por medio de títulos o por medio de anotaciones en cuenta. En uno y otro caso tendrán la consideración de valores mobiliarios (art. 92.1 LSC). Es posible, sin embargo, que no estén representadas, supuesto en que el derecho incorporal que es la acción como expresión de la condición de socio de la SA no pierde esta característica (art. LSC). Por el contrario, las participaciones no podrán estar representadas por medio de títulos o de anotaciones en cuenta, ni denominarse acciones, y en ningún caso tendrán el carácter de valores (art. 92.2 LSC).

La representación por medido de títulos es una representación materializada en un documento con la consideración de título-valor, lo que supone que el derecho en que consiste la acción se incorpora al documento a efectos de legitimación del accionista y de transmisión de su derecho. El título-valor puede ser de dos tipos, al portador o nominativo. En este último consta la identificación del titular, que falta en el primero. La LSC dispone que las acciones revestirán necesariamente la forma nominativa mientras no haya sido enteramente desembolsado su importe, cuando su transmisibilidad esté sujeta a restricciones, cuando lleven aparejadas prestaciones accesorias o cuando así lo exijan disposiciones especiales (art. 113.1 LSC). De otro lado, la anotación en cuentaes la forma inmaterial de representación de las acciones. Esta representación es obligatoria para las acciones que pretendan cotizar en Bolsa (art. 496LSC).

V. RÉGIMEN DE TRANSMISIÓN

1. Transmisión de participaciones

En la regulación que efectúa la LSC conviene distinguir los requisitos de forma y los de fondo o sustantivos. Tratando de los primeros, la transmisión de las participaciones sociales ha de constar en documento público (art. 106 LSC). No se trata, sin embargo, de un requisito de forma *ad solemnitatem*, por lo que el defecto de forma no priva de validez al negocio. Pero impide que el nuevo socio quede legitimado frente a la sociedad (art. 112 LSC).

Al respecto de las condiciones sustantivas, cabe indicar que la opción legal de configurar la SL como una sociedad tendencialmente cerrada, formada por socios restrictivamente cambiantes en el seno del círculo de los mismos —entre ellos y las personas de su entorno próximo—, encuentra una de sus manifestaciones más relevantes en el régimen restrictivo al que se ha sometido la circulación de las participaciones sociales. A grandes rasgos, las restricciones suponen la concesión a los socios, a la sociedad o a los terceros consentidos por esta, de un derecho a adquirir con preferencia las participaciones que pretendan cederse a un tercero no consentido

El sistema legal se estructura sobre la base de regímenes legales supletorios y regímenes estatutarios, que difieren según se trate de transmisiones *intervivos,* voluntarias y forzosas, y *mortis causa.* En estas últimas, como regla general, las transmisiones son libres, salvo disposición estatutaria. Por el contrario, en las primeras, la regla general es la contraria, salvo que, tratándose de transmisiones *intervivos* voluntarias el cesionario sea socio, cónyuge, ascendiente o descendiente de socios o una sociedad perteneciente al mismo grupo que la transmitente (art. 107.1 LSC). A salvo esta excepción, se declaran nulas las cláusulas que hagan prácticamente libre la transmisión. Y también las que la prohíban por un período superior a cinco años, salvo que, en tal caso, se reconozca al socio el derecho a separarse de la sociedad en cualquier momento (art. 108 LSC).

Con todo, aunque se cumpla escrupulosamente el régimen limitativo de la transmisibilidad, todavía el nuevo adquirente no se legitima frente a la sociedad a fin de poder ejercitar los derechos que le correspondan. Con ese objeto es preciso que la sociedad tenga conocimiento de la transmisión (art. 106.2 LSC) y que se proceda a su inscripción en el libro registro de socios (art. 104.2 LSC). Las funciones de este libro son similares a las que desempeña el libro registro de acciones nominativas.

2. Transmisión de acciones

Las condiciones de forma relativas a la transmisión de acciones varían en atención a la representación de las mismas. En caso de acciones al portador,se requiere un negocio con eficacia traslativa y la entrega o tradición del título (arts. 120.2 LSC, 545 Ccom y 609 Cciv). La legitimación se consigue con la exhibición del mismo título o del certificado acreditativo de su depósito en una entidad autorizada (art. 122 LSC). La transmisión de las acciones nominativas puede producirse a través de idéntico procedimiento o mediante endoso (art. LSC); mientras que la legitimación exige, adicionalmente, la inscripción del titular en el libro registro de acciones nominativas (art. 116.2 LSC). Las acciones representadas mediante anotaciones en cuenta se transmiten mediante el negocio que actúa de causa y la inscripción en el registro contable.

Sustantivamente, todas las acciones han de ser libremente transmisibles, salvo las acciones nominativas, cuya transmisibilidad puede estar restringida.Ahora bien, la eventual restricción está sometida a dos requisitos. De forma y de fondo. Formalmente se exige que la restricción conste en los estatutos, que deben indicar el contenido de la restricción (arts. 123.1

LSC y 123.1 RRM). Las condiciones de fondo se fundamentan en el carácter tendencialmente abierto de la SA. Conforme a él las acciones son libremente transmisibles. Por ello la circulación de acciones puede ser limitada o condicionada, pero no eliminada, directa o indirectamente. En consecuencia, son nulas las cláusulas estatutarias que hagan prácticamente intransmisible la acción (art. 123.2 LSC). Las modalidades que admiten estas cláusulas son muy extensas, pero, a grandes rasgos, pueden reducirse a tres, que se distinguen en razón de los efectos de la restricción. Se trata de las cláusulas de autorización o consentimiento, de preferencia o tanteo y de rescate, que tanto la LSC, como el RRM sujetan a límites específicos. Las restricciones estatutarias a la transmisibilidad de las acciones sólo serán aplicables a las adquisiciones por causa de muerte y a las transmisiones forzosas cuando así lo establezcan expresamente los estatutos, con sujeción a los condicionantes previstos en la LSC (arts. 124 y 125 LSC).

3. Ineficacia de la trasmisión

Las transmisiones de acciones o participaciones que no se ajusten a lo previsto en la ley o, en su caso, a lo establecido en los estatutos no producirán efecto alguno frente a la sociedad (art. 112 LSC). Quiere decir que la sociedad no solo puede, sino que debe desconocerlas, impidiendo al pretendido adquirente el ejercicio de los derechos de socio, al que, por coherencia, tampoco podrá reclamar obligación alguna. Sin embargo, entre las partes el negocio es válido por concurrir en él los elementos necesarios para ello (art. 1261 Cciv). Aunque no produce efecto alguno, ni entre ellas, ni frente a terceros, porque falta el poder de disposición del cedente (art. 1112 Cciv), de modo que, a pesar de que exista un contrato válido entre el socio trasmitente y el tercero no consentido, este nada adquiere si no se respetaron las previsiones de la Ley o de los estatutos, en particular en materia de restricciones a la transmisibilidad.

VI. COPROPIEDAD Y DERECHOS REALES

1. Copropiedad

Con fundamento en la indivisibilidad de la acción/ participación, cuando alguna de las dos pertenezca a varias personas se crea una copropiedad sobre ella (art. 126 LSC), de modo que la acción/ participación pertenece a todos los copropietarios proindiviso, rigiéndose, en las relaciones internas entre ellos, por las reglas de la comunidad previstas en la legislación común. Sin embargo, al objeto de facilitar las relaciones de la sociedad con los cotitulares, la LSC ha previsto una especial disciplina para la legitimación frente a aquella al disponer que los comuneros habrán de designar una sola persona para el ejercicio de los derechos de la condición de socio, quien será el único legitimado. Tratándose de las obligaciones, la LSC pretende tutelar el principio de integridad del capital social al disponer que, frente a la sociedad, responderán solidariamente todos los copropietarios de cuantas obligaciones deriven de la condición de accionista (art. 126 LSC).

2. Derechos reales

2.1. El usufructo

La LSC disciplina el usufructo distinguiendo las relaciones con la sociedad y las relaciones internas, esto es, las que median entre usufructuario y nudo propietario. Las relaciones con la sociedad se regulan sobre la base de que, en el usufructo, la cualidad de socio reside en el nudo propietario, pero el usufructuario tiene derecho, en todo caso, a los dividendos acordados por la sociedad durante el usufructo. Como regla general, el ejercicio del resto de los derechos de socio corresponde al nudo propietario, salvo disposición contraria de los estatutos, pero en este caso, el usufructuario está obligado a facilitar tal ejercicio (art. 127.1 LSC). En las relaciones internas entre usufructuario y nudo propietario, regirá lo que determine el título constitutivo, en su defecto, lo previsto en la LSC y supletoriamente en el Código civil (art. 127.2 LSC).

2.2. La prenda

En la prenda, la condición de socio corresponde al deudor pignoraticio. Por este motivo se le atribuye también el ejercicio de los derechos de socio, salvo disposición contraria de los estatutos, estando el acreedor pignoraticio obligado a facilitar el mismo (art. 132.1 LSC). En las obligaciones rige el mismo principio, de modo que es el deudor pignoraticio quien debe abonar los desembolsos pendientes. Ahora bien, en atención a las graves consecuencias que puede acarrear su impago en la garantía que constituyen las acciones, la LSC autoriza al acreedor; bien, a cumplir por sí esta obligación; bien, a proceder a la realización de la prenda (art. 132.3 LSC).

VII. LAS OBLIGACIONES

Las obligaciones son valores emitidos en serie mediante los que la sociedad emisora reconoce o crea una deuda de dinero a favor de que quienes los suscriban (art. 401.1 LSC). Constituyen un medio de financiación externo con el que la sociedad acude al mercado de capitales para captar fondos con fundamento en el crédito cuando existen dificultades para obtenerlos a través de otras operaciones de crédito o cuando los socios no quieren aportar nuevos capitales.

Se trata, por tanto, de un tipo de préstamo mutuo, que obliga a la entidad emisora a restituir las sumas recibidas con los intereses, cuya particularidad más relevante consiste en que el importe total de la deuda reconocida o creada con la emisión se fracciona en una pluralidad de valores homogéneos, representativos de una parte alícuota de la cantidad total del empréstito, que incorporan unos derechos comunes y uniformes frente a la sociedad emisora y que son esencialmente negociables, puesto que pueden ser transmitidos libremente sin consentimiento del deudor. Por tanto, son valores de renta fija.

Las obligaciones pueden ser objeto de rembolso y de rescate. El rembolso deberá realizarse satisfaciendo el importe de las obligaciones en el plazo convenido, con las primas, lotes y ventajas que se hubiesen fijado en la escritura de emisión, y de acuerdo con el plan o cuadro de amortización determinado en el momento de la emisión (art. 423.1 y 2 LSC). De otro lado, la sociedad podrá rescatar las obligaciones emitidas en cuatro supuestos, que tienen en común el que la recogida o la extinción de las obligaciones se produce al margen del plan de amortización o en fecha distinta a la de su vencimiento normal: I) cabe que se realice por amortización o por pago anticipado, de acuerdo con las condiciones de la escritura de emisión; II) como consecuencia de los convenios celebrados entre la sociedad y el sindicato de obligacionistas; III) por adquisición en bolsa, al efecto de amortizarlas; o iv) por conversión en acciones. En este último caso se exige el acuerdo con los titulares (art. 430 LSC).

Lección 12

Sociedades de capital (II). Órganos y modificación de estatutos

I. ÓRGANOS

1.1. La Junta General

1.1.1. Caracterización

La junta general es un órgano no permanente, de carácter deliberante que carece de funciones ejecutivas. Está formado por los socios que ostenten derecho de asistencia, quienes expresan la voluntad de la sociedad mediante acuerdos adoptados por mayoría sobre asuntos de la competencia de aquella incluidos en el pertinente orden del día (art. 159.1 LSC). Tales acuerdos vinculan a todos los socios, incluso a los disidentes y a los que no hayan participado en la reunión (art. 159.2 LSC).

1.2. Competencia

La competencia la Junta no abarca todos los asuntos relativos a la sociedad. La propia Ley lo expresa así al disponer que comprende "los asuntos propios de la competencia de la Junta" (art. 159.1 LSC). La LSC relaciona expresamente alguno de ellos (art. 160 LSC). A grandes rasgos se trata de las cuestiones de mayor trascendencia jurídica y económica para la sociedad —que, básicamente, coinciden con la modificación de los estatutos, las modificaciones estructurales y la adquisición o enajenación de activos esenciales—, de la designación y destitución de los miembros del órgano de administración y del control de su actuación, que efectúa de forma periódica al pronunciarse anualmente acerca de la aprobación de las cuentas anuales y de la gestión de aquellos.

Fuera de estos esos casos, es dudoso que ostente competencia sobre muchos más. De cualquier modo, resulta claro que tales eventuales competencias se hallan limitadas por el respeto a los derechos individuales de los socios (no puede, por ejemplo, privar a un socio del derecho de voto), por el principio de paridad de trato de los accionistas, por el interés social, por los estatutos, que puede modificar, pero no incumplir (art. 204.1 LSC) y, sobre todo, por las facultades atribuidas al órgano de administración. En ningún caso puede asumir el poder de representación, que corresponde a este último de manera exclusiva y excluyente (art. 233.1 LSC). En materia de gestión existe, no obstante, un criterio más flexible ya que los administradores están habilitados para solicitar el pronunciamiento de la junta sobre determinados asuntos (arg. *ex* arts. 234 y 236.1 LSC), los estatutos pueden atribuirle determinadas competencias de gestión (vgr. exigiendo su autorización para determinadas decisiones de gestión de especial relevancia). En defecto de pacto estatutario, posiblemente deba admitirse que esté en condiciones de fijar las grandes directrices de la política empresarial, impartiendo instrucciones globales o generales que, como tales, vinculan a los administradores. Con seguridad, salvo disposición contraria de los estatutos, podrá impartir instrucciones al órgano de administración o someter a su autorización la adopción por dicho órgano de decisiones o acuerdos sobre determinados asuntos de gestión, sin perjuicio del ámbito objetivo de la representación atribuida de forma exclusiva a aquel (art. 161 LSC). Ahora bien, la competencia en materia de gestión no podrá ampliarse hasta vaciar de contenido la función legal de los administradores, lo que sucedería si la junta asumiera la iniciativa en los asuntos de gestión ordinaria de manera frecuente o especialmente intensa, convirtiendo a los administradores en meros ejecutores de sus decisiones. La gestión ordinaria constituye una competencia propia del órgano de administración, mínima e inderogable, ya que, en materia de estructura organizativa, alcanza el valor de principio configurador del tipo SA, que limita la autonomía de la voluntad (art. 28 LSC).

1.3. Clases

Las juntas pueden ser de dos clases. Ordinarias y extraordinarias. Junta ordinaria es la que ha de reunirse necesariamente dentro de los seis primeros meses de cada ejercicio para, en su caso, aprobar la gestión social, las cuentas del ejercicio anterior y resolver sobre la aplicación del resultado (art. 164.1 LSC), pero es válida, aunque haya sido convocada o se celebre fuera de plazo (art. 164.2 LSC). De manera que el criterio determinante para decidir sobre el carácter de la junta no es el temporal, sino el material, esto es, los asuntos sobre los que trata. Conforme a ello, son extraordinarias todas las demás (art. 165 LSC).

1.4. Funcionamiento

El carácter corporativo de las sociedades de capital explica que la junta general adopte los acuerdos por mayoría. Para que la voluntad mayor se identifique con la única voluntad de la sociedad, la Ley somete el proceso de adopción de los acuerdos a una serie de requisitos que tienen por objeto garantizar esa identificación. Tales requisitos son la convocatoria, el "quórum" de constitución, la deliberación y la adopción del acuerdo por las mayorías predeterminadas.

La convocatoria es un requisito de la válida constitución de la junta, puesto que forma parte del derecho de información de los socios. Por este motivo, sin convocatoria efectuada en los términos que la Ley ordena, los acuerdos adoptados en la junta son nulos. La ley contempla la legitimación para convocar la junta, así como el modo y plazo para realizar la convocatoria. También el ejercicio de los derechos del socio a asistir a la Junta, a ser representado, a deliberar y a participar en la adopción del acuerdo que requerirá de diferentes mayorías atendiendo al tipo de asunto de que se trate. Hay que advertir que en las distintas fases se advierten diferencias entre las sociedades anónimas y limitadas atendiendo al carácter abierto de las primeras y más cerrado de las segundas.

Asimismo, en los estatutos se puede prever la asistencia a la junta por medios telemáticos y la celebración de una Junta exclusivamente telemática. En el primer caso, se debe garantizar que los socios puedan participar en la junta a través de medios telemáticos que permitan garantizar debidamente la identidad del socio (art. 182 LSC). En la convocatoria los administradores deberán describir cómo se van a ejercitar los derechos de los socios. Y en este sentido, la ley faculta a los administradores para que puedan establecer la obligación de que se remitan con anterioridad a la constitución de la junta las intervenciones y propuestas de quienes van a asistir por vía telemática. En este caso, las respuestas se proporcionarán por los administradores en la propia reunión, o bien por escrito en los siete días siguientes a la finalización de la junta.

Se permite también la celebración de una junta exclusivamente telemática (art. 182 bis). Se trata de una posibilidad que se introdujo en un primer momento con carácter excepcional para las sociedades cotizadas y después se amplió para las sociedades anónimas con ocasión del estado de alarma originado por la Covid-19; y, que ha acabado por extenderse a todas las sociedades de capital tras la reforma de la LSC por la Ley 5/2021, de 12 de abril. La validez de la junta se condiciona a que pueda garantizarse debidamente la identidad y legitimación de los socios y sus representantes; así como a que todos los asistentes puedan participar de forma efectiva y activa en la sesión de modo que puedan ejercitar en tiempo real los derechos de palabra, información, propuesta y voto que les correspondan.

Como regla general, podrán ser impugnados los acuerdos de las juntas contrarios a la Ley, los que se opongan a los estatutos o al reglamento de la junta de la sociedad o lesionen el interés social en beneficio de uno o varios socios o de terceros. La lesión del interés social se produce también cuando el acuerdo, aun no causando daño al patrimonio social, se impone de manera abusiva por la mayoría. Se entiende que el acuerdo se impone de forma abusiva cuando, sin responder a una necesidad razonable de la sociedad, se adopta por la mayoría en interés propio y en detrimento injustificado de los demás socios (art. 204.1 LSC).

2. El órgano de Administración

2.1. Caracterización y formas de organización

El órgano de administración tiene encomendada la gestión y representación de la sociedad. Su estructura ha de estar prevista en los estatutos, que solo podrán optar por una elegida entre la serie limitada de modalidades previstas en la LSC. La administración se podrá confiar a un administrador único, a varios administradores que actúen de forma solidaria o de forma conjunta o a un consejo de administración. En la SA, cuando la administración se confíe conjuntamente a más de dos administradores, constituirán necesariamente consejo de administración (art. 210.1 y 2 LSC).

Debido a su constancia estatutaria, el cambio de la modalidad administrativa constituye modificación de estatutos, salvo en la SL, en que los estatutos sociales podrán establecer distintos modos de organizar la administración atribuyendo a la junta de socios la facultad de optar alternativamente por cualquiera de ellos, sin necesidad de modificación estatutaria (art. 210.3 LSC). Sin embargo, todo acuerdo que altere el modo de organizar la administración de la sociedad, constituya o no modificación de los estatutos sociales, se consignará en escritura pública y se inscribirá en el RM (art. 210.4 LSC).

2.2. La posición jurídica del administrador

2.2.1. Nombramiento y requisitos

Como regla general, el nombramiento de administradores corresponde a la junta general, que expresará el número concreto, si los estatutos se han limitado a prever un número máximo y mínimo (art. 211 LSC). Salvo disposición contraria de los estatutos, podrán ser nombrados suplentes de los administradores para el caso de que cesen por cualquier causa uno o varios de ellos. El nombramiento de los administradores surtirá efecto desde el momento de su aceptación. Deberá inscribirse en el RM, pero la inscripción no es constitutiva (arts. 214.3 y 215 LSC).

Para adquirir la condición de administrador no se precisa la condición de socio, salvo que los estatutos dispongan otra cosa (art. 212.2 LSC). Los administradores pueden ser personas físicas o jurídicas, siempre que no concurra en ellos alguna de las prohibiciones previstas en la LSC (art. 212.1, 212 bis y 213 LSC). En concreto, no pueden ser administradores los menores de edad no emancipados, los judicialmente incapacitados, las personas inhabilitadas conforme a la Ley Concursal mientras no haya concluido el período de inhabilitación fijado en la sentencia de calificación del concurso y los condenados por delitos contra la libertad, contra el patrimonio o contra el orden socioeconómico, contra la seguridad colectiva, contra la Administración de Justicia o por cualquier clase de falsedad, así como aquéllos que, por razón de su cargo, no puedan ejercer el comercio. Tampoco podrán ser administradores los funcionarios al servicio de la Administración pública con funciones a su cargo que se relacionen con las actividades propias de las sociedades de que se trate, los jueces o magistrados y las demás personas afectadas por una incompatibilidad legal. En caso de ser nombrado administrador una persona jurídica, será necesario que ésta designe a una sola persona natural para el ejercicio permanente de las funciones propias del cargo.

El cargo de administrador es gratuito, a menos que los estatutos sociales establezcan lo contrario determinando el sistema de retribución

2.2.2. Función y competencias. En particular la representación

A los administradores corresponde realizar todas aquellas actividades necesarias o convenientes, esto es, en relación instrumental, con la promoción del objeto y fin social tanto, desde la perspectiva interna (gestión), como desde la externa (representación) (art. 209 LSC). Si la actividad se realiza en el marco de la organización de la sociedad sin que sobrepase la esfera interna, es administración (gestión) y se encomienda de manera compartida al órgano de administración y a la junta general. Si la actividad tiene transcendencia externa, de forma que comprenda relaciones jurídicas entre la sociedad y los terceros, es representación. En este caso, se atribuye de manera exclusiva y excluyente al órgano de administración (art. 233.1 LSC) y, además, según el catálogo de modalidades previstas con carácter tasado en la LSC. En el caso de administrador único, el poder de representación corresponderá necesariamente a éste. En caso de varios administradores solidarios, corresponde a cada administrador, sin perjuicio de las disposiciones estatutarias o de los acuerdos de la junta sobre distribución de facultades, que tendrán un alcance meramente interno. En el caso de administradores conjuntos, si se trata de SA, se ejercerá mancomunadamente por los dos. En la SL, si hubiera más de dos, se ejercerá mancomunadamente al menos por dos de ellos en la forma determinada en los estatutos. En el caso de consejo de administración, el poder de representación corresponde al propio consejo, que actuará colegiadamente. No obstante, los estatutos podrán atribuir el poder de representación a uno o varios miembros del consejo a título individual o conjunto. Cuando el consejo, mediante el acuerdo de delegación, nombre una comisión ejecutiva o uno o varios consejeros delegados, se indicará el régimen de su actuación (art. 233.2 LSC).

En lo atinente a la extensión y contenido del poder de gestión y representación, destaca, en especial, la rígida configuración de este último, frente a la ausencia de un tratamiento concreto de las facultades de gestión, que deja en gran medida al arbitrio de los estatutos su enumeración, amplitud y atribución. En efecto, con carácter de *ius cogens* la representación se extenderá a todos los actos comprendidos en el objeto social delimitado en los estatutos. Cualquier limitación de las facultades representativas de los administradores, aunque se halle inscrita en el RM, será ineficaz frente a terceros. Además, la sociedad quedará obligada frente a terceros que hayan obrado de buena fe y sin culpa grave, aun cuando se desprenda de los estatutos inscritos en el RM que el acto no está comprendido en el objeto social (art. 234LSC).

2.2.3. Deberes

Sobre los administradores pesan los deberes de diligencia y lealtad. El deber de diligencia obliga al administrador a poseer las aptitudes y conocimientos exigidos objetivamente por la función atribuida, de acuerdo con el tipo de relación considerada. Y a comportarse como lo harían los empresarios normalmente prudentes en circunstancias análogas, adoptando decisiones razonables, tanto desde el punto de vista del *iter* de su adopción, como desde una perspectiva material. Se trata de un deber genérico (art. 225.1 LSC) que se manifiesta en otros de índole concreta, estén o no especificados en la Ley. La LSC únicamente se refiere al deber de informarse diligentemente (art. 225.2 LSC), pero, en la medida en que se trata de un deber de informarse adecuadamente, que exige cerciorarse de la suficiencia y de la fiabilidad de la información, se incluyen en él igualmente el deber de vigilar, el de investigar, el de elegir adecuadamente e instruir y el deber de intervenir. Todos ellos expresan el contenido del deber de adoptar decisiones razonables desde el punto de vista del *iter* de su adopción. Así como a subordinar, en todo caso, su interés particular al interés de la empresa.

El deber de lealtad admite dos formulaciones de diverso signo, pero no excluyentes, sino complementarias, entre sí (art. 227 LSC). Por un lado, impone la obligación de orientar la gestión hacia la promoción del interés social. Por otro, la de perseguir este con preferencia a cualesquiera otros, lo que justifica suficientemente el hecho de que engendre ante todo un deber de anteponer el interés social al propio o al de terceros en caso de conflicto entre ambos y, por ende, la prohibición de obtener ventajas propias a costa del sacrificio de la sociedad. Su carácter de cláusula general permite afirmar que constituye elemento modulador de los derechos y obligaciones contractuales, esto es, pauta de actuación en la promoción de los intereses ajenos, pero también fundamento de nuevos deberes, estén o no especificados. La LSC se refiere a algunos de ellos, distinguiendo entre los relativos a las situaciones en las que se advierte un conflicto de interés permanente o continuado de aquellos otros que se aplican en situaciones de conflictos de índole ocasional o esporádica. Del primer tipo es el deber de no competencia (art. 230 LSC). De la segunda clase son el deber de no utilizar en beneficio propio la posición que se ostenta al frente de la sociedad (art. 227 LSC), el de no aprovechar las oportunidades de negocio de ella (art. 228 LSC), la prohibición de realizar transacciones con la sociedad (art. 220 LSC) y el deber de secreto (art. 232 LSC). Por otra parte, la LSC instituye un deber de comunicación del conflicto y una obligación de abstención (art. 229 LSC).

2.2.4. *Terminación en el cargo*

La duración del cargo, que debe ser igual para todos los administradores, ha de estar establecida en los estatutos. En el caso de SA no podrá exceder de seis años, pero cabe la relección por períodos de igual duración máxima. En la SL, los administradores ejercerán su cargo por tiempo indefinido, salvo que los estatutos establezcan un plazo determinado, en cuyo caso podrán ser relegidos (art. 221 LSC).

2.2.5. *Responsabilidad*

Desde un punto de vista subjetivo, la responsabilidad de administradores compete a los administradores de derecho y a los de hecho. Administrador de hecho es quien, en la realidad del tráfico, desempeña sin título —o con un título nulo o extinguido— las funciones encomendadas legalmente a los administradores. Desde un punto de vista objetivo, se trata de una responsabilidad orgánica en cuanto a su estructura y contenido, por cuanto se circunscribe al conjunto de competencias inherentes al cargo legalmente diseñado por la LSC; por este motivo es una responsabilidad personal, pues son las personas miembros del órgano de administración quienes asumen el ejercicio de dichas competencias.

Y además, es de carácter eminentemente civil, esto es, indemnizatoria de daños. Es una responsabilidad civil porque sus presupuestos son los típicos de esta en la legislación común. Requiere, en efecto, la existencia de un daño en relación causal con una determinada conducta —acción u omisión— antijurídica, que sea imputable al administrador. La conducta comprende los actos contrarios a la ley, a los estatutos y los realizados incumpliendo los deberes inherentes al desempeño del cargo (art. 236.1 LSC). La imputabilidad se determina en atención a la concurrencia de dolo o culpa. Pero existe una presunción de culpa que provoca una inversión de la carga de la prueba en relación con este presupuesto. En consecuencia, quien ejercite la acción de responsabilidad deberá probar el daño ocasionado al patrimonio considerado y su conexión causal con la conducta de los miembros del órgano de administración, pero no la culpa de los administradores, que solo podrán exonerarse cuando prueben que, no habiendo intervenido en la adopción y ejecución del acto lesivo, desconocían su existencia o, conociéndola, hicieron todo lo conveniente para evitar el daño o, al menos, se opusieron expresamente a aquél (art. 237 LSC). Cuando el órgano no sea unipersonal todos los administradores responderán solidariamente en estos términos (art. 237 LSC).

Considerando el patrimonio que haya recibido el daño se distinguen dos tipos de acciones. La acción social que exige que el daño sea ocasionado directamente al patrimonio social. Y la acción individual, en que el daño es causado directamente en los patrimonios individuales de socios o terceros. Ha de tratarse de daños directos, no basta el daño reflejo o colateral derivado del ocasionado al patrimonio social. En atención a ello el régimen jurídico de ambas acciones difiere en materia de legitimación activa para entablarlas.

2.3. El Consejo de Administración

2.3.1. Composición, nombramiento y funcionamiento. Impugnación de acuerdos

El consejo de administración está formado por un mínimo de tres miembros. Y en la SL por un máximo de doce. El número concreto, o bien el máximo y el mínimo, se fijará los estatutos. En este último caso corresponde a la junta de socios la determinación del número concreto de sus componentes (art. 242 LSC). Como regla general, la designación de sus miembros es competencia de la junta de socios.

El consejo de administración es un órgano colegiado de administración, de modo que sus decisiones se adoptan por mayoría, lo que exige la sujeción a un régimen de funcionamiento que comprende la convocatoria y constitución del órgano, así como el modo de deliberar y adoptar acuerdos por mayoría. Este régimen, así como su organización, se establecerá necesariamente en los estatutos, tratándose de SL. En la SA, cuando los estatutos no dispongan otra cosa, podrá ser determinado por el propio consejo de administración (art. 245 LSC). En ambos casos, no obstante, la LSC prevé ciertas normas sobre esos extremos. En particular acerca de la convocatoria, la constitución y la adopción de acuerdos (arts. 246 a 248 LSC).

2.3.2. La delegación de funciones. Consejeros delegados y Comisiones ejecutivas. El director general

La delegación es una autorización concedida a un miembro del propio consejo para ejercitar competencias del órgano de administración. Cuando se trata de un extraño no hay delegación, sino apoderamiento. La delegación puede afectar a alguna o al conjunto de las competencias delegables. Son delegables todas las competencias menos la rendición de cuentas de la gestión social, la presentación de balances a la junta general y las facultades que ésta conceda al consejo, salvo que fuese expresamente autorizado por ella (art. 249.2 LSC). En la rendición de cuentas han de estimarse incluidos los deberes de supervisión y control que competen al consejo sobre la gestión encomendada a los delegados, por lo que, a grandes rasgos, solo es delegable la gestión diaria de la sociedad. Sin embargo, la delegación no priva al consejo de las competencias delegadas, que ejercita de manera concurrente con los delegados, aunque cambia el título de la responsabilidad, que es exigible por culpa *in vigilando* e *in eligendo* en el ámbito delegado.

La delegación se puede conceder con carácter esporádico o permanente. En este caso podrán nombrarse uno o varios consejeros delegados, cuyo régimen de actuación debe ser especificado, o una comisión ejecutiva, que estará integrada por un número mínimo de tres miembros. El nombramiento de los delegados es competencia del propio consejo, salvo que los estatutos dispongan otra cosa (art. 249.1 LSC). Finalmente cabe destacar que el Director General se encarga de la gestión ordinaria de la sociedad como pueden hacerlo los delegados, pero su estatuto jurídico es distinto ya que, en ningún caso, ostenta la condición de administrador. Es un mero apoderado voluntario al que le resultan de aplicación las normas previstas en el Ccom sobre el factor.

II. MODIFICACIÓN DE ESTATUTOS

1. Caracterización y régimen general

La modificación de estatutos consiste en cualquier alteración de los mismos. Es competencia de la junta general, salvo las excepciones expresamente previstas en la LSC (arts. 285 y 297 LSC). Debido a la trascendencia del acuerdo, su proceso de adopción está sujeto a reglas especiales en materia de convocatoria, mayorías para su adopción y publicidad. El acuerdo de modificación de estatutos se hará constar en escritura pública que se inscribirá en el RM. El registrador mercantil remitirá de oficio, de forma telemática y sin coste adicional alguno, el acuerdo inscrito para su publicación en el BORME (art. 290.1 LSC).

2. Aumento de capital social

2.1. Cuestiones generales

Dado que el capital social es una mención estatutaria, el aumento de capital está sometido a las normas generales previstas para la modificación de estatutos. Además, deben cumplirse otros requisitos adicionales previstos de forma específica para estos acuerdos, que varían en atención a la clase de aumento (art. 296.1 LSC).

Las distintas modalidades de aumento de capital pueden combinarse entre sí en cada caso concreto. Dichas modalidades se clasifican en atención a los criterios recogidos en el epígrafe siguiente.

2.2. Modalidades del aumento

2.2.1. Aumento mediante elevación del valor nominal de las acciones/ participaciones y a través de la creación de nuevas acciones/ participaciones

En función de su incidencia sobre el número de acciones/ participaciones, el aumento de capital puede llevarse a cabo a través de la creación de nuevas acciones/ participaciones o mediante la elevación del valor nominal de las ya existentes. En este último caso será preciso el consentimiento de todos los socios, ya que no pueden ser obligados a efectuar nuevas aportaciones. Por ese motivo no es preciso tal consentimiento cuando el aumento se haga íntegramente con cargo a beneficios o reservas que ya figurasen en el último balance aprobado (art. 296.2 LSC).. Por otro lado, es lícita la creación de participaciones sociales y la emisión de acciones con prima. La prima deberá satisfacerse íntegramente en el momento de la asunción de las nuevas participaciones sociales o de la suscripción de las nuevas acciones (art. 298 LSC).

La peculiaridad más relevante del aumento de capital mediante emisión de nuevas acciones o participaciones es el derecho de preferencia. Consiste este en el derecho que ostenta cada socio de asumir un número de participaciones sociales, o de suscribir un número de acciones, proporcional al valor nominal de las que posea en los aumentos de capital social con emisión de nuevas participaciones sociales o de nuevas acciones, ordinarias o privilegiadas, con cargo a aportaciones dinerarias (art. 304.1 LSC). Su finalidad es evitar la disminución de poder político y la dilución relativa del valor de las acciones/ participaciones poseídas, que puede provocar el aumento al reducirse su valor real por el hecho de que las reservas deben imputarse también a las nuevas.

El derecho ha de ser ejercitado en el plazo previsto en la LSC (art. 305 y 503 LSC). Transcurrido este sin que se haya conseguido la suscripción/ asunción íntegra del aumento se admite un derecho de preferencia de segundo grado, denominado así por cuanto permite ofrecer las acciones/ participaciones no suscritas/asumidas a los socios que hayan ejercitado su derecho preferente y, en su caso, a terceros. Este régimen se aplica en la SL, salvo que los estatutos digan otra cosa (art. 307 LSC). En la SA puede preverse en el propio acuerdo de aumento.

El derecho es transmisible libremente, salvo en la SL, en que la cesión está sujeta a las condiciones fijadas por la LSC. En concreto, podrá efectuarse a favor de las personas que, conforme a la LSC o a los estatutos de la sociedad, puedan adquirir libremente las participaciones sociales. Los estatutos podrán reconocer, además, la posibilidad de la transmisión de este derecho a otras personas, sometiéndola al mismo sistema y condiciones previstos para la transmisión "inter vivos" de las participaciones sociales, con modificación, en su caso, de los plazos establecidos en dicho sistema (art. 306 LSC).

Por otro lado, la LSC excluye este derecho cuando el aumento del capital se deba a la absorción de otra sociedad o de todo o parte del patrimonio escindido de otra sociedad o a la conversión de obligaciones en acciones (art. 304 LSC). Asimismo permite que sea suprimido, total o parcialmente, por la junta general al decidir el aumento del capital cuando lo exija el interés de la sociedad, con sujeción a una serie de condiciones (arts. 308, 504 y 505 LSC).

2.2.2. Aumento efectivo y aumento nominal

En atención al contravalor, el aumento puede ser real o efectivo o nominal. En el primero el contravalor consiste en nuevas aportaciones dinerarias o no dinerarias al patrimonio social, incluida la aportación de créditos contra la sociedad.En el segundo, en la transformación de reservas o beneficios que ya figuraban endicho patrimonio.

En caso de aumento real o efectivo deben cumplirse las reglas legales sobre desembolso, íntegro en la SL, y el mínimo del 25% de cada acción en la SA (art. 296.3 LSC). Asimismo, se aplican en esta sede las normas que protegen la realidad y correcta valoración de las aportaciones, que estudiamos en la constitución. Junto a ellas, la LSC dicta normas adicionales según la clase específica de contravalor: I) si este consiste en aportaciones dinerarias en la SA, será requisito previo, salvo para las entidades aseguradoras, el total desembolso de las acciones anteriormente emitidas. No obstante, podrá realizarse el aumento si existe una cantidad pendiente de desembolso que no exceda del tres por ciento del capital social (art. 299 LSC); II) cuando el contravalor del aumento consista en aportaciones no dinerarias, será preciso que, al tiempo de la convocatoria de la junta, se ponga a disposición de los socios un informe de los administradores cuyo contenido está predeterminado en la LSC. En el anuncio de convocatoria se hará constar el derecho que corresponde a todos los socios de examinar el informe en el domicilio social, así como pedir su entrega o envío gratuito (art. 300 LSC); III) cuando el aumento se realice por compensación de créditos se aplican las mismas reglas que en el desembolso ordinario. De modo que, en la SL, los créditos habrán de ser totalmente líquidos y exigibles. En la SA, al menos un 25 % de ellos deberán ser líquidos, estar vencidos y ser exigibles y el vencimiento de los restantes no podrá ser superior a cinco años.

Por otra parte, al tiempo de la convocatoria de la junta general se pondrá a disposición de los socios en el domicilio social un informe del órgano de administración cuyo contenido está predeterminado en la LSC. A este informe se añade en la SA una certificación del auditor de cuentas de la sociedad que acre dite que, una vez verificada la contabilidad social, resultan exactos los datos ofrecidos por los administradores sobre los créditos a compensar.

El segundo tipo de aumento es el nominal. El aumento nominal solo podrá hacerse con cargo a reservas disponibles, a reservas por prima de asunción de participaciones o de emisión de acciones y a la reserva legal en su totalidad, si la sociedad fuera SL, o en la parte que exceda del 10 % del capital ya aumentado, si la sociedad fuera SA. A la operación deberá servir de base un balance aprobado por la junta general referido a una fecha comprendida dentro de los seis meses inmediatamente anteriores al acuerdo de aumento del capital, verificado por el auditor de cuentas de la sociedad, o por un auditor nombrado por el RM a solicitud de los administradores, si la sociedad no estuviera obligada a verificación contable (art. 303 LSC).

2.2.3. Aumento acordado por la junta y por el órgano de administración. El capital autorizado

En atención al órgano competente para acordar el aumento, este puede ser la junta general o el órgano de administración. Esta última posibilidad, denominada capital autorizado, solo está prevista para la SA. Consiste en la delegación que efectúa la junta a los administradores para que estos acuerden, en una o varias veces, el aumento del capital social hasta una cifra determinada, en la oportunidad y en la cuantía que ellos decidan, sin previa consulta a la junta general. Estos aumentos no podrán ser superiores en ningún caso a la mitad del capital de la sociedad en el momento de la autorización y deberán realizarse mediante aportaciones dinerarias dentro del plazo máximo de cinco años a contar desde el acuerdo de la junta.

Se distinguen, por ello, de los casos en que no se delega la facultad de decidir el aumento, sino simplemente la de ejecutar un aumento ya acordado en su cifra por la junta general, señalando su fecha y las condiciones del mismo no previstas en el acuerdo de la junta. El plazo para el ejercicio de esta facultad delegada no podrá exceder de un año, excepto en el caso de conversión de obligaciones en acciones. En ambos supuestos el acuerdo de delegación debe adoptarse con los requisitos establecidos para la modificación de los estatutos sociales, quedando facultados los administradores para dar nueva redacción al artículo de los estatutos sociales relativo al capital social, una vez acordado y ejecutado el aumento, por el simple hecho de la delegación (art. 297 LSC).

2.3. El acuerdo de aumento y su ejecución

Acordado el aumento, debe ser ejecutado mediante la suscripción y el desembolso correspondiente de todas las acciones/ participaciones. Una vez ejecutado el acuerdo de aumento de capital social, los administradores deberán dar nueva redacción a los estatutos sociales a fin de recoger en los mismos la nueva cifra de capital social, a cuyo efecto se entenderán facultados por el acuerdo de aumento (art. 313 LSC). La ejecución se documentará en escritura pública cuyo contenido está especificado en la LSC (art. 314 LSC).

2.4. Inscripción

El acuerdo de aumento del capital social y su ejecución deberán inscribirse simultáneamente en el RM (art. 315.1 LSC).

Como excepción aplicable a la SA, el acuerdo podrá inscribirse en el RM antes de la ejecución cuando en él se hubiera previsto expresamente la suscripción incompleta y, cumulativamente, la emisión de las nuevas acciones hubiera sido autorizada o verificada por la CNMV (art. 315.2 LSC).

3. Reducción de capital

3.1. Cuestiones generales

La reducción de capital consiste en la disminución de la cifra de capital que conste en los estatutos. La reducción del capital social habrá de acordarse en todo caso por la junta general con los requisitos de la modificación de estatutos. El acuerdo expresará como mínimo, la cifra de reducción del capital, la finalidad de la reducción, el procedimiento mediante el cual la sociedad ha de llevarlo a cabo, el plazo de ejecución y la suma que haya de abonarse, en su caso, a los socios (art. 318 LSC). Si se trata de SA, deberá ser publicado en el BORME y en la página web de la sociedad o, en el caso de que no exista, en un periódico de gran circulación en la provincia en que la sociedad tenga su domicilio (art. 319 LSC).

3.2. Modalidades de la reducción

En atención a la finalidad de la reducción se distingue la reducción del capital que pretende el restablecimiento del equilibrio entre el capital y el patrimonio neto de la sociedad disminuido por consecuencia de pérdidas, la que tiene por objeto la constitución o el incremento de la reserva legal o de las reservas voluntarias y, finalmente, la que persigue la devolución del valor de las aportaciones. En las SA, la reducción del capital puede tener también por finalidad la condonación de la obligación de realizar las aportaciones pendientes (art. 317.1 LSC). En atención a la manera de realizarla, la reducción podrá efectuarse mediante la disminución del valor nominal de las participaciones o acciones, su amortización o su agrupación (art. 317 LSC).

3.3. Reducción por pérdidas

Es una reducción llamada contable o nominal por cuanto su finalidad es restablecer el equilibrio entre el capital y el patrimonio neto de la sociedad, disminuido por consecuencia de pérdidas, de modo que no se produce ninguna variación económica real en la sociedad (art. 320 LSC). A consecuencia de ello, está sometida a los siguientes requisitos objetivos: i) se prohíbe que dé lugar a rembolsos a los socios o, en la SA, a la condonación de la obligación de realizar las aportaciones pendientes (art. 321 LSC); ii) no podrá utilizarse si la SL cuenta con cualquier clase de reservas o la SA dispone de reservas voluntarias o cuando la reserva legal, una vez efectuada la reducción, exceda del 10 % del capital (art. 322 LSC). Asimismo, para que la sociedad pueda repartir dividendos una vez reducido el capital será preciso que la reserva legal alcance el 10% del nuevo capital (art. 326 LSC).

Al objeto de garantizar el cumplimiento de estos requisitos, el balance que sirva de base a la operación de reducción del capital por pérdidas deberá referirse a una fecha comprendida dentro de los seis meses inmediatamente anteriores al acuerdo y estar aprobado por la junta general, previa verificación por el auditor de cuentas de la sociedad.

En cuanto a sus requisitos subjetivos, ha de atenderse al principio de paridad de trato. Conforme a él la reducción deberá afectar por igual a todas las par ticipaciones sociales o a todas las acciones, en proporción a su valor nominal, pero respetando los privilegios que a estos efectos hubieran podido otorgarse en la ley o en los estatutos para determinadas participaciones sociales o para determinadas clases de acciones (art. 320 LSC). Por último, cabe indicar que la reducción por pérdidas puede ser voluntaria u obligatoria. En la SA tendrá carácter obligatorio cuando las pérdidas hayan disminuido su patrimonio neto por debajo de las dos terceras partes de la cifra del capital y hubiere transcurrido un ejercicio social sin haberse recuperado el patrimonio neto (art. 327 LSC).

3.4. Reducción para dotar la reserva legal

En esta modalidad de reducción rigen las mismas reglas que en la anterior, salvo la necesidad de respetar el principio de paridad de trato y la prohibición deque sirva de cauce para efectuar devoluciones de aportaciones a los socios, segúnpreviene la LSC (art. 328 LSC). La prohibición no se estima aplicable porque no cabe pensar que pueda originarse esa situación. Sin embargo, la exclusión de lanecesidad de respetar el principio de paridad de trato debe estimarse un error deremisión puesto que este principio resulta, en todo caso, de aplicación general(arg. *ex.* art. 97 LSC).

3.5. Reducción para la devolución del valor de las aportaciones. La tutela de socios y acreedores

Caracterización

Es una reducción real o efectiva del patrimonio, motivo por el que la LSC arbitra medidas para proteger a los socios que no se benefician de ella y,sobre todo, a los acreedores que ven disminuida la garantía que significa aquel.

3.5.1. La tutela de los socios

Para la tutela de los socios se exigen dos requisitos: i) cuando el acuerdo de reducción con devolución del valor de las aportaciones no afecte por igual a todas las participaciones o a todas las acciones de la sociedad, será preciso, en la SL, el consentimiento individual de los titulares de esas participaciones y, en la SA, el acuerdo separado de la mayoría de los accionistas interesados (art. 329 y 293 LSC); y, ii) que la devolución del valor de las aportaciones a los socios se haga a prorrata del valor desembolsado de las respectivas participaciones sociales o acciones, salvo que, por unanimidad, se acuerde otro sistema (arts. 330 y 333.5 LSC).

3.5.2. La tutela de los acreedores

La protección de los acreedores se arbitra de distinta forma según se trate de SL o de SA. En la SL se instituye en primer término la responsabilidad de los socios a quienes se hubiera restituido el valor de sus aportaciones. Se trata de una responsabilidad solidaria, entre sí y con la sociedad, que abarca las deudas sociales contraídas con anterioridad a la fecha en que la reducción fuera oponible a terceros, pero solo hasta el límite del importe de lo percibido en concepto de restitución de la aportación social. La responsabilidadprescribirá a los cinco años a contar desde la fecha en que la reducción fuese oponible a terceros (art. 331 LSC).

Esta responsabilidad puede obviarse en dos casos:

I) cuando, al acordarse la reducción, se dote una reserva con cargo a beneficios o reservas libres por un importe igual al percibido por los socios en concepto de restitución de la aportación social. La reserva será indisponible hasta que transcurran cinco años a contar desde la publicación de la reducción en el BORME, salvo que, antes del vencimiento de dicho plazo, hubieren sido satisfechas todas las deudas sociales contraídas con anterioridad a la fecha en que la reducción fuera oponible a terceros (art. 332 LSC);

II) cuando se consigne un derecho estatutario de oposición de los acreedores. En esta hipótesis, los estatutos establecerán que ningún acuerdo de reducción del capital que implique restitución de sus aportaciones a los socios pueda llevarse a efecto sin que transcurra un plazo de tres meses a contar desde la fecha en que se haya notificado a los acreedores. Durante dicho plazo, los acreedores ordinarios podrán oponerse a la ejecución del acuerdo de reducción, si sus créditos no son satisfechos o la sociedad no presta garantía. Será nula toda restitución que se realice antes de transcurrir el plazo de tres meses o a pesar de la oposición entablada, en tiempo y forma, por cualquier acreedor (art. 333 LSC).

En la SA la tutela de los acreedores se arbitra mediante la atribución legal de un derecho de oposición. El derecho de oponerse a la reducción se concede a todos los acreedores cuyos créditos hayan nacido antes de la fecha del último anuncio del acuerdo de reducción del capital, no hayan vencido en ese momento y no estén suficientemente garantizados (art. 334 LSC). El derecho pretende la tutela de los acreedores ante la devolución de aportaciones a los socios por lo que no se tiene ante reducciones meramente contables, por pérdidas o para constituir o incrementar la reserva legal. Tampoco se atribuye cuando la reducción se realice con cargo a beneficios o a reservas libres o por vía de amortización de acciones adquiridas por la sociedad a título gratuito ya que, en estos casos, se impone la constitución de otra reserva, denominada reserva por capital amortizado, de la que solo será posible disponer con los mismos requisitos exigidos para la reducción del capital social (art. 335 LSC), lo que significa que, al igual que la reserva legal, se integra por recursos propios de disponibilidad restringida. Esta medida se justifica en que, si bien en estas hipótesis no se da una devolución de aportaciones directas a los socios, en realidad la situación es parecida, porque se libera esa parte del patrimonio correspondiente al valor nominal de las acciones/ participaciones amortizadas de la garantía que supone para los acreedores estar integradas en la cifra de capital. De esta forma el valor de los beneficios obtenidos y no repartidos se puede distribuir como pago de las acciones canceladas con la amortización. Este peligro se neutraliza con la obligación de constituir la reserva aludida.

El derecho de oposición habrá de ejercitarse en el plazo de un mes a contar desde la fecha del último anuncio del acuerdo (art. 336 LSC). Y tiene como consecuencia el que la reducción no pueda llevarse a efecto hasta que la sociedad preste garantía a satisfacción del acreedor o notifique a dicho acreedor la prestación de fianza solidaria en favor de la sociedad por una entidad de crédito debidamente habilitada para prestarla por la cuantía del crédito de que fuera titular el acreedor y hasta tanto no prescriba la acción para exigir su cumplimiento (art. 337 LSC).

3.6. Reducción mediante adquisición de participaciones o acciones propias para su amortización

Este supuesto constituye un procedimiento de adquisición de acciones o participaciones, más que un procedimiento de reducción. Por eso la LSC presta especial atención al principio de paridad entre socios. En aplicación del mismo, cuando la reducción del capital se realice mediante la adquisición de participaciones o de acciones de la sociedad para su posterior amortización, deberá ofrecerse la adquisición a todos los socios. Además, si la reducción afecta solamente a una clase de acciones, deberá adoptarse con el acuerdo separado de la mayoría de las acciones pertenecientes a la clase afectada (arts. 338 y 293 LSC).

Las participaciones adquiridas por la sociedad deberán ser amortizadas en el plazo de tres años a contar desde la fecha del ofrecimiento de la adquisición. Las acciones adquiridas por la sociedad deberán ser amortizadas dentro del mes siguiente a la terminación del plazo de la oferta de adquisición (art. 342 LSC).

4. Reducción y aumento de capital simultáneos

Conocida en la práctica con la denominación de operación acordeón, este procedimiento combina un acuerdo de reducción del capital social a cero, o por debajo de la cifra mínima legal, con la adopción simultánea de un aumento de capital hasta una cantidad igual o superior a la mencionada cifra mínima. Como es lógico, en la operación acordeón la eficacia del acuerdo de reducción quedará condicionada a la ejecución del acuerdo de aumento de capital y la inscripción de aquel en el RM no podrá practicarse a no ser que, simultáneamente, se presente a inscripción el acuerdo de aumento de capital y su ejecución (arts. 344 y 345 LSC). Además, habrá de respetarse en todo caso el derecho de asunción o de suscripción preferente de los socios (art. 343 LSC), ya que las pérdidas pueden ser reversibles y porque, de otro modo, se estaría ante una exclusión encubierta. Esta clase de reducción solo es posible en este caso y en los supuestos de transformación de la sociedad en un tipo que no exija esa cifra mínima legal. De optarse por esta alternativa la inscripción del acuerdo de reducción y de transformación en el RM habrán de ser simultáneos (art. 345 LSC).

CONTRATOS MERCANTILES

Lección 13

Contratos. Teoría general

SUMARIO: I. EL CONTRATO MERCANTIL. 1. Concepto. 2. Disciplina aplicable. II. CARACTERÍSTICAS DEL RÉGIMEN GENERAL DE LOS CONTRATOS MERCANTILES. 1. La perfección. 1.1. Caracterización. 1.2. La oferta. 1.3. La aceptación. 1.4. Contratación entre ausentes. 2. La forma. 3. La prueba. 4. La interpretación. 5. El cumplimiento. III. FORMAS ESPECIALES DE CONTRATACIÓN MERCANTIL. 1. Condiciones generales de la contratación. 2. Contratación a distancia. 3. Contratación electrónica. 4. Contratación automática. Contratación fuera de establecimiento mercantil. 6. Contratación con consumidores. 6.1. Caracterización y carácter mercantil. 6.2. Normativa aplicable.

I. EL CONTRATO MERCANTIL

1. Concepto

El contrato mercantil es el celebrado por un empresario en el ejercicio de su actividad profesional. Esta característica resume el criterio de distinción entre el Derecho Mercantil de los contratos y el Derecho Civil, concebido, por ello, como Derecho general o común aplicable a las relaciones económicas en que ninguna de las partes goce de la consideración de empresario. Aunque es preciso reconocer que esta máxima no está formulada legalmente con la precisión que debiera.

2. Disciplina aplicable

Los contratos mercantiles se rigen por lo dispuesto en el Ccom o en las leyes especiales y, solo de forma subsidiaria, por el Cciv (art. 50 Ccom). Si bien en esta materia el Ccom incurre en un alto grado de obsolescencia.

II. CARACTERÍSTICAS DEL RÉGIMEN GENERAL DE LOS CONTRATOS MERCANTILES

En lo atinente a la doctrina general de la contratación mercantil cabe destacar como especialidades más relevantes las relativas a la perfección, la forma, la prueba, la interpretación y el cumplimiento.

1. La perfección

1.1. Caracterización

Salvo disposición contraria de la Ley, los contratos mercantiles se perfeccionan, modifican y extinguen por el mero consentimiento, que se traduce en el concurso de la oferta y la aceptación sobre la cosa y la causa que han de constituirlo. Esto es, en la aceptación de una oferta. Por otra parte, el Ccom contiene una previsión específica para el caso de que intervenga un mediador, disponiendo que el contrato quedará perfeccionado cuando los contratantes hubieren aceptado su propuesta (art. 55 Ccom).

1.2. La oferta

En primer término, hay que distinguir entre la verdadera oferta que, aceptada, da lugar a la perfección del contrato, y la simple invitación al público para que este efectúe su oferta. La distinción tiene trascendencia sobre todo cuando el empresario acude a la publicidad o a otros medios de promoción para ofrecer al público sus productos. Como regla general, estos actos no pueden considerarse oferta en sentido propio, sino solo invitaciones a hacer ofertas, debido a que no suelen ser lo suficientemente precisos como para incluir todos los elementos esenciales del contrato al que se refieren, ni es usual que expresen la intención del oferente de quedar obligado en caso de aceptación. En consecuencia, la declaración de voluntad del destinatario no perfecciona el contrato. Lo mismo cabe decir del envío de catálogos, folletos o instrumentos promocionales similares. Como regla general se trata de simples invitaciones a hacer ofertas, salvo que otra cosa se disponga en la legislación sobre protección de los consumidores.

En segundo lugar, cabe referirse al valor de la oferta. Como norma carece de eficacia vinculante, de modo que el ofertante puede retirarla en cualquier momento anterior a la aceptación de la contraparte. No obstante, la oferta pública de venta o la exposición de artículos en establecimientos comerciales constituye a su titular en la obligación de proceder a su venta (art. 9 LOCM), de modo que adquiere carácter vinculante. Quedan, no obstante, exceptuados de esta obligación los objetos sobre los que se advierta, expresamente, que no se encuentran a la venta o que, claramente, formen parte de la instalación o decorado (art. 9 LOCM). Previsiones semejantes sobre el valor de la oferta se encuentran también en otros textos legales, como en la legislación sobre crédito al consumo (art. 8 LCC).

Los comerciantes no podrán limitar la cantidad de artículos que pueden ser adquiridos por cada comprador ni establecer precios más elevados o suprimir reducciones o incentivos para las compras que superen un determinado volumen, salvo de forma excepcional, cuando existan circunstancias extraordinarias o de fuerza mayor que lo justifiquen. En todo caso, esas medidas deberán estar justificadas y proporcionales para impedir el desabastecimiento y garantizar el acceso de los consumidores en condiciones equitativas (art. 9 LOCM).

Por último, es importante destacar el valor que se asigna a las declaraciones publicitarias para formar el contenido del contrato. En particular, en los contratos con consumidores, el contenido de la promoción o publicidad, serán exigibles por estos, aun cuando no figuren expresamente en el contrato y deberán tenerse en cuenta en la determinación del principio de conformidad con el contrato, salvo que el contrato celebrado contuviese cláusulas más beneficiosas (art. 61 TRLCU).

1.3. La aceptación

Existe aceptación de la oferta en el momento en que el destinatario de la misma realice algún acto que suponga asentimiento al contenido de la misma. El asentimiento ha de ser completo de modo que no introduzca términos adicionales o diferentes a los ofertados que los alteren sustancialmente. Puede ser expreso o tácito, por derivar de actos positivos concluyentes delaceptante. Sin embargo, el mero silencio o la inactividad no suponen aceptación.

1.4. Contratación entre ausentes

Perfeccionándose el contrato por el consentimiento, hay que determinar en qué momento se concurre en caso de que las partes no se hallen en el mismo lugar,esto es, cuando se contrata entre ausentes. El Ccom opta por el sistema del conocimiento, considerando, por tanto, que hay consentimiento desde que el oferente conoce la aceptación o desde que, habiéndosela remitido el aceptante, no pueda ignorarla sin faltar a la buena fe (art. 54 Ccom). La norma se completa con una previsión en torno al lugar de celebración. Conforme a ella el contrato se presume celebrado en el lugar en que se hizo la oferta (art. 54 Ccom).

2. *La forma*

En relación con la forma, rige en el ámbito mercantil el mismo principio que en el Derecho común de modo que no se precisa una forma especial para la validez del contrato (art. 51 Ccom). Aunque el art. 52 Ccom declare que los contratos que, con arreglo al Ccom o a las Leyes especiales, deban elevarse a escritura o requieran formas o solemnidades necesarias para su eficacia, no producirán obligación ni acción en juicio, la prescripción debe interpretarse de conformidad con lo previsto en los arts. 1279 y 1280 Cciv, por lo que la forma solo se exigirá como condición de validez cuando la Ley sancione su ausencia con nulidad de forma expresa.

3. *La prueba*

Respecto de la prueba, el Ccom establece dos normas relativas a la declaración de testigos y a la correspondencia telegráfica que han de estimarse derogadas por la LEC (art. 51 Ccom). Hay que tener en cuenta, sin embargo, el valor probatorio otorgado a los libros y documentos contables. El art. 31 Ccom no lo aclara ya que se limita a disponer que tal extremo será apreciado por los Tribunales conforme a las reglas generales del Derecho, por lo que hay una obligatoria remisión a la regulación de la prueba contenida en la LEC. No obstante, hay que distinguir un aspecto formal, que hace referencia al documento que es el libro, y un aspecto sustancial, relativo a los asientos que constituyen su contenido. Formalmente el libro contable es un mero documento privado ya que no está autorizado por Notario o funcionario público competente (art. 317 LEC). Sin embargo, desde el punto de vista sustancial el asiento es una declaración de conocimiento dotada de cierta especificidad frente a otras, puesto que se emite conforme a ciertas reglas, las contables, que obligan a mostrar la imagen fiel de la empresa. Por este motivo tal vez pueda estimarse que contienen una presunción de veracidad, que, no obstante, puede ser destruida por otros medios de prueba.

Tal presunción de veracidad se referiría, en principio, sólo a hechos materiales de carácter patrimonial, de conformidad con la opinión, hoy generalizada, que entiende privados de sustancia jurídica a los asientos contables, en tanto las operaciones jurídicas de las que derivan no son objeto de anotación en los libros. Sin embargo, no es inconveniente aceptar que el alcance probatorio del asiento depende en última instancia de cómo esté redactado y, por consiguiente, de la información que suministre sobre los negocios jurídicos, ya que es cierto que estos no son objeto de anotación contable, pero el asiento recoge el contenido de las prestaciones que las partes efectúan en su ejecución, por lo que es posible que proporcionen algún dato jurídicamente relevante de ellos. Por otro lado, es oportuno precisar que la trascripción de esas declaraciones de conocimiento sobre la realidad económica de la empresa en un conjunto de cuentas no es algo puramente aritmético, cuyo valor pueda reducirse a constituir un mero reflejo de esa realidad. Por el contrario, en ocasiones, la Ley atribuye consecuencias jurídicas específicas a la anotación misma, distintas de las que derivan del hecho inscrito. Como ejemplo de esta orientación puede mencionarse el saldo positivo de la Cuenta de Pérdidas y Ganancias, que es imprescindible para proceder al reparto o capitalización de los beneficios.

Es conveniente también aludir a la factura. Se trata de un documento privado en el que se describen las mercancías o los servicios prestados, especificándose su importe. Aunque el Ccom no contiene normas sobre su valor, se trata de un documento de trascendencia en el ámbito mercantil al que la jurisprudencia ha atribuido cierto valor probatorio de las mercancías o servicios prestados, estimando, en ocasiones, que cumple la función de requerimiento de pago por el acreedor. Este aspecto ha sido constatado por el art. 4 LMO. Se reconoce asimismo que la factura prueba el pago cuando está en posesión del deudor con el recibí, o declaración análoga, del acreedor.

4. La interpretación

En materia de interpretación, la regla principal es que los contratos han de interpretarse de buena fe concebida en sentido objetivo, atribuyendo a las cláusulas contractuales el sentido que tienen en la vida del tráfico, y teniendo en cuenta la finalidad económica perseguida por las partes (art. 57 Ccom). Si se originan dudas que no puedan resolverse aplicando las normas legales y los usos de comercio, se decidirá la cuestión a favor del deudor (art. 59 Ccom). Si el contrato contiene condiciones generales, las dudas se resolverán a favor del adherente (art. 6 LCG). De intervenir un consumidor, la interpretación y la integración se efectuarán en beneficio del mismo (art. 65 TRLCU).

5. El cumplimiento

Sobre el cumplimiento del contrato, el Ccom alude a la cláusula penal, concibiendo la pena como una valoración objetiva de la indemnización de daños y perjuicios, realizada *a priori*. Dispone que en el contrato mercantil en que se fijare pena de indemnización contra el que no lo cumpliere, la parte perjudicada podrá exigir el cumplimiento del contrato o la pena prescrita; pero, utilizando una de estas dos acciones, quedará extinguida la otra, a no mediar pacto en contrario (art. 56 Ccom). Supone, pues, una alternativa para el acreedor, que puede optar entre exigir el cumplimiento del contrato o la pena, pero no para el deudor, que no puede liberarse de su obligación pagando la pena. No difiere en esencia de la regulación civil, que resulta de aplicación subsidiaria (arts. 1152 a 1155 Cciv).

IV. FORMAS ESPECIALES DE CONTRATACIÓN MERCANTIL

1. Condiciones generales de la contratación

Se consideran condiciones generales de la contratación aquellas cláusulas que, habiendo sido redactadas con la finalidad de pasar a formar parte de una pluralidad de contratos, se incorporan al contrato por imposición de una de las partes (art. 1.1 LCGC). A consecuencia de ello, la ordinaria determinación bilateral del contenido del contrato es sustituida por la adhesión al clausulado unilateralmente predeterminado por la parte económicamente más fuerte, que lo impone en su contratación en serie. Constituyen, por tanto, un instrumento de la contratación mercantil en serie por lo que su utilización es típica de las grandes empresas, en especial de las bancarias y de seguros, de las de suministro, energía y de medios de comunicación, a quienes reportan evidentes ventajas en orden a la agilidad de la contratación. De ahí que se plasmen en los denominados contratos de adhesión o contratos tipo.

Ninguna de estas circunstancias autoriza, sin embargo, a estimar que constituyan fuente autónoma del Derecho Mercantil. Su fuerza de obligar deriva en exclusiva del contrato, sin perjuicio de que, a través de una práctica generalizada, puedan terminar constituyendo un uso y de que, en ocasiones, sean impuestas por el Estado, derivando entonces su fuerza de obligar de la disposición legal en la que se contengan. La LCGC constata esta orientación al disponer que no resulta de aplicación a aquellos contratos en los que las condiciones generales vengan determinadas por una disposición legal o administrativa de carácter general y de aplicación obligatoria para los contratantes (art. 4 LCGC). Por eso mismo son obvios los riesgos que las condiciones generales de la contratación encierran para el adherente. Ciertamente, como advierte la EM LCGC, las cláusulas que merezcan esta consideración no tiene por qué ser abusivas, pero la especificidad de esta forma de contratar exige en cualquier caso su sumisión a normas y controles especiales. Estos controles se especifican en la LCGC.

2. Contratación a distancia

Por contrato a distancia se entiende el celebrado sin la presencia física simultánea de los contratantes, siempre que se concierte en el marco de un sistema organizado de venta o prestación de servicios a distancia y se hayan utilizado exclusivamente una o más técnicas de comunicación a distancia hasta el momento de la celebración del contrato y en la propia celebración del mismo. El concepto de sistema organizado de prestación de servicios o de venta a distancia incluye los sistemas ofrecidos por un tercero distinto del empresario pero utilizado por éste, como una plataforma en línea. No obstante, no cubre los casos en los que las páginas web ofrecen información solamente sobre el empresario, sus bienes o servicios y sus datos de contacto. Entre otras, tienen la consideración de técnicas de comunicación a distancia el correo postal, internet, el teléfono o el fax. Dicha definición abarca también las situaciones en las que el consumidor únicamente visita el establecimiento mercantil de la empresa con el propósito de recabar información sobre los bienes o los servicios y la negociación y celebración subsiguiente del contrato tienen lugar a distancia (arts. 92.1 TRLCU y 38 LOCM).

Los contratos a distancia están regulados en el TRLCU. Además, ha de tenerse en cuenta que, si la contratación a distancia es electrónica, se aplicará la normativa específica sobre servicios de la sociedad de la información y comercio electrónico (art. 94 TRLCU). Con todo, la disciplina sobre contratación a distancia que contiene el TRLCU no es aplicable a las relaciones expresamente mencionadas en el mismo (art. 93 TRLCU). Entre ellas destacan los contratos de servicios financieros, los relativos a los viajes combinados o los contratos de aprovechamiento por turno de bienes de uso turístico, que están sujetos a una disciplina específica. Finalmente conviene observar que la normativa sobre contratos a distancia no alcanza a todos los aspectos relativos a este tipo de relaciones. Comprende únicamente la regulación de deberes de información, precontractual y postcontractual, precisiones en torno al consentimiento en relación con envíos no solicitados, a la forma del contrato, el derecho de desistimiento y cuestiones relativas a la ejecución del mismo.

3. Contratación electrónica

Desde un punto de vista amplio, contrato electrónico es aquél cuya principal característica reside en que su perfeccionamiento se produce por medio de un sistema electrónico, por lo que quedarían comprendidos en su noción los contratos celebrados a través de vías como el teléfono, el fax, la televisión o el correo electrónico, etc... por señalar las más destacadas. Sin embargo, es pertinente inclinarse por una noción estricta del mismo. Conforme a ella, contrato electrónico es aquel que se perfecciona mediante el intercambio electrónico de datos de ordenador a ordenador, ya sea a través de las aplicaciones de internet, como máximo exponente de redes abiertas de telecomunicación, básicamente el correo electrónico o el *Word Wide Web*; ya sea a través del sistema EDI (*Electronic Data Interchange*), caracterizado porque su usose encuentra restringido a quienes están oportunamente habilitados.

En este contexto rige, en primer término, la LCE. Por otra parte, cuando estos contratos estén firmados electrónicamente se estará a lo establecido la Ley 59/2003, de 19 de diciembre, de firma electrónica. Adicionalmente, los contratos electrónicos se regirán por lo dispuesto en los Códigos Civil y de Comercio y por las restantes normas civiles o mercantiles sobre contratos, en especial, las normas de protección de los consumidores y usuarios y de ordenación de la actividad comercial (art. 23.1 LCE). Por consiguiente, si el adquirente del bien, o el receptor del servicio, es un consumidor resulta aplicable el TRLCU. En particular las normas sobre contratación a distancia (art. 92 TRLCU). Cuando la normativa incluida en ese ámbito entre en contradicción con la LCE, ésta será de aplicación preferente, salvo que se trate de previsiones relativas al contenido el modo en que debe proporcionarse la información precontractual, en que prevalecerán las disposiciones del TRLCU (arts. 94 y 97.7 TRLCU). Hay que tener en cuenta también que la comercialización a distancia de los servicios financieros destinados a los consumidores se rige por una Ley especial, la Ley 22/2007, de 11 de julio, sobre comercialización a distancia de servicios financieros destinados a los consumidores. En este ámbito se excluye la aplicación del TRLCU en materia de contratos a distancia [art. 93 d) TRLCU]. La normativa LCE comprende básicamente deberes de información precontractual, precisiones relativas a la oferta, a la aceptación, al consentimiento que perfecciona el contrato y a la forma de este.

4. Contratación automática

La contratación automática es un tipo especial de contratación entre ausentes. Consiste en la venta de bienes o en la prestación de servicios utilizando para ello máquinas habilitadas al efecto, mediante la puesta a disposición del consumidor de los mismos al objeto de que éste los adquiera mediante el accionamiento de cualquier tipo de mecanismo y previo pago de su importe (art. 49 LOCM). Está regulada en la LOCM, que consigna, como principales pautas de régimen jurídico, la necesidad de que consten en la máquina ciertas advertencias (art. 50 LOCM), que constituyen deberes de información; impone la obligación de que todas las máquinas deberán permitir la recuperación automática del importe introducido en el caso de no facilitarse el artículo solicitado (art. 51 LOCM) y establece la responsabilidad solidaria por el cumplimiento de las obligaciones anteriores del titular de la máquina y del titular local en que esté instalada, siempre que en el mismo se desarrolle una actividad privada (art. 52 LOCM).

5. Contratación fuera de establecimiento mercantil

Son contratos fuera de establecimiento mercantil los celebrados con la presencia física simultánea del empresario y del consumidor en un lugar distinto al establecimiento mercantil del primero. A estos efectos, el TRLCU utiliza una noción restringida de establecimiento en sentido estricto puesto que, si bien estima que comprende tanto las instalaciones inmuebles de carácter fijo y permanente, como toda instalación móvil en la que el empresario ejerce su actividad (como tiendas, puestos o camiones), exige que la actividad que se desarrolle en ellas sea de venta al por menor [art. 59 bis 1k d) TRLCU]. Si cumplen estas condiciones, los puestos de mercados y los stands de ferias se consideran también como establecimientos mercantiles. Asimismo, se considera un establecimiento mercantil la instalación de venta al por menor en la que el empresario ejerce su actividad de forma estacional, por ejemplo, durante la temporada turística en una estación de esquí o en una zona de playa, puesto que el empresario ejerce allí su actividad de forma habitual. Sin embargo, los espacios accesibles al público, como calles, centros comerciales, playas, instalaciones deportivas y transportes públicos, que el empresario utilice de forma excepcional para su actividad empresarial, así como los domicilios privados o lugares de trabajo, no se consideran establecimientos mercantiles.

El TRLCU incluye también en esta noción los contratos en los que el consumidor ha realizado una oferta en las mismas circunstancias que las enunciadas antes, los contratos celebrados en el establecimiento mercantil inmediatamente después de que haya existido contacto personal e individual con el consumidor en un lugar que no sea el establecimiento mercantil del empresario, con la presencia física simultánea del empresario y el consumidor y usuario y los contratos celebrados durante una excursión organizada por el empresario con el fin de promocionar y vender productos o servicios al consumidor (art. 92.2 TRLCU). No obstante, disciplina prevista para este tipo de contratos no se aplica a los pactos expresamente relacionados en el TRLCU (art. 93 TRLCU). De otro lado, el TRLCU regula conjuntamente los contratos celebrados a distancia y los contratos celebrados fuera de los establecimientos mercantiles; si bien, al respecto de estos incluye normas específicas relativas en particular a los requisitos formales y a la responsabilidad en materia de ejecución del contrato. Instaura a este respecto la responsabilidad solidaria del empresario por cuya cuenta se actúe y la del mandatario, comisionista o agente que hayan actuado en nombre propio.

6. Contratación con consumidores

6.1. Caracterización y carácter mercantil

Son contratos con consumidores los realizados entre un consumidor y un empresario (art. 59 TRLCU). A pesar de los esfuerzos armonizadores realizados a instancias de la Unión Europea la delimitación de la noción de consumidor no deja de plantear dificultades. Sirva como ejemplo el hecho de que en la legislación europea se circunscribe a las personas naturales que actúen con un propósito ajeno a su actividad comercial, empresarial, oficio o profesión; mientras que, en el Derecho español, se insiste en incluir también a las personas jurídicas y a las entidades sin personalidad jurídica que actúen sin ánimo de lucro en un ámbito ajeno a una actividad comercial o empresarial (art. 3 TRLCU).

En cualquier caso, la contratación con consumidores debe entenderse incluida en el ámbito del Derecho Mercantil considerando que, con fundamento en la doctrina de los actos mixtos, son mercantiles todos los contratos en los que intervenga un empresario en el ejercicio de su actividad empresarial. Esta apreciación viene siendo compartida por los últimos textos legislativos, ya sea porque se inclinan abiertamente por el carácter mercantil de los contratos que regulan; ya sea porque remiten, como normas de aplicación supletoria, a las disposiciones legales que regulan los contratos civiles y mercantiles (vid. arts. 19, y 142 TRLCU, por ejemplo). Esta circunstancia constata definitivamente el carácter mercantil de la disciplina ya que es evidente que la referencia a los contratos mercantiles solo tiene sentido si el contrato es mercantil, actuando el Derecho Civil como supletorio en aplicación del sistema de fuentes previsto en el art. 50 Ccom. Con ello, por otra parte, vuelve a confirmarse la constante evolución y adaptación del Derecho Mercantil a las necesidades del tráfico, en esta ocasión mediante la penetración de los intereses generales en la normativa que lo integra, en la que se incluyen las llamadas normas de protección material del consumidor como parte débil del contrato. Protección que se intensifica respecto de quienes a los efectos del TRLCU tienen la consideración de personas que consideradas de forma individual o colectiva, por sus características, necesidades o circunstancias personales, económicas, educativas o sociales, se encuentran, aunque sea territorial, sectorial o temporalmente, en una especial situación de subordinación, indefensión o desprotección que les impide el ejercicio de sus derechos como consumidores en condiciones de igualdad (art. 3.2. TRLCU).

En este marco de coherencia no puede dejar de sorprender la redacción que ha efectuado la Ley 3/2014, de 27 de marzo en el art. 59.2 TRLGCU. Con anterioridad disponía que "los contratos con consumidores y usuarios se regirán, en todo lo que no esté expresamente establecido en esta norma o en leyes especiales, *por las disposiciones legales que regulan los contratos civiles y mercantiles*". Ahora establece que "los contratos con consumidores y usuarios se regirán, en todo lo que no esté expresamente establecido en esta norma o en leyes especiales, por el derecho común aplicable a los contratos". Dado que, en el ámbito de la normativa sobre consumo, el legislador no suele ser especialmente preciso al utilizar las categorías jurídicas no se sabe si con la expresión "derecho común aplicable a los contratos" ha querido excluir el Derecho Mercantil o, simplemente, como parece más razonable, los derechos forales y la normativa autonómica.

6.2. Normativa aplicable

El hecho de que la contratación con consumidores deba entenderse incluida en el ámbito del Derecho Mercantil no empece en absoluto a que se apliquen las normas previstas en las distintas leyes que regulan ese fenómeno como parte asimismo del Derecho Mercantil. Es uno más de los hitos de ampliación de este sector normativo derivado de su particular permeabilidad para atender a las exigencias del tráfico económico. En este caso las que derivan de la necesidad de proteger a quienes se encuentran en una posición de desigualdad frente al que, por ostentar el poder económico, es capaz de imponer las condiciones contractuales.

No obstante, a pesar de que se nutre principalmente de reglas impuestas por el proceso de unificación arbitrado desde la Unión Europea, el conjunto normativo es singularmente heterogéneo y asistemático.

El texto básico es el TRLCU, que abarca los contratos celebrados entre consumidores o usuarios y un empresario. Además y fruto de la transposición de la Directiva 209/770, relativa a determinados aspectos de los contratos de suministro de contenidos y servicios digitales, también se aplicarán a los contratos en virtud de los cuales el empresario suministra o se compromete a suministrar contenidos o servicios digitales al consumidor o usuario y este facilita o se compromete a facilitar datos personales, salvo cuando los datos personales facilitados por el consumidor o usuario sean tratados exclusivamente por el empresario con el fin de suministrar los contenidos o servicios digitales objeto de un contrato de compraventa o de servicios o para permitir que el empresario cumpla los requisitos legales a los que está sujeto, y el empresario no trate esos datos para ningún otro fin.

El régimen jurídico contenido en el TRLCU comprende la tutela del consumidor en materia de información precontractual, la mayor parte de los aspectos relativos al proceso de formación del contrato y a su ejecución, el derecho de desistimiento y la disciplina de las cláusulas abusivas. Se considerarán cláusulas abusivas todas aquellas estipulaciones no negociadas individualmente y todas aquéllas prácticas no consentidas expresamente que, en contra de las exigencias de la buena fe causen, en perjuicio del consumidor y usuario, un desequilibrio importante de los derechos y obligaciones de las partes que se deriven del contrato. El TRLCU contiene una relación de cláusulas que se consideran abusivas (arts. 82.3 y 85 a 90 TRLCU). Las cláusulas abusivas serán nulas de pleno derecho y se tendrán por no puestas. A estos efectos, el Juez, previa audiencia de las partes, declarará la nulidad de las cláusulas abusivas incluidas en el contrato, el cual, no obstante, seguirá siendo obligatorio para las partes en los mismos términos, siempre que pueda subsistir sin dichas cláusulas (art. 83 TRLCU).

Lección 14

El contrato de compraventa y afines. Contratos de colaboración. Contratos de distribución

SUMARIO: I. EL CONTRATO DE COMPRAVENTA. 1. Concepto. 2. Perfección. Ventas al gusto y a ensayo o prueba. 3. El objeto. La venta sobre muestras. 4. El precio. 5. Contenido y cumplimiento. 5.1. Obligaciones del vendedor. 5.1.1. Obligación de entrega. 5.1.2. Obligación de saneamiento. 5.2. Obligaciones del comprador. 5.2.1. El pago del precio. 5.2.2. Obligación de recepción. 6. El riesgo. II. CONTRATOS AFINESA LA COMPRAVENTA. EN PARTICULAR EL SUMINISTRO. III. CONTRATOS DE COLABORACIÓN. 1. Comisión. 2.Contrato de mediación. 3. Contrato de agencia. IV. CONTRATOS DE DISTRIBUCIÓN. 1. Concepto y normativa aplicable. 2. Clases. 3. Contenido. 3.1. Obligaciones del distribuidor. Obligaciones del proveedor. 3.3. Las cláusulas de marca única y compra exclusiva. 4. Extinción. V.LA FRANQUICIA.

I. EL CONTRATO DE COMPRAVENTA

1. Concepto

Siguiendo la orientación general en materia de obligaciones y contratos, el Ccom no define la compraventa. Se limita a señalar las características diferenciales de la venta mercantil respecto de la que regula el Cciv. A pesar de los equívocos términos legales, la compraventa es mercantil cuando el vendedor es un empresario que actúa en el ejercicio de su actividad empresarial (arts. 325, 326 1°, 85 y 2 Ccom). No lo son las ventas que realicen de sus productos los agricultores, ganaderos y artesanos (art. 326, 2° y 3° Ccom). La compraventa mercantil está regulada en el Ccom. Ahora bien, cuando el comprador goce de la condición de consumidor se aplica con preferencia el TRLCU.

2. Perfección. Ventas al gusto y a ensayo o prueba

Conforme a la regla general que inspira nuestro Derecho de obligaciones, el contrato de compraventa mercantil tiene carácter consensual, es decir, se perfecciona por el mero consentimiento de ambas partes. Ahora bien, considerando este aspecto de la perfección del contrato destacan dos tipos de compraventa de carácter especial. Las ventas al gusto y las ventas a ensayo o prueba. Las primeras son ventas de mercancías que no se tienen a la vista ni pueden clasificarse por una calidad determinada y conocida en el comercio. En tal caso se entiende que son realizadas bajo la condición de la aprobación posterior del comprador (art. 328.1 Ccom). Esta condición, que puede pactarse expresamente por medio de la cláusula *salvo aprobación,* supone la facultad del comprador de dar por extinguido libremente el contrato si, examinada la mercancía, los géneros no le convienen. Las ventas a ensayo o prueba, se asemejan al supuesto anterior porque el comprador tiene la facultad de resolver el contrato, si, una vez, ensayado o probado, el género contratado no cumple las condiciones pactadas, o bien no satisface las necesidades del comprador (art. 328.2 Ccom). A diferencia, pues, de lo que ocurre en aquellas, en estas el comprador no es completamente libre de dar por extinguido el contrato. Sólo puede rechazar la mercancía si el ensayo no es satisfactorio, debiendo entenderse que corresponde al vendedor la prueba de que ha sido favorable.

Esta regla se mantiene en la contratación con consumidores. No obstante, en esa sede se precisa que se entregará recibo justificante, copia o documento acreditativo con las condiciones esenciales de la operación, incluidas las condiciones generales de la contratación, aceptadas y firmadas por el consumidor y usuario, cuando éstas sean utilizadas en la contratación (art. 63.1 TRLCU).

3. El objeto. La venta sobre muestras

Objeto del contrato de compraventa, o más precisamente, objeto de la prestación, objeto, a su vez, de la obligación que de él deriva son, según el art. 325 Ccom, las cosas muebles. Entre ellas han ocupado lugar destacado tradicionalmente las mercaderías, calificación que merecen aquellas cosas muebles adscritas al tráfico mercantil. En atención al objeto del contrato se distingue como un tipo especial de venta, la que versa sobre muestras o sobre objetos de calidad reconocida en el comercio (art. 327 Ccom). En estos casos, el comprador no podrá rehusar el recibo de los géneros contratados, si fueran conformes a las muestras o a la calidad prefijada en el contrato, de modo que, si los géneros son de recibo se estimará consumada la venta.

4. El precio

Aun constituyendo un elemento esencial del contrato de compraventa, el Ccom no contiene ninguna disposición particular sobre el precio, de modo que las cuestiones relativas a los requisitos que ha de reunir han de remitirse al Derecho civil. En lo que interesa aquí, hay que destacar que no es requisito de validez del precio su justicia, si, como antaño, se entiende por precio justo el que se corresponde con el valor real de la mercancía. Por el contrario, los precios serán libremente determinados por las partes y ofertados con carácter general, si bien de acuerdo con lo dispuesto en la legislación de defensa de la libre y leal competencia (arts. 13.1 LOCM y 17.1 LCD). Ahora bien, junto a las excepciones establecidas en leyes especiales, es importante tener en cuenta que el Gobierno, previa audiencia de los sectores afectados, podrá fijar los precios o los márgenes de comercialización de determinados productos, así como someter sus modificaciones a control o a previa autorización administrativa en los supuestos establecidos en la LOCM (art. 13.2 LOCM). Esta misma Ley regula un buen número de supuestos en atención al precio de los productos ofertados (arts. 14,15, 18 y ss. LOCM).

5. Contenido y cumplimiento

El contenido y los efectos del contrato derivan de la estructura dogmática del mismo. La compraventa es un contrato consensual, de carácter bilateral, recíproco y sinalagmático. El consentimiento despliega una eficacia meramente obligatoria. Por sí sólo, de él no resulta la transmisión de la propiedad de las mercancías, sino sólo obligaciones para ambas partes.

5.1. Obligaciones del vendedor

El vendedor asume las obligaciones fundamentales de entregar la cosa y procurar su saneamiento.

5.1.1. Obligación de entrega

La obligación de entrega compele al vendedor a poner la mercancía a disposición del comprador (arts. 337, 338 y 339 Ccom). Por consiguiente, se entiende cumplida cuando se efectúa dicha puesta a disposición de conformidad con las condiciones pactadas, en el momento y lugar especificados en el contrato. En cuanto al momento de la entrega, si el contrato no establece fecha o plazo determinado, el vendedor deberá tenerlas a disposición del comprador dentro de las veinticuatro horas siguientes al contrato (art. 337 Ccom).

En atención al lugar de la puesta a disposición se distingue entre la venta directa y la indirecta. La primera es aquella en que el vendedor pone a disposición o entrega la mercadería directamente al comprador o a su representante. Puede hacerlo en sus propios locales limitándose a esperar que el comprador se presente (venta en plaza), o en un lugar distinto, vgr. el establecimiento del comprador —ventas a la llegada—. Aquí el transporte de la mercancía constituye un acto necesario y preparatorio de la entrega que debe realizar el vendedor. La venta indirecta o de plaza a plaza, también denominada venta con expedición o venta a la salida, se caracteriza porque en el contrato se contempla el transporte de las mercaderías, de modo que el vendedor solo se obliga a enviar o remitir aquellas, iniciando la operación de transporte, pero sin asumir los riesgos de este. En estas ventas la entrega se entenderá realizada, salvo pacto en contrario, cuando el vendedor ponga las mercaderías en poder del primer porteador, produciéndose la transmisión del riesgo al comprador en ese mismo momento. Su actuación queda circunscrita a la entrega de la cosa al tercero independiente, que se coloca en la posición jurídica de transportista o porteador, que es quien, a su vez, asume la obligación de puesta a disposición al comprador cuando la mercadería llega al lugar de destino.

El incumplimiento de la obligación de entrega por parte del vendedor autoriza al comprador a utilizar los remedios generales previstos en la legislación común, esto es, instar la resolución del contrato o su cumplimiento forzoso (arts. 1124 Cciv). Sin embargo, como especialidad relevante, se admite el recurso a la denominada *compra de reemplazo.* Doctrina y jurisprudencia vienen aceptando la posibilidad de que el comprador de buena fe compre a un tercero a precio corriente de mercado mercancía de igual cantidad y calidad a la que debía haberle sido entregada, reclamando al vendedor la diferencia que haya tenido que abonar por ella.

En el caso de compraventa con consumidores, se entiende por entrega la transmisión de la posesión material o del control al consumidor (art. 66 bis 1 TRLCU). En cuanto al momento de la entrega, si el contrato no establece fecha o plazo determinado, el vendedor deberá efectuarla en un plazo máximo de 30 días naturales a partir de la celebración del contrato (art. 66 bis 1 TRLCU). Si el empresario no cumple su obligación de entrega, el consumidor lo emplazará para que cumpla en un plazo adicional adecuado a las circunstancias. Si el empresario no hace entrega de los bienes en dicho plazo adicional, el consumidor tendrá derecho a resolver el contrato. Salvo que el plazo de entrega sea esencial, en cuyo caso la resolución procede sin necesidad de emplazamiento previo (art. 66 bis 2TRLCU).

De otro lado, el TRLCU modifica los contornos de la obligación de entrega. Asume los postulados del sistema anglosajón del *common law*, que resultan más claros, objetivos, precisos y coherentes con las necesidades del tráfico mercantil, así como con el régimen general del incumplimiento. La existencia de vicios o defectos en ellos constituye un incumplimiento de su obligación de entregar la cosa vendida, que se imputa al vendedor de forma objetiva, salvo que exista un impedimento imprevisible.

En ese contexto, instituye como primera obligación del vendedor la de entregar bienes cuya cantidad, calidad y tipo, así como su envase o embalaje, sean conformes a los estipulados en el contrato. La referencia al tipo de bien permite entender que la entrega de una cosa diferente de la pactada constituye un supuesto más de falta de conformidad. El incumplimiento faculta al comprador para ejercitar los derechos y acciones enumerados en el TRLCU, que comprenden el cumplimiento, la reducción del precio y la resolución del contrato, en el bien entendido de que el cumplimiento comprende la reparación de los bienes o su sustitución por otros conformes con el contrato (arts. 114, 116 a 127 TRLCU).

5.1.2. Obligación de saneamiento

Esta obligación compele al vendedor a procurar al comprador la posesión legal y pacífica de la cosa vendida y a responder frente a él de los vicios o defectos que tuviera la cosa (arts. 345 Ccom, 1474 Cciv). El incumplimiento de la primera obligación se produce en los supuestos de evicción. Esta tiene lugar cuando se prive al comprador de todo o parte de la cosa vendida en virtud de un derecho anterior a la compra declarado en sentencia firme. Su régimen jurídico carece de especialidades mercantiles por lo que se rige en su integridad por el Cciv (arts. 1475 a 1483 Cciv).

La obligación de saneamiento por vicios y defectos comprende los vicios propiamente dichos y los defectos de calidad y cantidad. Aunque en la práctica sea en muchas ocasiones sumamente difícil precisar cuándo se está en uno u otro supuesto, teóricamente se dice que hay vicio cuando la cosa entregada es idéntica a la pactada, pero tiene alteraciones anormales, y que hay defecto de calidad cuando la cosa entregada no es idéntica a la pactada en relación con las cualidades atribuidas a la misma. No obstante, también se estima que el vicio comprende el ámbito jurídico, esto es, derechos o pretensiones de terceros sobre el bien, distintos del derecho de propiedad. A su vez, estos supuestos de prestaciones defectuosas han de distinguirse de aquellos en que la prestación es diversa, pues en tal caso lo que hay, en puridad, es un incumplimiento total del contrato por inejecución de la obligación de entrega, que autoriza la aplicación de la normativa civil sobre incumplimiento contractual (arts. 1101, 1103 y 1124 Cciv). Sucede eso cuando los vicios o defectos sean de tal entidad que no haya posibilidad racional de identificar la cosa entregada con la contratada, ya que contiene elementos diametralmente opuestos a la misma, cuando sea por completo inhábil para el destino previsto o, a consecuencia de los defectos, se haga de todo punto imposible su aprovechamiento por el comprador, hasta el punto de frustrar el objeto del contrato.

La disciplina prevista por el Ccom para los vicios y defectos de calidad y cantidad introduce desviaciones respecto de la civil que se justifican en la finalidad básica de proteger al empresario (vendedor) ante reclamaciones tardías que se consideran incompatibles con la agilidad, rapidez y seguridad esenciales al tráfico mercantil. En concreto impone la ejecución del derecho y del deber de examen y denuncia por parte del comprador en los breves plazos previstos en la Ley, perdiendo en otro caso la posibilidad de actuar contra el vendedor por tal motivo. Los últimos varían según se trate de defectos aparentes o externos y ocultos o internos (art. 336 Ccom). Los efectos de la denuncia, en caso de vicios aparentes, consisten en que el comprador conserva su acción para reclamar contra el vendedor, pudiendo optar entre exigir la resolución del contrato, o su cumplimiento con arreglo a lo pactado y, siempre, con la indemnización de los perjuicios que se le hubiesen causado por los defectos o vicios (art. 336.3 Ccom). El Ccom, sin embargo, no señala plazo para el ejercicio de estas acciones, por lo que se estima que rige el art. 1490 Cciv, que prevé un plazo de seis meses a contar desde la entrega. En el supuesto de vicios ocultos, la doctrina estima que resulta de aplicación el art. 1486 Cciv, de modo que el comprador podrá optar entre desistir del contrato abonándosele los gastos que pagó o rebajar una cantidad proporcional del precio. La jurisprudencia, al contrario, se inclina por aplicar aquí también el art. 336.3 Ccom.

La obligación de saneamiento en lo que respecta a los vicios y defectos de cantidad y calidad desaparece en las ventas a consumidores, subsumida en la obligación de entrega conforme (arts. 114, 116 a 127TRLCU).

5.2. Obligaciones del comprador

5.2.1. El pago del precio

Como en toda compraventa la de pagar el precio es la obligación principal del comprador. Ha de cumplirse en el tiempo y lugar fijados por el contrato y, en su defecto, (art. 1500 Cciv) cuando, puestas las mercaderías vendidas a disposición del comprador, se dé este por satisfecho o se depositen judicialmente ante el rechazo o demora en la recepción sin justa causa (arts. 332 y 339 Ccom). Ahora bien, si nada se conviene, ha de estimarse aplicable el art. 62 Ccom. Esto significa que, si bien el vendedor ha de tener las mercaderías a disposición del comprador dentro de las veinticuatro horas siguientes a la conclusión del contrato, el comprador goza de diez días para pagar y retirar las mercaderías.

5.2.2. Obligación de recepción

La segunda obligación del comprador es la de recibir la cosa. Si bien el Ccom no menciona expresamente la recepción de las mercaderías como una de las obligaciones del comprador, su existencia deriva de forma implícita del art. 332 Ccom en tanto autoriza al vendedor a optar entre pedir el cumplimiento o la rescisión del contrato cuando el comprador rehúse sin justa causa el recibo de las mercancías. En defecto de pacto en contrario, la recepción ha de hacerse en cuanto la mercancía se halle a disposición del comprador en el establecimiento del vendedor. Dispone para ello de un plazo de diez días (arg. ex art. 62 Ccom). Si transcurrido ese plazo, el comprador no se presenta, el vendedor puede depositar judicialmente las mercaderías. Si se presenta pero rehúsa injustificadamente la recepción, el vendedor podrá resolver el contrato o solicitar su cumplimiento, debiendo depositar judicialmente las mercancías de optar por este último (art. 332 Ccom). Puede ocurrir también que se presente y se dé por satisfecho de las mercancías, pero no las retire. Entonces ha de constituirse el depósito extrajudicial de las mismas. Si bien, a fin de armonizar los arts. 332 y 339 Ccom es conveniente admitir que el vendedor puede también depositarlas judicialmente.

6. El riesgo

Por riesgo, en sentido técnico-jurídico, y aplicada la noción al contrato de compraventa, ha de entenderse la situación que surge cuando entre la perfección del contrato y su ejecución o cumplimiento, la cosa vendida perece o se deteriora por caso fortuito. Dada la hipótesis hay que decidir cuál de las dos partes ha de sufrir las consecuencias del hecho dañoso fortuito. Si es el vendedor tendrá que entregar otra cosa que sustituya a la que se perdió o deterioró. De lo contrario perderá el derecho al precio, de forma que, si ha recibido parte de él, tendrá que devolverlo al comprador (art. 335 Ccom). Si es el comprador tendrá que pagar el precio sin recibir la cosa o recibiéndola deteriorada. Pues bien, en la compraventa mercantil el riesgo pasa al comprador con la puesta a disposición (art. 333 Ccom). En las ventas directas, con la puesta a disposición al comprador. En las indirectas, conla puesta a disposición del transportista.

En materia de ventas a consumidores el TRLCU enuncia una regla parcialmente distinta. Dispone que cuando el empresario envíe al consumidor los bienes comprados, el riesgo de pérdida o deterioro de éstos se transmitirá al consumidor cuando él o un tercero por él indicado, distinto del transportista, haya adquirido su posesión material. No obstante, en caso de que sea el consumidor el que encargue el transporte de los bienes o el transportista elegido no estuviera entre los propuestos por el empresario, el riesgo se transmitirá al consumidor con la entrega de los bienes al transportista, sin perjuicio de sus derechos frente a éste (art. 66 ter TRLCU).

II. CONTRATOS AFINES A LA COMPRAVENTA. EN PARTICULAR EL SUMINISTRO

El suministro puede ser definido como aquel convenio mediante el que suministrador se obliga a realizar prestaciones periódicas o continuadas de los bienes objeto del contrato a favor del suministrado, y este último a pagar el precio. El suministro carece de tipicidad legal en el ámbito del Derecho Privado. Ello no obstante sus trazos caracterizadores se hallan perfectamente delimitados, dada la enorme difusión del mismo. En concreto se estima que su naturaleza jurídica es afín a la de la compraventa. Comparte con ella el que, en ambos casos, se está ante contratos únicos. Sin embargo, en la compraventa hay siempre una única obligación y prestación, aunque se haya pactado la ejecución de la del vendedor en entregas repartidas a lo largo del tiempo, pues en tal caso es solo la ejecución la que se fracciona dividiéndose en partes. Por el contrario, en el suministro aparecen varias prestaciones autónomas correspondientes a una pluralidad de obligaciones. Por otro lado, el suministro es, a diferencia de la compraventa, un contrato de duración.

Mediante el mismo el suministrado pretende asegurarse la entrega de ciertas cosas con carácter periódico o continuado en el tiempo, sin tener que realizar varios convenios, y, puede que también el suministrador quiera garantizar la venta de sus mercancías de la misma manera. En cualquier caso, su finalidad es previsora. En consideración a todo ello, su régimen jurídico es básicamente el de la compraventa, salvo aquellas prescripciones de esta que resulten incompatibles con la peculiar naturaleza del suministro. En esencia, todas las que sean inconciliables con su carácter de contrato de duración y con la existencia de una pluralidad de prestaciones.

III. CONTRATOS DE COLABORACIÓN

1. Comisión

La comisión es un típico contrato de colaboración, que pertenece al grupo de los denominados contratos de gestión, en el que se incluyen también el mandato, la agencia o la mediación. Se trata de contratos cuyo objeto consiste en la promoción y/ o estipulación de negocios jurídicos en interés de otros. En todos ellos se efectúa una composición de intereses de carácter jurídico-privado, que los separa de otras fórmulas cuyo objeto es idéntico, pero en las que la composición de intereses es de naturaleza jurídico-laboral. Es el caso de los representantes de comercio o viajantes, factores y otros auxiliares del empresario.

En concreto, la comisión se define como un mandato de naturaleza mercantil, que adquiere esta consideración en atención a la concurrencia de dos elementos. Un elemento subjetivo, a cuyo tenor el comitente o el comisionista han de ser empresarios, y un elemento objetivo, en virtud del cual se reputa mercantil el mandato cuando tenga carácter empresarial el negocio de ejecución o gestión objeto del contrato (244 CCom). La operación de comercio no se restringe, como en otros ordenamientos, a la compraventa, sino que se configura con una amplitud tal que ampara cualquier actividad, siempre que sea jurídica y no meramente instrumental. La relación que efectúa el Ccom, es pues, ejemplificativa, si bien no puede dejar de advertirse que la mayoría de sus normas están pensadas para el supuesto tradicionalmente típico que ha de realizar el comisionista, la compra o venta de mercancías. Este contrato está regulado en el Ccom (arts. 244 a 280 Ccom).

El comisionista actúa, necesariamente, por cuenta del comitente, pero puede desempeñar la comisión contratando en nombre propio o en el del comitente (art. 245 Ccom). En el primer supuesto existe una representación voluntaria indirecta, que deriva de un apoderamiento superpuesto a la comisión conferido por el comitente. Este puede ser expreso y previo, pero cabe también la ratificación posterior del negocio realizado por el comisionista, bien de forma expresa o mediante hechos concluyentes (art. 247 Ccom).

En cualquier caso, si el comisionista actúa en nombre del comitente deberá manifestarlo al contratar e identificar al comitente. Conforme a los principios reguladores de la representación, en tal hipótesis, el contrato de ejecución de la comisión y las acciones derivadas del mismo producirán efecto entre el comitente y la persona o personas que contrataren con el comisionista, quedando estos directamente vinculados con el primero (art. 247 Ccom). De modo que tal efecto no puede considerarse como uno propio de la comisión, sino del contrato realizado en ejecución de ella.

Lo habitual en el desenvolvimiento histórico de la figura ha sido, sin embargo, que el comisionista actúe en nombre propio, esto es, con una representación voluntaria indirecta, de modo que queda directamente obligado con el tercero como si el negocio fuera propio de aquel. A consecuencia de ello los derechos y obligaciones y las correspondientes acciones se dan entre el comisionista y el tercero, quedando el comitente fuera de la esfera obligacional (art. 246 Ccom).

2. *Contrato de mediación*

El contrato de mediación o corretaje pertenece, igual que la comisión, al grupo de los denominados contratos de gestión de intereses ajenos de carácter jurídico privado y específicamente mercantil. En este caso en razón de la condición profesional de empresario del mediador. Igual que la comisión se trata, además, de un contrato de tracto instantáneo, supuesto que el mediador o corredor asume la tarea de promover contratos aislados. A diferencia del comisionista, sin embargo, no actúa por cuenta del cliente, sino que se limita a acercar a las partes facilitando así la conclusión del convenio. Es posible definirlo por ello como aquel contrato en cuya virtud una de las partes se obliga, a cambio de una remuneración, a promover o facilitar la celebración de un determinado contrato entre la otra parte y un tercero, que se compromete a buscar con ese objeto.

Si bien alguna de sus modalidades se halla regulada, el contrato de mediación es, en general, un contrato legalmente atípico. En razón de ello, y dada su naturaleza, a falta de pacto expreso, su régimen jurídico deberá integrarse en primer lugar, por las normas del contrato de comisión en virtud de la analogía, esto es, cuando no resulten incompatibles con la caracterización de la mediación; en segundo lugar por las del mandato civil y, por fin, por los usos mercantiles a que alude el art. 2 Ccom. Sólo si se trata de usos interpretativos puede alterarse este orden situándolos al principio de esta relación (arg. *ex* arts. 50, 57 Ccom, 1287 y 1258 Cciv). A esta dificultad se une, igual que ocurre con la comisión, la existencia de una gran imprecisión terminológica que, en muchas ocasiones, dificulta la correcta calificación del pacto. Así son verdaderos mediadores o corredores los agentes de la propiedad inmobiliaria, los corredores de seguros y pueden actuar como tales los agentes de publicidad.

3. Contrato de agencia

Mediante el contrato de agencia, un empresario, denominado agente, se obliga frente a otro, denominado principal, de forma continuada y estable, a promover actos u operaciones de comercio por cuenta ajena o a promoverlos y concluirlos por cuenta y en nombre ajenos, a cambio de una remuneración, sin asumir, salvo pacto en contrario, el riesgo y ventura de tales operaciones (art. 1 LCA). Los contornos atribuidos al contrato de agencia permiten afirmar que comprende cualquier actividad orientada a promover la conclusión de toda clase de actos u operaciones mercantiles. Por consiguiente, el contrato puede servir de cauce negocial no sólo para la distribución directa de productos, sino también para el desarrollo de cualquier clase de actividad promocional, tanto en los mercados de los productos ascendentes (compras), como en los de la prestación de servicios (transportes, bancarios, seguros...).

Ahora bien, ha de señalarse que la terminología empleada en el tráfico y, a veces, también en las propias normas jurídicas, no siempre coincide con las notas que definen este negocio de gestión. Existe, en efecto, una tendencia a denominar agencia a negocios que no participan de las características propias de aquella y viceversa. Esta precisión es importante porque la agencia está regulada de manera omnicomprensiva por la LCA. Esta Ley disciplina cualquier modalidad del contrato de agencia, en defecto de norma que le sea expresamente aplicable (art. 3 LCA, que excluye, no obstante, a los agentes que actúen en mercados secundarios oficiales o reglamentados de valores).

De manera que hay que actuar con prudencia aplicando su regulación a las distintas figuras que en la práctica existen sólo cuando se adviertan en las mismas las notas identificativas señaladas del contrato de agencia. Este es el caso, por ejemplo, de los agentes comerciales, o el de los agentes de seguros, cuya normativa específica remite, en defecto de pacto, a las normas generales del contrato de agencia (art. 10.3 de la Ley 16/2006 de 17 de julio de mediación de seguros y reaseguros privados). Pero, por ejemplo, no son, agentes, las agencias de viaje. Su distinción de contratos afines es, con ese objeto, imprescindible para conseguir una caracterización certera del pacto. Como la comisión y la mediación, es un contrato de gestión de intereses ajenos. Se distingue de la mediación en que el agente actúa siempre por cuenta de la persona cuyos intereses promueve. A su vez, se diferencia de la comisión en que, en su actividad de conclusión de contratos, el agente actúa siempre en nombre del empresario principal, mientras que el comisionista puede, y es lo normal, hacerlo en nombre propio. Y tanto de una como de otra en razón de su duración, ya que la agencia es un contrato de tracto sucesivo en virtud del cual se establece entre las partes una relación jurídica de carácter continuado y estable (arts. 1 y 23LCA).

El hecho de que la gestión haya de ser desempeñada por un sujeto que tenga la condición de empresario, diferencia la agencia del mandato; y esto mismo, así como el que tal tarea se asuma bajo una composición de intereses de carácter jurídico-privado, la distingue de otras modalidades de promoción de intereses ajenos que tienen lugar a través de una integración de intereses de carácter jurídico-laboral. Sustancialmente, de los viajantes o representantes de comercio. Los datos relevantes para la acotación de la agencia mercantil y su distinción de los representantes de comercio son la autonomía organizativa de la actividad, que excluye la sumisión del agente al poder directivo de la contraparte, y la asunción de los costes y el riesgo empresarial de su actividad de promoción, así como el formal ejercicio personal de la actividad externa. Por encima de la eventual asunción del riesgo y ventura de las operaciones promovidas y de la existencia y la entidad o complejidad de una organización de medios personales y materiales meramente interna.

En consecuencia, a pesar de que el agente es un colaborador del empresario principal, se trata de un colaborador independiente, que, adquiere, a su vez, la condición de empresario, a diferencia de los representantes y viajantes, cuya relación con el empresario principal es de carácter laboral. Estas consideraciones no pueden, sin embargo,oscurecer la frecuencia con que se aprecia en la práctica la inferioridad económica del agente por cuanto la realización de ese interés propio se haya condicionada materialmente a la voluntad del empresario principal, titular de los bienes y servicios cuya promoción lleva a cabo el agente, que se convierte así en un instrumento de la creación y aumento de la clientela para los productos y servicios de su empresario principal. De ahí que en la LCA se perciba un afán de tutela del agente.

IV. CONTRATOS DE DISTRIBUCIÓN

1. Concepto y normativa aplicable

Los contratos de distribución pueden definirse como aquellos cuyo objeto es establecer las condiciones en las que una de las partes, denominada distribuidor, se obliga a adquirir de otra, denominada proveedor, bienes o servicios para comercializarlos de manera duradera y estable. Comprenden tanto los contratos celebrados por proveedores con mayoristas o minoristas, como los concertados por mayoristas con minoristas.

Es usual también que la comercialización de los productos se realice por el distribuidor bajo las directrices y supervisión del proveedor, que es quien determina la forma de comercialización de los productos o su presentación. Y que se produzca su integración económica en la red comercial que el proveedor suele formar con otros distribuidores para la comercialización de los productos o servicios del primero. Por estos motivos son contratos que suelen incluir la cesión de derechos inmateriales sobre la propiedad intelectual, como marcas, y derechos próximos, como secretos comerciales o, al menos, la distribución de productos o servicios de marca. A consecuencia de ello, ha de admitirse que la fisonomía de este tipo de convenios se modifica y, con ello, la estricta naturaleza de contrato de cambio propia de la simple compraventa desaparece. En estas hipótesis, en efecto, el interés de las partes no es tanto vender/ comprar el producto en cuestión. El *vendedor*, convertido en proveedor, quiere que sus productos lleguen al consumidor a través del *comprador*, que es ahora un distribuidor. Este a su vez, no pretende tanto comprar, sino integrarse en una red que le permita *vender*. Aparecen de este modo las notas de duración y colaboración características de los contratos de distribución en sentido amplio, que los separa de las compraventas.

Por otra parte, la diferencia básica entre ellos y el contrato de agencia radica en el distinto objeto de ambos, que, en la agencia, es la promoción de operaciones comerciales por cuenta ajena, y en la distribución es la compra y la venta para comercializar. El distribuidor actúa siempre en nombre propio como empresario independiente comercializando unos bienes que, por haberlos adquirido previamente, son de su propiedad. De modo que en la actividad de conclusión de contratos actúa en nombre y por cuenta propios, asumiendo el riesgo de las operaciones que realiza. Por el contrario, el agente solo puede actuar en nombre propio cuando promueva (y no concluya) operaciones de comercio. Adicionalmente, mientras el agente recibe generalmente una comisión, el concesionario se lucra con el beneficio de la reventa sin recibir, en principio, ninguna remuneración del empresario principal.

En definitiva, en los contratos de distribución el proveedor y el distribuidor conservan en todo momento su autonomía jurídica, por lo que son los únicos titulares frente a terceros de los derechos y obligaciones derivados de las relaciones que con ellos mantengan. Por este motivo, el distribuidor está obligado a indicar en la documentación mercantil que expida, en los rótulos o logotipos que utilice y en la publicidad que realice, su condición de empresario independiente. Si bien, procurando no desvirtuar la identidad de la red en la que está integrado. Ahora bien, no puede negarse que el distribuidor soporta la obligación de someterse a la aplicación de los métodos comerciales impuestos por el proveedor, lo que le resta independencia económica, haciendo de él, en ocasiones, la parte débil de contrato, necesitada, por tanto, de cierta protección, en especial en el momento de la terminación del contrato. Esta circunstancia permite apreciar ciertas analogías con algunos aspectos del contrato de agencia. Con él comparte, además, el carácter de contrato mercantil bilateral o esencial, en razón de la condición de empresario de que gozan ambas partes. Asimismo, ambos son contratos de duración y de colaboración, puesto que, según lo dicho, aunque el proveedor vende al distribuidor, su objetivo último no es este, sino que aquel comercialice los productos o servicios, objeto del contrato.

Los contratos de distribución carecen de regulación legal en el ordenamiento español, pero gozan de una gran implantación en la práctica, que ha permitido a la doctrina y a la jurisprudencia señalar sus rasgos típicos de caracterización, sus modalidades y los aspectos esenciales de su régimen jurídico. En cuanto a este hay que tener en cuenta, además, las normas sobre defensa de la competencia por cuanto delimitan aspectos significativos de su caracterización y disciplina. Esta normativa está constituida, en primer término, por Reglamento 330/2010 UE, de 20 de abril de aplicación del artículo 101, apartado 3, del Tratado de Funcionamiento de la Unión Europea a determinadas categorías de acuerdos verticales y prácticas concertadas; en segundo lugar, por el Reglamento (UE) nº 461/2010 de la Comisión, de 27 de mayo de 2010, relativo a la aplicación del artículo 101, apartado 3, del Tratado de Funcionamiento de la Unión Europea a determinadas categorías de acuerdos verticales y prácticas concertadas en el sector de los vehículos de motor y; finalmente, por las Directrices 2010/C 130/01, de 19 de mayo relativas a las restricciones verticales. Es importante recordar que estas disposiciones rigen para los contratos implantados a nivel europeo, pero también para los que no afecten al comercio entre los Estados miembros de la UE, por aplicación del art. 1.4 LDC.

2. *Clases*

Por regla general adoptan alguna de las modalidades que se relacionan a continuación.

I) El contrato de distribución autorizada, por el cual el proveedor se obliga a suministrar al distribuidor bienes y servicios para que éste los comercialice, bien directamente, o bien a través de su propia red, como distribuidor oficial, en una zona geográfica determinada.

II) El contrato de distribución exclusiva, que, admite dos modalidades. En primer lugar, el contrato de venta en exclusiva, por el cual el proveedor se obliga a vender únicamente a un distribuidor en una zona geográfica determinada los bienes o servicios especificados en el contrato para su comercialización en dicha zona. En segundo término, el contrato de concesión mercantil, por el cual el distribuidor pone su establecimiento al servicio de un proveedor para comercializar, en régimen de exclusividad y bajo directrices y supervisión de éste, bienes y servicios en una zona geográfica determinada. En ambos casos se atribuye al distribuidor una zona geográfica en exclusiva para la comercialización de los productos o servicios contractuales, lo que, en relación con ellos le impide desarrollar la actividad comercial, hacer publicidad o captar clientes en otras zonas diferentes a la que le ha sido asignada por contrato.Sin embargo, el distribuidor podrá comercializar los bienes o servicios dentro de su territorio a personas de otras zonas, aunque los adquirentes se propongan revender el producto o prestar el servicio en zonas geográficas diferentes, siempre que su puesta a disposición se realice dentro de la zona de exclusiva. Con todo, el proveedor suele reservarse la facultad de realizar ventas directas a determinados clientes dentro de la zona exclusiva. Las diferencia entre ambos tipos de convenios radica en la menor o mayor sujeción del distribuidor en su actividad de comercialización a las directrices y supervisión del proveedor. En la venta en exclusiva aquella sujeción no existe, o es mínima, mientras que en la concesión constituye elemento esencial del contrato.

III) El contrato de distribución selectiva, por el cual el proveedor se obliga a vender los bienes o servicios objeto del contrato únicamente a distribuidores seleccionados por él y que no gozan de exclusividad territorial, mientras que el distribuidor se compromete a revenderlos a consumidores y usuarios finales, respetando las instrucciones pactadas y prestando, en su caso, asistencia técnica a los compradores. Igual que la distribución exclusiva, la selectiva restringe, por una parte, el número de distribuidores autorizados, y, por otra, las posibilidades de reventa. La diferencia con la distribución exclusiva reside en que la restricción del número de distribuidores autorizados no depende del número de territorios, sino de criterios de selección relacionados, en particular, con la naturaleza de los productos. Se distinguen también porque la restricción de la reventa no consiste en una restricción de las ventas activas en un territorio, sino en una restricción de todo tipo de venta a distribuidores no autorizados, de modo que tan sólo quedan como posibles compradores los distribuidores designados y los clientes finales. Casi siempre se utiliza una distribución selectiva para distribuir productos finales de marca.

3. Contenido

Considerando el clausulado usual de estos contratos y sus caracteres es posible enumerar los derechos y obligaciones de las partes que integran el contenido habitual de los mismos.

3.1. Obligaciones del distribuidor

El distribuidor asume como primera obligación la de colaborar para lograr la más amplia difusión en el mercado de los bienes y servicios objeto del contrato. Dicha obligación deriva directamente de la naturaleza del contrato que, según lo dicho, es un contrato de colaboración puesto que, aunque el proveedor vende al distribuidor, su objetivo último no es este, sino que aquel comercialice los productos o preste los servicios objeto del contrato. Asimismo, el no pretende comprar sino poder comercializar los productos, o servicios, contractuales integrado en la red de distribución.

A consecuencia de ello tiene atribuidos, como deberes específicos, el de desarrollar una actividad comercial adecuada para promover la máxima difusión de los bienes o servicios y el de disponer de una organización empresarial suficiente para ello.

La segunda obligación del distribuidor es comercializar los bienes o servicios ajustándose en todo momento al sistema de distribución establecido por el proveedor, sin menoscabar su prestigio y respetando su marca y la presentación. Esta obligación deriva de que la integración del distribuidor en la red de distribución del proveedor se logra mediante la imposición al primero del sistema de comercialización del segundo y de la utilización por el distribuidor de los signos distintivos que identifican al proveedor o a sus productos/servicios. En consecuencia, suele preverse como causa de resolución del contrato por el proveedor, la realización por el distribuidor de actuaciones que ocasionen un menoscabo de la imagen de la marca o del prestigio comercial del proveedor, incluyendo la aplicación por el distribuidor de precios que ocasionen dicho deterioro.

Asimismo, al objeto de mantener la imagen comercial del producto o servicio y la imagen de la marca o el prestigio comercial del proveedor, cuando el distribuidor pretenda desarrollar una actividad publicitaria sobre los bienes o servicios objeto del contrato, deberá obtener previamente la aprobación del proveedor acerca del carácter de aquélla en cuanto al diseño y contenido del mensaje publicitario. Con mucha frecuencia el distribuidor se ve obligado mediante previsiones contractuales a realizar este tipo de actividad publicitaria, aunque, en otras ocasiones, se le impone la obligación de sufragar proporcionalmente las campañas publicitarias que emprenda el proveedor.

El distribuidor asume también el deber de observar la máxima buena fe en sus relaciones con el proveedor. Se exige, por tanto, un grado de buena fe superior al ordinario (art. 57 Ccom), cuyo fundamento reside en la relevancia que adquiere la confianza en este tipo de convenios, a consecuencia de su carácter de contratos de colaboración. Ahora bien, la confianza no se basa en las cualidades personales del distribuidor, sino en su organización empresarial y, en atención a ella, a su capacidad técnica, profesional o financiera. Por este motivo, no es un contrato personalísimo, lo que explica, a su vez, que sin el consentimiento del proveedor, el distribuidor no podrá ceder, total o parcialmente, el contrato ni designar subcontratistas para llevar a cabo la distribución. Pero sí podrá servirse de sus dependientes y, probablemente, de otros colaboradores, aunque sean independientes, siempre que, en la labor de conclusión de contratos actúen en nombre del distribuidor. Normalmente se tratará de agentes.

3.2. Obligaciones del proveedor

Igual que en el caso del distribuidor, y por el mismo motivo, el proveedor asume como primera obligación la de colaborar para lograr la más amplia difusión en el mercado de los bienes y servicios objeto del contrato. Como consecuencia de ello, el proveedor está obligado a suministrar al distribuidor la información comercial y técnica que sea precisa para la más amplia distribución de los bienes y servicios objeto del contrato y a mantener disponibles, para su inmediata entrega al distribuidor que se lo solicite, en las condiciones convenidas en cuanto al precio, calidad y presentación, el número de unidades de producto o los elementos de prestación del servicio necesarios para el normal abastecimiento del mercado, según su volumen usual de pedidos. Sin embargo, el distribuidor no podrá exigir, de no mediar previo aviso en tiempo razonable, un suministro que exceda de lo que habitualmente suele demandar en la época en que lo solicita.

Con frecuencia, la determinación de los objetivos comerciales del distribuidor, así como la fijación del contingente de mercancías que deberá obrar en su poder en función de aquellos objetivos para mantener un adecuado abastecimiento del mercado, se impone por el proveedor, puesto que es quien usualmente ostenta el poder económico de la relación. Sería aconsejable, no obstante, que se realizará de mutuo acuerdo y, a falta de éste, mediante arbitraje o peritaje independiente, con el objeto de tutelar al distribuidor, ya que este tipo de cláusulas suelen supone un grave riesgo para el distribuidor. En especial cuando a la terminación del contrato no ha podido dar salida al *stock* sobrante. El proveedor asume también el deber de observar la máxima buena fe en sus relaciones con el distribuidor, por idénticos motivos a los aducidos al respecto de este último.

3.3. Las cláusulas de marca única y compra exclusiva

Es usual en todos estos tipos de contratos que el distribuidor se obligue a adquirir los bienes objeto de comercialización al proveedor o a otras personas a quienes éste designe. Este tipo de cláusulas se conocen con la denominación de acuerdos de *marca única*, cuya principal característica consiste en inducir al comprador a concentrar sus pedidos de un tipo de producto concreto en un único proveedor. Entre otras, se incluyen en este grupo la cláusula de no competencia y la de imposición de cantidades fijas al comprador.

Los acuerdos de no competencia se basan en un sistema de obligaciones o incentivos que hacen que el comprador adquiera más del 80% de sus necesidades a un solo proveedor. Esto no significa solo que el comprador únicamente pueda comprar directamente al proveedor, sino que no comprará ni revenderá o incorporará bienes o servicios competidores. En los reglamentos comunitarios se define la *cláusula de no competencia*, como cualquier obligación directa o indirecta que prohíba al comprador fabricar, adquirir, vender o revender bienes o servicios que compitan con los bienes o servicios contractuales, o cualquier obligación, directa o indirecta, que exija al comprador adquirir al proveedor o a otra empresa designada por éste más del 80% del total de sus compras de los bienes o servicios contractuales y de sus sustitutos en el mercado de referencia, calculadas sobre la base del valor o, cuando sea la práctica corriente en el sector, del volumen de sus compras en el año precedente. Por tanto, incluye los denominados contratos de compra exclusiva, por los cuales el distribuidor se obliga a adquirir, para su comercialización, determinados bienes o servicios solamente al proveedor o a otras personas a quienes éste designe. Junto a ello, la imposición de cantidades al comprador es una forma más débil de no competencia en la que los incentivos u obligaciones acordados entre el proveedor y el comprador llevan a este último a concentrar gran parte de sus compras en un único proveedor.

4. Extinción

En cuanto a la extinción de estos contratos cabe distinguir, los pactados con duración determinada y los concertados por tiempo indefinido, a los que se asimilan aquellos en que no se hubiera fijado una duración determinada. El contrato convenido por tiempo determinado se extinguirá por cumplimiento del término pactado, sin que se prevea una solución similar a la dispuesta en materia de agencia, conforme a la cual, los contratos por tiempo determinado que continúen siendo ejecutados por ambas partes después de transcurrido el plazo inicialmente previsto, se consideran transformados en contratos de duración indefinida. Porsu parte, el contrato de duración indefinida se extinguirá por la denuncia unilateral de cualquiera de las partes mediante preaviso por escrito, aunque este no esté previsto en el contrato, por aplicación del principio de buena fe. El preaviso debe ser razonable, esto es, proporcionado en relación con el tiempo en que estuvo vigente la relación y las inversiones exigidas al distribuidor. El incumplimiento de la obligación de preavisar dará derecho a la otra parte a exigir una indemnización por los daños y perjuicios ocasionados por dicha causa.

Con todo, los mayores problemas que originan este tipo de contratos se concentran en torno a la inexistencia de previsiones sobre el destino del *stock* sobrante y de posibles indemnizaciones a favor del distribuidor por inversiones no amortizadas impuestas por el proveedor, y por clientela. Al respecto del *stock,* hay que tener en cuenta que su fabricación o adquisición suele ser impuesta contractualmente, y que normalmente no podrá ser distribuido tras la finalización del contrato; bien, porque, de no haberse agotado el derecho de marca, supone una infracción del mismo; bien, porque puede suponer una violación de las normas sobre competencia desleal; bien, simplemente, porque la circunstancia de no poder aparecer ya como distribuidor impide de hecho la comercialización. Es importante retener a estos efectos que la extinción del contrato comprende la obligación del distribuidor de no utilizar material publicitario alguno que induzca o pueda inducir a confusión sobre la permanencia del contrato de distribución, debiendo retirar de la denominación social, del rótulo del establecimiento y de cualquier material publicitario, cualquier indicación relativa a dicho contrato.

V. LA FRANQUICIA

El contrato de franquicia es aquel por el que una empresa, el franquiciador, cede a otra, el franquiciado, a cambio de una contraprestación financiera directa, indirecta o ambas, el derecho a la explotación de una franquicia, sobre un negocio o actividad mercantil que el primero venga desarrollando anteriormente con suficiente experiencia y éxito, para comercializar determinados tipos de productos o servicios, y que comprende, por lo menos el uso de una denominación o rótulo común u otros derechos de propiedad intelectual o industrial y una presentación uniforme de los locales o medios de transporte objeto del contrato, la comunicación por el franquiciador al franquiciado de unos conocimientos técnicos o un saber hacer, que deberá ser propio, sustancial y singular, y la prestación continúa por el franquiciador al franquiciado de una asistencia comercial, técnica o ambas durante la vigencia del acuerdo; todo ello sin perjuicio de las facultades de supervisión que puedan establecerse contractualmente (art. 2 RD 201/2010 de 26 febrero relativo al ejercicio de la actividad comercial en régimen de franquicia y la comunicación de datos al registro de franquiciadores, dictado en desarrollo del art. 62 LOCM).

Según las Directrices 2010/C 130/01, de 19 de mayo relativas a las restricciones verticales, los acuerdos de franquicia contienen licencias de derechos de propiedad intelectual relativos, en particular, a marcas o signos registrados, y conocimientos técnicos para el uso y la distribución de bienes o servicios. Además de la licencia de derechos de propiedad intelectual, el franquiciador generalmente facilita asistencia comercial o técnica al franquiciado durante la vigencia del contrato. La licencia y la asistencia son partes integrantes del método comercial objeto de franquicia. A cambio de todo ello, y, en especial, por el uso del método, el franquiciador suele recibir del franquiciado un canon.

A tenor de estas definiciones puede aceptarse que la franquicia es una modalidad de contrato de distribución siempre y cuando se tengan en cuenta las peculiaridades que, frente al resto de tipos, derivan de las licencias. En particular, de las de marcas y de las de conocimientos técnicos (know-how). Esta orientación permite aplicar a la franquicia las previsiones de régimen indicadas al respecto de los contratos de distribución con la advertencia de que han de combinarse con las que derivan de las licencias. En relación con estas, en especial con las de marca, cabe afirmar que, como regla general, el uso de la marca por un distribuidor no necesita de la autorización del titular de la marca, ya que no es este quien realiza normalmente el acto de introducción en el comercio del producto, sino el titular de la marca o un tercero con su consentimiento y, por lo tanto, el uso de la marca por los distribuidores para la venta de los productos identificados con ella se lleva a cabo una vez que se ha agotado el derecho de marca. Por el contrario, en la franquicia suelen existir ese tipo de licencias, sobre todo en el ámbito de las de servicio, en las que la introducción se efectúa por el franquiciado, en un momento, pues, en que no se ha producido el agotamiento. Además, no puede olvidarse que, junto a estas franquicias comerciales, existen las industriales en las que se faculta al franquiciado para la fabricación de productos sirviéndose de las patentes, procedimientos, conocimientos o técnicas del franquiciador, que no pueden considerarse contratos de distribución.

En cualquier caso, respecto de las primeras ha de tenerse en cuenta el RD 201/2010 de 26 febrero citado por cuanto no se limita a regular el funcionamiento y organización del registro de franquiciadores, ni a dictar normas de rango administrativo, sino que afecta al contenido de la relación. En concreto impone al franquiciador ciertos deberes precontractuales de información al franquiciado (art. 3) y a este un deber de confidencialidad (art. 4). Junto a ello es importante retener que los acuerdos de franquicia permiten al franquiciador establecer, con inversiones limitadas, una red uniforme para la distribución de sus productos. Pero, habitualmente contienen una combinación de diferentes restricciones verticales relativas a los productos que se distribuyen, en especial mediante distribución selectiva, no competencia o distribución exclusiva, o formas más débiles de estas prácticas. Por este motivo están contemplados en las Directrices citadas relativas a las restricciones verticales.

Lección 15

Contratos bancarios. Contratos en los mercados de valores. Contratos de seguro y garantía

I. CONTRATOS BANCARIOS

1. Caracterización y disciplina aplicable

Contratos bancarios son aquellos en los que interviene una entidad de crédito realizando alguna de las operaciones que tienen, legal o típicamente, encomendadas. Entidades de crédito son los bancos, que revisten necesariamente la forma de sociedad anónima, las cooperativas de crédito y las cajas de ahorro.

Las cajas de ahorro son entidades de crédito de carácter fundacional y finalidad social, cuya actividad financiera se orienta principalmente a la captación de fondos reembolsables y a la prestación de servicios bancarios y de inversión para clientes minoristas y pequeñas y medianas empresas. Sin perjuicio de la normativa de las comunidades autónomas donde las cajas de ahorros tengan su domicilio social, se rigen, con carácter básico, por lo previsto en la LCAFB y en la LOSSEC y, supletoriamente, en cuanto sea de aplicación, por la LSC y demás normas del ordenamiento jurídico-privado (art. 2 LCAFB). Para evitar riesgos excesivos a los que no es ajeno el pasado reciente, la LCAFB impide que las cajas de ahorro superen cierto volumen o tamaño, obligándolas a transformarse en fundación y a traspasar todo el patrimonio afecto a su actividad financiera a otra entidad de crédito a cambio de acciones de esta última cuando el valor del activo total consolidado de las mismas supere la cifra de diez mil millones de euros o si la cuota en el mercado de depósitos de su ámbito territorial de actuación es superior al 35 por ciento del total de depósitos (art. 34.2 LCAFB).

Las cooperativas de crédito sirven a las necesidades de financiación de sus socios y de terceros mediante el ejercicio de las actividades propias de las entidades de crédito; si bien el conjunto de operaciones activas con terceros no puede alcanzar el 50% de los recursos totales de la entidad. Son entidades de crédito por lo que se rigen por su Ley específica, la Ley 13/1989, de 26 de mayo, de Cooperativas de Crédito y por sus normas de desarrollo, sin perjuicio, en cuanto a estas últimas, de las disposiciones que puedan aprobar las Comunidades Autónomas en el ejercicio de las competencias que tengan atribuidas en la materia. También les son de aplicación las normas que, con carácter general, regulan la actividad de las entidades de crédito. Solo con carácter supletorio están sometidas a la LCoop cuando su ámbito de actuación estatutariamente reconocido, conforme a su ley específica, sea supra autonómico o estatal y siempre que realicen en el citado ámbito actividad cooperativizada de manera efectiva. Entre ellas cabe destacar las Cajas Rurales, que son cooperativas de crédito cuya actividad principal es financiar al sector agrícola, forestal o ganadero y realizar operaciones para la mejora del mundo rural.

Junto a estas entidades cabe citar a los establecimientos financieros de crédito, que son, como los bancos, sociedades anónimas especiales, pero, a diferencia de ellos, no pueden financiarse con depósitos y el tipo de actividades que están autorizados a realizar está limitado. Están regulados en la Ley 5/2015, de 27 de abril, de fomento de la financiación empresarial y en su normativa de desarrollo. Para todo lo no previsto en la citada normativa su régimen jurídico es el previsto para las entidades de crédito.

Por tanto, contrato bancario no es solo aquel suscrito por un banco. La expresión se ha acuñado en la práctica para comprender los concertados por cualquier entidad o establecimiento financiero de crédito. Por este motivo en el texto se alude indistintamente a la entidad o al banco, considerando este en sentido amplio como prototipo de entidad de crédito. Ahora bien, la noción de contrato bancario no descansa únicamente en esa dimensión subjetiva. Es preciso que, junto a ella, concurra otra de carácter funcional. Esta última consiste en que el contrato verse sobre alguna de las operaciones que las entidades de crédito tienen, legal o típicamente, encomendadas. Estas operaciones son sustancialmente de tres tipos. Se distinguen las operaciones pasivas, en virtud de las cuales la entidad recibe crédito de sus clientes; las activas, en las que es la entidad quien concede crédito a estos; y, neutras, que no implican concesión de crédito por ninguna de las dos partes. Entre estas últimas destacan las de mediación. En todo caso se trata de contratos mercantiles debido a su carácter empresarial.

1.1. Normativa aplicable

La mayoría de los contratos bancarios son legalmente atípicos ya que no están específicamente regulados, por lo que su disciplina descansa, como principio, en la libre autonomía de la voluntad (art. 1255 Cciv). Ahora bien, esta autonomía queda en gran medida restringida por varios motivos. En primer término, porque suelen ser contratos de adhesión que contienen, por tanto, condiciones generales predispuestas unilateralmente por la entidad, lo que obliga a tener en cuenta la LCGC. Adicionalmente, si el cliente esconsumidor, resulta de aplicación el TRLCU y, en su caso, la normativa sectorial de protección de crédito al consumo, incluida en la LCC, de protección a los consumidores de servicios financieros comercializados a distancia, derivada de la LSFD y la que tiene por objeto salvaguardar los derechos de los consumidores cuando conciertan créditos o préstamos hipotecarios con empresas que no son entidades de crédito o servicios de intermediación del crédito (Ley 2/2009, de 31 de marzo, por la que se regula la contratación con los consumidores de préstamos o créditos hipotecarios y de intermediación).

Junto a ello debe destacarse la normativa que ordena la actuación de las entidades de crédito en sus relaciones con los clientes con el objeto de proteger los legítimos intereses de estos. Se trata de una reglamentación de carácter administrativo. Sin embargo, a pesar de este carácter, tiene gran repercusión en el contenido de los contratos, puesto que vincula a la entidad de crédito, que puede ser sancionada en caso de incumplimiento. Además, si en el propio documento contractual existe una remisión a esa normativa, sus disposiciones serán aplicables a la relación entre la entidad y su cliente, aunque en tal caso su fuerza de obligar a éste último deriva del contrato.

Dicha normativa está formada en primer término por la LOSSEC, que impone a las entidades de crédito un cúmulo de deberes, entre los que destaca el de secreto. El deber de secreto les impide revelar información sobre los datos de los clientes que conozcan como consecuencia de las relaciones suscritas con ellos (art. 83 LOSSEC). No obstante, está sujeto a importantes limitaciones en relación, fundamentalmente, con la Administración tributaria y la prevención del blanqueo de capitales. Continúa vigente, por otra parte, la Orden EHA/2899/2011, de 28 de octubre sobre transparencia y protección del cliente de servicios bancarios, dictada al amparo de la derogada LDIEE, y desarrollada por la Circular del Banco de España 5/2012 de 27 de junio, sobre transparencia de los servicios bancarios y responsabilidad en la concesión de préstamos. Ha de tenerse en cuenta asimismo la LECS (art. 29), la Orden EHA/1718/2010, de 11 de junio, de regulación y control de la publicidad de los servicios y productos bancarios y la Orden EHA/1608/2010, de 14 de junio, sobre transparencia de las condiciones y requisitos de información aplicables a los servicios de pago. Por lo demás, estos contratos están dotados de una acusada tipicidad social, lo que provoca que los usos desplieguen cierta incidencia en su seno. Asimismo, debe tenerse en cuenta la normativa en materia de servicios de pago.

2. Operaciones de crédito pasivas

Estrictamente consideradas operaciones de crédito pasivas son aquellas mediante las que las entidades de crédito captan recursos ajenos, precisamente de dinero, y de los clientes, a través de contratos que generan la obligación de restitución. Entre estos contratos destacan los depósitos bancarios de uso, que son depósitos abiertos de dinero (art. 307.3 Ccom), caracterizados porque el cliente transmite a la entidad la propiedad de una cantidad de dinero, y, consiguientemente, la facultad de disponer de ella. A cambio, la entidad asume la obligación de devolver esa misma cantidad en el tiempo acordado con el cliente, normalmente incrementada con los intereses pactados. A consecuencia de ello, el derecho real del deponente sobre el bien, y la correlativa obligación del depositario de devolver la misma cosa, se transforma en un derecho de crédito a la devolución de la suma.

Los depósitos bancarios revisten dos modalidades básicas. Los depósitos a la vista, en los que el depositante puede retirar la cantidad de dinero en cualquier momento; y los depósitos a plazo, también llamados imposiciones, en los que el cliente se obliga a no disponer de la cantidad hasta que llegue el plazo fijado. Falta, por tanto, la disponibilidad a favor del depositante, lo que permite a la entidad de crédito la inversión de los fondos a medio y largo plazo y, en consecuencia, la retribución del mismo con un interés másalto.

3. Operaciones de crédito activas

Este tipo de operaciones se caracteriza porque a través de ellas es la entidad de crédito quien concede crédito a sus clientes, constituyendo por eso instrumentos de financiación de aquellos.

3.1. Préstamo

El préstamo bancario de dinero se distingue por el hecho de que el prestamista es una entidad de crédito (art. 175.7 Ccom). Es un préstamo de carácter mercantil, tanto por esta circunstancia, como por la propia naturaleza del acto (arts. 311 y ss. Ccom, que remiten para su definición al art. 1740 Cciv). Tradicionalmente el préstamo ha sido considerado como el prototipo del contrato real y unilateral, esto es, de aquel que se perfecciona no con el simple consentimiento de las partes, sino con la entrega del objeto que constituye la obligación del prestamista, de tal forma que, una vez perfeccionado, sólo origina obligación para el prestatario, la fundamental de devolver la suma prestada en el período pactado. Sin embargo, en la práctica bancaria esos caracteres se ven atemperados, si no eliminados, ya que cliente y entidad de crédito suelen convenir una perfección consensual al dar por perfecto el contrato una vez que manifiestan por escrito su consentimiento. Al tiempo se le dota de carácter bilateral, porque la entrega del dinero se efectúa en un momento posterior a la firma. Su regulación básica se encuentra en la normativa del préstamo mercantil, que, no obstante, debe integrarse con la disciplina general a que se ven sometidas las operaciones activas.

3.2. Apertura de crédito

Mediante la apertura de crédito, la entidad acreditante se obliga a poner a disposición del cliente (acreditado) sumas de dinero, o a realizar otras prestaciones que le permitan obtener esas sumas (disponibilidad), a medida de sus requerimientos, dentro de los límites de cantidad y tiempo pactados. A cambio el acreditado se obliga a pagar una comisión, así como los intereses de las cantidades de las que efectivamente haya dispuesto, que ha de restituir dentro del término establecido. El contrato no está regulado expresamente, de modo que su disciplina se construye a partir de la normativa sobre préstamo, la legislación sobre crédito al consumo y la normativa bancaria.

3.3. Créditos y préstamos participativos

El préstamo o crédito participativo o parciario es un contrato mixto, puesto que tiene como base un préstamo o un crédito, esto es, una entrega de dinero con la obligación de devolverlo, al que se añade un pacto parciario. Este pacto consiste en fijar como retribución un interés variable, que se determina en función de la evolución de la actividad del prestatario, vgr. su beneficio neto. Aunque también puede combinarse con otra clase de remuneraciones, vgrzz. un interés fijo. La inclusión del pacto parciario no altera su naturaleza de préstamo o crédito, pues el Ccom reputa interés toda prestación pactada a favor del acreedor (art. 315.2 Ccom). Están regulados en Real Decreto-Ley 7/1996, de 7 de junio, sobre Medidas urgentes de carácter fiscal y de fomento y liberalización de la actividad económica (art. 20).

3.4. Créditos sindicados

Créditos sindicados son aquellos concedidos por un conjunto de entidades financieras previamente agrupadas en un consorcio o sindicato con vistas a la concesión de un crédito o un préstamo. Jurídicamente se caracterizan por la concurrencia de dos elementos, en primer lugar, la constitución del sindicato, y, en segundo término, la variabilidad del interés para cada tramo o período de disposición.

3.5. Descuento

El contrato de descuento constituye una operación bancaria activa en virtud de la cual la entidad de crédito descontante se obliga a anticipar en dinero a su cliente (descontatario) el importe de un crédito pecuniario no vencido que este tiene contra un tercero, a cambio de la detracción de un interés o porcentaje y eventuales comisiones, y de la enajenación al banco del crédito mismo *pro solvendo*, asumiendo el descontatario la obligación subsidiaria de restitución. A pesar de su gran trascendencia práctica, no está regulada adecuadamente en el Ccom, en el que sólo se encuentran referencias parciales al mismo en la sección relativa a los *bancos de emisión y descuento* (arts. 177 a 183), además de en otras disposiciones referentes a instituciones bancarias y demás intermediarios financieros.

3.6. Leasing

El leasing o arrendamiento financiero es aquel contrato que tiene por objeto exclusivo la cesión del uso de bienes muebles o inmuebles, adquiridos para dicha finalidad por un intermediario financiero, según las especificaciones del futuro usuario, a cambio de una contraprestación consistente en el abono periódico del canon pactado. Es imprescindible que los bienes objeto de cesión queden afectados por el usuario únicamente a las explotaciones de que sea titular. El contrato incluirá asimismo, necesariamente, una opción de compra, a su término, en favor del usuario. En atención a la causa y función económica del contrato se distinguen el *leasing* financiero y el *leasing* operativo. El primero se caracteriza porque, a pesar de que jurídicamente es un contrato bilateral, desde un punto de vista económico la operación tiene carácter triangular, dado que en ella intervienen el proveedor del bien, el arrendador financiero y el usuario, que elige al primero libremente. Recae generalmente sobre bienes de equipo nuevos cuya conservación y mantenimiento corren de cuenta del usuario. Su duración viene calculada en función de la vida económica del bien, teniendo en cuenta los requisitos de aplicación de los beneficios fiscales, de modo que, al término del contrato, el usuario habrá pagado el total del capital invertido, los intereses, gastos y el margen de beneficios del arrendador financiero.

En el *leasing* operativo el proveedor es el propio arrendador del bien. Se trata, normalmente, de contratos con una duración menor que los contratos de arrendamiento financiero en los que, además, se da generalmente al usuario la posibilidad de finalizar la relación contractual antes de la extinción del plazo inicialmente previsto. En esta modalidad contractual la conservación y mantenimiento del bien suele estar a cargo del arrendador. Su función esencial es evitar al usuario el riesgo de obsolescencia que presentan algunos bienes o proporcionar la posibilidad de utilizar bienes que se necesitan por períodos cortos de tiempo que hacen poco rentable su adquisición. Aunque hay quien identifica el leasing operativo con el contrato de *renting*, entre ellos se advierten diferencias. En el *leasing* operativo es el propio fabricante quien ofrece los productos mediante la cesión del uso, a cambio del pago de cánones, que comprenden una cuota fija, en función de la amortización de los bienes, y una cuota variable, que sirve para recuperar los costes y gastos. En el *renting*, sin embargo, el arrendador es un empresario que mantiene un parque propio de bienes, que no fabrica y que, previamente, adquirió a un productor determinado. Se produce la cesión de uso de unos bienes a cambio de un precio cierto, pero la necesidad de utilización de los bienes es circunstancial concretada en la realización de una obra o en la prestación de un servicio determinado.

El leasing está mencionado en la DA 7ª LDIEC. La Ley alude también a las sociedades de leasing para someterlas a supervisión administrativa en su condición de establecimientos financieros de crédito (DA 1ª Ley 3/1994 de 14 de abril y Real Decreto 692/1996, de 26 de abril, por el que se establece el régimen jurídico de los establecimientos financieros de crédito). Fuera de estas disposiciones se trata de un contrato atípico legalmente, si bien goza de una gran tipicidad social, debido a su implantación práctica, que, a su vez, deriva en gran medida de las ventajas fiscales que se le reconocen.

3.7. Factoring

El contrato de facturación o *factoring* es un pacto entre un empresario y una entidad, denominada de *factoring* o factor, en virtud del cual aquel se obliga a ceder a esta última un conjunto de créditos que ostenta frente a sus deudores; mientras que la entidad, a su vez, se obliga a prestar una serie de servicios a aquel, a cambio de una retribución. Los servicios varían según la modalidad de que se trate, si bien es esencial la prestación del servicio de gestión, que comprende la gestión del cobro de los créditos que el cliente ostente contra sus deudores, lo que exige una previa cesión global de los mismos por parte del cliente al factor. Junto a él pueden pactarse el servicio de garantía y el financiero. El servicio de garantía consiste en asegurar el riesgo de insolvencia de los deudores de los créditos cedidos por el cliente. En virtud del mismo el factor garantiza el cobro de la totalidad o parte de aquellos. Esta modalidad se conoce como *factoring* propio o sin recurso, que se distingue del impropio o con recurso en que, en este último, tal prestación no viene estipulada, de modo que el factor no asume el riesgo del buen fin de la operación, por lo que puede dirigirse —tiene recurso— contra el cliente, si el crédito no es pagado a su vencimiento. El servicio financiero implica el pago del crédito al cliente antes de su vencimiento y, por tanto, del cobro al deudor de este, por lo que supone un anticipo de fondos sobre los créditos cedidos, en el tiempo y cuantía establecidos en el contrato, con el descuento de los intereses que correspondan a dicho periodo (*credit cash factoring*).

Además, es posible que existan otras prestaciones complementarias, como el estudio del grado de solvencia de los eventuales compradores y su clasificación en función de ella, así como la llevanza de la contabilidad de ventas de clientes, los estudios de mercado o informaciones comerciales, selección de clientes o formación de personal especializado. De la unión de todos estos servicios surge el denominado *"old line factoring"*, figura en la que se advierte con mayor nitidez la peculiaridad del *factoring*, que se hace radicar en la combinación de los servicios que incluye. Este contrato carece de regulación legal, si bien la Ley alude a las sociedades de *factoring* para someterlas a supervisión administrativa en su condición de establecimientos financieros de crédito (DA 1ª Ley 3/1994 de 14 de abril y Real Decreto 692/1996, de 26 de abril, por el que se establece el régimen jurídico de los establecimientos financieros de crédito). Está mencionado asimismo en la DA 3ª de la Ley 1/1999 de 5 de enero de entidades de capital riesgo y sociedades gestoras. Por lo demás, se halla dotado de un alto grado de tipicidad social, derivada de su repetición en el tráfico a partir de contratos de adhesión.

3.8. El *confirming*

Por el contrato de *confirming* uno de los contratantes, el cliente, encomienda al otro contratante, el gestor de pagos, la gestión de sus pagos a acreedores, a cambio de una contraprestación, comprometiéndose el gestor a realizar el pago a su vencimiento, o bien en una fecha anterior, en el caso de que el acreedor solicite, y el gestor consienta, la financiación del crédito. En esencia, pues, el gestor de pagos, que suele ser una entidad de crédito, se compromete a gestionar y administrar los pagos que el cliente, que, es de ordinario, un empresario de grandes dimensiones del sector de la distribución, ha de hacer a sus proveedores. Por consiguiente, desde un punto de vista económico, puede decirse que se trata de un *factoring* inverso. En el *factoring* la entidad de crédito adquiere los créditos que ostenta su cliente frente a terceros con el encargo de cobrarlos. Mientras que en el *confirming* es el cliente de la entidad quien ostenta una posición de deudor y acude a la entidad de crédito para encargarle que pague a sus acreedores. El *confirming* carece de regulación propia en nuestro derecho. De modo que es necesario recurrir a la analogía para integrar su régimen jurídico.

4. Operaciones de mediación

4.1. La cuenta corriente bancaria de gestión

Las cuentas bancarias constituyen la manifestación externa de las relaciones entre un cliente y su banco, ya que reflejan la situación patrimonial en que se encuentra aquel frente a este. Una de estas cuentas bancarias es la cuenta corriente bancaria de gestión. Se trata de un contrato atípico, en tanto no está regulado en la Ley; y mixto, pues acoge elementos de otros contratos. En particular de la comisión y de la cuenta corriente mercantil u ordinaria. Tiene en común con esta la existencia de un contrato, la utilización de un soporte contable y la compensación de remesas. Se diferencian en que los rasgos de recíproca concesión de crédito, inexigibilidad e indisponibilidad de las remesas y compensación final, única y por columnas, que aparecen en la cuenta corriente mercantil, faltan en la bancaria.

En la cuenta corriente mercantil, en efecto, es esencial la recíproca concesión de crédito entre los contratantes, al consentir que se aplace la exigibilidad de los créditos aislados al momento del cierre de la cuenta, lo que significa que el contratante no está obligado a realizar una contraprestación a cambio de la prestación recibida, sino tan sólo a anotar dicho crédito en la cuenta. Asimismo, los créditos no pueden exigirse de forma aislada, sino que son indisponibles hasta el momento de cierre de la cuenta, que es cuando se produce la compensación entre las deudas y los créditos. Por el contrario, en la cuenta corriente bancaria la concesión de crédito, cuando existe, es unilateral, dependiendo de la clase de contrato conectado a la cuenta. En un depósito es el cliente quien concede crédito al banco y, viceversa, en la apertura de crédito. La disponibilidad, además, es inmediata. El cliente puede disponer de su crédito en cualquier momento, retirando el importe de su saldo. Y la compensación es continua y automática después de la inscripción de las partidas en la cuenta.

Su analogía con la comisión deriva de la prestación del servicio de caja por parte del banco, esto es, la gestión de cobros y pagos por cuenta y en interés del cliente, siguiendo las órdenes de este. Se trata de una obligación esencial del banco, que determina la sustantividad del pacto y que le diferencia de otras situaciones en que la cuenta es mero reflejo aritmético del desarrollo de otros convenios. Sustancialmente del depósito en cuenta corriente. Frente a él, en el depósito inserto en una cuenta corriente bancaria, el banco, además de las obligaciones propias del depósito, asume la de prestar al cliente el servicio de caja. En razón de ello se entiende que la cuenta corriente bancaria es un contrato de gestión de intereses ajenos, una subespecie de la comisión mercantil, sometida, por tanto, a la normativa que regula esta. El banco asume, pues, las mismas obligaciones y responsabilidades que el comisionista y, en contraprestación, ostenta el derecho principal de cobrar comisiones, determinadas según tarifas, que han de ser comunicadas al cliente. El Banco también tiene derecho a ser rembolsado por los gastos realizados (art. 278 Ccom). Por lo demás, hay que tener en cuenta la disciplina prevista en la Ley 16/2009, de 13 de noviembre, de servicios de pago.

4.2. La transferencia bancaria

La transferencia bancaria consiste en una orden de traspasar una determinada cantidad de dinero de una cuenta bancaria a otra, que se ejecuta mediante el adeudo en la primera y el abono en la segunda. En la práctica bancaria se habla de transferencia cuando las cuentas pertenecen a distintas Entidades y de traspaso cuando se trata de la misma Entidad. Jurídicamente, sin embargo, su naturaleza es la misma. En ella concurren un cúmulo de relaciones contractuales, jurídicamente independientes unas de otras. La que existe entre el ordenante y su banco, la que se instaura entre el beneficiario y el suyo y las que acaecen entre los bancos, que difieren según si la transferencia es directa o indirecta.

La estructura jurídica anterior no se modifica tratándose de transferencias electrónicas, que constituyen en la actualidad el más importante medio de pago. Las transferencias electrónicas son aquellas en que la transmisión de los datos se hace electrónicamente, sustituyéndose el papel por el impulso electrónico, en alguna, o en todas, las fases de su desarrollo: emisión de la orden de transferencia a través de terminales electrónicas activadas por el cliente, ejecución electrónica de la misma por el banco receptor o los subsiguientes expedidores, así como las efectuadas por terceros operadores (*electronic funds transfers EFT*). Están compuestas por una pluralidad de contratos. Contrato entre el ordenante y su banco, que se enmarca en la relación de cuenta corriente existente entre ambos. Contrato entre el primer banco emitente, que inicia la transferencia, con el siguiente, que puede ser de corresponsalía, si la transferencia es directa, o de mandato o cuenta corriente en otro caso, y así sucesivamente hasta alcanzar al banco del beneficia rio de la orden de abono, receptor final de la orden. Entre este y su banco existe un contrato de cuenta corriente en virtud del cual el banco asume la obligación de ejecutar la orden de abono. Por otra parte, para la transmisión y ejecución de la orden, lo usual es utilizar mediadores profesionales. En la práctica internacional el más común es *Swift,* acrónimo de *Society for Worldwide Interbank Financial Telecommunication,* que corresponde a una sociedad propiedad de diversas entidades financieras, que resultan además usuarias del sistema de mensajería segura y de servicios de valor añadido diseñado y gestionado por la sociedad.

Swift es simplemente una plataforma de envío y recepción de mensajes por vía informática. No maneja efectivos ni gestiona cuentas de sus usuarios, limitándose a ser el cauce por el que instituciones financieras intercambian mensajes con contenido económico.

Conforme al contenido y naturaleza de cada una de las relaciones implicadas su régimen jurídico es el propio de los contratos de los que surgen. No obstante, hay que tener en cuenta además la Ley 16/2009, de 13 de noviembre, de servicios de pago, ya que afecta a aspectos relevantes de su disciplina. En particular contempla un sistema de comunicación de responsabilidades, especialmente necesario debido a la independencia jurídica de los distintos contratos (arts. 45 a 48 LSP).

4.3. Créditos documentarios

La relación de crédito documentario tiene su origen mediato en un contrato de compraventa, suministro o similar, en su modalidad de *plaza a plaza* y *con expedición* de carácter, normalmente, internacional, al que se añade la cláusula *pago por crédito documentario,* que impone la obligación adicional al comprador de acudir a la mediación de una entidad de crédito, que, por cuenta del mismo, pero en nombre propio, será quien pague el precio al vendedor, contra la entrega, entre otros, de los documentos representativos de las mercaderías (vgr. conocimiento de embarque). La finalidad del pacto es asegurar la ejecución de las recíprocas contraprestaciones por medio de la intervención de la entidad de crédito. El recurso al crédito documentario asegura al vendedor el cobro del precio, y al comprador la posesión mediata y la disponibilidad de las mercancías a través de los documentos representativos de las mismas, que se entregan al banco.

Por consiguiente, en el sustrato económico de la operación, se advierten varias relaciones jurídicas. En primer lugar, el contrato de compraventa que une al comprador y al vendedor, y que, en virtud de la cláusula *pago por crédito documentario,* obliga al primero a abonar el precio a través del crédito documentario. En segundo término, la relación entre el ordenante-comprador y su banco, que es un contrato de comisión. Con fundamento en este último, el banco se obliga frente al primero a pagar al tercero vendedor. Ahora bien, la comisión no agota el significado de la operación, pues dicho contrato impone, a su vez, al banco la realización de un nuevo negocio, la emisión de la *carta de crédito,* por el cual se compromete, en nombre propio, a efectuar el pago contra la entrega de los documentos correspondientes. La carta constituye, pues, el negocio de ejecución del crédito documentario. Es esta carta la que expresa con nitidez la función asegurativa que persigue la operación en su conjunto, en la medida en que dicha función se arbitra, precisamente, a través de la mediación del banco en el pago del precio de la compraventa.

Esta particular articulación obliga a estimar que el cúmulo de relaciones jurídicas implicadas constituye una figura próxima a los contratos unidos, es decir, prestaciones diversas en el marco de negocios distintos, pero interdependientes, ya que unos aparecen como causa (negocio base) de otros (negocios de ejecución). Pese a su confusa denominación no se trata, por tanto, de una operación activa, esto es, no es un contrato de crédito, ni, en particular, de apertura de crédito, porque el banco puede disponer de fondos del comprador —v.gr. por la existencia de un previo contrato de depósito—, o exigirle una provisión inmediata de los mismos. Es una operación de mediación en los pagos desarrollada típicamente por los Bancos. Es esta una figura jurídica que carece de regulación en nuestro Derecho. En el contexto internacional está prevista en las Reglas y Usos Uniformes sobre Créditos Documentarios aprobadas por la Cámara de Comercio Internacional, que son objeto de revisión periódicamente.

4.4. La compensación bancaria

La compensación es un medio de extinguir las obligaciones. En el Derecho Común ha de realizarse entre dos personas, que son entre sí acreedoras y deudoras, respecto de deudas vencidas, líquidas y exigibles cuyo objeto son cosas fungibles. Produce la extinción de ambas deudas en la cantidad concurrente (arts. 1195 a 1202 Cciv). La compensación bancaria tiene por objeto compensar las operaciones en que intervienen las entidades de crédito evitando el empleo de numerario en su liquidación. Su peculiaridad estriba en que, frente a la compensación común, que exige la presencia sólo de dos sujetos, la bancaria es una compensación externa de carácter multilateral o colectivo, en el sentido de que implica la liquidación global de los créditos y deudas existentes entre clientes de diversos Bancos. En España hay dos sistemas de compensación claramente diferenciados. El Sistema Nacional de Compensación Electrónica (SNCE), de ámbito nacional, previsto para la compensación y liquidación de pequeños pagos [art. 8 a) de la Ley 41/1999 de 12 de noviembre sobre sistemas de pago y liquidación de valores]. Y el sistema *TARGET* 2-Banco de España (*TARGET* 2-BE), de ámbito europeo, ideado para grandes pagos o pagos al por mayor [art. 8 i) de la Ley 41/1999 de 12 de noviembre sobre sistemas de pago y liquidación de valores].

5. *Tarjetas bancarias*

La tarjeta es un documento de plástico que permite a su titular a acceder a los fondos de su cuenta en una entidad y, por el cual, se autoriza el pago a un beneficiario. Es bancaria cuando ha sido emitida por una entidad de crédito (vgr. la VISA). Su característica principal consiste en su carácter, al menos, trilaeral, esto es, exige la presencia de una entidad de crédito emisora, un titular y un establecimiento adherido, que es el proveedor de bienes o suministrador de servicios, lo que da lugar a dos relaciones jurídicas con propia sustantividad: el contrato de tarjeta, que une al emisor y al titular de la tarjeta, y el contrato de admisión de tarjeta, que liga al emisor con el establecimiento adherido. Ambos convenios son independientes entre sí y con el contrato que une al titular de la tarjeta y al establecimiento adherido, de modo que, en principio, cualquier incidencia relativa a ellos es ajena a los demás, salvo previsión legal otro sentido.

En atención a la presencia de crédito se distinguen dos tipos de tarjetas, las de crédito y las de débito. En las tarjetas de crédito el banco asume la obligación de poner a disposición del titular la cantidad mensual pactada como límite del crédito. El crédito tiene carácter rotativo, esto es, renace por la cantidad abonada. La puesta a disposición, que provoca un adeudo en la cuenta de crédito abierta al efecto, puede consistir en la entrega de efectivo al titular a través de cajeros automáticos, pero normalmente se concreta en el compromiso que asume de entregar la cantidad de crédito dispuesta por el titular al vendedor o prestador de servicios que la ha admitido como medio de pago. En contrapartida, la obligación principal del titular es la de rembolsar las cantidades prestadas, según el sistema de pago pactado. Su segunda obligación esencial es abonar los intereses pactados. Por lo general se domicilian los pagos en una cuenta corriente. Esta obligación del banco falta en las tarjetas de débito, en las que el adeudo se produce en tiempo real o en brevísimo plazo, por lo que solo pueden utilizarse cuando el banco cuente con la correspondiente provisión de fondos.

Los convenios carecen de una disciplina específica, por lo que su régimen jurídico ha de construirse en atención a la analogía que presentan con otros convenios, que varían según las prestaciones a que se obliguen las partes. En general, contiene elementos de la cuenta corriente bancaria, del depósito y, eventualmente, de la apertura de crédito. Además, está sometido a la LSP, que regula aspectos relevantes de su contenido.

II. LOS MERCADOS DE VALORES

1. Caracterización. Los instrumentos financieros

Los mercados de valores son aquellos en los que se negocian instrumentos financieros. Su régimen jurídico se recoge en una ley marco, la Ley 6/2023, de 17 de marzo, de los Mercados de Valores y Servicios de Inversión (LMVSI), que deroga en su totalidad el anterior Texto Refundido de la Ley del Mercado de Valores, permitiendo la transposición de diferentes Directivas comunitarias en este ámbito. La LMVSI regula únicamente los caracteres esenciales de los mercados de valores, las obligaciones y derechos básicos de los operadores y de los inversores y el régimen de supervisión y sanción a cargo de la CNMV. El desarrollo de este marco se realiza a través de reglamentos generales, tal y como indica su propia Exposición de Motivos, sobre los principales bloques de materias.

Conviene destacar que esta nueva ley también realiza las adaptaciones necesarias en nuestro Ordenamiento de cara a facilitar la aplicación del Reglamento 2023/1114 relativo a los mercados de criptoactivos. En este sentido, amplía su ámbito de aplicación al resultar aplicable, por un lado, a los instrumentos financieros cuando sean emitidos, registrados, transferidos o almacenados utilizando tecnología de registros distribuidos u otras similares como soporte de esas actuaciones; y, por otro, al designar a la CNMV como autoridad competente para la supervisión de la emisión, oferta y admisión a negociación de determinados criptoactivos que no sean instrumentos financieros.

2. *El Mercado primario y mercados secundarios de valores*

El mercado primario de valores es un mercado de emisión, esto es, afecta en particular a la creación de valores negociables y a la adquisición originaria de los mismos por el público inversor a través de oferta pública. La oferta pública es una oferta contractual dirigida a una pluralidad de destinatarios cuya identidad se desconoce, que ha de presentar información suficiente sobre los términos de la misma y de los valores que se ofrecen, de modo que permita a un inversor decidir la adquisición o suscripción de estos valores (art. 35.1 TRLMV).

Las transmisiones derivativas de los valores se realizan de ordinario en un mercado regulado. Sin embargo, en determinadas ocasiones, puede convenir a sus titulares transmitirlos en régimen de oferta pública de venta. Sucede, por ejemplo, en supuestos de privatización o venta en el mercado de valores cuya titularidad corresponde al Estado u otro ente público o cuando se trate de sociedades no cotizadas, que pretendan negociar sus títulos en bolsa por vez primera. En estas hipótesis se produce una situación similar a la existente en las suscripciones públicas, lo que permite considerar estas ventas como operaciones del mercado primario, sujetas, por ende, al régimen jurídico que disciplina este, con las adaptaciones pertinentes (art. 35 TRLMV).

El Derecho del Mercado Primario está regulado básicamente en la LMVSI y en su normativa de desarrollo.

Los mercados regulados españoles reciben la denominación de mercados secundarios oficiales. Son mercados regulados o secundarios oficiales aquellos sistemas multilaterales, operados o gestionados por un organismo rector del mercado, que reúne o brinda la posibilidad de reunir, dentro del sistema y según sus normas no discrecionales, los diversos intereses de compra y de venta sobre instrumentos financieros de múltiples terceros para dar lugar a contratos con respecto a los instrumentos financieros admitidos a negociación conforme a sus normas o sistemas. Son sistemas que están autorizado y funcionan de forma regular sujetándose a la aplicación de la LMVSI. sus normas de desarrollo, con sujeción en todo caso, a condiciones de acceso, admisión a negociación, procedimientos operativos, información y publicidad.

Los mercados principales son:

I) en primer término, las Bolsas de Valores, en las que se negocian fundamentalmente valores de renta variable —acciones y valores convertibles o que otorguen derecho de adquisición o suscripción—, pero pueden negociarse otros instrumentos financieros. Existen en este momento cuatro Bolsas de Valores, que han establecido el Sistema de Interconexión Bursátil de ámbito estatal (SIBE), integrado a través de una redinformática, que constituye una plataforma electrónica de negociación, que garantiza la interconexión de las cuatro Bolsas.

II) En segundo término, el Mercado de futuros y opciones (MEFF). En él se negocian, compensan y liquidan los contratos de futuros y opciones, con independencia de su subyacente, esto es, sea o no financiero.

III) Finalmente, el Mercado de renta fija pública y privada (AIAF), del que son miembros las entidades de crédito y en el que se negocian valores de renta fija emitidos, principalmente, por entidades financieras y Administraciones públicas territoriales. Si bien estos valores pueden negociarse también en las Bolsas de Valores.

III. CONTRATOS DE SEGURO

1. Caracterización

El contrato de seguro es aquel en que el asegurador se obliga, mediante el cobro de una prima y para el caso de que se produzca un evento cuyo riesgo es objeto de cobertura, a indemnizar, dentro de los límites pactados, el daño producido al asegurado o a satisfacer un capital, una renta u otras prestaciones convenidas (art. 1 LCS).

2. Teoría general

2.1. Elementos

2.1.1. Elementos personales

Frente a la mayoría de los contratos, que solo producen efectos entre las partes contratantes y sus causahabientes, la peculiaridad del seguro en este ámbito reside en que extiende sus efectos a personas que no son parte en él, quebrándose por tanto el principio de relatividad de los contratos (art. 1257 Cciv). Las partes contratantes son el tomador del seguro y el asegurador. Junto a ellos aparece la figura del asegurado y la del beneficiario.

Contratante o tomador del seguro es quien suscribe el contrato de seguro con el asegurador. Hay que distinguirle del asegurado, que es la persona titular del interés asegurado, esto es, quien está expuesta al riesgo. El asegurador es la persona que asume la obligación de cobertura de la necesidad económica originada ante la realización del riesgo asegurado, esto es, ante la producción del siniestro. Finalmente, el beneficiario, receptor de la prestación del asegurador, es el último elemento personal que puede aparecer en el seguro. Su figura es relativamente común en los seguros sobre la vida en que se suele designar como beneficiario de la prestación a una persona distinta del asegurado, como persona sobre la que recae el riesgo. Y es imprescindible en los seguros para caso de muerte, donde es ineludible que aparezca una tercera persona para reclamar el pago del capital (art. 84 LCS). Supuesto distinto es el de los seguros de responsabilidad civil donde la Ley reconoce un derecho autónomo para percibir la indemnización al tercero perjudicado (art. 76 LCS).

2.1.2. Elementos causales

2.1.2.1. El riesgo

El primer elemento causal del seguro es el riesgo, ya que su finalidad consiste en preservarse contra un riesgo, lo que se consigue trasladando al asegurador las consecuencias económicas de la realización del siniestro. De este modo, en abstracto, el riesgo es requisito de todas las modalidades de seguro. El riesgo es la posibilidad e incertidumbre de que, por azar, ocurra un hecho que produzca una necesidad patrimonial, esto es, un evento dañoso o siniestro. No debe, por tanto, confundirse con el siniestro, que supone la realización del riesgo.

Considerando el carácter esencial del riesgo como elemento causal del contrato y los elementos que, según la definición anterior, le caracterizan se entiende que la LCS declara la nulidad del contrato, salvo en los casos expresamente exceptuados en ella, si en el momento de conclusión del contrato no existía el riesgo o había ocurrido el siniestro (art. 4 y 83.5 LCS), ya que faltando la posibilidad o la incertidumbre que definen el riesgo, el contrato carecería de causa. Por ese mismo motivo no es posible asegurarse de riesgos ilícitos, opuestos a las leyes, a la moral o al orden público (art. 1255 Cciv), ni cubrirse de siniestros producidos con ocasión de actividades ilegales o provocados dolosamente por el asegurado. En este último caso, además de que resulta inmoral que el asegurado se beneficie de sus propias actuaciones intencionadas, desaparece el azar, la aleatoriedad, y, consiguientemente, la misma noción de riesgo. De ahí que, la LCS libere al asegurador del pago de la indemnización si el siniestro ha sido causado por mala fe del asegurado (art. 19 LCS), pero no cuando se deba a una conducta culposa o negligente (cfr. art. 93 LCS en cuanto a la excepción que supone la asegurabilidad del suicidio). La carga de la prueba del dolo incumbe al asegurador ya que la buena fe se presume y se trata de una circunstancia que impide el surgimiento de su obligación de indemnizar.

2.1.2.2. El interés

El interés constituye el segundo elemento causal del seguro, ya que el riesgo es la posibilidad de que suceda un evento dañoso y el daño consiste en la lesión de un interés. El interés se define como la relación de contenido económico entre un sujeto y un bien, de modo que se integra por tres elementos: I) un sujeto, que siempre ha de existir, aunque pueda estar indeterminado hasta el momento del siniestro, como ocurre en el caso del seguro por cuenta de quien corresponda); II) un objeto, que puede ser un bien de cualquier naturaleza, incluidos, para algunos, los inmateriales, y, entre ellos, la vida humana; y III) una relación económica entre el sujeto y el bien, lo que supone que aquel obtenga una utilidad económica de esta, susceptible de valoración pecuniaria. En estesentido, ya que sobre un mismo bien pueden existir varias relaciones económicas, también sobre aquel pueden existir distintos intereses y, por ende, varios seguros. Se habla, por ejemplo, del interés del propietario, del usufructuario, del acreedor hipotecario... Pero lo determinante no es el aspecto jurídico del vínculo, sino la relación de hecho entre el sujeto y el bien, en la medida en que en virtud de la misma aquel pueda sufrir un daño al realizarse determinado evento. Por tanto, el interés concurre en todas las modalidades de seguro. No solo en los seguros de daños, sino también en los de personas, ya que el hombre y su capacidad de rédito son bienes susceptibles de valoración económica y, en estos seguros, también se advierte el deseo de subvenir a una futura necesidad patrimonial, que equivale a la provocación de un daño. La necesidad causada por la muerte, que implica extinción de la capacidad de trabajo, o por la vejez, que lleva consigo la disminución de esa capacidad.

En definitiva, todos los seguros son contratos cuya finalidad es indemnizar un posible daño futuro, es decir, satisfacer una futura necesidad económica. Por consiguiente, es necesaria la existencia de un interés para la validez del contrato durante toda su vigencia. Lo que sucede es que, ante la dificultad de probar el daño en algunos supuestos, el ordenamiento jurídico formula una presunción de que ciertos acontecimientos son dañosos, sin que quepa prueba en contrario (v.gr. cuando se produce la muerte de una persona). Y asimismo, en tanto la valoración del daño y su pleno resarcimiento, puede llegar a ser difícil, y aún imposible, en ciertos casos (como, por regla general, sucede en los seguros de personas), se establece en el contrato en el momento de su conclusión una suma que indica el valor del daño que debe resarcirse. Considerando la condición de elemento causal del seguro se entiende que la LCS declare la nulidad del contrato si en el momento de su conclusión no existe un interés del asegurado a la indemnización del daño (art. 25 LCS). Si el interés desaparece posteriormente a la celebración del contrato no hay nulidad, sino causa de resolución por lo que el contrato debe extinguirse, y, con él, el deber de prestación del asegurador.

2.1.3. Elementos Formales. La póliza

El seguro es un contrato consensual, de modo que se perfecciona por el simple consentimiento de ambas partes, cuando se han fundido la oferta y la aceptación. En el tratamiento de estas, no obstante, la LCS ha impuesto ciertas desviaciones de la teoría general, con la idea sobre todo de tutelar al tomador. En efecto, la solicitud de seguro efectuada por el tomador no le vincula. La Ley entiende que no se está ante una verdadera propuesta de contrato, sino ante una simple invitación para que el asegurador la haga. Sin embargo, trata con mayor rigor a este último pues su proposición de seguro le vinculará durante un plazo de quince días (art. 6 LCS). Por otra parte, mediando acuerdo de las partes es posible retrotraer los efectos del contrato al momento en que se presentó la solicitud o se formuló la proposición (art. 6 LCS).

Del carácter consensual del seguro deriva que, salvo en ciertos supuestos especialmente previstos, como el seguro marítimo (737 Ccom), no se exija para su validez forma especial. Sólo a efectos probatorios requiere la LCS que el contrato y sus modificaciones o adiciones se hagan constar por escrito. En interés evidente del tomador, razón por la que se impone al asegurador la obligación de entregarle la póliza u otro documento (art. 5 LCS). La *póliza* es el documento en que consta el contrato de seguro. Su contenido no es libre porque el mínimo está fijado en la Ley (arts. 8, 29, 30... LCS). Las condiciones generales pueden incluirse en ella o en un documento complementario (art. 3 LCS). Además, la póliza integra las condiciones particulares en sentido estricto.

2.2. Contenido

2.2.1. Obligación del asegurador

La única obligación contractual del asegurador es la de abonar la indemnización cuando se realice el riesgo previsto en el contrato en las condiciones determinadas en él. Es una obligación condicionada en su exigibilidad y en su extensión. La exigibilidad depende, en efecto, de la concurrencia de varios presupuestos:

I) Del acaecimiento de un evento que expresamente se contemple entre los riesgos asegurados y que no figure entre los excluidos.

II) De la producción de un daño al interés asegurado.

III) De la existencia de un nexo causal entre el evento y el daño.

IV) De que la realización del siniestro se haya producido en el tiempo y lugar previstos en el contrato (art. 18 LCS).

V) De la inexistencia de dolo o culpa grave del asegurado, pues si el siniestro se ha causado por dolo o mala fe del asegurado el asegurador queda liberado del pago de la indemnización (art. 19 LCS).

VI) Depende asimismo del cumplimiento de los deberes del tomador del seguro.

En cuanto a su extensión o cuantía depende del daño sufrido por el asegurado y de los límites previstos en el contrato. Su cálculo es distinto en los seguros de daños y de personas. El asegurador está obligado a satisfacer la indemnización mediante una prestación pecuniaria. Sólo cuando la naturaleza del seguro lo permita y el asegurado lo consienta el asegurador podrá sustituir el pago de la indemnización por la reparación o la reposición del objeto siniestrado (art. 18 LCS).

2.2.2. Obligaciones del tomador

2.2.2.1. El pago de la prima

La obligación principal del tomador es pagar la prima. La prima es la contraprestación del riesgo asumido por el asegurador. En atención a ello, su cuantía se determina en proporción a la entidad de aquel (arts. 10 y 13 LCS), lo que expresa el principio de equivalencia de las prestaciones de los contratantes. En punto al momento del pago, la prima puede ser única o periódica. La primera es aquella cuyo importe se fija unitariamente para toda la duración del contrato. Deberá ser pagada íntegramente en el momento de la suscripción. La segunda es aquella cuyo importe se establece en relación con períodos regulares de tiempo. En este caso, la primera será exigible en el momento de la firma del contrato y el resto al comienzo de cada período en que se divide la duración total del seguro, si bien en todos los supuestos el pago puede ser aplazado por convenio entre las partes. Los efectos del incumplimiento de la obligación de pagar la prima son distintos según se refieran a la prima única, a la primera o a las sucesivas. En los dos primeros casos, el asegurador puede resolver el contrato o exigir el pago por vía ejecutiva con base en la póliza. Si se produce el siniestro el asegurador queda liberado de su obligación, salvo pacto en contrario. En caso de impago de las primas sucesivas, la cobertura del asegurador queda suspendida un mes después del día del vencimiento de la obligación de pago. Si el asegurador no exige su cumplimiento en el plazo de los seis meses siguientes al vencimiento de esa obligación, se entiende que el contrato queda extinguido. Si se paga la prima, la cobertura del asegurador vuelve a tener efecto a las 24 horas del día en que se efectúa el pago (art. 15 LCS).

2.2.2.2. Los deberes adicionales

Junto a la obligación fundamental de pagar la prima, la Ley impone al tomador del seguro, en su caso, al asegurado, una serie de deberes adicionales o secundarios. No se trata de verdaderas obligaciones porque el asegurador no puede obligar a que se cumplan, pero, en algún caso, condiciona el abono de la indemnización a su cumplimiento. Se distinguen los deberes anteriores al siniestro y posteriores al mismo. Entre los deberes anteriores al siniestro se encuentra el de no agravar el estado de riesgo y el de comunicar al asegurador, tan pronto como le sea posible, todas las circunstancias que agraven el riesgo y sean de tal naturaleza que si hubieran sido conocidas por éste en el momento de la perfección del contrato no lo habría celebrado o lo habría concluido en condiciones más gravosas (art. 11 LCS).

Los deberes posteriores al siniestro son dos: i) comunicar la producción del siniestro al asegurador en el plazo máximo de 7 días a contar desde que conoció el siniestro, salvo que se haya fijado en la póliza otro más amplio. En caso de incumplimiento, sin embargo, no se pierde el derecho a la indemnización, sólo se establece la posibilidad para el asegurador de reclamar los daños y perjuicios causados por la falta de declaración. Tal efecto no se producirá si se prueba que el asegurador había tenido conocimiento del siniestro por otro medio (art. 16.1 y 2 LCS). Conexo con este deber está el de proporcionar al asegurador las informaciones complementarias sobre el siniestro, sus circunstancias y consecuencias; y, ii) aminorar las consecuencias del siniestro (art. 17 LCS). Se trata del denominado deber de salvamento, que constituye una prolongación lógica del deber de mantener, sin agravarlo, el estado de riesgo. Pero su contenido es distinto. Mientras este último impone una conducta pasiva, el primero implica una activa, esto es, la adopción de medidas que aminoren el daño. El incumplimiento de este deber da derecho al asegurador a reducir su prestación en la proporción oportuna, teniendo en cuenta la importancia de los daños derivados del mismo y el grado de culpa del asegurado. Pero si se produjera con la manifiesta intención de perjudicar o engañar al asegurador, este quedará liberado de su obligación de indemnizar (art. 17.1 LCS).

3. Clases

3.1. Los seguros contra daños

El seguro contra daños comprende los contratos que persiguen la indemnización estricta del daño sufrido. Se trata, pues, de seguros de indemnización efectiva fundados en el llamado principio indemnizatorio. Con arreglo a este principio el seguro no debe procurar nunca un beneficio para el asegurado, colocándole en situación mejor que si el siniestro no se hubiera realizado. Su fundamento básico consiste en el temor a que el asegurado provoque voluntariamente el siniestro con la esperanza de obtener una ganancia. De ahí que la estructura y funcionamiento de este tipo de seguros gire alrededor de la prueba del daño y el cálculo de la valoración del que efectivamente produce el siniestro. Estas circunstancias influyen en las particularidades en materia de elementos tanto como en la configuración de los derechos y obligaciones de las partes y en otros aspectos de régimen jurídico.

Los criterios clasificatorios más utilizados para agrupar los distintos supuestos de seguros de daños son los que atienden al objeto sobre el que recae el interés y al riesgo asegurado. En atención al interés se distinguen dos tipos de seguro. Los denominados de cosas en sentido estricto, en que el interés asegurado recae directamente sobre cosas determinadas. Y los seguros de patrimonio, en que aquel se proyecta no sobre cosas concretas, sino sobre un patrimonio considerado en su generalidad, como sucede en el seguro de responsabilidad civil. Considerando el riesgo asegurado, la LCS regula el seguro de incendios (arts. 45 a 49); el seguro contra robo (arts. 50 a 53), el seguro de transportes terrestres (arts. 54 a 62), el seguro de lucro cesante (arts. 63 a 67), el seguro de caución (art. 68), el seguro de crédito (arts. 69 a 72) y el seguro de responsabilidad civil (arts. 73 a 76). No obstante, existen otras y muy numerosas modalidades de seguro. Algunas de ellas están reguladas de modo específico en la legislación especial, como sucede, por ejemplo, con los seguros agrícolas o el de responsabilidad civil del cazador. Pero también es posible que se diseñen en las pólizas. En este ámbito son muy frecuentes los seguros combinados, como el del hogar o para actividades empresariales.

3.2. Los seguros sobre la vida

El seguro sobre la vida es aquel en que el asegurador, a cambio de una prima única o periódica, se obliga a satisfacer al asegurado o al beneficiario una suma, de una o varias veces, cuando se produzca un evento relativo a la duración de la vida humana. La incertidumbre sobre la duración de la vida humana es el riesgo asumido por el asegurador, tanto en un sentido positivo como supervivencia a una determinada edad, como negativo, la muerte (art. 83 LCS). Es el prototipo de seguro de personas o seguro de personas en sentido estricto, ya que el riesgo que asegura es la propia existencia de la persona (art. 80 LCS) y, sobre todo, es un puro seguro de sumas o de abstracta cobertura de la necesidad ya que, frente a lo que sucede en los seguros contra daños, la prestación del asegurador consiste en una suma dineraria discrecionalmente fijada en el contrato, sin que se precise probar la existencia y cuantía del daño. De ahí que la suma asegurada constituya en estos seguros no sólo el límite máximo de la indemnización del asegurador, sino la cuantía exacta de la prestación que ha de abonar el asegurador cuando se produzca el siniestro, salvo los supuestos en que se permita su reducción o aumento.

Junto a él existen otros contratos que pueden ser calificados como seguros de personas impuros o en sentido amplio puesto que, en ocasiones, la valoración de la prestación del asegurador puede no efectuarse de forma apriorística, sino que su cuantía depende de la valoración del daño en el momento del siniestro, como sucede en los seguros de concreta cobertura del daño. Se trata, en primer lugar, del seguro de accidentes, que cubre al asegurado contra una lesión corporal que deriva de una causa violenta, súbita y externa, ajena a la intencionalidad de aquel, que produzca invalidez temporal o permanente o muerte (art. 100 LCS). Y, en segundo lugar, de los seguros de enfermedad y asistencia sanitaria, que cubren el riesgo de enfermedad (art. 105 LCS). A diferencia de lo que sucede con el accidente, la LCS no define la enfermedad. No obstante, por la referencia que hace al pago de los gastos de asistencia médica, debe entenderse que incluye las perturbaciones del estado de salud determinadas por declaración médica que

originen consecuencias económicas en el asegurado a cuyo costo ha de hacer frente. A fin de diferenciarlo del seguro de accidentes, se exige en las pólizas que tal estado de perturbación no haya sido causado por accidente. Son seguros de personas ya que el sujeto pasivo de la enfermedad es una persona, pero su aproximación, en general, a los de daños es más acusada que en el de accidentes pues, en esencia, se trata de rembolsar los gastos causados por la enfermedad o de abonar un subsidio por el tiempo que dure la enfermedad. Si bien esta afirmación tiene distinta relevancia en los dos tipos de contratos a que alude la Ley.

IV. CONTRATOS DE GARANTÍA

1. Cuestiones generales

Los contratos de garantía son aquellos cuya causa es exclusivamente asegurar la satisfacción de un derecho de crédito, en caso de incumplimiento por el deudor, mediante la creación de un nuevo derecho o facultad que se superpone a aquel con ese único propósito. No deben confundirse, por tanto, con los negocios cuya causa es distinta o más compleja, aunque se advierta en ellos una finalidad de garantía, como sucede, por ejemplo, con el contrato de seguro, en particular, con el seguro de crédito y el de caución. Ni tampoco con aquellos otros que aseguran no el riesgo de incumplimiento, sino el cumplimiento, como ocurre, por ejemplo, con el crédito documentario.

2. Garantías personales

2.1. Introducción

Las garantías personales se arbitran a través de un tercer sujeto no deudor, que asegura al acreedor con su propio patrimonio, el pago de la deuda contraída por el deudor en caso de incumplimiento de este. El modelo de garantía personal es la fianza. El tráfico mercantil ha creado no obstante otros instrumentos que se alejan en gran medida de ese modelo. En particular las garantías a primera demanda y las cartas de patrocinio. En todos los casos, sin embargo, suele intervenir una entidad de crédito, lo que dota a los contratos respectivos de carácter mercantil y suele conferirles el carácter de contratos de adhesión.

2.2. La fianza

La fianza es un contrato por el que una persona, denominada fiador, se obliga a pagar o cumplir por un tercero, en caso de no hacerlo este (art. 1822 Cciv).

Es mercantil cuando tenga por objeto asegurar el cumplimiento de un contrato mercantil, aun cuando el fiador no sea empresario (art. 439 Ccom). Ahora bien, según he indicado, lo usual es que en este tipo de contratos intervenga una entidad de crédito, ya sea como garante, en cuyo caso suele denominarse aval, ya como beneficiaria de la garantía, lo que determinará la calificación mercantil por ese único motivo. En el tráfico mercantil destacan dos clases de fianza. La relativa a deudas futuras y la suscrita por una pluralidad de fiadores.

El fiador añade su propio patrimonio al del deudor principal como garantía para el caso de incumplimiento por este de su obligación. Por tanto, el fiador se convierte en deudor de la misma obligación garantizada, lo que explica la accesoriedad de la fianza respecto de ella. La accesoriedad se traduce en variadas consecuencias jurídicas de indudable trascendencia. A causa de ella no se pueden afianzar obligaciones nulas de pleno derecho (art. 1824 Cciv). En cuanto a su objeto es lícito que el fiador se obligue a menos, o en condiciones menos onerosas, pero nunca a más que el deudor principal (art. 1826 Cciv).

Con todo, su característica principal es la subsidiariedad. En su razón el fiador solo responde cuando el deudor principal no lo hace y además no puede hacerlo. Exige, pues, en primer término, que se haya producido la constitución en mora o el incumplimiento por parte del deudor (arts. 1100 Cciv y 63 Ccom). Y, en segundo lugar, que se haya hecho excusión de todos sus bienes. En aplicación del llamado beneficio de excusión el fiador puede oponerse al pago señalando al acreedor bienes del deudor realizables dentro del territorio español que sean suficientes para cubrir el importe de su deuda (arts. 1830 y 1832 Cciv), por lo que se pierde cuando no lo haga, o en caso de declaración de concurso del deudor (art. 1831.3° Cciv).

La fianza solidaria elimina el beneficio de excusión, y también la subsidiaridad, ya que permite reclamar indistintamente al fiador o al deudor principal, en los mismos términos y condiciones, por lo que no se requiere constituir en mora al deudor principal, ni el incumplimiento o la negativa de este al pago (art. 1822.2 Cciv). La fianza solidaria es la ordinaria en el tráfico mercantil, si bien no puede afirmarse con seguridad que se presuma en caso de falta de previsión expresa. El TS es vacilante a este respecto.

Finalmente cabe mencionar que, por expresa disposición legal, la fianza mercantil se separa de la civil en que debe constar por escrito, sin lo cual no tendrá valor ni efecto (art. 440 Ccom). Se trata, por tanto, de un contrato formal. La forma puede ser privada, pero lo usual es acudir a la forma pública, esto es, a la póliza o escritura pública intervenida o autorizada por Notario ya que así se consigue un título de ejecución. Por lo demás, a pesar de la extraña previsión del Ccom en torno a la gratuidad de la fianza (art. 441 Ccom), se presume que es onerosa cuando interviene una entidad de crédito, lo que, según he indicado, es habitual.

2.3. Cartas de patrocinio

Las cartas de patrocinio, conocidas también con la denominación de cartas de acreditación o apoyo, pero sobre todo como *confort letters*, debido a su extracción anglosajona, son documentos en forma de carta mediante los que su emisor se propone facilitar la concesión de crédito o financiación al patrocinado que aparece en él por parte del destinatario del mismo. Este último suele ser una entidad de crédito. El emisor es de ordinario la sociedad dominante de un grupo de sociedades y el patrocinado suele ser una de sus sociedades dominadas. Su contenido es muy variado, oscilando entre la simple declaración por el emisor de la participación que ostenta en el patrocinado, hasta la asunción de la obligación de vigilarle y controlarle para que esté en condiciones de cumplir sus obligaciones o incluso el compromiso de rembolso del crédito. En atención a ello se distinguen las cartas débiles y las fuertes.

Lección 16

El derecho digital de los mercados financieros

SUMARIO: I. LA INCIDENCIA DE LA INNOVACIÓN DIGITAL EN EL MERCADO FINANCIERO . LAS ENTIDADES *FINTECH/INSURTECH.* 1. Consideraciones generales. 2. Régimen jurídico: problemas relacionados con el Derecho de la competencia y con la protección de los usuarios de servicios financieros. III. LOS PRODUCTOS Y SERVICIOS FINANCIEROS. 1. Nuevos sistemas y servicios de pago. 2. El dinero digital: las cripto-monedas. *Neobanks y challenger banks.* 4. Financiación participativa (*crowdfunding*). ICOs. 5. Asesoramiento y gestión de carteras. 6. *InsurTech.*

I. LA INCIDENCIA DE LA INNOVACIÓN DIGITAL EN EL MERCADO FINANCIERO

Con la llamada digitalización podríamos estar a punto de asistir a una trascendental transformación del sistema financiero, puesto que supone un poderoso motor de cambio de los bancos, del propio dinero y de los mercados de valores, que da lugar a la aparición de nuevos tipos de empresas y también de productos y serviciosfinancieros.

En su mayoría parten de la aplicación de la inteligencia artificial (*artificial intelligence*, AI) y la tecnología de registro distribuido (*Distributed Ledger Technologies*, DLTs). Como su nombre indica se trata de una tecnología que permite mantener un registro digital de operaciones gracias a la validación que van realizando los participantes (nodos) de la red. El registro tiene forma de una cadena de bloques, en los que se agregan datos, que son firmados y validados digitalmente y que pueden proporcionar información precisa y desagregada de todos los detalles de las transacciones realizadas (intervinientes, fecha, hora, condiciones, etc.). Pueden ser de dos tipos: las centralizadas, que solo permiten a sujetos autorizados validar el registro digital de actuaciones; y las descentralizadas, que es el caso de la tecnología de la cadena de bloques (*Blockchain*) que resulta accesible por múltiples usuarios.

Blockchain es por tanto una tecnología capaz de producir registros de información encriptados y encadenados —el contenido de un bloque solo puede descifrarse con la información del anterior— y que además quedan guardados en todos los nodos que componen la red. Así la información no se puede borrar ni modificar, es inalterable, porque cualquier cambio en un ordenador es detectado inmediatamente por el resto de partícipes. El registro centralizado se sustituye de este modo por uno descentralizado con un número ilimitado de ordenadores conectados al sistema que, valida los datos, dado que cada nodo de la red registra la operación. Se sustituye así la figura tradicional del tercero de confianza, que venía usándose en las transacciones electrónicas para dar seguridad y que es una figura central que cuenta con un régimen jurídico claro, por evidencias criptográficas; sin que hasta el momento exista un régimen jurídico adecuado a este nuevo tipo de operatoria.

Estas redes, especialmente las descentralizadas, permiten reducir de forma notable los costes derivados de la intermediación financiera; pero paralelamente son susceptibles de generar riesgos para la competencia en el mercado, sea por concentración de poder o prácticas concertadas en ciertos nodos, así como problemas para la supervisión del cumplimiento de la normativa que resulta aplicable en cada uno de los ámbitos del sector financiero (bancario, del mercado de valores y asegurativo), dirigida a procurar el buen funcionamiento del mercado y la protección de los usuarios de servicios financieros que se tornan objetivos prioritarios para el legislador, tanto en el ámbito de la Unión Europea como en el nacional.

Es evidente pues el impacto del fenómeno *Fintech* en las condiciones de competencia del sector financiero y por ende de toda la economía. Como lo es, el reto al que se enfrenta el Derecho para regular fenómenos desconocidos hasta el momento.

Esta tecnología ha sido la desencadenante de la aparición de nuevos productos y servicios y de nuevas empresas que los prestan, aspectos que se abordan a continuación.

II. LAS ENTIDADES *FINTECH/INSURTECH*

1. Consideraciones generales

El desarrollo de las nuevas tecnologías aplicadas a los mercados financieros ha dado lugar a la aparición de gran número de empresas bajo la denominación genérica de *FinTech* —aunque también está extendida la denominación de *InsurTech*cuando se trate de empresas en el ámbito de los seguros—. No existe un concepto unívoco, si bien en la práctica viene a agrupar a las empresas que efectúan desarrollos tecnológicos innovadores para el diseño, la oferta y la prestación de productos y servicios financieros. Generalmente, se trata de empresas de nueva creación (*startzups*), de dimensión reducida, pero con una base tecnológica muy importante.

Cierto es que también han entrado en el sector las grandes empresas de base tecnológica, las denominadas Big-*Tech*, entre las que se encuentran, sin duda, Google, Apple, Microsoft, Facebook, Amazon o Alibaba. Estas multinacionales unen el prestigio de su marca a la ingente información que disponen de sus clientes. Además de sus productos y servicios tradicionales actúan como canalizadores de pagos; del mismo modo que su presencia es cada vez más acusada en el sector de los seguros, asociándose con start-ups innovadoras. Así Google, está actuando en las industrias automotriz y doméstica; Apple, en las empresas de salud, automóviles y domótica.; Facebook y Amazon, aprovechan recopilando datos y utilizándolos básicamente en el sector automotriz; y Alibaba ocupa una posición líder en la venta *online* de seguros.

Estas empresas *FinTech* en unos casos realizan actividades que ya se venían realizando, si bien lo hacen a través de nuevos canales. Así ocurre, por ejemplo, en los supuestos de captación de capital por parte del público inversor mediante la suscripción de valores; la particularidad es que se realiza a través de plataformas de financiación participativas que funcionan exclusivamente de forma telemática (*equity corwdfunding*); y en otros casos, este tipo de empresas realizan actividades que hasta tiempos recientes eran desconocidas, como podría ser, por ejemplo, el asesoramiento automatizado en inversiones (*roboadvisors*).

2. Régimen jurídico: problemas relacionados con el Derecho de la competencia y con la protección de los usuarios de servicios financieros

La cuestión que se plantea de inmediato es cuál es el régimen aplicable a este tipo de empresas FinTech. En el sector financiero, las empresas obtienen la autorización y están sujetas a un régimen de supervisión atendiendo al tipo de actividades, productos o servicios que desarrollan, con independencia de si utilizan métodos tradicionales o innovadores para prestar estos servicios. Y ello con el objetivo de garantizar, por un lado, la estabilidad e integridad de los mercados; y por otro, la protección de los consumidores e inversores.

Por estas razones, desde los sectores tradicionales se señala que, tratándose de actividades propias de sectores regulados, como la banca, los mercados de valores y los seguros, a estas empresas les resulta de aplicación toda la normativa de supervisión mercantil y administrativa, puesto que, de otro modo, compiten en condiciones de desigualdad y por tanto provocan situaciones de competencia desleal. Desde el sector de las empresas *FinTech* se señala la necesidad de adoptar un marco jurídico propio y adaptado a estos nuevos modelos.

En este sentido, la Autoridad Bancaria Europea aboga por permitir a estas empresas contrastar o probar su modelo de negocio con carácter previo a la solicitud de autorización, sin que se les aplique o, se haga de forma muy laxa, el régimen ordinario de autorización administrativa. Se trata de la denominada "licencia *sandbox*", que consiste en conceder un período de prueba controlado por las respectivas autoridades supervisoras en el que se les permite contrastar su modelo de negocio, tras el cual estarían sometidas al régimen de autorización propio del sector concreto —banca, bolsa y seguros—. Esta es la idea que, por otra parte, se recoge en la Ley de Medidas para la Transformación Digital del sistema financiero.

También debe tenerse en cuenta el "Plan de Acción en materia de tecnología financiera: por un sector financiero europeo más competitivo e innovador" elaborado por la Comisión Europea y publicado el 8 de marzo de 2018, en el que se recoge que los marcos reglamentarios y de supervisión de Europa deberían permitir a las empresas que operan en el mercado único de la UE sacar partido a la innovación financiera y ofrecer a sus clientes los productos más apropiados y accesibles. Estos marcos deberían garantizar un alto nivel de protección para los consumidores e inversores, así como la resiliencia y la integridad del sistema financiero. También deberían establecer medidas concretas para enfrentarse a los retos de estos nuevos modelos tales como el riesgo cibernético, las cuestiones relacionadas con la protección de datos, protección de inversores y problemas de integridad de los mercados.

Respecto a la existencia de mecanismos suficientes para proteger a los usuarios de estos nuevos productos y servicios financieros la entrada en vigor de la Directiva 2014/65/UE, de 15 de mayo de 2014 relativa a los mercados de instrumentos financieros (conocida como la MiFID II) y del Reglamento (UE) 600/2014 de 15 de mayo de 2014 relativo a los mercados de instrumentos financieros viene a paliar algunas de las deficiencias que presenta el actual modelo. En nuestro país solo se ha implantado parcialmente mediante la modificación del TRLMV por Real Decreto-ley 14/2018, de 28 de septiembre. En todo caso, se trata de una regulación general que requerirá de desarrollos normativos adecuados y más específicos.

En relación con la protección de datos de los clientes y usuarios de los servicios financieros, la a UE consciente de estos importantes cambios, a través de su Estrategia para el Mercado Único Digital, propuesta por la Comisión Europea en 2015, empezó a sentar las bases para la creación de Mercado Único Digital libre y seguro en el que los ciudadanos puedan comprar en línea a través de las fronteras y las empresas puedan vender en línea en toda la UE. El objetivo de esa estrategia es lograr que la economía, la industria y la sociedad europeas aprovechen plenamente la nueva era digital. Junto a las innumerables ventajas que supone para las empresas poder disponer de esa ingente información que proporciona la tecnología referida, también aparecen riesgos importantes a los que el Derecho debe dar solución y que vienen referidos básicamente a otorgar la debida protección a los titulares de los datos personales que se obtienen y tratan.

En esta línea desde la Unión Europea se ha acometido un profundo proceso de revisión de la normativa existente, que ha dado lugar a dos importantes normas que componen lo que se conoce como el nuevo marco europeo de protección de datos y que deben ser de especial aplicación respecto de las empresas que usan tecnología Big data*: el Reglamento (UE) 2016/679 del Parlamento Europeo y del Consejo de 27 de abril de 2016, relativo a la protección de las personas físicas en lo que respecta al tratamiento de datos personales y a la libre circulación de estos datos y por el que se deroga la Directiva 95/46/CE* (RGPD) y la Directiva 2016/680 del Parlamento Europeo y del Consejo de 27 de abril de 2016, relativa a la protección de las personas físicas en lo que respecta al tratamiento de datos personales por parte de las autoridades competentes para fines de prevención, investigación, detección o enjuiciamiento de infracciones penales o de ejecución de sanciones penales, y a la libre circulación de dichos datos. El RGPD unifica y moderniza la normativa europea sobre protección de datos, estableciendo mecanismos para que por un lado, los ciudadanos puedan tener un mejor control de sus datos personales y por otro, las empresas puedan aprovechar al máximo las oportunidades de un mercado único digital, reduciendo la burocracia y beneficiándose de una mayor confianza de los consumidores. La Directiva de Protección de Datos, por su parte, está destinada a la protección de los datos de víctimas, testigos y sospechosos de la comisión de delitos en los ámbitos policiales y de la Justicia.

Siguiendo esa estela, se ha aprobado la Ley Orgánica 3/2018, de 5 de diciembre, de Protección de Datos Personales y garantía de los derechos digitales (LOPD). Teniendo que cuenta que el RGPD es de aplicación directa, cabría hablar de desarrollo o complemento del Derecho de la Unión Europea, tal y como establece la Exposición de Motivos de la LOPD. El campo para nuestra norma será organizativo y de completar aquellos elementos que no hayan sido desarrollados en la norma comunitaria. En ese sentido, la ley matiza y completa el régimen del RGPD en cuanto a los principios básicos de tratamiento de datos. Exactitud, confidencialidad, consentimiento son los que han de seguirse por parte de los encargados y responsables. Estas reglas, que son las que abren la puerta a los derechos que reconoce la ley en relación con los datos, están modulados en una serie de supuestos específicos que atañen directamente al ámbito mercantil: tratamiento de datos de contacto de empresarios individuales y de profesionales liberales (art. 19), sistemas de información crediticia, (art.20), tratamientos relacionados con la realización de determinadas operaciones mercantiles (art. 21) y sistemas de exclusión publicitaria (art. 23).

III. LOS PRODUCTOS Y SERVICIOS FINANCIEROS

1. Nuevos sistemas y servicios de pago

Entre los sistemas y servicios de pago encontramos nuevos agentes que compiten con las entidades financieras tradicionales y que permiten incrementar la competencia y movilizar servicios más personalizados o complementarios. La primera gran innovación es el monedero digital (*Digital Wallet, DW*), que puede funcionar como monedero *on line* (Online Wallet, *OW*) o como monedero móvil (*Mobile Wallet,* MW). Consiste en una herramienta de hardware y software que permite el almacenamiento de todos los datos necesarios para realizar el pago. Estos últimos están aportando nuevas funcionalidades puesto que permiten las transferencias de empresas a consumidores (b2c) pero también entre empresas (p2p) y de consumidor a consumidor (c2c). La aparición de estos monederos digitales igualmente ha facilitado la irrupción de nuevos proveedores de servicios de pago entre consumidores (*Third Party Providers* o TPPs), que siempre que cuenten con el consentimiento de estos podrán realizar "Servicios de iniciación de pagos" (*Payment Initiation Services* o PIS) a los proveedores del consumidor, y también realizar "Servicios de información sobe cuentas, (*Account Information Services,* AIS), accediendo a toda la información del titular de la cuenta y actuando sin necesidad de contraseñas para mejorar el conocimiento de la situación financiera del consumidor y de sus necesidades. Con este sistema en general los usuarios pueden controlar sus gastos de forma más directa y las empresas también podrán conocer mejor las transacciones que realizan los usuarios con los que trabajan, lo que les permitirá mejorar tanto su gestión interna (*back-office*), como su relación con terceros (*front-office*), a través de una oferta especializada y más personalizada.

2. El dinero digital: las criptomonedas

Junto con estos nuevos instrumentos de pago, que parten de la existencia de dinero físico que circula por medios electrónicos, y al que puede denominarse dinero electrónico, y que ha sido objeto de regulación por el legislador comunitario, debe mencionarse como gran innovación el dinero digital, que parte de la tecnología *Blockchain* y que no tiene la consideración de moneda de curso legal. El Banco Central Europeo considera que se trata de la representación digital de valor, que pueden ser intercambiadas por medios telemáticos y que sirven como instrumentos de cambio y unidad de valor o de almacenamiento de un valor, si bien esas funciones las cumple por el acuerdo de la comunidad de usuarios que utilizan el sistema. Dentro de estas criptomonedas el ejemplo típico son los *bitcoin*, que siguiendo lo indicado, es una moneda digital que parte de la tecnología *Blockchain* y cuyo valor de cambio viene dado por la aceptación de los que se asocian al sistema contable *bitcoin*.

Es obvio que este sistema descentralizado puede reportar ventajas, pero también que siguen siendo muy importantes los problemas jurídicos pendientes de resolver como el acceso a datos de cuentas bancarias, aspectos de protección de los usuarios de los servicios, posibles problemas de competencia, incluso posibles riesgos sistémicos si se detectaran fallos en la tecnología.

Aspectos que, entre otros, están siendo tenidos en cuenta en la revisión de la *Directiva (UE)* 2015/2366 del Parlamento Europeo y del Consejo de 25 de noviembre de 2015 sobre servicios de pago en el mercado interior en lo que ya se conoce como Segunda Directiva de Servicios de Pago (*Revised Directive on Payment Services 2*, PSD2). Uno de los principales aspectos a tener en cuenta y que puede suponer un cambio trascendental para el sector bancario es la consagración de la figura de los proveedores de servicios de pago a terceros o TPPs (*Third Party Payment Service Providers*) al otorgarles acceso a la infraestructura de los bancos bajo la supervisión, igual que los bancos, de la Autoridad Bancaria Europea (ABE).

3. Neobanks y challenger banks

Otra innovación son los denominados "neobancos" (neobanks) y los *challenger banks*, que son plataformas de nueva creación que ofrecen un abanico integral de productos bancarios en competencia directa con los bancos clásicos. Los denominados challenger *banks*, son entidades de crédito con funciones similares a las tradicionales pero con un funcionamiento completamente digital. Los neobancos, por su parte, ofrecen, junto a las funciones básicas de los bancos, otras funciones, pudiéndose centrar únicamente en la realización de actividades complementarias o aspectos concretos del sector. Y ello lo hacen asociándose con las entidades de crédito que no tienen un funcionamiento digital, generalmente mediante aplicaciones móviles. Aunque hasta el momento vienen desarrollando servicios similares a los de esa banca tradicional, se espera que sean las impulsoras de la operativa con criptomonedas.

4. Financiación participativa (crowdfunding). ICOs

La financiación participativa (*crowdfunding*) a grandes rasgos es un sistema que se basa en una llamada abierta al público para obtener financiación para un proyecto específico a través de internet. Supone por tanto una desintermediación en la financiación de los agentes, ya sea en forma de capital (*Equity crowdfunding, ECF*) o de préstamos (P2P *lending*). Estos tipos de financiación se regularon en la Ley 2/2015, de 27 de abril, dirigida a dar carta de naturaleza a estos sistemas a la para que estableciendo unas normas básicas de protección a los inversores.

La cuestión es que el cambio tecnológico ha hecho que se evolucione hacia un sistema de financiación en masa, las llamadas *Initial Coin Offerings* (ICOs) por analogía con las ofertas públicas de venta de acciones (*Initial Public Offering*, IPO). No obstante, las ICOs presentan diferencias importantes, puesto que lo que adquieren los financiadores no es una acción o participación, sino una criptomoneda, y en particular, un *criptotoken*. Todos los usuarios del sistema tienen acceso al registro de las titularidades de esos *token*, y su titularidad se acredita en un sistema de clave pública y privada basado en la criptografía. Desaparece por tanto la figura del intermediario (no solo de la banca, sino también de la plataforma).

Este sistema es el mismo en el que se basan un tipo de criptomoneda como el *bitcoin*. La diferencia estriba en que mientras que el *bitcoin* viene a ser el equivalente a una moneda puesto que trata de servir como medio de pago o como forma de almacenar un valor, el *token* representa un derecho o un bien determinado. El siguiente paso es el de equiparar el *token* a un valor negociable (*security*),hablando entonces de *security tokens*.

Este sistema que comienza a desarrollarse presenta junto a sus ventajas también importantes riesgos relacionados con la protección de los inversores. La cuestión de fondo es si deben ser objeto de regulación y supervisión por parte de las autoridades de los mercados de valores y en caso afirmativo, con qué especialidades. En nuestro país, la CNMV ha señalado en una nota informativa que las ICOs quedarán sometidas a la normativa del mercado de valores cuando los "*tokens" atribuyan derecho o expectativas de participación en la potencial revalorización o rentabilidad de negocios o proyectos .. u otorguen derechos equivalentes o parecidos a los propios de las acciones, obligaciones u otros instrumentos financieros incluidos en el artículo 2 TRLMV*". No obstante, no se ha registrado ninguna ICO y no existe ningún mecanismo de control, por lo que deberá plantearse a buen seguro que no basta con extender la legislación general sino que es preciso buscar soluciones jurídicas *ad hoc* que concilien los diferentes intereses en juego.

5. Asesoramiento y gestión de carteras

En el asesoramiento y gestión de carteras, también se están produciendo cambios motivados por las innovaciones tecnológicas: desde los comparadores financieros, pasando por agregadores financieros, plataformas de *networking* y percepción (sentiment) en los mercados financieros, social trading, plataformas de negociación electrónica y *roboadvisors*. Entre sus ventajas, el hecho de que facilita el acceso a este tipo de productos a un público mucho más amplio que el tradicional, y además a unos precios más reducidos, al producirse una importante desintermediación. Los problemas como en otros casos de innovaciones tecnológicas es la inexistencia de controles y de supervisión, y por tanto, de protección a inversores inexpertos.

6. InsurTech

También en el ámbito de los seguros, las innovaciones tecnológicas están suponiendo la aparición de nuevos productos más especializados, que permiten que el consumidor se involucre más y tenga acceso más fácil a la información (*Insurtech*). Tener información acerca del cliente ha resultado siempre fundamental para las compañías aseguradoras para medir el riesgo en los productos asegurativos que ofrecen. En la actualidad, la tecnología Big Data, permite el acceso y recopilación de múltiples datos – piénsese en temas relacionados con las multas que tenemos, nuestras preferencias para viajar, nuestro estado de salud, etc. Ante mayor y mejor información, las compañías aseguradora puede ofrecer soluciones mucho más personalizadas, y mejorar su gestión interna, lo que incide en un cálculo más ajustado del riesgo, y por ende, de la prima.

Además, las compañías pueden utilizar esas innovaciones tecnológicas para combatir el fraude, puesto que pueden cruzar datos obtenidos de diversas fuentes que les pueden permitir comprobar si el siniestro ha sucedido realmente o el momento en el que ha sucedido. Y, además, en un contexto en el que las TICs han dado lugar a objetos inteligentes (el internet de las cosas, IoT), se plantean nuevos tipos de seguros para cubrir las eventualidades que surjan de ese nuevo modo de funcionar —baste con pensar en los seguros de los coches autónomos—. Se abre, por tanto, un nuevo espectro de necesidades asegurativas derivadas de la incidencia de la digitalización de la actividad económica.

Lección 17

Contratos publicitarios

SUMARIO: I. CARACTERIZACIÓN. 1. Concepto y clases. 2. Normativa aplicable. II. ELEMENTOS PERSONALES. 1. El anunciante. 2. Las agencias de publicidad. 3. Los medios de publicidad. III. EL CONTRATO DE PUBLICIDAD. 1. Concepto. 2. Contenido y cumplimiento. 2.1 Obligaciones de la agencia de publicidad. 2.2. Obligaciones del anunciante. IV. CONTRATO DE CREACIÓN PUBLICITARIA. 1. Concepto y normativa aplicable. 2. Contenido y cumplimiento. V.CONTRATO DE DIFUSIÓN PUBLICITARIA. 1. Concepto.Contenido y cumplimiento. 2.1. Obligaciones del medio. 2.2. Obligaciones del anunciante o de la agencia. VI. CONTRATO DE PATROCINIO. 1. Concepto. 2. Contenido y cumplimiento. Obligaciones del patrocinador. 2.2. Obligaciones del patrocinado. 2.3. Cláusula de exclusiva. VII. CONTRATO DE RECLAMO MERCANTIL (*MERCHADISING*). VIII. CONTRATO DE PERMUTA PUBLICITARIA (*BARTERING*).

I. CARACTERIZACIÓN

1. Concepto y clases

Los contratos publicitarios son aquellos que versan sobre actividades publicitarias (art. 7 LGP). En especial constituyen actividades publicitarias todas aquellas que consisten en formas de comunicación realizadas con el fin de promover de forma directa o indirecta la contratación de bienes, servicios, derechos y obligaciones, aunque no se excluyen otras (art. 2 LGP). Existen dos grandes categorías de contratos de esta índole, según se entienda la locución en sentido amplio o estricto.

La noción amplia de contrato publicitario se caracteriza porque el tipo de actividad publicitaria que constituye su objeto está delimitada en atención a la concurrencia cumulativa de dos elementos: i) un elemento estructural (comunicación colectiva); ii) un elemento funcional (la promoción de determinadas actitudes o comportamientos entre el público). En este concepto amplio se incluirían, por ejemplo, la propaganda de carácter religioso, político o social, así como la publicidad institucional. Estrictamente considerado, el contrato publicitario requiere la presencia de estos mismos elementos, pero el funcional está especialmente cualificado por la finalidad de la promoción, que no comprende la realización por terceros de cualquier acto, sino específicamente la de promover la contratación de bienes, servicios, derechos y obligaciones en beneficio del sujeto emisor. Por ese mismo motivo, se exige la presencia de un tercer elemento, el subjetivo, a cuyo tenor el sujeto emisor ha de ser un empresario, artesano o profesional que pretende promover los negocios propios de su actividad empresarial, artesana o profesional.

En cuanto a sus clases la LGP regula el contrato de publicidad, el de creación publicitaria, el de difusión publicitaria y el de patrocinio. Pero haré referencia también a los contratos de reclamo mercantil (*merchadising*) y de permuta publicitaria (*bartering*), debido a su implantación en la práctica.

2. Normativa aplicable

Los contratos publicitarios están regulados en la LGP y, subsidiariamente, en las reglas generales de Derecho Común (art. 7 LGP), locución que debe reformularse entendiendo que se aplican en primer término las normas mercantiles y, en segundo lugar, las de Derecho Civil, dado el carácter mercantil de estos contratos, que deriva de su finalidad y de la condición de empresario de las agencias y medios de publicidad. Acerca de este extremo es importante destacar que la aplicación de las normas de la LGP a la actividad publicitaria no comercial comprendida en la acepción amplia de contrato publicitario se limita a las normas contractuales, no abarca la disciplina sobre publicidad ilícita prevista en la LGP (arts. 2 y 7 LGP), ni sobre publicidad desleal, incluida en la LCD. En este último caso porque la LCD exige que el acto desleal reúna tres requisitos. Además de que resulte objetivamente contrario a las exigencias de la buena fe (art. 4.1 LCD), en particular, que se realice en el mercado (art. 2.1. LCD), y, sobre todo, que se ejecute con fines concurrenciales (art. 2.1 LCD), presumiéndose la finalidad concurrencial del acto cuando, por las circunstancias en que se realice, se revele objetivamente idóneo para promover o asegurar la difusión en el mercado de las prestaciones propias o de un tercero (art. 2.2 LCD). En consecuencia, se excluyen de la noción los actos realizados con una finalidad distinta a la concurrencial y, por ende, la publicidad no comercial.

Por otra parte, hay que tener en cuenta la normativa prevista en la Ley 7/2010, de 31 de marzo, General de la Comunicación Audiovisual (LGCA). Aunque se trata de un texto de carácter administrativo que, por tanto, impone prohibiciones y sanciones de naturaleza pública, su contenido influye en aspectos relevantes del contenido de los contratos publicitarios. La LGCA no se refiere explícitamente a la publicidad no comercial. Considera que son servicios de comunicación audiovisual aquellos cuya principal finalidad es proporcionar, a través de redes de comunicaciones electrónicas, programas y contenidos con objeto de informar, entretener o educar al público en general, así como emitir comunicaciones comerciales (art. 2.2 LGCA). Al referirse a la finalidad principal no excluye, por tanto, que pueda tener otras finalidades por lo que es posible estimar que no descarta el concepto amplio de publicidad. Sin embargo, en la misma línea de la LGP, solo estimas aplicables las normas sobre publicidad ilícita y desleal a las comunicaciones comerciales, estableciendo además un catálogo de prohibiciones adicionales solo al respecto de estas (art. 18 LGCA). Incluye, no obstante, un extraño precepto, mediante el que prohíbe la comunicación *comercial* televisiva de *naturaleza política,* salvo en los supuestos previstos por la LO del Régimen Electoral General (art. 18.6 LGCA). No obstante, enuncia algunas hipótesis incluidas en el concepto de publicidad ilícita, considerándolos aplicables a la publicidad no comercial en el catálogo de los derechos del público a recibir una comunicación audiovisual plural (art. 4.2 y 4.4 LGCA) y de los derechos del menor (art. 7 LGCA). Asimismo, consagra el derecho de todas las personas a que la comunicación informativa se elabore de acuerdo con el deber de diligencia en la comprobación de la veracidad de la información (art. 4.5 LGCA).

Más propiamente regula la cuestión la Resolución de 22 de enero de 2001, de la Dirección General del Ente Público Radiotelevisión Española, por la que se hacen públicas las normas reguladoras de la emisión de publicidad por *Televisión Española, Sociedad Anónima.* La Resolución acoge el mismo criterio amplio que la LGP al disponer que constituye publicidad cualquier forma de mensaje televisado emitido, mediante contraprestación y por encargo de una persona física o jurídica, pública o privada, en relación con una actividad comercial, industrial, artesanal o profesional, con el fin de promover la contratación de bienes muebles o inmuebles o de servicios de cualquier tipo, y también cualquier forma de mensaje emitido por cuenta de terceros para promover determinadas actitudes o comportamientos entre los telespectadores (norma 2). Cuando se trata de publicidad no comercial continúa sin ordenar la sujeción a la misma de las normas sobre publicidad ilícita y desleal [norma 6 b)]. Sin embargo, contempla algunos supuestos incluidos en el concepto de publicidad ilícita al respecto de la publicidad no comercial, ampliando, además, las hipótesis que comprende aquella en la LGP [norma 6 a)]. Y prevé reglas especialmente aplicables a la protección de menores, (III), que rigen sin consideración al carácter comercial de la publicidad, por lo que amplían también las previsiones sobre publicidad ilícita del art. 3 b) LGP. Prohíbe, además, la publicidad de contenido esencial o primordialmente político o dirigida a la consecución de objetivos de tal naturaleza, con la única salvedad de lo previsto en la LO de Régimen Electoral General [norma 7 c)]. Pero en esta ocasión no atribuye a este tipo de publicidad el extraño carácter comercial que contempla la LGCA.

Por otra parte, en cuanto a la publicidad electoral, hay que tener en cuenta la Ley Orgánica 5/1985, de 19 de junio, del Régimen Electoral General. Y respecto de la publicidad institucional, la Ley 29/2005 de 29 de diciembre de Publicidad y Comunicación institucional que establece el marco normativo de la misma para la publicidad efectuada por la Administración General del Estado y las distintas Leyes autonómicas sobre el particular. En general, a los contratos publicitarios concluidos por entes del sector público les será de aplicación, junto a la LGP, la LCSP.

II. ELEMENTOS PERSONALES

Los elementos personales de los contratos publicitarios son los anunciantes, las agencias de publicidad y los medios de publicidad.

1. El anunciante

El anunciante es la persona natural o jurídica en cuyo interés se realiza la publicidad (art. 8 LGP). Es quien ordena las concretas actuaciones publicitarias celebrando los correspondientes contratos con los profesionales de la publicidad y con los medios, quienes actúan en todo caso por su cuenta o en su interés, con independencia de que se contrate o no en su nombre. A consecuencia de ello asume la responsabilidad de la realización publicitaria y de su difusión frente a terceros, sin posibilidad de exoneración, limitación o delegación, según previene el art. 11 LGP. Este precepto prohíbe incluir en los contratos publicitarios cláusulas de exoneración, imputación o limitación de la responsabilidad frente a terceros en que puedan incurrir las partes como consecuencia de la publicidad. Ahora bien, es obvio que un pacto semejante carecería en todo caso de eficacia frente a terceros (arts. 1257 y 1911 Cciv). Por este motivo, al objeto de preservar su aplicabilidad, es obligado considerar que lo que instituye es una prohibición de distribuir internamente el régimen de responsabilidad en que puedan incurrir las partes.

En cualquier caso, es la responsabilidad que se atribuye al anunciante la que justifica que la LGP le otorgue el derecho a controlar la ejecución de la campaña de publicidad (art. 10 I LGP). Aunque la LGP no lo diga de forma expresa se trata de un derecho de carácter irrenunciable ya que constituye la contrapartida de la responsabilidad total que la Ley le atribuye en relación con la ejecución de la publicidad. Por ese motivo, se extiende a la agencia y al medio. La LGP no prevé norma alguna aplicable a este derecho, de modo que será el contrato el que deberá determinarlas, junto con las consecuencias jurídicas derivadas del incumplimiento de las mismas por los sujetos intervinientes. No obstante, para garantizar este derecho, la LGP prevé la posibilidad de que las organizaciones sin fines lucrativos constituidas legalmente en forma tripartita por anunciantes, agencias de publicidad y medios de difusión comprueben la difusión de los medios publicitarios, y, en especial, las cifras de tirada y venta de publicaciones periódicas. Esta comprobación se hará en régimen voluntario (art. 10 II LGP). Asimismo, la indisponibilidad de este derecho a controlar la ejecución de la publicidad constituye el fundamento de la obligación legal que se atribuye al anunciante de desvelar inequívocamente el carácter publicitario de sus anuncios (art. 9 LGP).

El anunciante no precisa ninguna cualificación especial. En particular no es necesario que ejerza una actividad empresarial o profesional, ni que pretenda promover la contratación de sus productos o servicios (art. 2 LGP).

2. Las agencias de publicidad

Las agencias de publicidad son las personas naturales o jurídicas que se dediquen profesionalmente y de manera organizada a crear, preparar, programar o ejecutar publicidad por cuenta de un anunciante (art. 8 II LGP). Se trata, pues, de personas que desarrollan las actividades empresariales de creación, preparación, programación o ejecución de la publicidad. En consecuencia, adquieren en todo caso la condición de empresarios.

Según el número de actividades que desarrollen, se distinguen las agencias de servicios plenos, que llevan a cabo todas ellas, de las agencias especializadas, que únicamente asumen alguno o algunos. Entre ellas, a su vez, cabe destacar las llamadas *boutiques creativas* o estudios, que desarrollan la actividad que constituye el objeto del contrato de creación publicitaria o las agencias de medios, que se dedican a la ejecución del contrato de difusión publicitaria. En este ámbito no obstante la agencia puede formalizar el contrato de difusión con el medio o recurrir, a su vez, a una central de compras, empresarios que tienen como actividad comprar espacios publicitarios a los medios por cuenta de los anunciantes y/o de las agencias que los precisan, respectivamente para realizar sus campañas publicitarias o las campañas publicitarias proyectadas por las agencias a favor de sus anunciantes.

En cualquier caso, es importante retener que la agencia actúa siempre por cuenta del anunciante. En especial cuando se trata de la ejecución de la publicidad, aunque puede contratar en nombre de aquel o en nombre propio. En este ámbito actúa, pues, con un gestor de intereses ajenos.

3. Los medios de publicidad

Los medios de publicidad son las personas naturales o jurídicas, públicas o privadas, que, de manera habitual y organizada, se dediquen a la difusión de publicidad a través de los soportes o medios de comunicación social cuya titularidad ostenten (art. 8 III LGP). En su acepción objetiva el medio es el vehículo o soporte de la comunicación. Con la expresión vehículo se hace referencia a ámbitos genéricos de comunicación social (prensa, radio, televisión, internet...), dentro de los cuales se diferencian los distintos soportes como subcanales de comunicación que sostienen la publicidad (vgr. determinada cadena de televisión o periódico o cierto programa radiofónico). En sentido subjetivo, es la persona titular del vehículo o soporte de la comunicación y, como tal, decide los contenidos del soporte y divulga éste.

Cuando se trate de publicidad audiovisual, el medio adquiere la condición de prestador de servicios de comunicación audiovisual. Se entiende por tal la persona física o jurídica que tiene el control efectivo, esto es, la dirección editorial, sobre la selección de los programas y contenidos y su organización en un canal o en un catálogo de programas, incluyéndose al arrendatario de una licencia de comunicación audiovisual. Asimismo, son servicios de comunicación audiovisual aquellos cuya responsabilidad editorial corresponde a un prestador del servicio y cuya principal finalidad es proporcionar, a través de redes de comunicaciones electrónicas, programas y contenidos con objeto de informar, entretener o educar al público en general, así como emitir comunicaciones comerciales (art. 2.1 y 2 LGCA). Se entiende por responsabilidad editorial el ejercicio de control efectivo tanto sobre la selección de los programas como sobre su organización. Hay que tener en cuenta, no obstante, que la responsabilidad editorial no implica necesariamente una responsabilidad legal por los contenidos o los servicios prestados (art. 2.13 LGCA). Sin embargo, los medios asumen la obligación legal de deslindar perceptiblemente las afirmaciones efectuadas dentro de su función informativa de las que hagan como simples vehículos de publicidad (art. 9 LGP), que expresa el principio de autenticidad publicitaria. Manifestación de este principio constituye también la prohibición de comunicaciones comerciales encubiertas (arts. 18.2 y 2.32 LGCA).

III. EL CONTRATO DE PUBLICIDAD

1. Concepto

Contrato de publicidad es aquél por el que un anunciante encarga a una agencia de publicidad, mediante una contraprestación, la preparación, programación y ejecución de una determinada publicidad (art. 13 LGP). El contrato de publicidad es un contrato bilateral y sinalagmático que genera, por tanto, obligaciones para ambas partes. Se trata también de un contrato consensual, que se perfecciona por el mero consentimiento sin requerir forma especial. Su naturaleza jurídica es la de contrato de obra por empresa (artículos 1588 a1600 Civ).

2. Contenido y cumplimiento

2.1. Obligaciones de la agencia de publicidad

La agencia de publicidad asume la obligación principal de preparar y ejecutar la publicidad en el tiempo pactado, contratando para ello con los medios de difusión la prestación de los servicios necesarios. En la ejecución de esta obligación deberá emplear la máxima diligencia cuidando el negocio como propio (art. anal. *ex* art. 255 Ccom). En especial deberá controlar la ejecución de la difusión que lleven a cabo los medios de publicidad. Se obliga asimismo a seguir las instrucciones del anunciante. Para garantizar el cumplimiento de esta obligación se compromete a suministrarle la información oportuna y se otorga al anunciante el derecho a supervisar la ejecución de la campaña de publicidad. Por otro lado, la agencia no se limita a la ejecución de la publicidad, sino que se obliga además a crearla, prepararla o programarla. A este respecto, cuando la agencia realice creaciones publicitarias, se aplicarán también las normas del contrato de creación publicitaria (art. 13 II LGP).

En cualquier caso, la agencia deberá abstenerse de utilizar la información o material publicitario que el anunciante le haya facilitado a efectos del contrato para fines distintos de los pactados (art. 14 LGP). Si la publicidad no se ajustase en sus elementos esenciales a los términos del contrato o a las instrucciones expresas del anunciante, se considera que existe cumplimiento defectuoso, no incumplimiento del contrato, por lo que el anunciante no está autorizado a resolver el contrato, sino solo a exigir una rebaja de la contraprestación o la repetición total o parcial de la publicidad en los términos pactados, y la indemnización, en uno y otro caso, de los perjuicios que se le hubieren irrogado (art. 15 LGP). Este supuesto no concurre cuando la publicidad no resulte del gusto del anunciante, si no se ha previsto nada al respecto en el contrato, ni contraviene ninguna instrucción expresa del mismo. La falta de identidad entre el resultado pactado y el obtenido tampoco podrá referirse al rendimiento económico o a los resultados comerciales de la publicidad, teniendo en cuenta lo previsto al respecto en el art. 12 LGP.

Existe incumplimiento cuando la agencia injustificadamente no realiza la prestación comprometida o lo hace fuera del término establecido. En este caso el anunciante podrá resolver el contrato y exigir la devolución de lo pagado, así como la indemnización de daños y perjuicios (art. 16 LGP). Por consiguiente, el incumplimiento se produce no solo si la agencia no realiza la prestación comprometida, sino también cuando lo hace fuera del término establecido. Como ocurre en otros contratos mercantiles, este precepto equipara el cumplimiento tardío al incumplimiento total de la prestación. La referencia al carácter injustificado del incumplimiento induce a considerar que la responsabilidad se excluye en los supuestos de fuerza mayor o caso fortuito, limitándose por tanto su exigencia a las hipótesis de incumplimiento doloso o culpable. En definitiva, las misma solución que deriva de la aplicación de las normas comunes sobre responsabilidad contractual (arts. 1124 y 1105 Cciv).

2.2. Obligaciones del anunciante

El anunciante asume la obligación de proporcionar a la agencia los medios y la información necesaria para que pueda ejecutar su prestación, la fundamental de pagar la remuneración convenida, que suele consistir en un porcentaje del importe bruto de lo facturado por la agencia al anunciante como coste del empleo de los medios de difusión, y la de abstenerse de utilizar cualquier idea, información o material publicitario suministrado por la agencia para fines distintos de los pactados (art. 14 LGP). Sin embargo, cuando el contrato incluya también la creación publicitaria ha de tenerse en cuenta la presunción de cesión en exclusiva de los derechos de explotación de las creaciones publicitarias prevista en el artículo 21 II LGP, al que remite el artículo 13 II LGP.

Si el anunciante resolviere o incumpliere injustificada y unilateralmente el contrato con la agencia, sin que concurran causas de fuerza mayor, o lo cumpliere sólo de forma parcial o defectuosa, la agencia podrá exigir la indemnización por daños y perjuicios a que hubiere lugar (art. 16 LGP). Se entiende, no obstante, que si el anunciante incumple sustancialmente el contrato concurriendo culpa, la agencia podrá exigir el cumplimiento o la resolución, además de la indemnización (art. 1124 Cciv). La extinción del contrato no afectará a los derechos de la agencia por la publicidad realizada antes del incumplimiento (art. 16 LGP).

IV. CONTRATO DE CREACIÓN PUBLICITARIA

1. Concepto y normativa aplicable

Contrato de creación publicitaria es aquél por el que una persona se obliga a favor de un anunciante o agencia a idear y elaborar un proyecto de campaña publicitaria, una parte de la misma o cualquier otro elemento publicitario, a cambio de una contraprestación dineraria (art. 20 LGP). Por tanto, el objeto del contrato consiste en *idear* y también *elaborar* o plasmar materialmente un proyecto de campaña completo, una parte de la misma o cualquier elemento publicitario. En consecuencia, el objeto de este contrato es una obra publicitaria, esto es, una creación intelectual en sentido amplio. Esta apreciación permite concluir que se trata de un contrato de resultado y que dicho resultado consiste precisamente en la obra publicitaria, no en un resultado comercial o económico. Aunque de forma técnicamente difusa, el art. 12 LGP corrobora esta afirmación cuando dispone que se tendrá por no puesta cualquier cláusula por la que, directa o indirectamente, se garantice el rendimiento económico o los resultados comerciales de la publicidad, o se prevea la exigencia de responsabilidad por esta causa (art. 12 LGP).

Esa misma conclusión obliga a considerar que la naturaleza del mismo es la propia del arrendamiento de obra (arts. 1544 y concordantes Cciv), en tanto que, en definitiva, se contrata a alguien para que alcance un resultado creativo concreto. De forma que, en defecto de norma expresa, el régimen jurídico del contrato habrá de construirse sobre la base de la disciplina del arrendamiento de obra en su modalidad mercantil, esto es, contrato de obra por empresa.

2. *Contenido y cumplimiento*

La principal obligación del creador es ejecutar el resultado publicitario, esto es, crear la obra publicitaria y cederla a la contraparte. Dispone el art. 21 LGP que la creación publicitaria puede gozar de los derechos de propiedad intelectual o intelectual cuando reúna los requisitos exigidos por las disposiciones vigentes. En tal caso, no obstante, la LGP presume, salvo pacto en contrario, que los derechos de explotación de estas creaciones publicitarias han sido cedidos en exclusiva al anunciante o agencia en virtud del contrato de creación publicitaria y para los fines previstos en el mismo (art. 21 LGP). La LGP parte, por tanto, de la atribución de la titularidad de los posibles derechos de la propiedad intelectual a la persona a la que se hubiera realizado el encargo que, a su vez, cederá, salvo pacto en contrario, el derecho de explotación de los mismos al anunciante o a la agencia.

En la medida en que el resultado es la obra publicitaria como creación del intelecto, la cesión no puede restringirse al soporte en el que se plasme, sino que se extiende a la creación como bien inmaterial. El art. 21 corrobora esta afirmación al referirse a la cesión de los derechos de explotación en toda su extensión, que, por tanto, se entenderá remunerada con la contraprestación pactada para el contrato de creación publicitaria. La referencia a la cesión induce a considerar que no hay una mera licencia de uso de esos derechos, sino una cesión, que, en puridad, equivale a la transmisión definitiva de los derechos. Sin embargo, el precepto consigna que la *cesión* se realiza sólo para los fines previstos en el contrato, lo que parece incompatible con la naturaleza de la cesión, aproximando la figura a la licencia. Tampoco aclara la LGP a qué extremos podrá venir referido el pacto en contrario al que alude.

La exclusión de la autorización para la explotación del resultado de la creación publicitaria protegida carece de sentido en un acuerdo en el que se busca precisamente la utilización del proyecto o de los elementos encomendados. El pacto en contrario podría venir referido, por tanto, a la ampliación de la autorización de uso, a otros medios distintos al inicialmente previsto, a la posibilidad de pactar la transmisión propiamente dicha de los derechos a la agencia o al anunciante o al carácter no exclusivo de la licencia.

De otro lado, los límites relativos a la finalidad para la que podrá utilizarse la creación, así como el ámbito territorial y temporal para los que se presume cedido el derecho de explotación vendrán determinados por el contrato de creación publicitaria. En defecto de pacto sobre estos particulares lo procedente es recurrir a la normativa específica reguladora de las distintas modalidades de licencia de derechos de la propiedad intelectual, en caso de que la creación publicitaria engendre derechos de este tipo. De modo que, en cuanto a la limitación temporal, para el supuesto concreto de la licencia de marca la duración se extenderá a la del registro, incluidas las renovaciones (art. 48.4 LM). Sin embargo, para los derechos de propiedad intelectual la falta de mención del tiempo limita la transmisión a cinco años (art. 43 LPI). En ambos casos se presume que el ámbito territorial para el que se cede la explotación es el territorio nacional.

Adicionalmente hay que tener en cuenta que, en materia de cumplimiento defectuoso e incumplimiento se aplicarán las normas establecidas para el contrato de publicidad, en la medida en que no sean incompatibles con la naturaleza del contrato de creación publicitaria. Cuando el contrato se concierte con la agencia de publicidad con la que se ha suscrito el contrato de publicidad se aplicarán, como es obvio, las disposiciones relativas a los dos contratos (art. 13 LGP).

V. CONTRATO DE DIFUSIÓN PUBLICITARIA

1. Concepto

Contrato de difusión publicitaria es aquél por el que un medio se obliga en favor de un anunciante o agencia a permitir la utilización publicitaria de unidades de espacio o de tiempo disponibles y a desarrollar la actividad técnica necesaria para lograr el resultado publicitario, a cambio de una contraprestación fijada en tarifas prestablecidas (art. 17 LGP). Sobre el medio hay que recordar aquí la doble acepción subjetiva y objetiva que se desprende del art. 8 LGP, que considera medios de publicidad a las personas naturales o jurídicas, públicas o privadas, que, de manera habitual y organizada, se dediquen a la difusión de publicidad a través de los soportes o medios de comunicación social cuya titularidad ostenten. Es en el sentido subjetivo en el que el medio es parte del contrato de difusión relativo al uso publicitario de los espacios del vehículo o soporte del que es titular.

2. Contenido y cumplimiento

2.1. Obligaciones del medio

El medio asume como obligación no solo la de ceder un espacio y un tiempo en el soporte de difusión, sino particularmente la de desarrollar la actividad técnica necesaria para lograr el resultado publicitario. Esta última es la obligación específica y característica, que excluye del contrato de difusión la mera cesión de espacios para uso publicitario, sin prestación de actividad técnica alguna (vgr. vallas publicitarias, fachadas de inmuebles, vehículos de motor). En estos casos existe un simple arrendamiento de cosa. Ahora bien, la obligación que asume no es de medios, sino de resultado, dado que no es suficiente con realizar la actividad necesaria para lograr la difusión del mensaje, sino que es necesario que el resultado publicitario, que consiste en la divulgación entre la audiencia de la publicidad pactada, se produzca. Es lo que hay que deducir de las previsiones del art. 19 LGP cuando estima que existe incumplimiento de contrato cuando no se produce la difusión, salvo fuerza mayor. En consecuencia, su naturaleza jurídica es la de un arrendamiento de obra (arts. 1544 y ss. Cciv). Más concretamente, dado su carácter mercantil, se trata de un contrato de obra por empresa. De modo que, en defecto de previsión específica en la LGP, se aplicarán las normas de estos.

Por consiguiente, la obligación principal del medio es difundir la publicidad entre su audiencia en los términos pactados. De hacerlo defectuosamente, por causas imputables a él, vendrá obligado a ejecutar de nuevo la publicidad en esos términos. Si la repetición no fuere posible, el anunciante o la agencia podrán exigir la reducción del precio y la indemnización de los perjuicios causados (art. 18 LGP). Si no la difunde, el anunciante o la agencia podrán optar entre exigir una difusión posterior en las mismas condiciones pactadas o denunciar el contrato con devolución de lo pagado por la publicidad no difundida. En ambos casos, el medio deberá indemnizar los daños y perjuicios ocasionados (art. 19 LGP). Por el contrario, si la falta de difusión fuera imputable al anunciante o a la agencia, el responsable vendrá obligado a indemnizar al medio y a satisfacerle íntegramente el precio, salvo que el medio haya ocupado total o parcialmente con otra publicidad las unidades de tiempo o espacio contratadas (art. 19 LGP).

2.2. Obligaciones del anunciante o de la agencia

El contrato se concierta siempre por cuenta del anunciante, pero puede ser concluido en su propio nombre por la agencia de publicidad, con quien el anunciante suscribió el correspondiente contrato de publicidad, si así se ha previsto en este, o por el propio anunciante, en cuyo caso, se entiende que la agencia contratará con el medio en nombre y por cuenta de aquel. La agencia también puede utilizar una central de compras en los términos comentados en el epígrafe 2.2 anterior. La obligación principal de cualquiera de ellos es satisfacer al medio la contraprestación por la difusión pactada, según las tarifas prestablecidas por el medio (art. 17 LGP). Aunque la referencia a las tarifas carece de carácter imperativo por lo que puede pactarse cualquier contraprestación. Hay que tener en cuenta, sin embargo, que, durante la campaña electoral, los partidos políticos, federaciones, coaliciones y agrupaciones que concurran a las elecciones no pueden suscribir este tipo de contratos para hacer publicidad electoral en los medios de comunicación de titularidad pública ni en las emisoras de televisión privada. Tienen derecho, no obstante, a espacios gratuitos de propaganda en las emisoras de televisión y de radio de titularidad pública conforme a lo establecido en la LO de Régimen Electoral (art. 60 Ley Orgánica 5/1985, de 19 de junio, del Régimen Electoral General para la publicidad electoral.

VI. CONTRATO DE PATROCINIO

1. Concepto

El contrato de patrocinio publicitario, también denominado de esponsorización, es aquél por el que el patrocinado se compromete a colaborar en la publicidad del patrocinador, a cambio de una ayuda económica para la realización de la actividad a la que el patrocinado se dedique, que puede ser una actividad deportiva, benéfica, cultural, científica o de otra índole (art. 22 LGP). La amplitud con que la LGP alude a la actividad del patrocinado refiriéndola no sólo a actividades deportivas, sino también a las benéficas, culturales, científicas o de otra índole permite, entre otras circunstancias, incluir el patrocinio de programas de radio y televisión.

Al patrocinio de servicios de comunicación audiovisual o de programas se refiere la LGCA señalando que se considera patrocinio cualquier contribución que una empresa pública o privada o una persona física no vinculada a la prestación de servicios de comunicación audiovisual ni a la producción de obras audiovisuales haga a la financiación de servicios de comunicación audiovisual o programas, con la finalidad de promocionar su nombre, marca, imagen, actividades o productos (art. 2.29 LGCA). Y patrocinio cultural, cualquier contribución de una Institución, Empresa o Fundación a la producción de obras audiovisuales, programas de radio y televisión y/o contenidos digitales de temática cultural, social o de promoción del deporte, con la finalidad de promocionar su actividad, marca y/o imagen o como expresión de su responsabilidad social corporativa (art. 2.30 LGCA). En este ámbito, se prohíbe el patrocinio de programas de contenido informativo de actualidad (art. 16 LGCA).

2. Contenido y cumplimiento

2.1. Obligaciones del patrocinador

La obligación fundamental del patrocinador es prestar la ayuda económica comprometida para la realización de la actividad del patrocinado, por ejemplo, la deportiva, si se trata de una sociedad anónima deportiva. La ayuda puede consistir en dinero o en otro tipo de contraprestación. La característica determinante del contrato es la condición de benefactor del patrocinador respecto de la actividad del patrocinado, que falta en el contrato de difusión publicitaria. Por eso, a pesar de las analogías que existen entre ambos, la LGP dispone que el contrato de patrocinio publicitario se regirá por las normas del contrato de difusión publicitaria solo en cuanto le sean aplicables (art. 22 LGP). Ahora bien, tal característica ha de entenderse de modo lato ya que, a pesar de ello, el contrato de patrocinio no es de carácter gratuito, sino oneroso, puesto que la colaboración se presta no con ánimo de liberalidad, sino para obtener la ventaja publicitaria correspondiente. Esta circunstancia diferencia el contrato de patrocinio del de mecenazgo. El mecenas se obliga a realizar una atribución patrimonial con ánimo de liberalidad, sin esperar nada a cambio.

2.2. Obligaciones del patrocinado

El patrocinado se compromete a realizar la actividad patrocinada haciendo expresa la publicidad pactada a favor de su patrocinador en los términos acordados, debiendo rendir cuenta de la utilización de la ayuda percibida. Sin embargo, no promueve de forma directa la contratación de los productos o servicios del patrocinador, ni ensalza sus cualidades, como sucede, al contrario, en el mensaje publicitario tradicional. Se limita a conectar su actividad con los signos distintivos del patrocinador, tratando de producir en los destinatarios una asociación entre ambos y, de este modo, una conexión entre el reconocimiento o la buena fama del patrocinado y los productos o servicios de patrocinador que induzca, indirectamente, a la contratación. Ahora bien, estas expectativas no se integran en la estructura jurídica del contrato. El resultado publicitario que constituye su objeto se limita a hacer expresa la publicidad al realizar la actividad, no comprende expectativas de ganancias, ni resultados económicos (art. 12 LGP)

En caso de patrocinio de programas audiovisuales, el público debe ser claramente informado del patrocinio al principio, al inicio de cada reanudación tras los cortes que se produzcan o al final del programa mediante el nombre, el logotipo, o cualquier otro símbolo, producto o servicio del patrocinador. Por otro lado, el patrocinio no puede condicionar la independencia editorial. Tampoco puede incitar directamente a la compra o arrendamiento de bienes o servicios, en particular, mediante referencias de promoción concretas a éstos. Además, el patrocinio no puede afectar al contenido del programa o comunicación audiovisual patrocinados, ni a su horario de emisión, de manera que se vea afectada la responsabilidad del prestador del servicio de comunicación audiovisual (art. 16 LGCA).

2.3. Cláusula de exclusiva

La exclusiva a favor del patrocinador ha de ser expresamente acordada en lo que se refiere a su duración y excepciones. La cláusula de prioridad o de contratación preferente en caso de prolongación de la actividad patrocinada, debe ser, asimismo, expresamente acordada. Ninguna de las dos constituye elemento esencial, ni tan siquiera natural del contrato.

VII. CONTRATO DE RECLAMO MERCANTIL (*MERCHADISING*)

El contrato de reclamo mercantil, más conocido por su denominación anglosajona, esto es, *merchandising*, es aquél por el que el titular de un derecho de la personalidad o de un bien inmaterial protegido por un derecho de exclusiva y susceptible de resultar atractivo para el público, cede su uso a un empresario como medio de atraer clientela hacia los productos o servicios que ofrece en el mercado, a cambio de una contraprestación. Pueden ser objeto del mismo, por tanto, el nombre y/o la imagen de una persona física, así como las creaciones protegidas por el derecho de la propiedad intelectual y las marcas, entre otros. Se trata de un contrato no regulado en la Ley, pero de notable difusión en la práctica, cuyos contornos pueden precisarse en atención a ella teniendo en cuenta su naturaleza de cesión de uso de derechos de la personalidad o bienes inmateriales. En efecto, a pesar de la diversidad de los posibles objetos, en todos los casos el esquema contractual es el mismo, el de la licencia, ya sea de derechos de imagen, de derechos de autor o de marcas, que constituyen, pues, los regímenes jurídicos de referencia para la regulación de este contrato.

Teniendo en cuenta esos modelos y la específica finalidad del *merchadising*, el titular del derecho de la personalidad o del bien inmaterial objeto del contrato vendrá obligado a mantener al cesionario en su uso de manera pacífica en la forma y durante el período pactado, así como a observar una conducta que no menoscabe el atractivo público de aquellos en relación con los productos o servicios para los que se ha cedido. Por su parte, el cesionario deberá servirse del derecho o del bien inmaterial cedido conforme a su naturaleza y en relación con los productos o servicios convenidos, evitando cualquier utilización, que, por su forma o contenido, pueda afectar a la dignidad del titular del derecho de la personalidad o menoscabar el atractivo público del bien inmaterial cuyo uso se ha cedido.

VIII. CONTRATO DE PERMUTA PUBLICITARIA (*BARTERING*)

El contrato de permuta publicitaria, conocido igual que el anterior por su denominación anglosajona, esto es, *bartering*, es aquel por el que un anunciante, o una agencia de publicidad, se obliga a poner a disposición de un medio de comunicación una producción literaria, radiofónica o audiovisual que aparece vinculada a la publicidad de sus bienes o servicios, a cambio de la cesión por dicho medio del espacio y tiempos necesarios para su difusión. Una de las modalidades más comunes es aquella en que el anunciante produce un programa de radio o de televisión y lo entrega a un medio para que lo difunda a cambio de realizar gratuitamente publicidad dentro de ese programa.

Es también un contrato legalmente atípico cuyo régimen jurídico puede, no obstante, integrarse en razón de la analogía, con normas del contrato de difusión publicitaria, en el caso de las que asume el medio de comunicación. Y por las normas del contrato de creación publicitaria, en relación con las obligaciones del anunciante o de la agencia de publicidad. Al respecto de estos, en particular, puede considerarse que las producciones objeto del contrato de permuta publicitaria, gozarán de los derechos de propiedad intelectual establecidos por las disposiciones vigentes, cuando reúnan los requisitos exigidos en las mismas, pero los derechos de explotación de dichas producciones, se presumirán, salvo pacto en contrario, cedidos en exclusiva al medio de difusión, para los fines previstos en dicho contrato.

Lección 18

Contrato de transporte. Contrato deviajes combinados y servicios de viaje vinculados

SUMARIO: I. CUESTIONES GENERALES. 1. Caracterización. 2. Clases. II. TRANSPORTE DE PERSONAS. 1. Disciplina aplicable. 2. Concepto. 3. Elementos. 3.1. Elementos personales. 3.2. Elementos reales. 3.3. Elementos formales. 4. Contenido. 4.1. Obligaciones del viajero. 4.2. Obligaciones del transportista. 4.3. La responsabilidad del transportista. Transporte terrestre. 4.3.1.1. Transporte ferroviario. 4.3.1.2. Transporte por carretera. Transporte aéreo. 4.3.2.1. Normativa aplicable. 4.3.2.2. Presupuestos y limitaciones. VIAJES COMBINADOS Y SERVICIOS DE VIAJE VINCULADOS. 1. Concepto y disciplina aplicable. 2. Elementos. 2.1. Elementos personales. 2.2. Elementos formales. 3. Régimen del viaje combinado.. 3.1. Obligaciones del empresario . 3.1.1. Prestación del servicio en los términos convenidos. 3.1.2. Deberes de información . 3.1.3. Constitución de garantía frente al incumplimiento de obligaciones e insolvencia. 3.1.4. Prestación de asistencia adecuada al viajero. 3.2. Derechos del viajero. Responsabilidad del empresario. 3. Régimen de los servicios de viaje vinculados.

I. CUESTIONES GENERALES

1. Caracterización

El transporte es un contrato por el que una persona, denominada porteador o transportista, se obliga frente a otra, denominada cargador, a trasladar de un lugar a otro a una persona o cosa determinada, o a ambos, a cambio de una contraprestación dineraria (art 2.1 LCTTM). Es un contrato sinalagmático y oneroso. Es también un contrato de adhesión ya que su contenido está predeterminado por condiciones generales de la contratación y contratos tipo, cuya peculiaridad reside en que pueden estar establecidos por la Administración. En tal caso, su utilización es imperativa, salvo que, legal o reglamentariamente, se disponga su aplicación en forma subsidiaria o supletoria a las condiciones que libremente pacten las partes en los correspondientes contratos singulares, o que el porteador ofrezca al adherente condiciones más favorables a las establecidas en los contratos-tipo, teniendo en este caso, estas últimas, el carácter de condiciones mínimas (art. 3 y DF 3ª LCTTM).

Se trata de una modalidad del arrendamiento de obra por cuanto no se pacta la mera prestación de servicios por parte del porteador, sino que este obtenga el concreto resultado de ejecutar el traslado. Finalmente, este contrato es mercantil cuando tenga por objeto mercaderías o cualesquiera efectos del comercio o cuando, siendo cualquiera su objeto, sea empresario el porteador, o se dedique habitualmente a verificar transportes para el público (arg. *ex* derogado art. 349 Ccom y art. 2.2 LCTTM).

2. Clases

Atendiendo al objeto del contrato, se distingue el transporte de cosas y el de personas. Considerando el medio o vehículo empleado para realizarlo el transporte es naval, aéreo o terrestre. En este último caso puede ser ferroviario y por carretera. Cuando en un mismo contrato se pacta la utilización de una diversidad sucesiva de medios, el transporte es multimodal. Se denomina multimodal el contrato de transporte celebrado por el cargador y el porteador para trasladar mercancías o viajeros mediante el uso de más de un modo de transporte, siendo uno de ellos terrestre, con independencia del número de porteadores que intervengan en su ejecución, siempre que dicha operación se encuentre planificada de forma completa y coordinada por quien organizó el transporte, ya se trate del cargador, de un transportista o de un operador de transporte ((arts. 67 LCTTM y 28.1 LOTT).

La LCTTM sienta el principio de que el contrato se regirá por la normativa propia de cada modo, como si el porteador y el cargador hubieran celebrado un contrato de transporte diferente para cada fase del trayecto. En particular dispone que la protesta por pérdidas, averías o retraso, se regirá por las normas aplicables al modo de transporte en que se realice o deba realizarse la entrega (art. 68.1 y 2 LCTTM). De conformidad con ello incluye un conjunto de normas destinadas a identificar la normativa del modo que debe aplicarse en supuestos dudosos (arts. 69 y 70 LCTTM) y, sobre todo, sienta la regla de que la responsabilidad del porteador se regirá por la LCTTM cuando no pueda determinarse la fase del trayecto en que sobrevinieron los daños (art. 68.3 LCTTM).

II. TRANSPORTE DE PERSONAS

1. Disciplina aplicable

A pesar de su enorme importancia, el transporte de personas no está regulado de forma sistemática en textos de carácter jurídico privado, por lo que su régimen debe encontrarse en las puntuales referencias que hacen a él o al porteador las normas administrativas. En particular la LOTT y el ROTT, y la LSF y el RSF, para los transportes terrestres, y la LNA, para el aéreo. Su contenido está determinado en contratos tipo y condiciones generales de la contratación que, en el caso del terrestre, establece el Ministerio competente. Estos contratos rigen de forma subsidiaria o supletoria a lo que libremente pacten las partes en los correspondientes contratos singulares cuando se refieran a contratos de transportes de viajeros en ferrocarril o autobús contratados por coche completo, incluyéndose, a tal efecto, los regulares de uso especial, pero se aplicarán con carácter imperativo en los transportes de viajeros por carretera en vehículos de turismo, así como en los transportes en autobús o por ferrocarril con contratación por asiento, si bien es posible incluir cláusulas anexas a dichos contratos-tipo que se apliquen únicamente con carácter subsidiario o supletorio a los que pacten las partes. Además, los porteadores podrán ofrecer a los usuarios condiciones más favorables a las establecidas en los contratos-tipo, teniendo en este caso, estas últimas, el carácter de condiciones mínimas (DF 3ª LCTTM).

Además, ha de tenerse en cuenta la normativa comunitaria y la internacional. En el ámbito de la primera cabe reseñar Reglamento (CE) nº 1370/2007 del Parlamento Europeo y del Consejo, de 23 de octubre de 2007, sobre los servicios públicos de transporte de viajeros por ferrocarril y carretera, que integra las Reglas Uniformes relativas al contrato de transporte internacional de viajeros y equipajes por ferrocarril (CIV) del Convenio relativo a los Transportes Internacionales por Ferrocarril (COTIF), de 9 de mayo de 1980, modificado por el Protocolo por el que se altera el Convenio relativo a los Transportes Internacionales por Ferrocarril de 3 de junio de 1999.Asimismo, el Reglamento (CE) nº 1073/2009 del Parlamento Europeo y del Consejo, de 21 de octubre de 2009, por el que se establecen normas comunes de acceso al mercado internacional de los servicios de autocares y autobuses y por el que se modifica el Reglamento (CE) nº 561/2006 y el Reglamento UE 181/2011 del Parlamento Europeo y del Consejo de 16 de febrero de 2011 sobre los derechos de los viajeros de autobús y autocar y por el que se modifica el Reglamento CE nº 2006/2004. Sin embargo, es el transporte aéreo donde dicha normativa reviste mayor alcance. En especial, tratándose de la responsabilidad del porteador, cuestión a la que aluden el Reglamento (CE) nº 261/2004 del Parlamento Europeo y del Consejo, de 11 de febrero de 2004, por el que se establecen normas comunes sobre compensación y asistencia a los pasajeros aéreos en caso de denegación de embarque y de cancelación o gran retraso de los vuelos, y se deroga el Reglamento (CEE) nº 295/91, y el Reglamento (CE) n° 2027/1997, sobre la responsabilidad de las compañías aéreas en caso de accidente, tras la modificación operada por el Reglamento (CE) 889/2002 del Parlamento europeo y del Consejo de 13 de mayo de 2002, que desarrolla las disposiciones pertinentes del Convenio de Montreal en relación con el transporte aéreo de pasajeros y su equipaje.

2. Concepto

El transporte de personas puede definirse como el contrato por el que un empresario, denominado transportista o porteador, se obliga a trasladar a una persona de un lugar a otro, en las condiciones previamente pactadas y a cambio de un precio.

3. Elementos

3.1. Elementos personales

En comparación con el transporte de cosas, en el de personas, se produce una simplificación de los elementos personales del contrato, que son, de un lado, el viajero, y, de otro, el porteador. El viajero es quien contrata en nombre propio con el porteador su traslado de un lugar a otro y, al tiempo, la persona trasladada en ejecución del contrato de transporte. En el transporte aéreo se le denomina pasajero en razón del contrato de pasaje que le une con el porteador en este tipo de transporte.

El porteador o trasportista es quien asume frente al viajero la obligación de realizar el *transporte* en nombre propio. Como regla general, el ejercicio de esta actividad exige la posesión de una licencia o autorización para la realización de la clase de transporte de que se trate, expedida por el órgano competente (arts. 42 LOTT y 44 LSF). No obstante, la prestación de aquellas modalidades de transporte de viajeros por carretera que tengan atribuido el carácter de servicio público de titularidad de la Administración sólo podrá ser contratada en concepto de porteador por el contratista a quien el órgano competente hubiese adjudicado su gestión o, en su caso, por el ente, organismo o entidad que la Administración competente haya creado para la gestión o coordinación de esa clase de servicios (art. 22.2 LOTT). Por consiguiente, excepto cuando la Administración opte por la gestión directa, la prestación se realizará por la empresa, titular de una autorización de transporte público de viajeros, a la que se adjudique el correspondiente contrato de gestión.

Tienen el carácter de servicios públicos de titularidad de la Administración los transportes públicos regulares de viajeros de uso general (art. 71 LOTT). Se consideran trasportes regulares los que se efectúan dentro de itinerarios preestablecidos, y con sujeción a calendarios y horarios prefijados (art. 64.1 LOTT). Son transportes públicos regulares de uso general los que van dirigidos a satisfacer una demanda general, siendo utilizables por cualquier interesado (art. 67 LOTT). Son transportes públicos regulares de uso especial los que están destinados a servir, exclusivamente, a un grupo específico de usuarios tales como escolares, trabajadores, militares, o grupos homogéneos similares (art. 67 LOTT). Frente a los transportes regulares, los *discrecionales* son los que se llevan a cabo sin sujeción a itinerario, calendario ni horario preestablecido (art. 64.1 LOTT).

Debemos tener en cuenta, por otra parte, la irrupción de nuevos modos de trasporte discrecional, que utilizan plataformas que ponen en contacto a conductores con potenciales viajeros a través de una aplicación para teléfonos inteligentes. Tal y como se comentó, al aludir al denominado turismo colaborativo es muy importante tener en cuenta si esas plataformas son empresarios de transporte o son prestadores de servicios de la sociedad de la información. Hasta el momento, el Tribunal de Justicia de la Unión Europea se ha pronunciado en dos sentencias (de 20 de diciembre de 2017 y de 10 de abril de 2018) acerca de la plataforma Uber indicando que Uber es una plataforma que «controla todos los aspectos pertinentes de un servicio de transporte urbano», el precio, los requisitos mínimos de seguridad, el comportamiento de los conductores y la posibilidad de expulsión. Por tanto, la actividad de Uber es una «única prestación de transporte». El tribunal considera que la plataforma es la que, por un lado, crea la oferta de servicios de transporte urbano, y por otro, es la que organiza su funcionamiento. El tribunal señala en este sentido, de forma muy gráfica que «el servicio de intermediación de Uber se basa en la selección de conductores no profesionales que utilizan su propio vehículo, a los que esta sociedad proporciona una aplicación sin la cual, por un lado, estos conductores no estarían en condiciones de prestar servicios de transporte y, por otro, las personas que desean realizar un desplazamiento urbano no podrían recurrir a los servicios de los mencionados conductores». Y además, ejerce una influencia decisiva sobre las condiciones de las prestaciones efectuadas por estos conductores. Por todo ello, y a diferencia de la plataforma Aibnb que opera en el ámbito del alojamiento, el TJUE concluye que no realiza un servicio de la sociedad de la información» sino que «es un servicio de transporte».

3.2. Elementos reales

El objeto del contrato se identifica, en cierta medida, con el sujeto ya que, normalmente, es la persona que contrata la que debe ser transportada de un lugar a otro. Junto al viajero o pasajero, puede constituir también objeto del contrato el equipaje. En atención a la custodia y responsabilidad sobre el mismo suele distinguirse entre el equipaje de mano y el equipaje facturado. En sentido estricto se entiende por equipaje únicamente el facturado, esto es, cualquier objeto o conjunto de objetos que, a petición del viajero, acompañen a éste durante el viaje a bordo de la bodega, la baca o remolque del mismo vehículo. Por equipaje o bulto de mano se entiende todo objeto que el viajero lleve consigo durante el viaje a bordo del habitáculo del vehículo, incluyendo los objetos destinado al abrigo, adorno o uso personal (arts. 23 III y IV LOTT y 97 LNA).

3.3. Elementos formales

El elemento formal del contrato de transporte de cosas, esto es, la carta de porte, se ve sustituido en el de personas por el billete (art. 87 RSF). En el transporte terrestre el billete puede emitirse al portador, de tal forma que se considerará como persona que ha contratado el transporte aquella que se presente con el billete en el momento de comenzar el viaje o que lo adquiera al acceder al mismo. Se trata de un título de legitimación puesto que su posesión confiere el derecho a exigir el cumplimiento de la prestación. Por el contrario, el billete de pasaje aéreo es un documento nominativo e intransferible, cuyo contenido está determinado en la LNA (arts. 92 y 93 LNA).

4. Contenido

4.1. Obligaciones del viajero

La obligación esencial del viajero es pagar el precio del transporte. De modo general, los distintos precios se establecen mediante tarifas determinadas por el transportista con sujeción al Derecho privado. En ocasiones, han de ser notificadas a la Administración, como sucede, por ejemplo, en el transporte aéreo. No obstante, ciertos tipos de transporte están sujetos a tarifas fijas o máximas determinadas por la Administración competente (arts. 18 LOTT, 28 ROTT, 57.5 RSF y 101 LNA). Sucede esto, por ejemplo, en los transportes públicos regulares de viajeros de uso general por carretera (art. 28 ROTT) o en los transportes por ferrocarril declarados de interés público (arts. 57.5 RSF y 53 LSF). En algunos tipos de transporte, como el ferroviario, se prevé de modo expreso que el incumplimiento de esta obligación autoriza al transportista a exigir el pago inmediato y, en su defecto, a expulsar al viajero del vehículo cuando este se detenga, sin perjuicio de las sanciones administrativas que correspondan (art. 90 RSF).

Junto a esta obligación esencial, el viajero asume dos deberes: I) ha de presentarse en el lugar y el momento pactados para la realización del viaje. Se trata de un deber de colaboración necesario para que pueda cumplirse el contrato por el transportista, por lo que su incumplimiento exonerará de responsabilidad a este y le dará derecho a reclamar los daños y perjuicios en la cuantía correspondiente al importe del billete. Las condiciones generales de los contratos suelen contener, por otra parte, una referencia expresa a los supuestos de cancelación del viaje por parte del viajero, lo que le hace perder un porcentaje del precio del billete variable en función de la antelación con la que se solicite la anulación, llegando, en su caso, a la pérdida total del importe. Esta consecuencia está prevista expresamente para los transportes aéreos (art. 95 LNA y RD 2047/1981 de 20 de agosto, por el que se establecen normas a seguir en caso de cancelación de plazas y rembolso de billetes en el transporte aéreo) y en los viajes combinados; y II) está obligado también a ocupar la plaza que le corresponda en función de su billete y a comportarse en atención a unas normas mínimas de educación, salubridad y seguridad, por lo que no puede realizar actividades susceptibles de perturbar a los demás usuarios o al medio de transporte, o actividades peligrosas o insalubres, debiendo, además, cuidar de su propia seguridad. En los transportes terrestres por ferrocarril, el incumplimiento de estas obligaciones autoriza al transportista a excluir al viajero del vehículo, reteniendo el importe del billete (art. 90 RSF).

4.2. Obligaciones del transportista

La obligación fundamental que asume el transportista es la de trasladar al viajero incólume hasta el lugar de destino, en las condiciones de seguridad, confort y rapidez pactadas o que resulten usuales, lo que incluye, entre otros, los deberes de asignarle un asiento, ofrecerle la manutención pactada, no hacer escalas fuera de lo anunciado, etc. Esta obligación comprende la de proporcionar seguridad al viajero, por lo que no es suficiente con que este llegue a su destino, sino que habrá de llegar sin haber sufrido ninguna lesión ni menoscabo a su integridad. En otro caso se desata su responsabilidad en los términos que veremos más adelante.

Obligación accesoria de esta es la de admitir al pasajero. No obstante, en determinados casos relacionados en general con el cumplimiento por el pasajero de las normas de educación, seguridad y salubridad, el porteador podrá no admitirle sin que de ello derive su responsabilidad [arts. 76.2 ROTT, 90 RSF y 96 LNA]. En caso de navegación aérea, si se deniega el embarque a los pasajeros contra la voluntad de éstos, el transportista aéreo encargado de efectuar el vuelo deberá compensarles inmediatamente y prestarles asistencia en los términos previstos en el Reglamento (CE) nº 261/2004 del Parlamento Europeo y del Consejo, de 11 de febrero de 2004, por el que se establecen normas comunes sobre compensación y asistencia a los pasajeros aéreos en caso de denegación de embarque y de cancelación o gran retraso de los vuelos.

De modo usual, el transportista contrae la obligación adicional de trasladar el equipaje en la misma expedición, en cuyo caso ha de entregar el facturado por el viajero una vez llegados al lugar de destino, normalmente contra la entrega del talón de equipaje. La LNA consagra la obligación del transportista de transportar, juntamente con los viajeros y dentro del precio del billete, el equipaje, con los límites de peso y volumen que fijen los Reglamentos. El exceso será objeto de estipulación especial. No considera equipaje a estos efectos, los objetos y bultos de mano que el viajero lleve consigo, que el transportista estará obligado a transportar de forma gratuita en cabina, incluidos los artículos adquiridos en las tiendas situadas en los aeropuertos. Únicamente podrá denegarse el embarque de estos objetos y bultos en atención a razones de seguridad, vinculadas al peso o al tamaño del objeto, en relación con las características de la aeronave (art. 97 LNA).

En cualquier caso, los viajeros que se desplacen en aeronaves, transportes públicos por carretera, por ferrocarril o por cable deberán estar cubiertos por el seguro obligatorio de viajeros, de manera que el transportista asume la obligación legal de suscribir dicho seguro. Además, deberá concertar un seguro de responsabilidad civil adicional para los daños sufridos por los viajeros en los transportes públicos que no se encuentren cubiertos por el seguro obligatorio, cuando así se establezca para ese tipo específico de transporte o en la legislación sobre seguros (arts. 21 LOTT, 5 ROTT y 127 LNA). En el ámbito de la navegación aérea ha de tenerse en cuenta el Reglamento (UE) 285/2010 de la Comisión de 6 de abril de 2010, por el que se modifica el Reglamento (CE) 785/2004 del Parlamento Europeo y del Consejo relativo a los requisitos de seguro de las compañías aéreas y operadores aéreos.

4.3. La responsabilidad del transportista

4.3.1. Transporte terrestre

4.3.1.1. Transporte ferroviario

Tratándose del transporte ferroviario, la responsabilidad del transportista se determina de conformidad con lo dispuesto en el Reglamento CE 1371/2007 del Parlamento Europeo y de Consejo de 23 de octubre de 2007, sobre los derechos y las obligaciones de los viajeros de ferrocarril (art. 23.6 LOTT), que integra la Reglas uniformes relativas al contrato de transporte internacional de viajeros y equipajes por ferrocarril (CIV) del Convenio relativo a los Transportes Internacionales por Ferrocarril (COTIF) de 9 de mayo de 1980, modificado por el Protocolo de 3 de junio de 1999. La norma contempla los presupuestos que generan la responsabilidad y la limitación de la misma en ciertos casos. Entre los presupuestos objetivos destaca la restricción de las conductas generadoras de la responsabilidad. En particular, el transportista responde cuando no efectúa el transporte en las condiciones pactadas en lo relativo al plazo, bien porque cancele o interrumpa el viaje, o se retrase este; bien porque se ocasionen daños al viajero o al equipaje.

Subjetivamente instaura una responsabilidad por culpa. No obstante, la disciplina de este presupuesto difiere según se trate de incumplimientos relativos al plazo de ejecución del transporte, a daños ocasionados en la integridad física o mental del viajero o en el equipaje facturado y a los producidos en el equipaje de mano. En los tres primeros supuestos, la normativa presume la concurrencia de culpa en el transportista. Por tanto, ante el acaecimiento del hecho generador de responsabilidad se presume que sucedió por culpa del porteador. En consecuencia, para eludir la responsabilidad ha de probar la inexistencia de culpa, lo que únicamente puede hacer acreditando la concurrencia de alguna de las causas de exoneración relacionadas en la normativa. En concreto, por lo que respecta a incumplimientos relativos al plazo de ejecución o a daños a la integridad de los viajeros, la exoneración exige la prueba por el porteador de que ambos sucesos acaecieron por: I) circunstancias ajenas a la explotación ferroviaria que el transportista, a pesar de la diligencia requerida por las particularidades del caso, no haya podido evitar y cuyas consecuencias no haya podido obviar; II) culpa del viajero, o III) el comportamiento de terceros que el transportista, a pesar de la diligencia requerida por las particularidades del caso, no haya podido evitar y cuyas consecuencias no haya podido obviar.

Si la responsabilidad deriva de daños ocasionados en el equipaje facturado, el sistema es similar al que rige en materia de transporte de mercaderías. Se distinguen los supuestos de exoneración cuya concurrencia debe acreditar el porteador, consistentes la culpa del viajero, una orden dada por este que no sea resultado de una falta del transportista, un vicio propio de los equipajes facturados o circunstancias que el transportista no haya podido evitar y cuyas consecuencias no haya podido obviar. Y junto a ellos los supuestos de exoneración derivados de riesgos particulares inherentes a cualquiera de los hechos señalados en la norma (falta o defecto de embalaje, naturaleza especial de los equipajes o expedición como equipajes de objetos excluidos del transporte). Si el porteador alega y demuestra la concurrencia de alguno de estos riesgos particulares se presumirá que la pérdida o avería devinieron por efecto de dicho riesgo. De esta forma se invierte otra vez la carga de la prueba, esta vez a su favor, pues corresponde al reclamante acreditar que el daño no fue causado, en todo o en parte, por ninguno de tales riesgos. El sistema cambia tratándose de daños ocasionados al equipaje de mano. En estos casos, salvo muerte o lesiones del viajero, el transportista sólo será responsable del daño resultante de la pérdida total o parcial o de la avería o daños que pudieran sufrir estos objetos cuando se acredite que el daño ha sido causado por culpa del transportista.

La responsabilidad del transportista está limitada en las hipótesis de incumplimientos del plazo de ejecución y en las de daños ocasionados en el equipaje. En lo relativo al incumplimiento del plazo de ejecución, la cancelación del viaje obliga al transportista a devolver el precio pagado por el servicio y, según el lapso de tiempo en que se produzca esta, si es inmediatamente anterior a la salida, también a abonar una indemnización consistente en el doble del importe del título de transporte. El retraso en los tiempos fijados en la normativa obliga al transportista a devolver los porcentajes del precio del billete allí fijados en relación con el tiempo del retraso [arts. 89.2 a) a c) RSF y 16 R CE 1371/2007]. La limitación de la responsabilidad en materia de daños, pérdidas o averías que sufran los equipajes que hubieran sido facturados, se fija en atención una cuantía fija por kilogramo bruto que falte o se dañe, hasta la cantidad máxima de 600 euros por viajero [art. 89.2 d) RS].

4.3.1.2. Transporte por carretera

La disciplina relativa a los transportes por carretera es menos exhaustiva y sistemática que la anterior. La responsabilidad por cancelaciones o retrasos está prevista en el Reglamento UE 181/2011 del Parlamento Europeo y del Consejo de 16 de febrero de 2011 sobre los derechos de los viajeros de autobús y autocar y por el que se modifica el Reglamento CE nº 2006/2004, que, como regla general, se aplica a los viajeros que utilicen servicios regulares para viajeros de categoría indeterminada cuyo punto de embarque o desembarque esté situado en el territorio de un Estado miembro y cuya distancia programada sea igual o superior a 250 kilómetros. El Reglamento equipara la responsabilidad por cancelaciones y retrasos superiores al tiempo que fija, limitándola al reintegro del precio del billete, a lo que puede añadirse una indemnización adicional que ascenderá al 50% del precio del billete si el transportista no ofrece al viajero la posibilidad de elegir entre el reembolso, un servicio de vuelta gratuito al punto de partida o la continuación o recorrido alternativo hasta el destino final sin coste adicional (art. 19 RUE 181/2011). Este mismo Reglamento señala que el límite máximo establecido por el Derecho nacional a la indemnización por fallecimiento o lesiones personales para cada ocasión no será inferior a 220. 000 EUR por viajero (arts. 7 y 8 RU 181/2011).

De otro lado, la responsabilidad por los daños ocasionados en el equipaje facturado está limitada a 1.200 euros por pieza de equipaje, en el caso de transportes incluidos en el ámbito de aplicación del Reglamento UE 181/2011. En cualquier otro supuesto, la responsabilidad por los daños o pérdidas que sufran los equipajes estará limitada a 450 euros por pieza (art. 23 I y II LOTT). Por el contrario, la vigilancia de los bultos de mano corresponderá al viajero al que acompañan y, en consecuencia, serán de su cuenta los daños que éstos puedan sufrir mientras se encuentren a bordo del vehículo, salvo que pruebe la responsabilidad de la empresa transportista, en cuyo caso serán de aplicación las limitaciones anteriormente previstas en relación con los equipajes. En todo caso, se considerará responsable a la empresa transportista de la posible pérdida o deterioro de los bultos de mano ocurrida en algún momento en que, con ocasión de una parada, todos los ocupantes hubieran abandonado el vehículo sin que, inmediatamente después, el conductor hubiera cerrado las puertas de acceso al mismo (arts. 23 IV LOTT, 3.2 ROTT).

Con todo, hay datos para afirmar que los presupuestos de la responsabilidad en este tipo de transporte no difieren en esencia de los señalados al tratar del transporte ferroviario. En particular, la responsabilidad del transportista por daños al viajero se rige por los principios del Derecho común relativos a la responsabilidad contractual (arts. 1101 y ss. Cciv, y 7 RU 181/2011). Se comprende aquí la responsabilidad derivada de accidente con fundamento en el incumplimiento de la obligación de seguridad. Además, dado que la conducta generadora del accidente puede constituir un ilícito civil por parte del conductor del vehículo, el viajero podrá dirigirse frente a éste y al transportista de acuerdo con el artículo 1902 y ss. Cciv. De conformidad con tales principios, con fundamento en especial en la doctrina del riesgo, será el transportista quien deba probar que los daños sufridos por el viajero se han debido a caso fortuito, fuerza mayor o a la conducta imprudente del viajero (art. 23 V LOTT). Se excluye la validez de las cláusulas de exoneración total de responsabilidad por aplicación del art. 1255 Cciv. También el TRLCU considera abusiva y, por tanto, nula la exclusión o limitación de responsabilidad del empresario en el cumplimiento del contrato, por los daños, muerte o lesiones causadas al consumidor y usuario por una acción u omisión de aquél (art. 86.2 TRLCU).

4.3.2. Transporte aéreo

4.3.2.1. Normativa aplicable

En el ámbito de la navegación aérea se produce una situación bastante particular. Por un lado, rige formalmente la LNA. Por otro, sin embargo, sus normas tienen una incidencia meramente secundaria ya que la normativa comunitaria ordena la aplicación del Convenio de Montreal a todo transporte aéreo de pasajeros y equipajes siempre que, aun no siendo internacional en los términos definidos por el propio Convenio, se lleve a cabo por compañías aéreas comunitarias. Dicha normativa está constituida fundamentalmente por el Reglamento (CE) n° 2027/1997, sobre la responsabilidad de las compañías aéreas en caso de accidente, tras la modificación operada por el Reglamento (CE) 889/2002 del Parlamento europeo y del Consejo de 13 de mayo de 2002, que desarrolla las disposiciones pertinentes del Convenio de Montreal en relación con el transporte aéreo de pasajeros y su equipaje y establece determinadas disposiciones complementarias, haciendo extensiva la aplicación de dichas disposiciones al transporte aéreo en el interior de un Estado miembro. Por tanto, en el ámbito concreto de la responsabilidad del transportista, no hay distinción entre el transporte nacional y el transporte internacional, ya que el régimen jurídico de ambos es, sustancialmente, común.

4.3.2.2. Presupuestos y limitaciones

El sistema distingue entre la responsabilidad por daños corporales, la que deriva de los daños ocasionados en el equipaje y la ocasionada por el retraso. En los daños corporales existe un doble nivel. En el primero la responsabilidad de la Compañía es objetiva, de modo que surge aún en los supuestos de caso fortuito o fuerza mayor, por la sola razón de que el accidente que causó la muerte o lesión se haya producido a bordo de la aeronave o durante cualquiera de las operaciones de embarque o desembarque. Esta responsabilidad se limita en los términos determinados normativamente. Por encima de esos límites, la responsabilidad es por culpa presunta, de modo que la Compañía podrá exonerarse si demuestra que el daño no se debió su negligencia o a otra acción u omisión indebida, de ella o sus dependientes o agentes, o que se debió únicamente a la negligencia o a otra acción u omisión indebida de un tercero.

Por la destrucción, pérdida o avería del equipaje facturado, la Compañía responde en virtud del sistema de la culpa presunta, por la sola razón de que el hecho que causó la destrucción, pérdida o avería se haya producido a bordo de la aeronave o durante cualquier período en que el equipaje facturado se hallase bajo la custodia del transportista. Solo podrá exonerarse acreditando que el daño es consecuencia de la naturaleza, o de un defecto o vicio propio del equipaje o de la negligencia u otra acción u omisión indebida de la persona que pide indemnización. El recibo del equipaje facturado constituirá presunción de que el mismo ha sido entregado en buen estado y de conformidad con el documento de transporte, salvo prueba en contrario.

La cuantía de la indemnización se limita normativamente, a menos que el pasajero haya hecho al transportista una declaración especial del valor de la entrega de éste en el lugar de destino al entregarle el equipaje facturado y haya pagado una suma suplementaria, si hay lugar a ello. En este caso, el transportista estará obligado a pagar una suma que no excederá del importe de la suma declarada, a menos que pruebe que este importe es superior al valor real de la entrega en el lugar de destino para el pasajero. Se excluye asimismo la limitación de la responsabilidad si se prueba que el daño es el resultado de una acción u omisión del transportista o de sus dependientes o agentes, que actúen en el ejercicio de sus funciones, con dolo o dolo eventual, esto es, con intención de causar daño, o con temeridad y sabiendo que probablemente causaría daño. En el caso de equipaje no facturado, incluyendo los objetos personales, el transportista es responsable si el daño se debe a su culpa o a la de sus dependientes o agentes. No obstante, la subsistencia de estas acciones frente al transportista está condicionada a que el pasajero presente una protesta por escrito en los plazos normativamente previstos. La falta de protesta dentro de los plazos establecidos excluye todas las acciones contra el transportista, salvo en el caso de fraude. Por otra parte, el derecho a indemnización se extingue por el transcurso del plazo de dos años, contados a partir de la fecha de llegada a destino, del día en que la aeronave debería haber llegado o del de la detención del transporte.

Finalmente, la Compañía responde del daño ocasionado en razón de retrasos por culpa presunta, de modo que puede exonerarse acreditando que ella y sus dependientes y agentes adoptaron todas las medidas que eran razonablemente necesarias para evitar el daño o que les fue imposible, a uno y a otros, adoptar dichas medidas. Se trata también de una responsabilidad cuya cuantía está limitada. No obstante, si el retraso excede del tiempo fijado en el Reglamento 261/2004, el pasajero puede optar entre la conducción hasta el destino final en condiciones de transporte comparables o el reembolso del precio del billete en la proporción que corresponda y un vuelo de vuelta al punto de partida lo más rápidamente posible (arts. 6 y 8 R CE 261/2004). Conforme a este mismo texto legal, en el supuesto de cancelación, la Compañía responde en atención a la antelación con la que haya informado de la cancelación y a si ha ofrecido un transporte alternativo, salvo que pruebe que la cancelación se debe a circunstancias extraordinarias que no podrían haberse evitado incluso si se hubieran tomado todas las medidas razonables (art. 5 R CE 261/2004). La cuantía de la indemnización está limitada en función de la distancia que fuera a cubrir el vuelo (art. 7 R CE 261/2004).

El cualquier caso, el transportista podrá estipular que el contrato de transporte estará sujeto a límites de responsabilidad más elevados que los anteriores o que no estará sujeto a ningún límite, pero las cláusulas que tiendan a exonerarle de su responsabilidad, o a fijar un límite inferior al establecido, serán nulas, de modo que no producirán efecto alguno. Si bien la nulidad de dichas cláusulas no implica la nulidad del contrato.

IV. VIAJES COMBINADOS Y SERVICIOS DE VIAJE VINCULADOS

1. Concepto y disciplina aplicable

El contrato de viaje combinado cuenta con una regulación específica en el libro IV del TRLCU. Su régimen ha sufrido una profunda transformación con el objeto de transponer al derecho interno la Directiva (UE) 2015/2302 del Parlamento Europeo y del Consejo, de 25 de noviembre de 2015 relativa a los viajes combinados y a los servicios de viaje vinculados, por la que se modifican el Reglamento (CE) n.º 2006/2004 y la Directiva 2011/83/UE del Parlamento Europeo y del Consejo y por la que se deroga la Directiva 90/314/CEE del Consejo. Esta adaptación se ha realizado a través del RDLey 23/2018, de 21 de diciembre, de transposición de directivas en materia de marcas, transporte ferroviario y viajes combinados y servicios de viaje vinculados, dado el considerable retraso del legislador español en incorporar la citada Directiva. Con esta reforma se moderniza nuestro Derecho adaptándolo al entorno digital y se regula además del tradicional contrato de viaje combinado, el de servicios de viaje vinculados, asegurando en ambos casos la adecuada protección al viajero.

El concepto de viaje combinado viene recogido en el artículo 151 1.b.) TRLCU señalando que es aquel en el que se produce la combinación de al menos dos tipos de servicios de viaje a efectos del mismo viaje o vacación, si esos servicios:

I) Son combinados por un solo empresario, incluso a petición o según la selección del viajero, antes de que se célebre un contrato único por la totalidad de los servicios (*prearranged packages*)

II) Con independencia de que se celebren contratos con diferentes prestadores de servicios de viaje, los servicios:

1ª Posibilidad: son contratados en un único punto de venta y han sido seleccionados antes de que el viajero acepte pagar (*customised packages*).

2ª Posibilidad: son ofrecidos o facturados a un precio a tanto alzado o global.

3ª Posibilidad: son anunciados o vendidos como "viaje combinado" o bajo una denominación similar.

4ª Posibilidad: son combinados después de la celebración de un contrato en virtud del cual el empresario permite al viajero elegir entre una selección de distintos tipos de servicios de viaje.

5ª Posibilidad: son contratados con distintos empresarios a través de procesos de reserva en líneas conectados en los que el nombre del viajero, sus datos de pago y su dirección de correo electrónico son transmitidos por el empresario con el que se celebra el primer contrato a otro u otros empresarios, con el o los que se celebra un contrato como máximo 24 horas después de la confirmación de la reserva del primer servicio de viaje (*click-through packages*).

Se acoge de este modo un concepto amplio en el que, junto con los paquetes cerrados, es decir, aquellos que han sido previamente diseñados por el empresario —y que eran los únicos que contemplaba nuestro Derecho—, se incluyen también los paquetes dinámicos o a la carta esto es, aquellos que en los que el viajero diseña su propio viaje o vacación; y además, se contempla la posibilidad, por otra parte cada vez más habitual, de que se contraten *on line*.

Los servicios de viaje vinculados se definen en el art. 151 1. e) como aquellos en los que hay al menos dos tipos de servicios de viaje adquiridos con objeto del mismo viaje o vacación, que den lugar a la celebración de contratos distintos con cada uno de los prestadores individuales de servicios de viaje, siempre que un empresario facilite:

1. Con ocasión de una única visita o contacto con su punto de venta, la selección y el pago separado de cada servicio de viaje por parte de los viajeros.
2. O bien, de manera específica, la contratación de al menos un servicio de viaje adicional con otro empresario, siempre que tenga lugar a más tardar veinticuatro horas después de la confirmación de la reserva del primer servicio de viaje.

Tanto en el caso de los viajes combinados como en el de los servicios de viaje vinculados, se exige la combinación de determinados servicios de viaje para que se puedan considerar como tales. Se trata de los servicios de alojamiento, transporte de pasajeros en autobús, tren, barco o avión, así como el alquiler de vehículos de motor o de determinadas motocicletas [art. 151.1.a)]. Por tanto, los servicios de viaje que formen parte integrante de otros, como por ejemplo el transporte de equipaje realizado como parte del transporte de viajeros o los traslados entre un hotel y un aeropuerto o estación de ferrocarril, no deben considerarse servicios de viaje en sí mismos.

Del mismo modo, cuando determinados servicios, como puede ser el ejemplo característico de las entradas para visitas guiadas, acontecimientos deportivos o conciertos, se combinan con un solo servicio de viaje de otro tipo, únicamente se considerarán que dan lugar a un viaje combinado o a unos servicios de viaje vinculados si representan una proporción igual o superior al veinticinco por ciento del valor del viaje combinado o de los servicios de viaje vinculados, o si se han publicitado como un elemento esencial del viaje o vacación o constituyen, por alguna otra razón, una característica esencial de los mismos [art. 151.b.) TRLCU].

Están excluidos del ámbito de aplicación de la Directiva 2015/2302 y también, por tanto, del TRLCU (art.150):

I) Viajes combinados y servicios de viaje vinculados de menos de 24 horas, salvo que se incluya alojamiento.

II) Viajes combinados y servicios de viaje vinculados que se ofrezcan o faciliten de forma ocasional y sin ánimo de lucro a un número limitado de viajeros.

III) Viajes combinados y servicios de viaje vinculados contratados sobre la base de un convenio general para la organización de viajes de negocios (viajes de negocio gestionados o *managed business travel*).

2. Elementos

2.1. Elementos personales

Los elementos personales en ambos contratos son el viajero y el empresario o empresarios que prestan los servicios de viaje. Por viajero se entiende toda persona que tiene la intención de celebrar un contrato o tiene derecho a viajar en virtud de un contrato celebrado con arreglo a lo dispuesto en la ley [art. 151.1.f) TRLCU]. Se trata pues, de un concepto más amplio que el de consumidor que recogía la anterior regulación. Por empresario, se entiende todo aquel que atiende a los viajeros de manera presencial o en línea, tanto si actúa como organizador, minorista, empresario que facilita servicios de viaje vinculados o como prestador de servicios de viaje [151.2 TRLCU]. A su vez, el organizador se define como el empresario que combina y vende u oferta viajes combinados directamente, a través de o junto con otro empresario, o el empresario que transmite los datos del viajero a otro empresario a efectos de los denominados click-*through packages* [art. 151.1.g) TRLCU]. Y, el minorista, el empresario distinto del organizador que vende u oferta viajes combinados por un organizador [art. 151.1.h) TRLCU].

Mientras en el contrato de viaje combinado, el empresario es el que asume la obligación de prestar los servicios y responde directamente ante el viajero; en los servicios vinculados el papel que desempeñan los empresarios consiste en facilitar a los viajeros, de manera presencial o en línea, la contratación de servicios de viaje, llevándoles a celebrar contratos con distintos prestadores, inclusive mediante procesos de reserva conectados. La consecuencia es que cada prestador responde de su servicio, y el viajero no tiene los mismos derechos que en un viaje combinado.

2.2. Elementos formales

El contrato deberá formalizarse por escrito, entregándose al consumidor bien una copia o bien una confirmación del contrato en soporte duradero; posibilidad esta última introducida tras la adaptación de nuestro

Derecho a la Directiva 2015/2302. Solo si el contrato se ha celebrado en la presencia física de ambas partes, se reconoce al viajero el derecho a reclamar una copia del contrato en papel (art. 155.1 TRLCU). Por tanto, desaparece la obligación de entregar en todo caso una copia en papel que se había quedado obsoleta en los casos, cada vez más frecuentes, en los que la contratación se realiza *on line*.

3. Régimen del viaje combinado.

3.1. Obligaciones del empresario

3.1.1. Prestación del servicio en los términos convenidos

La principal obligación del empresario consiste no solo en la mera prestación de los servicios pactados, sino en la obtención del resultado contratado en las condiciones convenidas. Se contempla, no obstante, la posibilidad de que los organizadores puedan modificar unilateralmente el contrato siempre que se haya reservado este derecho en el contrato, que los cambios sean insignificantes, y que se haya informado al viajero de forma clara, comprensible y destacada en un soporte duradero (art. 159 TRLCU). En el caso particular del precio del viaje combinado, únicamente podrá incrementarse si en el contrato se recoge expresamente esta posibilidad y se justifica una serie de cambios concretos que recoge la ley (art. 158 TRLCU), como por ejemplo el incremento del coste del combustible o de los impuestos o tasas que graven los servicios. Además, el incremento se condiciona igualmente a que se haya cumplido con la obligación de informar al viajero sobre su derecho a una reducción del precio por las mismas causas. Si el aumento de precio excede del ocho por ciento, el viajero podrá resolver el contrato en un plazo razonable especificado por el organizador.

Asimismo, en relación con los problemas que se puedan dar por falta de conformidad del contrato, entendiendo por tal la no ejecución o la ejecución incorrecta de los servicios de viaje incluidos en un viaje combinado se arbitran distintas soluciones (art. 161.6 TRLCU). Cuando una proporción significativa de los servicios de viaje no pueda prestarse según lo convenido, el organizador o en su caso el minorista, está obligado a ofrecer al viajero, sin ningún coste adicional, alternativas adecuadas, de ser posible de calidad equivalente o superior a las pactadas.

El viajero solo podrá rechazar esas fórmulas alternativas si no son comparables a las estipuladas en el contrato o si la reducción del precio que se le ofrece no es adecuada. En el caso de que la falta de conformidad afecte sustancialmente la ejecución del viaje y el empresario no pueda ofrecer una solución adecuada al viajero, se establece la posibilidad de que este último pueda resolver el contrato sin penalización y solicitar, si procede, una reducción del precio del viaje combinado y una indemnización por los daños causados. En el caso de que el viaje combinado contemple el transporte de pasajeros, el empresario estará obligado en los casos señalados anteriormente a repatriar al viaje en un transporte equivalente, sin dilaciones indebidas y sin coste adicional.

Por otra parte, se prevé que, cuando sea imposible garantizar el retorno puntual de los viajeros debido a circunstancias inevitables y extraordinarias, el organizador o, en su caso, el minorista asumirá el coste del alojamiento continuado por un período que no supere tres noches por viajero, salvo que se trate de los colectivos especialmente protegidos que recoge la ley (art. 161.7 TRLCU).

3.1.2. Deberes de información

La tutela del viajero que persigue esta normativa se manifiesta en particular en la imposición al empresario de específicos deberes de información, pre y post contractuales.

En cuanto a la información precontractual, tras la reforma operada para la adaptación a la Directiva 2015/2302 se ha ampliado el contenido de la información a suministrar al viajero (art. 153 TRLCU). Básicamente se trata de identificar el tipo de contrato, esto es, si es un viaje combinado o es un viaje vinculado, así como los derechos que le asisten en cada caso; la posibilidad de poner fin al contrato antes del inicio del viaje y sus consecuencias; las características de los servicios (medios de transporte, comidas previstas, categorías de los alojamientos, excursiones, etc); el contenido recogido en el contrato (la responsabilidad del empresario); la posibilidad de ceder el contrato a terceros y los procedimientos de resolución de litigios.

Los contratos deberán estar redactados en un lenguaje claro y comprensible. Además de la información precontractual ya indicada, en el contrato se ha de incluir información adicional (art. 155.2 TRLGDCU). Entre otros extremos, las necesidades especiales del viajero aceptadas por el organizador, la indicación de que el organizador y el minorista son responsables de la correcta ejecución de los servicios de viaje incluidos en el contrato y están obligados a prestar asistencia si el viajero se halla en dificultades, el nombre y todos los datos de identificación de ambos, etc. La carga de la prueba en relación con los requisitos de información siempre recae en el empresario.

3.1.3. Constitución de garantía frente al incumplimiento de obligaciones e insolvencia

Finalmente, pesa sobre organizadores y minoristas la obligación de constituir y mantener de manera permanente una garantía en los términos que determine la Administración turística competente, para responder con carácter general del cumplimiento de las obligaciones derivadas de la prestación de sus servicios frente a los contratantes de un viaje combinado y, especialmente, en caso de insolvencia, del reembolso efectivo de todos los pagos realizados por los viajeros en la medida en que no se hayan realizado los servicios correspondientes y, en el caso de que se incluya el transporte, de la repatriación efectiva de los mismos(arts. 164 y 165 TRLCU).

La protección frente a la insolencia del organizador y del minorista beneficiará a los viajeros con independencia del lugar de residencia, del lugar de salida, del lugar dónde se haya vendido el viaje combinado o el Estado miembro en que esté situada la entidad garante en caso de insolvencia. La mencionada garantía deberá ser efectiva y suficiente para cubrir todos los pagos que previsiblemente se vayan a recibir por un organizador o un minorista en temporada alta, teniendo en cuenta la duración del período comprendido entre los pagos iniciales y los pagos finales y la terminación de los viajes combinados, así como el coste estimado de las repatriaciones en caso de insolvencia. El organizador y el minorista deberán adaptar la protección en caso de que aumenten los riesgos, por ejemplo debido a un incremento importante de la venta de viajes combinados.

3.1.4. Prestación de asistencia adecuada al viajero

Los viajeros podrán enviar mensajes, quejas o peticiones en relación con la ejecución del viaje combinado directamente al minorista quien transmitirá esos mensajes al organizador. El acuse de recibo por parte del minorista se considerará también acuse de recibo por el organizador a efectos de cómputo de términos previstos en la ley. Tanto el organizador como el minorista deben prestar asistencia adecuada y sin dilación al viajero en dificultades, especialmente en caso de circunstancias inevitables y extraordinarias (art. 163 TRLCU). En particular:

I) Deben facilitar información adecuada sobre los servicios sanitarios, autoridades locales y asistencia consular.

II) Deben facilitar asistencia al viajero para establecer comunicaciones a distancia y para encontrar fórmulas alternativas de viaje.

3.2. Derechos del viajero

El TRLCU alude, en particular, al derecho de desistimiento, al de cesión de la reserva. El viajero podrá desistir, en todo momento, de los servicios solicitados o contratados, teniendo derecho a la devolución de las cantidades que hubiese abonado. No obstante, salvo que el desistimiento se deba a fuerza mayor, el viajero deberá indemnizar al empresario, que goza de libertad a la hora de fijar la penalización tipo, ajustándose a determinados criterios. (art. 160 TRLCU). Por su parte, los viajeros tendrán derecho a resolver el contrato cuando los cambios propuestos alteren sustancialmente las características principales de los servicios de viaje, estableciendo un plazo de catorce días naturales para el reembolso de todo pago indebido realizado por el viajero en caso de resolución.

Ostenta asimismo el derecho a ceder gratuitamente su reserva a una persona que reúna todas las condiciones requeridas para el mismo, comunicándolo al empresario en los plazos previstos en el contrato (art. 157 TRLCU).

3.3. Responsabilidad del empresario

La principal particularidad de este tipo de contratos reside en el régimen de responsabilidad que prevé el TRLCU para el caso de no ejecución o ejecución defectuosa del contrato.

La primera cuestión a tener en cuenta es que el empresario —organizador o minorista— suscribe el contrato en nombre propio, por lo que se obliga a cumplirlo frente al viajero, pero entre sus obligaciones no se encuentra la de ejecutar las prestaciones que constituyen su objeto por sí mismo. Consisten, por el contrario, en que estas sean realizadas por terceros (vgr. el porteador, el establecimiento hotelero). Con fundamento en esta circunstancia, responde frente al viajero de la realización íntegra de las prestaciones propias del contrato, al margen de que deban ser ejecutadas por él mismo o por otros prestadores de servicios, y sin perjuicio de su derecho a actuar contra estos últimos, frente a quienes, por el mismo motivo, el viajero no puede dirigirse, salvo para las prestaciones en las que el empresario esté autorizado solo para actuar como comisionista en nombre ajeno.

Entre sí, los organizadores y los minoristas de viajes combinados, responderán de forma solidaria frente al viajero del correcto cumplimiento de los servicios de viaje incluidos en el contrato (art. 161 TRLCU). Quien responda ante el viajero tendrá el derecho de repetición frente al empresario al que le sea imputable el incumplimiento o cumplimiento defectuoso del contrato en función de su respectivo ámbito de gestión del viaje combinado.

Finalmente, cabe señalar que dicha responsabilidad cesa cuando concurra alguna de las circunstancias previstas en el TRLCU que, a grandes rasgos, comprenden los daños imputables al viajero, los imputables a un tercero ajeno al suministro de las prestaciones cuando revistan un carácter imprevisible o insuperable y los originados por fuerza mayor o caso fortuito (art. 162.3 TRLCU).

3. Régimen de los servicios de viaje vinculados

El objetivo del legislador europeo y, por ende, del español, al regular los servicios de viaje vinculados es otorgar una adecuada tutela a los viajeros que optan por este nuevo modelo a la hora de contratar sus viajes. Para ello se articulan dos medidas: el deber de informar al viajero de que contrata servicios de viaje vinculados y el otorgarle protección en situaciones de insolvencia.

Uno de los problemas fundamentales que se suscitaban con anterioridad a la regulación de los servicios de viaje vinculados era la confusión que sufrían en ocasiones los viajeros que pensaban que podían estar contratando un viaje combinado —por ejemplo, cuando se les facilitaba un precio global— cuando en realidad no lo estaban haciendo, teniendo en cuenta además que el concepto de viaje combinado antes de la reforma era mucho más restringido que el actual. La cuestión fundamental, por tanto, es que estos viajeros tengan conocimiento de que lo que contratan no es un viaje combinado y no gozan de todos los derechos que se reconocen en ese caso. Por ello se establece en el art. 168 TRLGDCU que antes de que el viajero quede obligado por cualquier contrato que dé lugar a servicios de viaje vinculados o por cualquier oferta correspondiente, el empresario que facilite estos servicios, incluidos los casos en que el empresario no esté establecido en un Estado miembro pero por cualquier medio dirija tales actividades a España, indicará de forma clara, comprensible y destacada , que el viajero no podrá acogerse a ninguno de los derechos que se aplican exclusivamente a los viajes combinados y que cada prestador de servicios será el único responsable de la correcta prestación contractual de su servicio. También se le debe informar de que está protegido frente a la insolvencia de algún prestador.

Como medida para reforzar el cumplimiento de este deber de información, dispone la ley que su incumplimiento otorgará al viajero los derechos reconocidos en caso de viaje combinado relativos a la cesión del contrato (art. 167 TRLCU), modificación del precio (art. 158 TRLCU) y modificación de cláusulas del contrato (art. 159 TRLCU) en relación con los servicios de viaje que forman parte de los servicios de viaje vinculados.

La segunda cuestión esencial del régimen de los viajes vinculados es la extensión a los empresarios de la obligación de constituir una garantía para el reembolso de todos los pagos que reciban de los viajeros en la medida en que uno de los servicios de viaje que estén incluidos no se ejecute a consecuencia de su insolvencia. Si dichos empresarios son la parte responsable del transporte de pasajeros la garantía cubrirá también la repatriación de los viajeros. Los empresarios no establecidos en un Estado miembro de la Unión Europea que faciliten servicios de viaje vinculados en España, o que por cualquier medio dirijan dichas actividades a España, estarán también obligados a prestar dicha garantía (art. 167 TRLCU).

La insolvencia se entenderá producida tan pronto como sea evidente que por la falta de liquidez de los empresarios los servicios de viaje dejen de ejecutarse, no vayan a ejecutarse o vayan a ejecutarse solo en parte, o cuando los prestadores de servicios requieran a los viajeros pagar por ellos. Producida la insolvencia, la garantía deberá estar disponible pudiendo el viajero acceder fácilmente a la protección garantizada. Los reembolsos correspondientes a servicios de viaje no ejecutados se efectuarán sin demora indebida previa solicitud del viajero.

Lección 19

Contratos relativos al alojamiento turístico. Contratos de restauración

SUMARIO: I. CONTRATOS RELATIVOS AL ALOJAMIENTO TURÍSTICO. 1. Contrato de gestión hotelera. 1.1. Concepto y caracteres. Normativa aplicable. 1.2. Contenido. 1.2.1. Obligaciones del gestor. 1.2.2. Obligaciones del titular del establecimiento hotelero. 2. Contrato de reservas de plazas de alojamiento en régimen de cupo o contingente. 2.1. Concepto y caracteres. Normativa aplicable. 2.2. Contenido. 3. Contrato de hospedaje. 3.1. Concepto y caracteres. Normativa aplicable. 3.2. Contenido. 3.2.1. Obligaciones del titular del establecimiento hotelero. 3.2.2. Obligaciones del huésped. 4. Contrato de aprovechamiento por turno de bienes de uso turístico. 4.1. Concepto y normativa aplicable. 4.2. Régimen general. Caracterización. 4.2.2. Publicidad e información. 4.2.3. Derecho de desistimiento y prohibición de anticipos. 4.3. Régimen especial del aprovechamiento por turno de bienes inmuebles de uso turístico. 4.3.1. Caracterización. 4.3.2. El régimen. 4.3.3. El derecho. 4.3.3.1. Caracterización. 4.3.3.2. Constitución. 4.3.3.3. Contenido. 5. Contrato de adquisición de productos vacacionales de larga duración. 6. Contrato de reventa. 7. Contrato de intercambio. II. CONTRATOS DE RESTAURACIÓN. 1. Contrato de hostelería. 2. Contrato de *catering*. 3. Contrato de *banqueting*.

I. CONTRATOS RELATIVOS AL ALOJAMIENTO TURÍSTICO

1. Contrato de gestión hotelera

1.1. Concepto y caracteres. Normativa aplicable

El contrato de gestión hotelera es aquel mediante el cual el titular de un establecimiento hotelero confía su dirección y administración a un empresario, denominado gestor hotelero, que la lleva a cabo en nombre y por cuenta de su titular, pero integrando dicho establecimiento en una cadena o red de establecimientos similares, que también gestiona, e identificándole con los mismos signos de esta, todo ello a cambio de una retribución. El contrato carece de regulación legal, pero está dotado de una elevada tipicidad social derivada de su uso en el tráfico. Conforme a ella se trata de un contrato mercantil, dada la condición de empresario de, al menos, una de las partes, el gestor, y de la índole de su objeto, que es el desarrollo de una empresa, en este caso de prestación de servicios hoteleros. Es asimismo un contrato consensual, bilateral y de tracto sucesivo, pues su duración ordinaria oscila entre los diez y quince años prorrogables. En atención a estos caracteres su disciplina jurídica habrá de integrarse por las normas generales sobre contratación con las especialidades propias de la mercantil y atendiendo a la normativa de los contratos próximos como puede ser el de comisión mercantil ya que el gestor actúa en nombre y por cuenta del titular del establecimiento.

1.2. Contenido

1.2.1. Obligaciones del gestor

La principal obligación del gestor hotelero es administrar el hotel. Se trata de una obligación de contornos amplios que incluye la realización de todos los actos necesarios o convenientes para la adecuada explotación del establecimiento. Su contenido suele estar especificado en las cláusulas contractuales en las que es usual incluir la obligación de formar al personal, la de proveer la ocupación de losaltos cargos, como el director del hotel, o la de contratar los servicios y suministros necesarios para el desarrollo de la actividad hostelera.

Sin perjuicio de ello, la índole de la obligación que asume y, sobre todo, la condición de gestor de intereses ajenos que ostenta el gestor hotelero le imponen dos deberes específicos cuyo fundamento se encuentra en la analogía con el resto de relaciones en que se advierte esta misma característica. Se trata de los deberes de diligencia y lealtad. Este último le obliga a perseguir los intereses del titular por encima de los propios, prohibiéndole la obtención de ventajas a costa del primero. Esa misma condición justifica que el gestor esté obligado a someterse a las instrucciones del titular en la ejecución de su obligación de administrar, a informarle de las cuestiones relevantes y a rendirle cuentas. Esta obligación constituye la diferencia esencial entre el contrato de gestión hotelera y la franquicia hotelera, pues en el contrato de gestión quien gestiona es el gestor hotelero; mientras que en la franquicia lo hace el propietario, quien, por tanto, retiene el riesgo de explotación.

1.2.2. Obligaciones del titular del establecimiento hotelero

La principal obligación del titular del establecimiento hotelero es abonar al gestor la remuneración pactada, que suele consistir en el abono de una comisión, fija o variable en función de los resultados. Debe asimismo hacerse cargo de los gastos derivados de la administración ya que el gestor actúa en su nombre y por su cuenta. Por tanto asume en exclusiva la responsabilidad frente a terceros.

2. Contrato de reservas de plazas de alojamiento en régimen de cupo o contingente

2.1. Concepto y caracteres. Normativa aplicable

El contrato de reserva de un cupo de plazas de alojamiento, también llamado contrato de reserva de plazas de alojamiento en régimen de contingente, es aquel mediante el cual el titular o gestor de un establecimiento hotelero se compromete frente a un empresario, normalmente una agencia de viajes, a tener a disposición de este último hasta un determinado número de plazas de alojamiento en las fechas convenidas y a un precio prestablecido, concediéndole el derecho de usarlas o no, siempre que lo anuncie con la necesaria anticipación (preaviso o período de *release*), mediante el envío de la correspondiente lista de ocupación (*roominglist*), sin que deba abonar cantidad alguna por las plazas de alojamiento cuya reserva no confirme.

El contrato carece de regulación legal, pero, igual que el anterior, está dotado de una elevada tipicidad social derivada de su uso en el tráfico. Conforme a ella se trata de un contrato mercantil, dada la condición de empresarios de las dos partes, y de la índole de su objeto, que se enmarca en el contexto del desarrollo de la actividad empresarial propia de ambas. Es asimismo un contrato consensual y bilateral. En atención a estos caracteres su disciplina jurídica habrá de integrarse por las normas generales sobre contratación con las especialidades propias de la mercantil y atendiendo a la normativa de los contratos próximos como puede ser el de opción de compra ya que el empresario hotelero se obliga a mantener la disponibilidad de las plazas concediendo a la agencia la opción de concertar o no los correspondientes contratos de hospedaje a favor de terceros.

2.2. Contenido

En el contenido del contrato destaca el hecho de que se considera que la agencia de viajes renuncia al derecho de uso de todas las plazas reservadas, si no envía la lista de ocupación y de las no incluidas en dicha lista, si la envía, sin que, en ninguno de los dos casos, deba abonar las plazas no confirmadas. Únicamente se obliga a pagar las plazas reservadas y posteriormente confirmadas en la lista de ocupación. Con ese objeto habrá de concertar el correspondiente contrato de alojamiento o de viajes combinados con su cliente. Por tanto, la obligación de prestar alojamiento a este último no deriva del contrato de reserva, sino del eventual contrato de alojamiento o viajes combinados que la agencia suscribe con el cliente y del que no es parte el hotel.

En consecuencia, el cliente no puede dirigirse al hotel reclamando el cumplimiento de este contrato, salvo que la agencia le permita la subrogación en suposición contractual frente al hotel, ni este puede exigir directamente el pago del alojamiento al cliente, sino que es la agencia de viajes la que establece relaciones jurídicas con ambos en virtud de dos contratos distintos; con el hotel le une el contrato de reserva de plazas de alojamiento y con su cliente un contrato de alojamiento o de viajes combinados. Con fundamento en este último la agencia responde frente al cliente por la inadecuada ejecución de los servicios ofrecidos, aun cuando no son prestados por ella directamente, sino a través del empresario hotelero. Con fundamento en el primero, la agencia mantiene su obligación de abonar las plazas confirmadas, aunque dichas plazas no sean ocupadas por el incumplimiento del cliente con quien contrató, salvo que el hotelero haya logrado contratarlas a tercero, en cuyo caso la agencia se libera de la parte abonada por el ocupante.

3. Contrato de hospedaje

3.1. Concepto y caracteres. Normativa aplicable

Mediante el contrato de hospedaje el titular de un establecimiento de alojamiento (hotel, balneario, hotel rural, albergue) se obliga, a cambio de una contraprestación en dinero, a ceder al usuario (huésped o viajero) el uso de una unidad de alojamiento provista de mobiliario, equipo e instalaciones, a custodiar su equipaje, a revenderle ciertos objetos o energías industriales (agua, luz, teléfono) y a prestarle ciertos servicios complementarios variables (por ejemplo, limpieza, conserjería, alimentación, lavado y planchado de ropa, entre otros). Aunque la Ley menciona ciertas pautas de su régimen jurídico, el contrato carece de una regulación completa. No obstante, su acusada tipicidad social permite atribuirle con seguridad ciertos caracteres de trascendencia para integrar su disciplina jurídica. En particular, cabe mencionar que se trata de un contrato consensual, bilateral y de carácter mercantil, debido, en este último caso, tanto a la condición de empresario del titular del establecimiento hotelero, como a la índole de las prestaciones que constituyen su objeto en la medida en que suponen el ejercicio de una actividad empresarial. A consecuencia de ello, su disciplina jurídica habrá de integrarse por las normas generales sobre contratación con las especialidades propias de la mercantil y atendiendo a la normativa de los contratos próximos como pueden ser el depósito, la compraventa o el arrendamiento.

Junto a ello deben tenerse en cuenta las disposiciones de carácter administrativo, de índole preferentemente autonómica, que regulan el ejercicio de la actividad de las empresas de hostelería. Entre ellas destacan las que establecen las calificaciones y categorías que pueden ser asignadas a los establecimientos hoteleros en función de los servicios y prestaciones que dispensen a los huéspedes. Suele distinguirse a estos efectos entre hoteles, que incluyen los hoteles en sentido estricto, los hoteles-apartamento, los hoteles-residencia y hoteles apartamento-residencia; los hostales, que pueden ser hostales en sentido estricto u hostales-residencia, y las pensiones. Dentro de cada uno de estos grupos, el nivel de prestaciones y servicios está determinado por las estrellas que les han sido reconocidas, que pueden llegar hasta cinco en el caso de los hoteles en sentido estricto. Ahora bien, dado el carácter de dichas normas su vulneración conlleva sanciones administrativas, no de carácter privado, por lo que no se traducen en derechos de los clientes susceptibles de ser opuestos por el huésped a los establecimientos hoteleros. No obstante, ciertos incumplimientos de las mismas pueden generar la responsabilidad de estos o el derecho de resolución del contrato en la medida en que sea posible entender que han pasado a formar parte de aquel, como sucede, sin duda con los servicios que se obligan a prestar en razón de la categoría que hayan anunciado, o cuando hayan adquirido la consideración de costumbre y, por ende, deban considerarse fuente del derecho privado. Adicionalmente, dependiendo de la consideración del usuario como consumidor, procederá la aplicación del TRLCU.

3.2. Contenido

3.2.1. Obligaciones del titular del establecimiento hotelero

Las obligaciones principales del empresario hotelero son de tres tipos; las relacionadas con la habitación y otras dependencias complementarias del establecimiento hotelero; las relacionadas con otros servicios que puedan prestarse al viajero durante su estancia; y las atinentes a los efectos o equipajes. En virtud de las primeras, el empresario hotelero está obligado a proporcionar y mantener al huésped en el uso y disfrute pacíficos de la unidad de alojamiento contratada, durante el tiempo determinado en el contrato. En el caso, ordinario, de que el huésped no haya visitado la unidad con anterioridad a la perfección de contrato, ésta deberá reunir los requisitos y características mínimos exigibles a todas las que posean la calificación o categoría propia del establecimiento donde se encuentre. Por el contrario, el uso de las dependencias complementarias, tales como salones, gimnasios, solariums, piscinas, pistas de tenis, etc., puede estar limitado al pago de un sobreprecio.

La obligación de prestar servicios distintos al de alojamiento, como puede ser la manutención, la limpieza y planchado de la ropa o el teléfono, está sometida a régimen distinto en el que hay que distinguir el deber del empresario de poner tales servicios a disposición del huésped y su pago. En el primer aspecto, la existencia del deber depende de la categoría del establecimiento y de los anuncios previos que efectúe sobre cada uno de ellos. Sin embargo, en lo relativo a su pago, deben ser abonados con independencia del alojamiento ya que constituyen servicios que no forman parte del contenido esencial del contrato de hospedaje, sino de contratos específicos.

Finalmente, en cuanto al equipaje, el empresario asume una obligación de custodia impuesta legalmente en cuanto hayan sido introducidos en el establecimiento con conocimiento de su titular (art. 1783 Cciv). No es necesaria una comunicación expresa del huésped, sino que basta con que sea introducido en el establecimiento a la vista de cualquiera de los empleados y no de una manera clandestina. A consecuencia de este deber, el hotelero responde de los daños causados al equipaje ya provengan de sus empleados o de terceros con carácter objetivo o cuasiobjetivo, pues solo queda exonerado cuando el huésped no ha observado las prevenciones prescritas por el titular del establecimiento sobre el cuidado y vigilancia de los efectos o cuando la desaparición de los efectos se hubiere producido por *robo a mano armada* o fuere ocasionada *por otro suceso de fuerza mayor* (art. 1784 Cciv). Con todo, no existe verdadero depósito, entre otras razones, porque el huésped no entrega el equipaje al hotelero para que se lo guarde, ni queda éste, por tanto, obligado a devolver lo que no le ha sido entregado. Por consiguiente, existe verdadero depósito cuando se entregan los objetos para ser guardados en la caja del hotel, o cuando expresamente se solicita que sean consignados durante algún tiempo en otro lugar que no sea la propia habitación.

3.2.2. Obligaciones del huésped

La principal obligación que incumbe al huésped es la de satisfacer el precio de la habitación y el de cada uno de los servicios complementarios que hubiese contratado con el titular del hotel. Para el cobro del primero, este último goza del privilegio previsto por el art. 1922.5º Cciv. Por consiguiente, no alcanza a las prestaciones o servicios complementarios que no formen parte del contenido propio del hospedaje, tales como gastos de aparcamiento, limpieza y planchado de la ropa, excursiones turísticas, etc., que puedan ser proporcionados con ocasión del referido hospedaje. De otro lado, el privilegio se traduce en un derecho de retención sobre los efectos introducidos en el hotel por el huésped, por lo que se pierde si aquellos salen del establecimiento.

El pago del precio se efectuará una vez recibido el servicio, esto es, en el momento de abandonar la habitación, salvo pacto en contrario. Ahora bien, si se ha efectuado una reserva previa hay que entender que la aceptación del titular del hotel ha perfeccionado el contrato y que, por ende, el huésped ha de resarcir al empresario aunque no llegue a ocupar la unidad de alojamiento. Esta obligación no deriva de las normas administrativas de índole autonómica que puedan imponer el derecho del titular del hotel a determinadas indemnizaciones a causa de las anulaciones sobrevenidas de sus reservas por parte de los clientes, puesto que la administración autonómica carece de competencias legislativas para ordenar la materia contractual mercantil. Es una consecuencia del incumplimiento del contrato por parte del huésped, por lo que el resarcimiento está supeditado a que no concurra causa de exoneración conforme a la normativa general, y el importe, en su caso, no tiene por qué coincidir con el precio de la unidad de alojamiento.

Por los mismos motivos otras obligaciones, como la de abandonar la unidad de alojamiento antes de determinada hora, tampoco pueden ser impuestas al huésped por disposiciones administrativas de índole autonómica. Requieren pacto entre las partes, salvo que deban estimarse derivadas de la costumbre, en cuyo caso la fuerza de obligar deriva de esta.

4. Contrato de aprovechamiento por turno de bienes de uso turístico

4.1. Concepto y normativa aplicable

Se entiende por contrato de aprovechamiento por turno de bienes de uso turístico aquel de duración superior a un año en virtud del cual un consumidor adquiere, a título oneroso, el derecho a utilizar uno o varios alojamientos para pernoctar durante más de un período de ocupación. Esta definición permite entender que la figura incluye no sólo los contratos sobre bienes inmuebles, sino también otros con distinto objeto, como, por ejemplo, los contratos relativos a un alojamiento en embarcaciones o caravanas. En cambio, quedan excluidos los contratos que no se refieren a un alojamiento, como los de alquiler de terrenos para caravanas; así como otras fórmulas, tales como las reservas plurianuales de una habitación de hotel, en la medida en que no se trata de contratos, sino de reservas que no son vinculantes para el consumidor. Este contrato está regulado en la Ley 4/2012 de 6 de julio de contratos de aprovechamiento por turno de bienes de uso turístico, de adquisición de productos vacacionales de larga duración, de reventa y de intercambio y normas tributarias.

4.2. Régimen general

4.2.1. Caracterización

El régimen general de este tipo de contratos los somete a diversas previsiones normativas dirigidas en particular a la protección del consumidor, considerado parte débil del mismo. Por este motivo, los consumidores no podrán renunciar a los derechos que se les reconocen, estimándose tal renuncia nula (art. 16 L 4/2012). Los derechos concedidos al consumidor pueden ser ejercitados en la vía judicial, en la que se le reconoce, en especial, la acción de cesación (art. 21 L 4/2012), y en la extrajudicial, a través del arbitraje de consumo (art. 21 L 4/2012). Por otra parte, además de las consecuencias civiles previstas en la Ley especial, el incumplimiento por las empresas de sus disposiciones será sancionado como infracción en materia de consumo (art. 22 L 4/2012).

4.2.2. Publicidad e información

Las normas comprenden, en primer término, disposiciones específicas sobre publicidad y promoción, que obligan en particular a hacer constar en toda actividad de este tipo dónde puede obtenerse la información precontractual prevista en la Ley y a mantenerla a disposición del consumidor en todo momento durante el acto promocional; así como a indicar claramente la finalidad comercial y la naturaleza de dichos actos (art. 7 L 4/2012). Destacan asimismo las previsiones sobre información y, entre ellas, las relativas a la fase precontractual, que ha de ser suministrada mediante el formulario de información normalizado recogido en el anexo correspondiente de la Ley (art. 9 L 4/2012), y que debe incluir necesaria y explícitamente la existencia del derecho de desistimiento y la duración del plazo para ejercerlo, así como la prohibición del pago de anticipos durante dicho plazo (art. 10 L 4/2012).

Dicha información precontractual formará parte integrante del contrato, que se formalizará por escrito y se redactará, en un tamaño tipográfico y con un contraste de impresión adecuado que resulte fácilmente legible. Al contrato se adjuntará en todo caso un formulario normalizado de desistimiento en documento aparte (art. 11 L 4/2012). El incumplimiento de las previsiones sobre información faculta al consumidor a resolver la relación contractual, bastando para ello notificación fehaciente al empresario, en la que se ponga de manifiesto la falta de información que el consumidor considere no proporcionada o suficiente, recayendo la carga de la prueba de la verdadera existencia y suficiencia de la misma en el empresario (art. 8 L 4/2012).

4.2.3. Derecho de desistimiento y prohibición de anticipos

Las previsiones de mayor relieve en defensa del consumidor son las relativas al derecho desistimiento y a la prohibición de anticipos. El primero le atribuye la facultad de desistimiento sin necesidad de justificación alguna en los términos previsto por la Ley y por el TRLGCU (art. 12 L 4/2012). Al tiempo, si se ejerce tal facultad, los contratos accesorios quedarán automáticamente sin eficacia, incluidos los de intercambio o de reventa, y los de préstamo, sin coste alguno para aquél (art. 15 L 4/2012). La prohibición del pago de anticipos comprende el pago de anticipos, la constitución de garantías, la reserva de dinero en cuentas, el reconocimiento expreso de deuda o cualquier contraprestación a favor del empresario o de un tercero y a cargo del consumidor, antes de que concluya el plazo de desistimiento, pudiendo el consumidor reclamar el duplo de las cantidades entregadas o garantizadas por tales conceptos en caso de contravención (art. 13 L 4/2012).

4.3. Régimen especial del aprovechamiento por turno de bienes inmuebles de uso turístico

4.3.1. Caracterización

La definición del contrato de aprovechamiento por turno de bienes de uso turístico permite entender que la figura incluye no sólo los contratos sobre bienes inmuebles, sino también otros con distinto objeto. No obstante, los primeros están sometidos a una reglamentación adicional, que comprende la constitución del régimen de aprovechamiento por turno de bienes inmuebles y la regulación del derecho de aprovechamiento.

4.3.2. El régimen

El régimen de aprovechamiento por turno de un inmueble se constituirá por el propietario registral del inmueble mediante escritura pública, que deberá expresar, al menos, las circunstancias previstas en la Ley especial. En particular, preverá la constitución de una comunidad de titulares y sus estatutos, que deberán respetar asimismo las previsiones legales sobre las normas de adopción de acuerdos. Como condiciones previas para la constitución, el inmueble ha de estar inscrito en el Registro de la Propiedad y en el Catastro Inmobiliario; el propietario ha de celebrar un contrato con una empresa de servicios que se comprometa a prestar los que sean inherentes al derecho de aprovechamiento por turno del inmueble, salvo que dicho propietario, cumpliendo los requisitos legales, haya decidido asumirlos directamente.

También debe concertar los seguros, garantías y avales que exige la Ley. La escritura se inscribirá en el Registro de la Propiedad. El registrador suspenderá la inscripción de aquellos apartados o artículos de los estatutos que impongan a los titulares de los derechos de aprovechamiento por turno alguna obligación o limitación contraria a lo establecido en la Ley. Al otorgamiento de la escritura deberá concurrir la empresa que haya asumido la administración y prestación de los servicios, salvo manifestación expresa del propietario de que son asumidos por él directamente.

4.3.3. El derecho

4.3.3.1. Caracterización

El derecho de aprovechamiento por turno de bienes inmuebles de uso turístico atribuye a su titular la facultad de disfrutar, con carácter exclusivo, durante un período específico de cada año, consecutivo o alterno, un alojamiento susceptible de utilización independiente por tener salida propia a la vía pública o a un elemento común del edificio en el que estuviera integrado y que esté dotado, de modo permanente, con el mobiliario adecuado al efecto, así como del derecho a la prestación de los servicios complementarios, como pueden ser como pueden ser el de portería, limpieza de viviendas, cuidado de jardines, piscinas u otras zonas comunes. La facultad de disfrute no comprende las alteraciones del alojamiento ni de su mobiliario. El alojamiento ha de estar ubicado necesariamente en un edificio, conjunto inmobiliario o sector de ellos arquitectónicamente diferenciado. Y el período anual de aprovechamiento no podrá ser nunca inferior a siete días seguidos.

4.3.3.2. Constitución

El derecho de aprovechamiento se adquiere y transmite mediante contrato, que podrá formalizarse en escritura pública e inscribirse en el Registro de la Propiedad a elección del adquirente, y cuyo contenido está predeterminado por la Ley. Puede constituirse como derecho real limitado de uso y disfrute o con carácter obligacional. El contrato por virtud del cual se constituya o transmita cualquier otro derecho, real o personal, por tiempo superior a un año y relativo a la utilización de uno o más inmuebles durante un período determinado o determinable al año, al margen de las previsiones anteriores será nulo de pleno derecho, debiendo ser devueltas al adquirente o cesionario cualesquiera rentas o contraprestaciones satisfechas, así como indemnizados los daños y perjuicios sufridos.

Se admiten, no obstante, dos excepciones: I) los contratos de arrendamiento de bienes inmuebles vacacionales por temporada, que tengan por objeto más de una de ellas, y cualesquiera otras modalidades contractuales de duración superior a un año que, sin configurar un derecho real, tengan por objeto la utilización de uno o varios alojamientos para pernoctar durante más de un periodo de ocupación. Estos convenios se rigen por la disciplina del derecho de aprovechamiento por turno de bienes inmuebles, por la LAU y por la legislación general de protección del consumidor (art. 23.6 L 4/2012); y, II) la constitución de derechos de naturaleza personal o de tipo asociativo, que tengan por objeto la utilización de uno o varios alojamientos para pernoctar durante más de un periodo de ocupación, constituidas al amparo de las normas de la Unión Europea, en particular, del Reglamento (CE) 593/2008 del Parlamento Europeo y del Consejo, de 17 de junio, sobre la ley aplicable a las obligaciones contractuales (ROMA I). A todas estas modalidades contractuales les será de aplicación únicamente el régimen general.

De constituirse como derecho real de uso, no podrá denominarse multipropiedad, ni de cualquier otra manera que contenga la palabra propiedad, ni vincularse a una cuota indivisa de la propiedad. Por el contrario, cada uno de los derechos reales gravará, en conjunto, la total propiedad del alojamiento o del inmueble, según esté previamente constituida o no una propiedad horizontal sobre el mismo. La reunión de un derecho real de aprovechamiento y la propiedad, o una cuota de ella, en una misma persona no implica extinción del derecho real limitado, que subsistirá durante toda la vida del régimen (art. 23.4 L 4/2012). Esta será superior a un año y no excederá de cincuenta años, a contar desde la inscripción del mismo o desde la inscripción de la terminación de la obra cuando el régimen se haya constituido sobre un inmueble en construcción Extinguido el régimen por transcurso del plazo de duración, los titulares no tendrán derecho a compensación alguna (art. 24 L 4/2012). Por su parte, sin perjuicio de las limitaciones que resultan del régimen y de las facultades de los titulares de los derechos de aprovechamiento por turno, el propietario del inmueble podrá libremente disponer de todo o parte de su derecho de propiedad con arreglo a las normas del Derecho privado.

4.3.3.3. Contenido

Junto a la obligación de procurar el uso y disfrute del inmueble en las condiciones pactadas y con sujeción a la Ley, el propietario o promotor es responsable, frente a los titulares de derechos de aprovechamiento por turno, de la efectiva prestación de los servicios. Cualquier titular de un derecho de este tipo podrá reclamar del propietario la efectiva prestación de los servicios y las indemnizaciones que correspondan en el caso de que tal prestación no se efectúe. En caso de incumplimiento por la empresa de servicios, el propietario o promotor deberá resolver el contrato y exigir el resarcimiento de daños y perjuicios, asumiendo directamente la prestación del servicio o contratándola con otra empresa de servicios (art. 34 L 4/2012). Por otra parte, salvo pacto en contrario, el propietario tendrá una facultad resolutoria en el caso de que el adquirente titular del derecho de aprovechamiento por turno, una vez requerido, no atienda al pago de las cuotas debidas por razón de los servicios prestados durante, al menos, un año (art. 32 L 4/2012).

5. Contrato de adquisición de productos vacacionales de larga duración

Se entiende por contrato de producto vacacional de larga duración aquel de duración superior a un año en virtud del cual un consumidor adquiere, a título oneroso, esencialmente el derecho a obtener descuentos u otras ventajas respecto de su alojamiento, de forma aislada o en combinación con viajes u otros servicios (art. 3 L 4/2012). En consecuencia, este derecho se obtiene a cambio de una contrapartida, incluyendo a los clubes de descuentos vacacionales y productos análogos. No da cobertura a los programas de fidelización que ofrecen descuentos para futuras estancias en establecimientos de una cadena hotelera, ni a los descuentos ofrecidos durante un plazo inferior a un año o a los descuentos puntuales. Tampoco incluye los contratos cuyo propósito principal no sea ofrecer descuentos o bonificaciones, ni a los que los ofrezcan sin contraprestación.

Se rigen por las mismas disposiciones que se han analizado al comentar el régimen general del contrato de aprovechamiento por turno de bienes de uso turístico, a las que se añaden las específicas previstas en la Ley (art. 14 L 4/2012). Entre estas últimas destacan las dos siguientes: I) el pago del precio se efectuará conforme a un plan escalonado. Queda prohibido que el precio especificado en el contrato se pague por anticipado o de cualquier otra manera que no sea conforme al plan de pago escalonado. Además, los pagos, incluidas las eventuales cuotas de afiliación, se dividirán en plazos anuales, todos ellos de igual cuantía; y, II) a partir del segundo plazo, el consumidor podrá rescindir el contrato, sin incurrir en penalización alguna, notificándolo al empresario.

6. Contrato de reventa

Se entiende por contrato de reventa aquel en virtud del cual un empresario, a título oneroso, asiste a un consumidor en la compra o venta de derechos de aprovechamiento por turno de bienes de uso turístico o de un producto vacacional de larga duración (art. 5 L 4/2012). Por consiguiente, abarca los contratos de intermediación concluidos entre un empresario, agente de reventa, y un consumidor que desea vender o comprar un derecho de aprovechamiento por turno de un bien de uso turístico o un producto vacacional de larga duración, a cambio de un corretaje o comisión. Si el empresario no actúa como intermediario, sino que compra un derecho de aprovechamiento por turno o de un producto vacacional de larga duración y, posteriormente, lo revende a un consumidor, el contrato es de venta de este derecho o producto y está comprendido, respectivamente, en el concepto de contrato de aprovechamiento por turno de bienes de uso turístico o de un producto vacacional de larga duración, toda vez que dichos preceptos no se limitan a las ventas de primera mano. Por consiguiente, la calificación de este contrato como de reventa no puede ser más distorsionadora y errónea. Su disciplina jurídica es la estudiada al comentar el régimen general del contrato de aprovechamiento por turno de bienes de uso turístico.

7. Contrato de intercambio

Se entiende por contrato de intercambio aquel en virtud del cual un consumidor se afilia, a título oneroso, a un sistema de intercambio que le permite disfrutar de un alojamiento o de otros servicios a cambio de conceder a otras personas un disfrute temporal de las ventajas que suponen los derechos derivados de su contrato de aprovechamiento por turno de bienes de uso turístico (art. 6 L 4/2012). Su disciplina jurídica es la estudiada al comentar el régimen general del contrato de aprovechamiento por turno de bienes de uso turístico.

II. CONTRATOS DE RESTAURACIÓN

1. Contrato de hostelería

El contrato de hostelería o de restauración se caracteriza por el suministro de mercaderías alimenticias para su consumo inmediato por los usuarios a cambio de una compensación monetaria, comprendiéndose a su vez la prestación y ocupación del establecimiento y servicios auxiliares como iluminación, calefacción, higiénicos o similares. Aunque en el contrato ocupa una posición central el suministro de alimentos, también constituyen elementos esenciales del mismo los servicios prestados para la más adecuada ejecución del convenio. Por ese motivo, no es un contrato de compraventa de mercaderías, sino que se trata de un contrato atípico legalmente de naturaleza mixta. Es, además, un contrato mercantil, tanto por la condición de empresario del titular del establecimiento, como porque las prestaciones que constituyen su objeto suponen el ejercicio de una actividad empresarial. Por este motivo, su disciplina jurídica habrá de integrarse por las normas generales sobre contratación con las especialidades propias de la mercantil y atendiendo a la normativa de los contratos próximos como pueden ser la compraventa o el arrendamiento. Si el cliente es consumidor se aplicarán las normas generales sobre protección de este.

2. Contrato de catering

Mediante el *catering,* una de las partes asume, a cambio de un precio, el compromiso de elaborar, suministrar y, eventualmente, servir, una o dos veces al día y durante un período determinado (mensual, trimestral o anual) la comida que ha de consumir una determinada colectividad de personas que se hallan bajo la atención de la otra parte contratante. Su naturaleza jurídica es similar a la del contrato de hostelería en la medida en que ambos son contratos de restauración. Sin embargo, se diferencian en que el primero es un contrato instantáneo en atención al tiempo de su cumplimiento; mientras que el contrato de *catering* es contrato duradero o de tracto periódico, que se caracteriza por la prestación periódica de servicios de elaboración y suministro de comidas.

3. Contrato de banqueting

Es este otro contrato de restauración puesto que la prestación principal es la confección de alimentos y la distribución de los mismos entre los comensales. Frente a los demás se caracteriza por obligar a una de las partes a prestar servicios de organización (decoración y acondicionamiento del lugar de celebración, animación, discoteca, parque infantil, etcétera) de un evento determinado, como puede ser un banquete, un espectáculo, un congreso, una convención o una fiesta. Por otro lado, se diferencia del *catering* en que es, como el contrato de hospedaje, un contrato de cumplimiento instantáneo, que se extingue con la realización de los servicios el día concertado.

Lección 20

Derecho de los títulos-valores

SUMARIO: I. CONCEPTO. II. NOTAS CARACTERIZADORAS. III. CLASIFICACIÓN. 1. Según la forma de legitimación y el modo de circulación. 1.1. Enumeración. 1.2. Títulos al portador. 1.3. Títulos nominativos. 1.4. Títulos a la orden. 2. Según la forma de la emisión. 3. Según la naturaleza del derecho incorporado. 4. Según el número de notas caracterizadoras. I. LA LETRA DE CAMBIO. V. EL PAGARÉ. VI. EL CHEQUE.

1. CONCEPTO

El título valor es un documento esencialmente transmisible que menciona un derecho cuyo contenido está determinado en él y cuya titularidad corresponde al sujeto que resulte ser su legítimo tenedor, quien, en consecuencia, únicamente puede ejercitar el derecho apoyándose en la posesión del documento y solo puede transmitirlo mediante la cesión del documento. Se produce, en consecuencia, una especial vinculación entre derecho y título, ya que el ejercicio del derecho y su circulación se ligan a la posesión del documento. Es lo que tradicionalmente se ha venido denominando incorporación del derecho al titulo. En atención a ello desempeñan una importante función destinada a facilitar la circulación de los bienes y derechos al dotarla de mayor rapidez, certeza, seguridad y agilidad que la que pueden proporcionar otros instrumentos del tráfico mercantil, sustancialmente los contratos y, en especial, la cesión ordinaria de créditos.

La entidad corpórea que consigue el derecho al integrarse en un documento que adquiere la consideración de título valor permite al eventual cesionario prescindir de complejas investigaciones en torno al contenido del derecho que se propone adquirir, su realidad al momento de la cesión o la titularidad del mismo. Por el contrario, si se trata de la cesión de un derecho sujeto al régimen común no puede adquirir certeza sobre esas cuestiones únicamente a partir del documento. Al tiempo que no queda protegido de eventuales excepciones que el deudor formule frente a él derivadas de circunstancias personales relacionadas con el cedente (arts. 1526 y ss. Cciv y 347 y 348 Ccom).

II. NOTAS CARACTERIZADORAS

No existe una disciplina general de los títulos valores. Por el contrario, nuestro ordenamiento solo regula algunos tipos particulares, pero eso no ha impedido que puedan advertirse unas notas caracterizadoras comunes a todos en mayor o menor grado. Se trata de las siguientes:

a) El título valor desempeña una función legitimadora. Conforme a ella, la posesión del documento es condición indispensable para ejercitar y transmitir de manera regular el derecho incorporado. Esta función opera a favor del acreedor al facilitar y simplificar el ejercicio del derecho, lo que afecta al aspecto activo de la legitimación. Pero también actúa a favor del propio deudor ya que le permite liberarse de su obligación probando que pagó de buena fe al poseedor del título, aunque este no fuera titular del derecho. Se trata de la vertiente pasiva de la legitimación. Por tanto, esta propiedad se basa en la apariencia. Ahora bien, es imprescindible anotar que no significa que la simple posesión sea siempre requisito suficiente para exigir el cumplimiento de la prestación que constituye el objeto del derecho incorporado.

b) Literalidad del derecho que en él se menciona, lo que quiere decir que el contenido de este derecho y sus límites dependen estrictamente de los términos que se incluyan en el documento. Esto es, sus elementos, tanto objetivos como subjetivos, son exactamente los que se desprenden del documento;

c) Autonomía y abstracción. La autonomía consiste en que el adquirente del título ostenta una posición jurídica independiente de la que tenía el transmitente. Como si se tratara de una adquisición originaria. A consecuencia de ello el deudor no puede oponer a los sucesivos tenedores de buena fe excepciones derivadas de relaciones personales que le unan al poseedor originario, a diferencia de lo que sucede en la cesión ordinaria de un crédito. En el ámbito de esta última el cesionario adquiere derivativamente el mismo derecho que ostentaba el cedente, por lo que el deudor puede oponerle las excepciones personales que tuviera contra el cedente. Esta nota origina la abstracción del derecho incorporado frente a la relación causal que dio origen a la emisión del documento. Ahora bien, no opera entre el deudor y el acreedor originario, primer tenedor del título, en cuyas relaciones rigen a la vez las vicisitudes derivadas del negocio causal, que es el que generó el derecho incorporado al título. La autonomía se inicia cuando se transmite el título. A partir de ese momento el negocio causal de donde proviniera en su génesis el derecho es absolutamente irrelevante para su tenedor, puesto que sus vicisitudes no pueden serle opuestas, salvo que se pruebe su mala fe.

III. CLASIFICACIÓN

1. Según la forma de legitimación y el modo de circulación

1.1. Enumeración

En función de la forma en que se legitima el poseedor del título-valor en orden al ejercicio del derecho incorporado y a la ley de circulación, se distinguen tres clases de títulos: los títulos al portador, los títulos nominativos y los títulos a la orden.

1.2. Títulos al portador

Los títulos al portador no designan titular alguno. Su mera posesión crea una apariencia de titularidad. Por ese motivo facultan a cualquier poseedor para exigir al deudor el cumplimiento de la prestación que constituye el objeto del derecho incorporado, aunque no sea el titular del documento, ni del derecho. A consecuencia de ello, el deudor está obligado a realizar la prestación a quien acredite la posesión del título. De modo que, si paga de buena fe, esto es, sin dolo o culpa grave, quedará liberado de su obligación, aunque el poseedor haya adquirido el título de manera ilegítima. Adicionalmente, el tercero de buena fe que adquiera de este último, queda igualmente protegido frente a todos (adquisición *a non domino*), ostentado el legítimo propietario únicamente derechos y acciones contra los responsables de los actos que le hayan privado del dominio (art. 545 Ccom). Asimismo, para transmitir el derecho es suficiente con la mera cesión del documento (art. 545 Ccom), precedida de un negocio causal (art. 609 Cciv). La LMV dispone que la suscripción o transmisión de títulos valores al portador que no se efectúe con la participación o mediación de una sociedad o agencia de valores, o de una entidad de crédito y que no estén admitidos a negociación en un mercado secundario oficial requerirá para su validez la intervención de fedatario público (DA 3ª LMV), pero el incumplimiento de este requisito no afecta a la validez del contrato ni a la eficacia de la entrega, pudiendo las partes compelerse recíprocamente a su cumplimiento.

1.3. Títulos nominativos

Los títulos nominativos o directos son aquellos que designan como titular a una persona determinada, por lo que para el ejercicio del derecho es necesaria la posesión del título, pero no es suficiente. Es necesario que el poseedor acredite su identidad. Por otra parte, su circulación no se produce con la mera transmisión del documento. Al objeto de que la misma tenga efectos frente al deudor es necesario ponerla en su conocimiento, conforme al régimen de la cesión ordinaria de créditos (arts. 347 y 348 Ccom). En algunos casos, además, no pueden transmitirse por endoso (arts. 14.2 y 120.3 LCCh), por ejemplo, la letra o el cheque con cláusula no a la orden. En otros, como las acciones nominativas, se trata de títulos a los que faltan las notas de autonomía y de literalidad. En cuanto a esta última porque el contenido del derecho no puede deducirse de forma exclusiva en atención a los términos del documento, sino que hay que remitirse a los estatutos de la sociedad y a los acuerdos de los órganos sociales competentes. A consecuencia de esta circunstancia se denominan títulos incompletos. En general, respecto de todos ellos se discute si se trata de títulos valores impropios.

1.4. Títulos a la orden

Los títulos a la orden son títulos nominativos, cuyo tenedor puede ser sustituido por otro sin necesidad de comunicación al deudor, lo que es posible merced a la cláusula de endoso. La cláusula de endoso es una declaración escrita por el tenedor en el título cuya finalidad es transmitir el derecho incorporado a quien conste en ella como ulterior tenedor. Se denominan títulos a la orden porque el derecho incorporado debe cumplirse a la orden del primer tenedor, cuyos datos figuran en el documento, o a la orden de los sucesivos adquirentes, a los que el título ha sido transmitido mediante el endoso inserto en el mismo. En consecuencia, la legitimación para ejercitar el derecho incorporado exige la presencia de dos requisitos, a saber, la posesión del título y la mención del tenedor en la última cláusula de endoso de una serie regular y no interrumpida de endosos (art. 19 LCCh). De manera que el deudor queda liberado si paga al último tenedor de dicha cadena regular de endosos. Por su parte, la circulación se produce mediante el doble requisito de la tradición o entrega del documento y la mención de la persona a la que se entrega en la cláusula de endoso. Por este motivo son títulos nominativos especialmente diseñados para circular.

2. *Según la forma de la emisión*

En atención a la manera de emitirse o crearse, los títulos valores pueden ser individuales o en serie. A los primeros suele aludirse con la denominación de efectos de comercio, cuyos casos típicos son los títulos cambiarios, esto es, la letra de cambio, el cheque y el pagaré. Los títulos emitidos en serie son aquellos que proceden de un negocio en el que se crea simultáneamente un conjunto de ellos, cuyas características coinciden en lo esencial. El ejemplo paradigmático es la emisión de acciones. A estos títulos se les conoce con la denominación de valores mobiliarios.

2.1. Según la naturaleza del derecho incorporado

Desde el punto de vista de la naturaleza o el contenido del derecho incorporado los títulos pueden ser de tres clases. Los títulos de pago o pecuniarios, como los cambiarios, que incorporan un derecho de crédito de carácter pecuniario. Los títulos de participación, que incorporan la condición de socio o miembro de una sociedad y, por ende, un conjunto de derechos, obligaciones y facultades respecto de la entidad emisora de los mismos, cuyo ejemplo más destacado son las acciones. Y los títulos de tradición, que facultan a su poseedor para exigir la entrega de las mercancías que mencionan, le confieren la posesión mediata de las mismas y le atribuyen el poder de disposición sobre ellas mediante la simple transmisión del título, puesto que esta tiene la misma eficacia que la entrega material de las mercancías que representan.

2.2. Según el número de notas caracterizadoras

En atención a la concurrencia de más o menos notas caracterizadoras de los títulos valores, se distinguen los propios y los impropios. Por faltar las notas de autonomía y de literalidad los títulos incompletos suelen ser caracterizados como títulos impropios. Sucede eso, por ejemplo, con las acciones nominativas, según se indicó antes. En particular se consideran títulos impropios aquellos documentos que desempeñan una función legitimadora, que, sin embargo, no es la específica de los títulos valores. Conceden a su portador el derecho a una determinada prestación y permiten la liberación del deudor realizando dicha prestación a favor de quien posea el documento. Sin embargo, su presentación no es condición imprescindible para ejercitar el derecho ya que, en ocasiones, el titular puede exigir su cumplimiento sin él, probando su titularidad por otros medios. Asimismo, el deudor puede liberarse si paga al verdadero acreedor, aunque este no posea el documento. Sucede esto, por ejemplo, con los resguardos de guardarropas o con los de consigna de equipajes. No constituyen, por otro lado, títulos aptos para procurar la transmisión de la titularidad del derecho ya que en ellos no se produce la incorporación de este al título y les falta la nota de literalidad. Debido a estas circunstancias se denominan títulos de legitimación.

IV. LA LETRA DE CAMBIO

La letra de cambio es un título a la orden nato. Incorpora una orden o mandato incondicionado, emitida por el librador, de pagar a su poseedor legítimo (tenedor o tomador) una suma determinada de dinero a su vencimiento a la orden del tomador. El mandato se dirige al librado, pero ello no le confiere la condición de obligado cambiario, que solo adquiere si acepta la letra, convirtiéndose, por ende, en aceptante. Sin embargo vincula solidariamente a todos los firmantes de la letra, esto es, el librador, los avalistas y los endosatarios, ya que se convierten en obligados cambiarios por el mero hecho de firmar la letra garantizando solidariamente el pago. De modo que si la letra no es pagada voluntariamente el día del vencimiento, el tenedor puede dirigirse contra cualquiera de ellos o contra todos para obtener el pago en el ejercicio de la llamada acción de regreso (art. 57 LCCh).

V. EL PAGARÉ

El pagaré es un título valor que guarda grandes similitudes con la letra de cambio. La principal diferencia entre ellos consiste en que, mientras la letra contiene una orden incondicionada de pago del librador al librado para que este pague el importe del título, el pagaré expresa la promesa incondicionada del emitente, denominado firmante, de pagar el importe del título al sujeto indicado en él o a la orden de este. Se produce, pues, una simplificación de los elementos personales, que se reducen a dos, el firmante y el tenedor (art. 94 LCCh), siendo de destacar asimismo que el firmante queda obligado de igual manera que el aceptante de una letra de cambio, (art. 97 LCCh), no como el librador de esta. Tal vez en razón de ello el uso del pagaré está muy difundido en la práctica, donde se utiliza con preferencia a la letra de cambio, tanto en las relaciones comerciales como en las financieras, habida cuenta, además, de que disfruta de la misma tutela que ésta en el contexto del juicio cambiario y no requiere el uso de formulario fiscal alguno.

El hecho de que comparta con la letra la misma naturaleza jurídica explica que la LCCh ordene la aplicación al pagaré de las disposiciones relativas a aquella, mientras no sea incompatible con la naturaleza de este título (art. 96 LCCh), esto es, en la medida en que no afecten a los elementos personales y a la particular posición que asume el firmante del pagaré. Por lo demás, dedica dos preceptos a disciplinar las menciones esenciales y naturales del pagaré en línea semejante a lo previsto para la letra (arts. 94 y 95 LCCh).

VI. EL CHEQUE

El cheque es un título-valor, en concreto un título de crédito, que contiene una orden incondicionada formulada por su librador a una entidad de crédito para que esta pague a la vista a su tenedor legítimo la cantidad que aparece reflejada en el mismo. Su configuración estructural está muy próxima a la de la letra de cambio. Incluye como ella una orden de pago pura y simple, no sometida a condición alguna, que concierne a tres sujetos. En este aspecto difieren ambos del pagaré, en el que hay una promesa de pago, no un mandato u orden dirigida a un tercero. Eso no obstante, entre letra y cheque se advierten profundas diferencias debidas, básicamente, a la distinta función económica que ambos desempeñan. En síntesis, mientras que la letra puede servir alternativamente como medio de pago y como instrumento de crédito, el cheque es única y exclusivamente un medio de pago, nunca de crédito.

Por eso, a diferencia de la letra, el librado ha de ser siempre una entidad de crédito y requiere la existencia de una previa provisión de fondos en la entidad por parte del librador, así como un acuerdo pre-existente entre ambos para disponer de esos fondos mediante la emisión del cheque. Este acuerdo se denomina contrato de cheque. Suele estar inserto en el servicio de caja propio del contrato de cuenta corriente bancaria, que obliga a la entidad de crédito a cumplir las órdenes de cobros y pagos emitidas por su cliente y, entre ellas, la que se instrumenta a través de la emisión del cheque (art. 108 LCCh). La previa provisión de fondos obliga ya al librado a pagar el cheque pura y simplemente (art. 108.2 LCCh). A consecuencia de ello, el cheque no puede ser aceptado. Cualquier fórmula de aceptación consignada en él se reputa no escrita (art. 109 LCCh). De modo que el librado nunca se obliga cambiariamente, ni siquiera frente al librador. Las relaciones entre ambos son extra-cambiarias, puesto que se basan única y exclusivamente en el contrato o pacto de cheque. Por el mismo motivo tampoco se admite el aval al librado. De otro lado, el cheque ha de librarse necesariamente a la vista. En consideración a la función económica que desempeña, el cheque nace ya vencido. Por eso es pagadero a la vista, de forma que cualquier mención contraria se reputa no escrita. Más aún, el cheque presentado al pago antes del día indicado como fecha de emisión, es pagadero el día de la presentación (art. 134 LCCh) y no hay referencia alguna al plazo de vencimiento entre las menciones que debe incluir el documento.

Lección 21

Derecho concursal

I. DERECHO CONCURSAL, PRECONCURSAL Y PARACONCURSAL

El Derecho concursal es el conjunto de normas sustantivas y procesales que tienen por objeto la regulación del concurso de acreedores. A un nivel elemental puede afirmarse que el concurso de acreedores comprende las especialidades normativas a que se somete al conjunto de los acreedores de un deudor y a él mismo cuando no puede satisfacer todas sus obligaciones de manera regular debido a su insolvencia. En definitiva, se ve imposibilitado para pagar ya que tiene más acreedores que bienes o crédito para satisfacerlos. Si en esta situación de impotencia patrimonial se permitiera a los acreedores iniciar acciones de pago individuales, únicamente algunos obtendrían la íntegra satisfacción de sus créditos. En concreto, solo los primeros, ya que, en el régimen común, la preferencia en el cobro se determina por la prioridad en el tiempo (*prior tempore potior iure*). Sin embargo, el resto de acreedores perdería la posibilidad de cobrar al menos parte de ellos.

Es posible pensar que una solución de esa índole no resulta criticable porque, en definitiva, se premia a quien es diligente y se castiga a quien no lo es. Pero existen dos poderosas razones para inclinarse por la opinión contraria. Desde el punto de vista de la equidad, de la justicia, puede que se esté premiando no al más diligente sino al que dispone de más información, tal vez porque esté muy próximo al círculo íntimo del deudor —sus familiares o amigos, por ejemplo—. O al que ostenta un mayor poder económico y, consiguientemente, mejor preparación, como sucede con los acreedores profesionales, incluyendo los especializados en la concesión y recuperación de créditos.

Por otro lado, considerando la eficiencia del mercado, se estaría permitiendo que el deudor continuara con su actividad generando cada vez mayor insatisfacción entre más acreedores, lo que, a su vez, provocaría, con más que probable seguridad, el llamado efecto dominó. Si el acreedor no recibe el pago, no puede a su vez pagar a sus propios acreedores. Estos son, en síntesis, los motivos por los que la respuesta del Derecho a las situaciones de insolvencia, con más razón a la empresarial, es el concurso de acreedores. Se trata de un procedimiento judicial de carácter universal que reúne necesariamente a todos los acreedores de un mismo deudor insolvente para procurar la satisfacción ordenada de todos ellos, de modo que las pérdidas les afecten por igual. Por este motivo se sustituye el principio de la preferencia en el cobro en razón de la prioridad en el tiempo, propia de la satisfacción individual, por la satisfacción colectiva con arreglo al principio de paridad de trato, de comunidad de pérdidas o ley del dividendo (*par condicio creditorum*), reemplazándose el derecho general por un derecho especial en el que, sobre los intereses individuales de los acreedores, prevalece el interés colectivo de todos ellos.

En sentido amplio el Derecho preconcursal tiene como objeto la prevención del concurso del deudor y/o su insolvencia. Con él trata de evitarse que el deudor se someta al procedimiento concursal, con independencia de que se encuentre ya en una situación de insolvencia; o bien, que sus dificultades económicas y financieras se agraven hasta constituir insolvencia. Incluso, que pueda acudir a instrumentos preconcursales cuando se encuentra en un estadio temprano de dificultades financieras. Con esta última finalidad, el TRLC 2022 permite que el deudor solicite la declaración de concurso no solo cuando esté incurso en insolvencia actual, sino también cuando se encuentre en una mera situación de insolvencia inminente o en situación de probabilidad de insolvencia (art. 2.3 TRLC). Asimismo, con el doble objetivo de prevenir la insolvencia y el concurso la LSC regula la disolución obligatoria y la responsabilidad de los administradores por no promoción de la disolución o el concurso.

Para ello, la ley regula los planes de reestructuración, dirigidos a evitar la insolvencia, o a superarla, y que permite una actuación en un momento temprano. Podrán utilizar esta vía cualquier persona natural o jurídica que lleve a cabo una actividad empresarial o profesional, con exclusión de las microempresas respecto de las cuales se establece un único procedimiento especial recogido en el Libro tercero.

Finalmente, el Derecho paraconcursal comprende un conjunto de normas de carácter administrativo que permiten a ciertas entidades escapar del procedimiento concursal mediante la articulación de procedimientos diseñados con ese objeto. Normalmente se trata de entidades sujetas a supervisión administrativa. Y, entre ellas, las entidades de crédito en la medida en que revisten riesgos sistémicos.

II. LA DECLARACIÓN DEL CONCURSO

1. Presupuestos

Por presupuestos del concurso se entienden las condiciones de fondo que exige el TRLC al objeto de que proceda la apertura del procedimiento concursal. EL TRLC alude expresamente al presupuesto subjetivo y al objetivo. No obstante, del conjunto de su articulado, así como de la propia naturaleza del procedimiento, se deduce que la pluralidad de acreedores constituye un presupuesto adicional. De modo que su ausencia determina la improcedencia de la declaración, aunque el deudor se encuentre en situación de insolvencia. El presupuesto subjetivo es la condición subjetiva necesaria para la declaración de concurso. Como regla general solo pueden ser declaradas en concurso las personas. Es indiferente que se trate de personas naturales o jurídicas (art. 1.1 TRLC). Esta regla general tiene dos excepciones de signo inverso. Por un lado, se admite el concurso de la herencia yacente, a pesar de que carece de personalidad, ya que se trata de un patrimonio transitoriamente sin titular. Por otra parte, no pueden ser declaradas en concurso las entidades que integran la organización territorial del Estado, los organismos públicos y demás entes de derecho público (art. 1.1 TRLC). En consecuencia, la declaración de concurso se restringe a las personas jurídicas constituidas con arreglo al Derecho Privado. Quedan excluidos los deudores que deban someterse al procedimiento especial previsto para las microempresas, al que se aludirá en un epígrafe posterior.

El presupuesto objetivo del concurso es la situación de insolvencia (art. 2.1 TRLC). Sin embargo, la ley no contiene un concepto unívoco de insolvencia. Por el contrario, distingue entre la insolvencia actual y la insolvencia inminente (art. 2.3 TRLC). La insolvencia actual es una situación de fondo. Concurre cuando el deudor no puede cumplir regularmente sus obligaciones exigibles (art. 2.3. TRLC), ya sea porque se encuentra en una situación de déficit o desbalance patrimonial —esto es, insuficiencia de bienes propios—, ya sea por falta de crédito. No se identifica con ningún hecho externo. Ahora bien, el TRLC relaciona una serie de hechos externos cuya concurrencia permite presumir la situación de insolvencia (art. 2.4 TRLC). No obstante, se trata de una presunción que admite prueba en contrario, por lo que el deudor podrá acreditar su solvencia a pesar de la concurrencia del hecho externo (art. 20 TRLC). El propósito de la enumeración de los hechos externos es facilitar la declaración del concurso cuando este sea solicitado por un acreedor. Pero, a la vez, condiciona la solicitud por parte de los acreedores puesto que en tales casos tiene carácter taxativo, de modo que la solicitud solo puede fundarse en alguno de esos hechos, no en otros distintos por muy importantes y reveladores de la situación de insolvencia que sean.

La insolvencia es inminente cuando el deudor prevea que dentro de los tres meses no podrá cumplir regular y puntualmente sus obligaciones (art. 2.3 TRLC).

2. La declaración de concurso

La competencia objetiva para la declaración del concurso corresponde a los jueces de lo mercantil (art. 44.1 TRLC) que se caracterizan por ser órganos judiciales especializados de primera instancia, con sede, por regla general, en la capital de la provincia y jurisdicción en toda ella (art. 86 *bis* LOPJ). La jurisdicción del juez del concurso es exclusiva y excluyente en las materias relacionadas en el TRLC y en la LOPJ (arts. 8 y 9 LC y 86 *ter* 1 LOPJ). El concurso se declara mediante auto, que contendrá los pronunciamientos relacionados en el TRLC (art. 28.1. TRLC). El auto produce sus efectos de inmediato, abre la fase común de tramitación del concurso y es ejecutivo, aunque no sea firme (art. 30 TRLC).

Ahora bien, debido al principio dispositivo que rige el procedimiento concursal la declaración del concurso no puede producirse de oficio, sino que requiere solicitud de parte legitimada. El primer legitimado es el propio deudor (art. 3.1 1º TRLC). Si es persona jurídica, la decisión o acuerdo de solicitar la declaración corresponde al órgano de administración o de liquidación (art. 3.1. 2º TRLC), sin necesidad de acuerdo de la junta de socios.

El TRLC impone al deudor el deber de solicitar su propia declaración de concurso dentro de los dos meses siguientes a la fecha en que hubiera conocido o debido conocer su estado de insolvencia actual (art. 5.1 TRLC). El incumplimiento de este deber se sanciona con la presunción de la existencia de dolo o culpa grave, salvo prueba en contrario, a efectos de la calificación del concurso como culpable (art. 443 TRLC). No obstante, como excepción, este deber no será exigible al deudor que, en estado de insolvencia actual, inminente o probable haya iniciado negociaciones para alcanzar un plan de reestructuración. En estos casos dispone de cuatro meses más para solicitar la declaración de concurso, más en su caso la prórroga, salvo que ya no se encontrara en estado de insolvencia (art. 595 TRLC).

La declaración de concurso puede ser solicitada, en segundo lugar, por cualquier acreedor (art. 13 TRLC). Como excepción no ostentan legitimación los acreedores que carecen de interés legítimo, por razones objetivas, o que hubieran adquirido el crédito por actos ínter vivos y a título singular, después de su vencimiento, dentro de los seis meses anteriores a la presentación de la solicitud (art. 3.2 TRLC). Además de los acreedores, están legitimados para solicitar la declaración de concurso de las personas jurídicas los socios que sean personalmente responsables de las deudas de aquélla (art. 3.3 TRLC), así como el mediador de un acuerdo extrajudicial de pagos.

El concurso de acreedores tendrá la consideración de voluntario cuando la primera de las solicitudes presentadas sea la del deudor. En el resto de los casos tendrá carácter necesario (art. 29 TRLC)

III. LA ADMINISTRACIÓN CONCURSAL

La administración concursal es el órgano de gestión del concurso. Es un órgano necesario tanto porque su nombramiento tiene carácter imperativo, como por las funciones que le encomienda el TRLC, imprescindibles para la tramitación del concurso.

La composición de este órgano varía en atención a heterogéneas circunstancias previstas en el TRLC, lo que permite advertir la existencia de dos clases de administración concursal: administración concursal única, integrada por un único miembro, que podrá ser persona natural o jurídica (art. 57 TRLC); o excepcionalmente, administración concursal dual, en la que se nombra un segundo administrador, en los casos en los que concurra causa de interés público (art. 58 TRLC). De otro lado, el TRLC prevé un heterogéneo conjunto de circunstancias que impiden el nombramiento como administrador concursal (arts. 64 y 65 TRLC). En cualquier caso, como regla general, la designación del administrador concursal es competencia, exclusiva y excluyente, del juez del concurso. Sin embargo, dicha competencia está sometida a ciertas limitaciones.

La relevancia de la administración concursal se advierte en las competencias y funciones que le atribuye el TRLC. Sobre él recaen decisiones trascendentales del procedimiento y funciones de la máxima envergadura. Se le atribuyen las competencias básicas relativas, en primer término, a la gestión del patrimonio sometido al concurso en relación con los efectos patrimoniales que el mismo despliega sobre el deudor concursado. En segundo lugar, es el responsable de formar y verificar el aparato informativo del concurso. Debe elaborar el fundamental informe a que alude el art. 292 TRLC. El informe de la administración concursal constituye el vértice informativo del concurso por cuanto ha de contener una información completa e inteligible sobre la situación patrimonial del deudor, sus actividades y las circunstancias que han motivado la declaración del concurso. Por tanto, el carácter de la información que suministra es fundamentalmente retrospectivo, pero dinámico ya que se extiende al plazo de tiempo anterior a la declaración que determina el TRLC. Confecciona también otros dictámenes de no menor trascendencia, como el escrito de evaluación de las propuestas de Convenio que se hayan presentado, que comprende un juicio razonado en torno al plan de pagos, y, en su caso, al plan de viabilidad que las acompañen. O el informe sobre los hechos relevantes para la calificación del concurso. O los diversos informes en relación con la conclusión del concurso. Como regla general, es asimismo el encargado de elaborar el Plan de Liquidación, la lista de acreedores y el inventario de la masa activa, si bien con una competencia compartida con el órgano judicial. En fin, es el principal responsable, muchas veces en exclusiva, del ejercicio de las acciones en defensa de la masa activa y de la pasiva dentro y fuera del procedimiento concursal.

En todo caso, la administración concursal estará sometida a la supervisión del juez del concurso. En cualquier momento, el juez podrá requerirle una información específica o una memoria sobre el estado de la fase del concurso (art. 82 TRLC).

En el procedimiento especial previsto para las microempresas, la participación de la administración concursal se reduce notablemente. Si bien es posible que el deudor o los acreedores soliciten su nombramiento haciéndose cargo de sus honorarios.

IV. EFECTOS

Los efectos de la declaración del concurso se proyectan sobre el deudor, sobre los acreedores y sobre los contratos. Dichos efectos se prolongan durante la fase de convenio. Solo se modifican con la apertura de la fase de liquidación.

1. Efectos sobre el deudor

1.1. Relativos a su situación personal

La declaración de concurso engendra tres efectos relativos a la situación personal del concursado, que se traducen en tres deberes (art. 135 TRLC):

El deber de comparecer personalmente ante el juzgado de lo mercantil y ante la administración concursal cuantas veces sea requerido. Si la decisión proviene de esta última no se precisa orden judicial. El deber ha de ser cumplido personalmente, no puede hacerse a través de representante.

El deber de colaborar en todo lo necesario o conveniente para el interés del concurso. Este deber supone un previo requerimiento por parte del juez o de la administración concursal al objeto de que el concursado preste su colaboración activa en el procedimiento cuando ello sea necesario, o simplemente conveniente, para el interés del concurso. El deber incluye la colaboración por los dependientes del deudor.

El deber de informar de todo lo necesario o conveniente para el interés del concurso. A diferencia del anterior, este deber no precisa requerimiento previo, sino que ha de ser cumplido por el deudor en la medida en que disponga de cualquier información que revista esos caracteres. Ahora bien, el deber se instaura únicamente en relación con los órganos del concurso. En ningún caso respecto de los acreedores.

Cuando el deudor sea persona jurídica, estos deberes incumbirán a sus administradores o liquidadores y a quienes hayan desempeñado estos cargos dentro de los dos años anteriores a la declaración del concurso. Alcanzarán también a los apoderados del deudor y a quienes lo hayan sido dentro del período señalado. El incumplimiento de estos deberes determina la existencia de una presunción de dolo o culpa grave a efectos de la calificación del concurso como culpable (art. 444.2° TRLC).

La LORC permite la adopción de tres tipos de medidas restrictivas de los derechos fundamentales del deudor (art.1.1.):

I) La intervención de las comunicaciones, si bien con garantía del secreto de los contenidos que sean ajenos al interés del concurso.

II) La imposición del deber de residencia del deudor persona natural en la población de su domicilio. Si el deudor incumpliera este deber o existieran razones fundadas para temer que pudiera incumplirlo, el juez podrá adoptar las medidas que considere necesarias, incluido el arresto domiciliario.

III) La entrada en el domicilio del deudor y su registro.

Se contemplan también efectos específicos sobre la persona natural. Así, el deudor persona natural que se encuentre en estado de necesidad tendrá derecho a alimentos para atender sus necesidades, las de su cónyuge y descendientes bajo su potestad, con cargo a la masa activa, en el caso de que existan en esa masa los bienes necesarios para esa prestación (art. 123 TRLC). Igualmente, el cónyuge del concursado tendrá derecho a solicitar del juez del concurso la disolución de la sociedad o comunidad conyugal cuando se hubieran incluido en la masa activa bienes gananciales o comunes de deban responder de las obligaciones del concursado. El juez, en ese caso, acordará la disolución de la sociedad o comunidad conyugal, el pago a los acreedores y la división del remanente entre los cónyuges (art. 125 TRLC)

1.2. Efectos patrimoniales

Los efectos patrimoniales que produce en la situación del deudor la declaración de concurso afectan al ejercicio de las facultades relativas a la administración y disposición sobre los bienes, derechos y obligaciones que hayan de integrarse en el concurso ya que la titularidad de las mismas se conserva en todo caso por aquel (art. 106 TRLC). El deudor, por tanto, no se ve privado de la titularidad de aquéllas, sino sólo de su ejercicio. Si se trata de un empresario o un profesional hay que tener presente que la declaración de concurso no interrumpe la actividad profesional o empresarial que viniera ejerciendo, por lo que la restricción de facultades abarca también las relativas al ejercicio de la empresa (art. 111 TRLC). Dicho ejercicio se ve afectado por el concurso en distinta forma según se trate de facultades de mera administración o de disposición y según hayan sido sometidas a mera intervención o a suspensión.

Los efectos sobre el ejercicio de las facultades de administración pueden consistir, bien en el sometimiento de las facultades de administración a intervención, bien en su suspensión (art. 106 TRLC). La intervención significa la autorización o conformidad de los administradores concursales con los actos de administración que realice el deudor al respecto de los bienes que forman parte de la masa activa del concurso. La suspensión supone la sustitución del deudor por los administradores concursales en el ejercicio de las facultades de administración sobre los bienes, derechos y obligaciones que formen parte de la masa activa del concurso.

Como principio general, las facultades de disposición sobre los bienes y derechos que integran la masa activa están en todo caso suspendidas, ya sea en el régimen de intervención, como en el de suspensión. Y tampoco están atribuidas a la administración concursal. Su ejercicio exige autorización del juez (art 205 TRLC). Como excepción, no obstante, podrán realizarse actos de disposición con sujeción al sistema de intervención o suspensión en tres casos: actos de disposición inherentes a la continuación de la actividad profesional o empresarial del deudor (206.1. 1° TRLC); los indispensables para satisfacer las exigencias de tesorería que requiera la tramitación del concurso de acreedores; y los indispensables para garantizar la viabilidad de los establecimientos, explotaciones o cualquier otra unidad productiva de bienes o servicios que formen parte de la masa activa.

El TRLC regula la obligación de elaborar las cuentas anuales únicamente por referencia a las sociedades. Por tanto, sus prescripciones deben aplicarse *mutatis mutandi* por analogía al resto de supuestos en que el deudor esté obligado a formarlas. La disciplina varía según el deudor esté sometido a intervención o a suspensión. En el primer caso, su formulación y sometimiento a auditoría, seguirán constituyendo obligación legal de los administradores sociales, pero bajo la supervisión de los administradores concursales (art. 115 TRLC). En la hipótesis de suspensión, la obligación legal de formular y de someter a auditoría las cuentas anuales corresponde a la administración concursal (art. 116 TRLC). Las cuentas anuales han de ser aprobadas por la junta de socios mientras el concurso se encuentre en fase común o de convenio.

1.3. Efectos sobre el deudor persona jurídica

La sujeción al procedimiento concursal no causa efecto alguno en la organización, que, continúa como tal, con su misma personalidad jurídica, sin que avenga tampoco cambio en su objeto (art.126 TRLC). Estos efectos se mantienen en la fase de convenio. Afectan, no obstante, a los órganos de la persona jurídica. Los administradores conservan únicamente la representación de la entidad dentro del concurso (art. 129 TRLC). Fuera de él se ve mediatizada, igual que las competencias en materia de gestión empresarial, en los mismos términos que en caso de persona natural, esto es, en relación con las facultades relativas a la administración y disposición sobre los bienes, derechos y obligaciones que hayan de integrarse en el concurso (art 128 TRLC.). La administración concursal tendrá derecho de asistencia y de voz en las sesiones de los órganos colegiados de la persona jurídica concursada (art. 127.1 TRLC).

La junta de socios retiene las competencias extra-concursales. No obstante, el TRLC ordena que todos los acuerdos que puedan tener contenido patrimonial o relevancia directa para el concurso requerirán, para su eficacia, la autorización o confirmación de la administración concursal (art. 127.3TRLC).

2. Efectos sobre los acreedores

La declaración de concurso impone como efecto fundamental sobre los acreedores la agrupación de todos ellos en una colectividad que recibe el nombre de masa de acreedores o masa pasiva, con la consecuencia inmediata de que sus créditos no serán satisfechos de forma ordinaria, sino de conformidad con la solución que se alcance en el concurso y con sujeción al principio de la *par condicio creditorum* o de igualdad o paridad de trato de los acreedores iguales. En consecuencia, la integración en la masa supone que, con carácter general, no es posible iniciar ejecuciones singulares contra el patrimonio del deudor. Asimismo, afecta al ejercicio de las acciones declarativas individuales de los acreedores y produce ciertas modificaciones en los créditos de los que son titulares. Como regla general, forman parte de la masa pasiva todos los acreedores del deudor anteriores a la declaración de concurso, ordinarios o no, cualquiera que sea su nacionalidad y domicilio (art. 251 TRLC).

3. Efectos sobre los contratos

El sistema legal sobre esta materia se estructura sobre la base de dos órdenes de previsiones. En primer término, las relativas a los efectos que la declaración de concurso provoca en los contratos vigentes. En segundo lugar, las atinentes a la posibilidad de rehabilitar, tras la declaración, cierto tipo de contratos extinguidos con anterioridad a ella. Las primeras se articulan alrededor de un régimen general, que regula los efectos que provoca la declaración del concurso en los contratos suscritos por el concursado, y dos regímenes especiales, relativos respectivamente, a las especialidades aplicables a los contratos laborales y a los contratos administrativos.

En el régimen general, el TRLC parte del principio de que la declaración de concurso no afecta a la vigencia de los contratos suscritos por el deudor, que, por tanto, se mantiene. Se tendrán por no puestas las cláusulas que establezcan la facultad de la otra parte en el contrato de suspender o modificar las obligaciones o efectos vinculados al contrato. También se tendrán por no puestas las que establezcan la facultad de resolución o de extinción del contrato por la declaración de concurso de cualquiera de las partes contratantes o por la apertura de la fase de liquidación (art. 156 TRLC).

El sistema se ordena distinguiendo dos supuestos de contratos pendientes de ejecución, según que el contrato esté pendiente de cumplimiento solo por un contratante (concursado o parte *in bonis*), o esté pendiente de cumplimiento por ambas partes. Cuando al momento de la declaración del concurso una de las partes hubiera cumplido íntegramente sus obligaciones y la otra tuviese pendiente el cumplimiento total o parcial de las recíprocas a su cargo, el crédito o la deuda que corresponda al deudor se incluirá, según proceda, en la masa activa o en la pasiva del concurso (art. 157 TRLC). De modo que, si el contrato hubiera sido cumplido íntegramente por el concursado, existirá un crédito en la masa activa frente al tercero, que deberá ser cobrado como cualquier otro. Sin embargo, si el cumplidor es el tercero no concursado, este únicamente tendrá un crédito concursal, que solo podrá ser cobrado conforme a las normas concursales con sujeción al principio de la *par condicio creditorum.* La previsión legal afecta, pues, a los contratos bilaterales con obligaciones recíprocas, pero el principio que inspira la reglamentación justifica que se aplique igualmente a los contratos unilaterales.

Conforme a la regla general, la declaración de concurso, por sí sola, no afectará a la vigencia de los contratos con obligaciones recíprocas pendientes de cumplimiento tanto a cargo del concursado como de la otra parte (art. 158 TRLC). El TRLC reitera esta regla al disponer que se tendrán por no puestas las cláusulas que establezcan la facultad de resolución o la extinción del contrato por la sola causa de la declaración de concurso de cualquiera de las partes (156 TRLC).

Dicha regla queda exceptuada en los supuestos en que una Ley disponga o permita expresamente pactar la extinción del contrato en los casos de situaciones concursales o de liquidación administrativa de alguna de las partes (art. 159. 2 TRLC). Asimismo, la prohibición no alcanza al ejercicio de la facultad de denuncia unilateral del contrato que proceda conforme a la Ley (art. 159.1 TRLC). De modo que es preciso acudir a disposiciones extra-concursales al objeto dedeterminar en qué casos disponen o permiten pactar la extinción o facultan para extinguir el contrato mediante denuncia unilateral. Sucede, por ejemplo, en el contrato de mandato o en el de agencia.

Por otra parte, en la hipótesis general de continuación de la vigencia de los contratos con obligaciones recíprocas pendientes de cumplimiento por ambas partes, el TRLC no prevé excepción alguna al régimen de cumplimiento ordinario, de modo que el contrato subsiste tras el concurso en las condiciones pactadas y de acuerdo con las normas legales aplicables al tipo contractual. La previsión afecta tanto al tercero *in bonis,* como al concursado, que habrá de cumplir las prestaciones a que esté obligado de forma regular con cargo a la masa. No obstante, considerando siempre el interés del concurso, el TRLC regula dos excepciones a este régimen ordinario mediante la atribución al juez de dos facultades especiales de signo contrario: de un lado, la de declarar la resolución de los contratos; de otro, la de enervar la resolución por incumplimiento que podría oponer la parte *in bonis.*

V. LA MASA ACTIVA Y PASIVA

1. La masa activa

Por masa activa se entiende el conjunto de los bienes y derechos integrados en el patrimonio del deudor destinado a la satisfacción de sus acreedores. La determinación de los elementos que la componen se efectúa de acuerdo con los principios de universalidad y ejecutabilidad (art. 1911 Cciv y 192 TRLC). Conforme al primero, constituyen la masa activa los bienes y derechos integrados en el patrimonio del deudor a la fecha de la declaración de concurso y los que se reintegren al mismo o adquiera hasta la conclusión del procedimiento, esto es, todos su bienes presentes y futuros. A tenor del segundo, no forman parte de ella los elementos que no pueden servir para la satisfacción de los acreedores; bien por su propia naturaleza, debido a que carecen de carácter patrimonial o son inherentes a la persona; bien por disposición de la Ley cuando los considera legalmente inembargables o inalienables.

En atención a ello, la declaración de concurso provoca la escisión del activo del concursado en dos masas patrimoniales. Por un lado, el patrimonio personal, que incluye los elementos sustraídos del poder de agresión de los acreedores. Este conjunto patrimonial permanece bajo el poder de disposición y administración del deudor. Por otro, los bienes y derechos afectos a la satisfacción de los acreedores, que constituyen el patrimonio concursal o masa activa del concurso. La titularidad de esta segunda masa patrimonial no varía mientras el concurso se sustancia. Continúa perteneciendo al concursado, pero el ejercicio de las facultades de administrar y disponer de ella se encuentra limitadas a consecuencia de aquel, de modo que se excluye la posibilidad de su modificación por actos del concursado. Es lo que se denomina principio de inalterabilidad objetiva de la masa. Por tanto, la integración en la masa activa únicamente supone una variación subjetiva en lo relativo al ejercicio de las facultades de administrar y disponer de los bienes y derechos del concursado. No implica modificación objetiva alguna de estos. De modo que, como regla general, todos ellos continúan ostentando la misma configuración jurídica que tenían con anterioridad a la apertura del procedimiento concursal.

Ahora bien, esta división patrimonial no agota las operaciones de delimitación de la masa. Todavía es preciso realizar dos operaciones de signo inverso. La reintegración y la separación. En atención a ello se distingue la masa de hecho y la de derecho. La primera está compuesta por los bienes que se encuentren en el patrimonio del deudor en el momento de la declaración de concurso. La segunda incluye los elementos que definitivamente quedan afectados a la satisfacción de los acreedores, tras la realización de las operaciones y adscripciones anteriores. En sentido propio, la separación comprende los bienes y derechos de titularidad ajena que se encuentren en poder del concursado (art. 239 TRLC). Como regla general, estos bienes y derechos serán entregados a sus legítimos titulares por la administración concursal, cuya decisión denegatoria podrá ser impugnada en incidente concursal.

La reintegración pretende devolver a la masa lo que salió de ella indebidamente. El sistema de reintegración que prevé el TRLC se compone de dos elementos. De un lado, instituye un mecanismo específicamente concursal, la acción rescisoria concursal; esta acción permite declarar la ineficacia de todos los actos perjudiciales para la masa activa realizados por el deudor dentro de los dos años anteriores a la declaración del concurso, así como los realizados desde esa fecha a la de la declaración, aunque no hubiere existido intención fraudulenta. También se podrán rescindir los actos perjudiciales que hubiera realizado el deudor en los dos años anteriores a la fecha de la comunicación de la apertura de negociaciones con los acreedores o de su intención de comenzarlas, con la finalidad de alcanzar un plan de reestructuración; así como los realizados desde esa fecha a la de la declaración de concurso, aunque no exista intención fraudulenta cuando de forma cumulativa se den las dos circunstancias siguientes : que no se ha aprobado un plan de reestructuración o no hubiera sido homologado por el juez; y que el concurso se declare dentro del año siguiente a la finalización de los efectos de la comunicación o de la prórroga de la misma (art. 226 TRLC).

De otro, reconoce la posibilidad de ejercitar cualesquiera otras acciones de impugnación de actos del deudor que procedan conforme a Derecho (arts. 238 TRLC y 1.111 y 1. 291.3º Cciv),de modo que también podrán utilizarse (vgr. la nulidad o la anulabilidad).

Atendiendo al tratamiento de la prueba del perjuicio se distinguen tres supuestos:

I) Actos cuya mera realización provoca la presunción absoluta de perjuicio con el carácter *iuris et de iure*, esto es, sin admitir prueba en contrario. Estos actos están tasados en el TRLC de modo taxativo. Se trata de actos de disposición a título gratuito, salvo las liberalidades de uso, y de pagos u otros actos de extinción de obligaciones cuyo vencimiento fuere posterior a la declaración del concurso, excepto si contasen con garantía real, en cuyo caso la presunción admite prueba en contrario (art. 227TRLC).

II) Actos cuya realización provoca una presunción relativa de perjuicio, y se admite prueba en contrario. Se trata de los actos dispositivos a título oneroso realizados a favor de alguna de las personas especialmente relacionadas con el concursado, la constitución de garantías reales a favor de obligaciones preexistentes o de las nuevas contraídas en sustitución de aquéllas y los pagos u otros actos de extinción de obligaciones que contasen con garantía real y cuyo vencimiento fuere posterior a la declaración del concurso (art. 228 TRLC).

III) Actos cuya realización no engendra presunción alguna de perjuicio, demodo que este ha de ser probado por quien ejercite la acción. Se trata de actos no comprendidos en las categorías anteriores (art. 229TRLC).

2. *La masa pasiva*

La determinación de los créditos incluidos en la masa pasiva del concurso entraña dos tipos de operaciones. En primer lugar, el reconocimiento de los créditos. En segundo término, su clasificación. El reconocimiento admite dos significados. De un lado, se trata de una operación cuya finalidad consiste en verificar los créditos pretendidamente concursales, seleccionando entre ellos los que son legítimos y los que no lo son. Desde este punto de vista el reconocimiento se arbitra mediante un procedimiento que comprende el llamamiento a los acreedores y la comunicación por estos de sus créditos. En segundo lugar, pero al mismo tiempo, el reconocimiento es la decisión en virtud de la cual se estima la legitimidad del crédito y se determinan sus circunstancias a efectos del concurso. Por su intermedio, aquel se integra de derecho en la masa pasiva del concurso, adquiriendo con ello los derechos que corresponden a los créditos concurrentes. El reconocimiento provisional compete a la administración concursal.

La clasificación de los créditos consiste en atribuir a cada uno la graduación prevista en el TRLC. La clasificación es una actividad fundamental puesto que determina la satisfacción de los mismos en el concurso. Los créditos concursales se clasifican en tres categorías: créditos ordinarios, privilegiados y subordinados (art. 269 TRLC).

Los créditos privilegiados son de dos tipos. Créditos con privilegio especial, si afectan a determinados bienes o derechos y créditos con privilegio general, si afectan a la totalidad del patrimonio del deudor. Los créditos con privilegio especial se enumeran en el artículo 270 TRLC, que, más que un listado de créditos preferentes, contiene un listado de créditos asegurados mediante garantías reales y situaciones funcionalmente equivalentes, esto es, bienes que han sido transmitidos al concursado pero cuya propiedad retiene el acreedor con fines de garantía del pago de su precio. Los créditos con privilegio general se enumeran en el artículo 280 TRLC. Aunque el TRLC limita el catálogo de créditos privilegiados a los previstos expresamente en ella (art. 269 TRLC), la declaración tiene eficacia retrospectiva ya que no impide que leyes posteriores puedan crear créditos de esta categoría. En caso de convenio, el privilegio consiste en que solo quedarán afectados por él si votan a favor del mismo (arts. 356 y 397 TRLC). En el supuesto de liquidación, el privilegio tiene unos efectos mucho más contundentes puesto que la graduación determina la satisfacción de los créditos por el orden legalmente establecido.

Los créditos subordinados están relacionados en el artículo 281 TRLC. Si el concurso concluye en Convenio, los titulares de estos créditos carecen de derecho de voto en la junta de acreedores (art. 352 TRLC), pero el convenio aprobado les vincula y veremos que puede contener reducciones de los créditos y/o aplazamientos en el pago, que les afectarán sin su consentimiento. En caso de liquidación, su pago se posterga en los términos que se analizarán luego.

Finalmente, son créditos ordinarios aquellos que no sean ni privilegiados ni subordinados.

3. El inventario de la masa activa y la lista de acreedores

El inventario de la masa activa es un documento que contiene la relación y el avalúo de los bienes y derechos del deudor y, en su caso, de los bienes gananciales, integrados en la masa activa del concurso a la fecha de cierre, que será el día anterior al de emisión del informe de la administración concursal (art. 198 TRLC). En documento aparte, se adjuntarán al inventario dos relaciones. En la primera se identificarán todos los litigios cuyo resultado pueda afectar a su contenido. La segunda comprenderá cuantas acciones debieran promoverse, a juicio de la administración concursal, para la reintegración de la masa activa. En ambas relaciones se informará sobre viabilidad, riesgos, costes y posibilidades de financiación de las correspondientes actuaciones judiciales (art. 202 TRLC). De otro lado, la lista de acreedores comprende una relación de los acreedores incluidos y otra de los excluidos, ambas ordenadas alfabéticamente, referidos a la fecha de solicitud del concurso (art. 285 TRLC).

VI. CRÉDITOS CONTRA LA MASA

Los créditos contra masa se han caracterizado tradicionalmente por el hecho de que su nacimiento tiene lugar con posterioridad a la declaración del concurso o con ocasión de él; bien porque los genera el propio procedimiento concursal (vgr. costas y gastos judiciales); bien porque derivan de obligaciones nacidas tras la declaración. Esta nota permite diferenciarlos de la otra gran categoría de créditos que son los nacidos con anterioridad y que ocasionan la declaración de concurso, los créditos concursales, que integran la masa pasiva del concurso. A diferencia de estos últimos, los créditos contra la masa no forman parte de la masa pasiva del concurso. Sus titulares no son acreedores en la masa (pasiva), como son, al contrario, los titulares de créditos concursales. Son acreedores de la masa (activa). Por consiguiente, la exclusión de los acreedores de la masa, de la masa pasiva del concurso es una simple consecuencia de su naturaleza, anudada al momento de su nacimiento, posterior a la declaración del concurso.

El TRLC mantiene esta misma consecuencia, excluyendo los créditos contra la masa de la masa pasiva (art. 269 TRLC), y asimismo su presupuesto, el nacimiento posterior del crédito. Pero, en este último caso, introduce ciertas excepciones al incluir entre ellos créditos que son *materialmente* concursales, normalmente con la pretensión de privilegiar al acreedor. Entre ellas destaca la relativa a los créditos por salarios de los últimos treinta días de trabajo efectivo anteriores a la declaración de concurso y en cuantía que no supere el doble del salario mínimo interprofesional (art. 242 1° TRLC).

En cualquier caso, los créditos que pueden merecer esta calificación están relacionados en la ley con carácter tasado, de forma que solo serán considerados de este tipo los créditos a los que el TRLC atribuya expresamente tal calificación (art. 242. TRLC). La mayor parte de ellos están relacionados en el art. 242 TRLC, pero ocasionalmente también confiere tal carácter en otros preceptos. Su régimen jurídico es el ordinario por el que se regirían en caso de no existir concurso, a salvo las especialidades previstas expresamente para ellos en TRLC, que les dispensa un tratamiento autónomo por lo que se refiere al reconocimiento, modo y tiempo de pago.

En relación con el pago, es importante destacar que los créditos contra la masa gozan de preferencia en el pago respecto de todos los créditos concursales, salvo cuando se trate de créditos con privilegio especial, ya que las deducciones para atender aquel solo podrán hacerse con cargo a los bienes y derechos no afectos al pago de créditos con privilegio especial (art. 429 TRLC).

VII. MODOS DE SOLUCIÓN DEL CONCURSO

1. Introducción

Considerando que la finalidad preponderante del concurso consiste en satisfacer los créditos que pesan sobre la masa activa del mismo, los modos de solución del concurso son los recursos legales previstos en el TRLC para conseguir ese objetivo. Estos recursos son dos, el convenio y la liquidación. Con el convenio se pretende alcanzar dicho fin a través de un acuerdo entre el deudor y el conjunto de sus acreedores; mientras que la liquidación supone la conversión en dinero de los bienes y derechos que integran la masa activa mediante la realización de los mismos para el pago de los acreedores.

2. El convenio

El convenio en cuanto a su estructura tiene, por un lado, una vertiente contractual, puesto que se trata ante todo de un acuerdo entre el concursado y sus acreedores surgido de la concurrencia de la oferta y la aceptación de la misma; y , por otro, una vertiente judicial, puesto que su rasgo más característico consiste en que se trata de un convenio de masa, en el sentido de que, si bien su aceptación requiere únicamente la concurrencia de las mayorías establecidas en el TRLC, su eficacia se extiende a todos los acreedores ordinarios, a los subordinados y a todos los demás acreedores anteriores a la declaración del concurso cuyos créditos no hubieran sido reconocidos en él (art. 396 TRLC).

En cuanto a su naturaleza es un convenio básicamente solutorio, por cuanto su principal finalidad es la satisfacción de los acreedores. Es verdad que potencia la conservación de la empresa, pero ésta no constituye un objetivo en sí misma.

El TRLC regula la forma de tramitar el convenio, estableciendo la posibilidad de que sea el concursado quien lo presente (art. 337 TRLC) o el acreedor o acreedores cuyos créditos, individual o conjuntamente superen una quinta parte del total pasivo. En la ley se regulan las mayorías necesarias para su aceptación, las posibilidades de modificación y las consecuencias derivadas de su incumplimiento.

3. La liquidación

La apertura de la fase de liquidación produce drásticos efectos sobre el concursado, en particular sobre las facultades de administrar y disponer de los bienes que integran la masa activa, así como sobre los créditos y el destino del patrimonio constitutivo de la masa activa, de modo coherente con su objetivo, que es proceder a la conversión en dinero de todos los elementos de aquel para hacer pago a los acreedores.

La situación del concursado durante la fase de liquidación será en todo caso la de suspensión del ejercicio de las facultades de administración y disposición sobre su patrimonio, con todos los efectos establecidos para ella en la fase común (art. 413 TRLC), salvo los que se opongan a las normas específicas dictadas en materia de liquidación (art. 411 TRLC). También la extición del derecho de alimentos con cargo a la masa aciva, salo cuando fuere imprescindible para atender a las necesidades mínimas del concursado, su cónyuge o pareja de hecho inscrita, descendientes y ascendientes a su cargo; y el derecho a solicitar la exoneración del pasivo insatisfecho si reúne los requisitos que marca la ley.

Si el concursado fuese persona jurídica, procede distinguir los efectos que provoca la apertura de la fase de liquidación en la persona jurídica y los que produce en sus órganos, considerando el caso típico de las sociedades de capital. La apertura de la fase de liquidación constituye causa de disolución de la sociedad (arts. LSC y 413.3 TRLC). Esta disolución se produce sin intervención de los órganos de la sociedad. Su declaración compete al juez del concurso, que la hará constar en la resolución de apertura de la fase de liquidación (art. 361.2 2° LSC). Además, la resolución judicial que abra la fase de liquidación contendrá en todo caso el cese de los administradores o liquidadores, que serán sustituidos por la administración concursal (413.2 TRLC).

La liquidación comprende dos tipos de operaciones. La liquidación del activo y la del pasivo. La primera tiende a convertir en dinero los elementos patrimoniales mediante la realización o enajenación de aquellos. (art. 415 TRLC).

Como regla general en materia de liquidación, señala el art. 421 TRLC que será el administrador concursal, en el caso de que el juez no haya establecido reglas especiales de liquidación, el que realizará los bienes y derechos de la masa activa del modo más conveniente para el interés del concurso, con las limitaciones que establece la propia ley.

En las hipótesis ordinarias la elaboración del plan de liquidación es competencia de la administración concursal (art. 416 TRLC). Transcurrido el plazo legal, el juez, según estime conveniente para el interés del concurso, resolverá mediante auto aprobar el plan en los términos en que hubiera sido presentado, introducir en él modificaciones o acordar la liquidación conforme a las reglas legales supletorias. Contra este auto podrá interponerse recurso de apelación (art. 419 TRLC).

La liquidación del pasivo comprende la satisfacción de todos los créditos reconocidos en el concurso. Ha de realizarse imperativamente conforme al orden de prelación establecido en el TRLC (arts. 429-440 TRLC), que es el siguiente:

En primer término, se pagarán los créditos con privilegio especial. Estos créditos son preferentes incluso respecto de los créditos contra la masa, ya que las deducciones para atender a estos últimos solo podrán hacerse con cargo a los bienes y derechos no afectos al pago de créditos con privilegio especial. El pago se hará con cargo a los bienes y derechos afectos, ya sean objeto de ejecución separada o colectiva (art. 430 TRLC). Si el privilegio consiste en una garantía real, el cobro incluye el de los intereses hasta donde alcance la respectiva garantía.

Deducidos de la masa activa los bienes y derechos necesarios para satisfacer los créditos contra la masa y con cargo a los bienes no afectos a privilegio especial o al remanente que de ellos quedase una vez pagados estos créditos, se atenderá al pago de los créditos que gozan de privilegio general. Entre ellos el orden que sigue el RTLC es el de su prelación, que se decide en atención al número que tengan asignado (art. 432 TRLC). De tal manera que solo se abonarán los de un número cuando hayan sido satisfechos los del anterior. Si no hay activo suficiente para satisfacer de forma íntegra los incluidos en un número, el pago se efectuará a prorrata, esto es, en proporción a su importe, dentro de cada número.

Solo cuando resulten satisfechos los créditos con privilegio especial en la proporción que corresponda al bien o derecho afecto y todos los créditos contra la masa y los privilegiados generales se procederá el pago de los créditos ordinarios (arts. 433 y 434 TRLC), conjuntamente con los créditos con privilegio especial en la parte en que éstos no hubieren sido satisfechos con cargo a los bienes y derechos afectos a prorrata entre todos ellos.

Si queda remanente tras las operaciones anteriores será satisfechos los créditos subordinados (art. 435 TRLC), verificándose el pago por el orden establecido en el art. 281 TRLC y, en su caso, a prorrata dentro de cada número (art. 435 TRLC).

VIII. CALIFICACIÓN DEL CONCURSO

El concurso se califica como fortuito o como culpable (art. 441 TRLC). El TRLC solo relaciona los supuestos que generan la calificación culpable (art. 442 TRLC), por lo que hay que entender que, concurriendo cualquier otro no previsto en la ley, el concurso será fortuito. La noción de concurso culpable se construye en el TRLC mediante un doble sistema que podemos denominar mixto, ya que, de un lado, comprende una cláusula general, en cuya virtud la calificación no se efectúa considerando la concurrencia de conductas concretas, si no la presencia de un conjunto de presupuestos o requisitos; y, de otro lado, tipifica una serie de conductas a cuya realización asigna determinados efectos en relación con la calificación culpable.

El concurso merece la calificación culpable, conforme a la cláusula general, cuando concurren de forma cumulativa los siguientes requisitos (art. 442 TRLC): 1°) en lo atinente a la dimensión objetiva, una conducta, que puede ser cualquiera, activa u omisiva. En segundo lugar, un resultado, que consiste en la generación o agravación de la insolvencia. Por último, un nexo causal entre la conducta y el resultado, de modo que este último ha de ser consecuencia de la primera; y, 2°) la dimensión subjetiva exige que la conducta sea imputable al sujeto activo a título de dolo o culpa grave, por lo que queda excluida la culpa leve. El dolo o la culpa grave se presumen ante la mera concurrencia de cualquiera de las circunstancias previstas en el art. 443 TRLC.

De otro lado, el sujeto activo está tasado en el TRLC. Ha de tratarse del deudor o, si los tuviere, de sus representantes legales y, en caso de persona jurídica, de sus administradores o liquidadores, de hecho y de derecho, apoderados generales, y de quienes hubieren tenido cualquiera de estas condiciones dentro de los dos años anteriores a la fecha de declaración del concurso; o de los socios en el supuesto previsto en el art. 442 TRLC. Junto a la cláusula general, el TRLC tipifica una serie de conductas cuya realización por cualquiera de las personas relacionadas antes conlleva sin más la calificación culpable (art. 443 TRLC). De modo que, acreditada la realización de cualquiera de aquellas, el concurso será calificado como culpable sin que se requiera resultado alguno, en particular la generación o agravación de la insolvencia, ni nexo causal de ningún tipo.

La calificación culpable del concurso provoca dos tipos de efectos generales, aplicables a todo concurso con independencia de la condición de persona natural o jurídica del concursado. Se trata de los efectos personales, que se resuelven en la inhabilitación, y de los efectos patrimoniales. Si el concursado es persona jurídica y la sección de calificación hubiera sido formada o reabierta como consecuencia de la apertura de la fase de liquidación, la calificación culpable puede originar una medida adicional cual es la responsabilidad concursal de los administradores, liquidadores, de derecho o de hecho, o apoderados generales, así como de los socios que se hayan negado sin causa razonable a la capitalización de créditos o una emisión de valores o instrumentos convertibles en los términos previstos en el número 4.º del artículo 165. Dicha responsabilidad se resuelve en la eventualidad de que, todos o alguno de ellos, sean condenados a la cobertura, total o parcial, del déficit, en la medida que la conducta que ha determinado la calificación culpable haya generado o agravado la insolvencia (art. 456 TRLC).

IX. LA CONCLUSIÓN DEL CONCURSO

El concurso únicamente acaba ante la concurrencia de alguna de las causas de conclusión previstas con carácter tasado en el TRLC, de modo que ningún otro hecho podrá constituir motivo de terminación del procedimiento. Las causas de conclusión son los motivos legales que habilitan para declarar la finalización del procedimiento y ordenar el archivo de las actuaciones (art. 465 TRLC).

Pueden separarse en dos grandes grupos. Por un lado, las ordinarias, que derivan de alguno de los dos modos de solución del concurso, esto es, el cumplimiento del convenio y la finalización de la liquidación. Por otro, las extraordinarias, que, por exclusión, son todas las demás. Entre estas destaca la conclusión del concurso por insuficiencia sobrevenida de la masa activa para la satisfacción de los créditos de la masa, que puede ser declarada de oficio por el juez o a solicitud de la administración concursal (art. 473 TRLC).

Como regla general la conclusión del concurso provoca la desaparición de todos los efectos vigentes anudados a su declaración, al convenio y a la apertura de la fase de liquidación sobre el deudor, los acreedores y los contratos, previstos por el TRLC para su aplicación durante la tramitación del procedimiento. Pero, lógicamente, no priva de eficacia a lo actuado, que se conserva en toda su extensión.

X. EL PROCEDIMIENTO ESPECIAL DE LAS MICROEMPRESAS

El Libro Tercero del TRLC se dedica al procedimiento especial de las microempresas. Según el artículo 585 TRLC , son microempresas las personas naturales o jurídicas, que lleven a cabo una actividad empresarial o profesional y reúnan de forma cumulativa las dos circunstancias siguientes: haber empleado durante el año anterior a la solicitud una media de menos de diez trabajadores; y una de estas dos circunstancias: o tener un volumen de negocio anual inferior a setecientos mil euros o un pasivo inferior a trescientos cincuenta mil euros según las últimas cuentas cerradas en el ejercicio anterior a la presentación de la solicitud.

El principal aspecto a destacar es que el procedimiento se ha diseñado como procedimiento exclusivo y excluyente dado que solo a él pueden acudir las microempresas, a las que está vedado por tanto los planes de reestructuración y la solicitud de concurso. Pueden acudir a este procedimiento las microempresas que se encuentren en situación de probabilidad de insolvencia, insolvencia inminente o insolvencia actual.

Es especial porque introduce un régimen particularizado respecto de las microempresas, con reglas especial tanto en relación con el período de negociación, como en relación con el modo de finalización de la misma, en el que se regula un procedimiento de continuación o una liquidación rápida.

Se trata de un procedimiento en el que se ha reducido notablemente la intervención del juez, así como de la administración concursal, y en la que hay una reducción significativa de los plazos de la tramitación.